KB056429

임오교변
대종교 탄압과 박해

이 추모논총은 (재)롯데장학재단과 (사)국학연구소의 후원으로 제작되었습니다

임오교변
대종교 탄압과 박해

초판 1쇄 인쇄 2022년 12월 20일
초판 1쇄 발행 2022년 12월 30일

저 자 김동환·장세윤·이동언·최윤수·정영훈

발행인 윤관백
발행처 선인

디자인 박애리
편 집 이경남 · 박애리 · 임현지 · 김민정 · 주상미
영 업 김현주

등 록 제5-77호(1998. 11. 4)
주 소 서울시 양천구 남부순환로48길 1, 1-2층
전 화 02)718-6252/6257
팩 스 02)718-6253
E-mail sunin72@chol.com

정 가 32,000원
ISBN 979-11-6068-768-2 93900

임오교변 80주년 추모논총

임오교변

대종교 탄압과 박해

김동환 · 장세윤 · 이동언 · 최윤수 · 정영훈

선인

발간사

액하감옥을 추억하며

그 날은 맑았다. 전 날 영안현(寧安縣) 동경성(東京城)에서 여장을 푼 일행은 일찍이 일어나 목단강시로 향했다. 지금은 철령하(鐵嶺河) 감옥으로 바뀐 액하감옥(掖河監獄)을 찾아가기 위함이었다. 그곳은 양명구(陽明區) 철령하(鐵嶺河) 호로가(護路街)에 있었다. 우리 연구소의 국학답사가 있었던 2014년 8월 16일의 기록이다.

퇴락한 담벼락의 일부와 붉은 벽돌 건물 잔해가 추레하게 남았을 뿐, 액하감옥은 거의 흔적이 없었다. 지역 공안(公安) 교육장으로 사용되었음을 알려주는 간판을 바라보며, 영어(囹圄)의 몸으로 고생했을 대종교지도자들의 모습을 곱씹어 볼 뿐이었다. 머지않아 아파트가 들어설 것이란 소문이 돈다고 안내인이 귀띔했다.

액하감옥은 내게도 남다른 곳이다. 처조부(妻祖父)인 나정련(羅正練)과 처숙조부(妻叔祖父)인 나정문(羅正紋)의 아픔이 그곳에 있다. 둘은 대종교를 중광(重光)한 홍암 나철의 장자(長子)와 차자(次子)다. 모두 임오교변 당시 순교(殉教)한 임오십현(壬午十賢)의 일원이다. 당시 처조부의 주검은 동경성 동문 밖에 매장하였다 하나 확인이 안 된다. 처숙조부 역시 유언에 따라 화장하여 목단강에 흩뿌려 그 흔적조차 남기지 않았다. 답사에 동행한 아내와 두 딸이 준비해 간 술과 과일을 정성껏 올리고 추모했다. 그리고 오랫동안 오열하던 모습이 지금도 엊그제 같다.

임오교변이란 1942(임오년)년 음력 11월, 만주 영안현 동경성에서 자행된 희대의 종교탄압사건이다. 일제가 우리 말 · 글 · 얼의 중심이었던 대종교를 말살하기 위하여, 교주(教主) 윤세복(尹世復)을 비롯한 대종교 핵심 간부 20여명을 국내외에서 동시에 검거하여 박해를 가한 사건을 일컫는다.

한 민족의 정체성을 이루는 핵심 기반은 언어와 정신이다. 역으로 이 두 요소가 붕괴된다는 것은 민족이 사라진다는 것과 동일한 의미다. 이런 섬에서 일제강점기 조선어학회의 한글 보급 운동과 단군을 중심으로 한 대종교의 항일투쟁은 말과 혼을 지키려는 처절한 몸부림이었다고 할 수 있다.

조선어학회사건과 임오교변도 별개의 사건이 아니었다. 만주에서 대종교를 이끌던 윤세복과 국내 조선어학회의 핵심이었던 이극로 간에 주고받은 '단군성가'와 '널리 펴는 말'이 두 사건의 빌미가 된 것만 보아도 알 수 있다. 국내 조선어학회사건과 대종교의 임오교변을 같은 대종교사건으로 이해하려는 것도 이러한 배경과 맞물린다.

그러므로 일제는 대종교를 종교로만 보지 않았다. 박멸해야 할 한민족의 정체성이자 항일투쟁집단으로 규정하였다. 일제는 1910년 병탄 직후부터 대종교를 해산시키려 하였다. 1915년에는 종교통제령을 발포하여 국내의 대종교를 불법화시켰다. 대종교가 만주 망명을 택한 결정적 배경이 된다. 만주에서도 항일투쟁의 본산 역할하면서 1920년 9월에 청산리 독립전쟁의 주역으로 나서자, 일제의 대대적 학살이 자행되었다. 이른바 경신년대토벌(庚申年大討伐)이다. 대종교 내부의 기록에서는 기만명(幾萬名)의 교도가 희생되었다 한다.

일제는 만주에서도 대종교의 발본색원을 획책하였다. 1925년 만주군벌(滿洲軍閥)을 겁박하여 맺은 미쓰야협정(三矢協定)이 그 대표적 사례다. 이 협정을 근거로 1926년 대종교만주포교금지령이 내려진다. 부득이 대종교는 북만주의 밀산현(密山縣)의 깊은 곳으로 은둔하였다. 그리고 그곳에서 8년의 시간을 와신상담하였다.

대종교 교주 단애(檀崖) 윤세복(尹世復)은, 그 오랜 침묵을 깨고 건곤일척의 한 판 승부를 펼치고자 했다. 1934년 대종교총본사를 다시 동경성으로 옮기고 합법적인 대종교 활동을 전개하려 한 것이다. 일제는 이를 기회로 대종교에 대한 감시와 조사를 집요하게 시도해갔다. 심지어는 교단 내부에 교인을 가장한 밀정까지 잠입시켜 교계의 동향과 교내 간부들의 언행을 일일이 정탐하였다.

이러한 상황의 끝이 임오교변이다. 대종교를 독립운동단체로 규정한 일제는 1942년 11월 19일(음력)을 기해 교주 윤세복을 비롯한 대종교지도자 25명을 일제히 국내외에서 검거하였다. 국내 조선어학회사건에 이어 벌어진 일제의 최후 발악이었다. 당시 투옥된 간부 중 10명이 고문으로 죽임을 당했다. 대종교에서는 이들을 임오십현이라 한다. 그리고 교주 윤세복의 무기형을 비롯하여 일부 지도자들은 15년에서 7년까지의 형을 선고받고 복역하다 일제의 항복과 함께 출옥하였다.

임오교변은 대종교의 마지막 동력마저도 무너뜨린 사건이다. 이 사건 이후 대종교의 인적 자원은 물론 국내외 모든 거점이 붕괴되었다. 신간교적(新刊敎籍) 2만여 권, 구존서적(舊存書籍) 3천여 권, 천진(天眞, 단군영정)과 인신(印信), 그리고 각종 도서 및 주요 서물(書物) 6백여 종 등을 모두 빼앗긴 것도 임오교변 때였다. 대종교의 존립 구조를 무너뜨린 일제는 과거의 흔적마저도 철저히 지워버렸다. 대종교가 해방을 맞아서도 침체일로로 빠지게 된 근본적 이유다. 더욱이 남북분단은 대종교지도자들을 갈라놓았고, 한국전쟁은 그마저도 모두 도태시켰다.

올해는 임오교변이 일어난 지 꼭 80주년 되는 해다. 그러나 기억하는 이 얼마나 될까. 현상적 풍요 속에 허우적거리며 사는 모습이 우리의 자화상이다. 그저 육안으로도 읽어보지 못한 생소한 사건의 조각일 뿐, 임오교변에 대한 의미 있는 인식은 대다수 사람들에게 없을 듯하다.

이 책의 출판 의도는 이와 무관치 않다. 대규모의 추모행사나 거창한 백서(白書) 따위는 차치하고라도 그 의미만이라도 새기고 가자는 취지와 맞물린다. 일제가 임오교변을 일으킨 근본적 원인은 무엇일까. 또한 임오교변의 구실로 동원된 만주 치안유지법의 실체는 어떠한 것인지. 그리고 임오교변의 사건 전말을 더듬어보고 그 의미를 되짚어 보고자 함이 출판의 목적이다.

끝으로 자료의 한계에도 불구하고 기꺼이 집필에 응해준 다섯 분의 학자들께 고마움을 전한다. 더욱이 이러한 의도에 흔쾌히 힘을 보태준 롯데장학재단에 심심한 사의를 표하며, 어려운 시국에도 앞장서 출판을 맡아준 도서출판 선인의 윤관백 사장님께도 깊은 감사를 드린다.

2022년 12월

(사)국학연구소 이사장 **김종성**

차례

제3장 임오교변 전말 _ 이동언

제4장 고문 과정에서 완성된 윤세복 종사의 삼법(三法) 수행 _ 최윤수

제5장 대종교와 임오교변 _ 정영훈

부록

제1장

대종교와 한민족의 정체성

대종교와 한민족의 정체성[1]

– 그 정체성적(正體性的) 요소를 중심으로–

김동환([사]국학연구소 연구원)

1. 머리말

정체성이란 주체성이나 자기신원 혹은 주인의식과 동의어다. 어떤 존재(집단)가 스스로의 각성을 통해 얻어낸 인식의 결과로, 본질적으로 가지고 있는 특성과 연관된다. 즉 환경이나 사정이 변해도 자기가 어떠한 변하지 않는 존재인지를 깨닫는 것, 혹은 그렇게 깨달아 얻게 된 독립적인 자신의 존재를 의미하는 것이다.

국가정체성(國家正體性, national identity) 역시 한 개인이 국가라는 유기적 집단에 속하여 있다는 소속감과 국가구성원으로서의 각성된 자신에 대한 신념이라 정리할 수 있다. 이러한 심리는 국가 체제가 존속하는데 필요한 기본적 요소로, 국민적 단합과 결속의 밑거름이 된다. 또한 국가

1 이 글은 졸고 「대종교와 국가정체성」(『대종교보』제295호, 대종교총본사, 2014)을 토대로, 대폭 수정 · 보완한 것임을 밝힌다.

에 대한 국민의 충성심, 집단과 개인 간의 감정적 유대가 결속된 심리 상태를 만들어 줌으로써, 국민으로서의 유대감, 연대 의식, 애국심(愛國心, patriotism)의 기초를 마련해 준다.

한편 우리 사회의 정체성은 모호하고 난해하다. 또한 그것에 대한 바람직한 논의나 합의도 쉽지 않다. 과거 오랜 시간을, 우리의 자기신원과는 동떨어진 생활 속에서, 우리를 우리 스스로 바로 보는 용기를 잃어버렸기 때문이다. 또한 이념이 상충하고 여러 이익집단들의 가치가 혼재된 현실 속에서, '나는 누구인가'라는 물음 자체에 진지하게 고민하고 대답할 수 있는 양보와 타협이 극히 어렵다. 그러므로 우리 사회에서의 정체성 확인 문제는 뜨거운 감자와 같다. 누구든 쉽게 나서질 못한다. 그저 두루뭉술 넘어가는 것이 상책이다.

우리의 근대 역사 속에서 대종교 중광만큼 폭발력을 가진 사건도 드물다. 근대 정체성의 중심을 논함에도 대종교 중광이라는 사건이 그 축을 이루고 있다. '대종교와 한민족의 정체성'이라는 논제의 성립도 이러한 배경에서 가능하다. 그러나 그 본질을 말한다는 것이 쉬운 것은 아니다. 우리 사회의 아무런 합의가 없기 때문이다. 형식적으로 때우자니 그 또한 지탄받을 짓이다.

그러나 집단의 역사 속에, 그 구성원들이 공유할 수 있는 자기신원(自己身元, 正體性identity) 갖고 있다는 것은 행운이자 축복이다. 그것은 그 집단의 역사 속에 정제된 역사의식과 더불어, 스스로의 선택의식 없이는 만들어내지 못하는 주인의식의 결정(結晶)이기 때문이다. 한편 그러한 의식은 주변상황의 역학관계와 맞물리면서 늘 핍박과 저항이라는 길항작용을 해 왔다.

우리의 역사를 보더라도 외세 혹은 외래사조의 충돌 과정에서 가장 큰 핍박의 대상이, 우리의 정체성과 맞물린 집단 혹은 문화였다. 문헌상으로 확인할 수 있는 고려조 이후만을 보더라도 이러한 상황은 분명하게 확인된다. 즉 불교를 국시로 한 고려조에서, 불교와 유교(과거제도)에 의해 철저하게 탄압된 요소가 무엇인지, 나아가 몽고의 침략 속에서 가장 많은 핍박을 받은 요소가 무엇인지를 살피면, 그 시대의 정체성을 되짚어 볼 수 있을 것이다.

또한 유교를 국시로 내세운 조선조의 상황에서도, 철저하게 유린된 요소가 어떠한 가치였는지를 살펴본다면 조선조의 바닥에 깔린 그 시대의 정체성을 가늠해 볼 수 있을 듯하다. 더욱이 유사 이래 국권과 영토를 모두 강탈당했던 일제강점기를 맞아, 그들이 없애려했던 가치의 중심에 무엇이 있었으며, 반면 그 핍박에 맞서 극렬히 항쟁했던 집단을 찾아본다면 우리 정체성의 실체를 바라볼 수 있을 것이다.

그 동안 대종교 연구는 주로 독립운동사의 측면에서 다뤄져 왔다. 식민지지배세력과 피지배세력 간의 현상적 충돌에 주목한 것이다. 그러나 대종교의 항일투쟁을 일제와의 단순한 현상적 충돌로만 이해하기에는 아쉬움이 있다. 그 기저에 깔린 정체성의 충돌이 본질이기 때문이다. 일제강점기 대종교의 투쟁을 독립운동사적 측면만이 아니라 정신사적 측면으로 접근해야 하는 이유도 여기에 있다. 이 글이 주목하고자 하는 것도 그 부분이다. 일제가 강점 기간 처음부터 끝까지 대종교를 완전 말살하려 한 이유가 무엇일까. 반면 대종교가 모든 것을 잃어가며 저항하고자 한 까닭이 어디에 있는가. 그 본질은 서로 양보할 수 없는 정체성 충돌에서 찾을 수 있다.

그러므로 이 글에서는 대종교의 정신사적 측면을 집중 논구하고자 했다. 먼저 우리의 역사적 경험 속에 나타나는 정체성 질곡의 시대를 반추

(反芻)해 보려 한다. 그리고 그 암흑 속에서 꺼지지 않고 침잠된 요소가 무엇인가를 살필 것이다. 이어 그 정체성의 근대적 부활체로서의 대종교 중광(重光)을 주목했다. 특히 대종교와 관련한 국시(國是, 홍익인간) · 국전(國典, 개천절) · 국기(國紀, 단군기원)와 더불어 국교(國教) · 국어 · 국사 등, 한민족정체성의 불가분적 요소들을 심층 분석해 보았다. 더불어 이와 연관하여 대종교를 말살시킬 수밖에 없었던 일제의 탄압과, 이에 대해 모든 것을 걸고 투쟁한 대종교의 저항을, 정체성과 정체성의 충돌 측면에서 바라보고자 한다.

2. 질곡의 경험

우리 선조들은 국가의 터전을 잡음에도 철학적 가치를 바닥에 놓았다. 즉 일삼(一三)의 원리는 우리 민족 수리사상(數理思想)의 근간으로써, 고대 삼한조직(三韓組織)의 구조와 기능을 담당한 원리였던 것이다. 일찍이 신채호는 삼조선을 설함에 있어, 마한에 진한과 변한을 더하여 세움을, 삼신(三神)에 의지하여 삼한(三韓)의 수(數)를 채운 것이라고 주장한 바 있다. 그리고 삼조선의 붕괴 원인을 삼신설이 무너짐으로써 나타났다는 견해다.[2]

고려 태조 왕건이 표방한 '일통삼한(一統三韓)'은 일삼(一三)의 역사의식을 그대로 드러내는 것으로, 단군사화에 나타나는 일체삼용(一體三用)과 유사하다는 점에서 주목을 끈다. 따라서 왕건 이후로 고려의 중요한 틀이 된 '일통삼한'의 역사의식 또한 삼수(三數)의 논리와 밀접하게 조응된

2 신채호, 「조선상고사」,『단재신채호전집(개정판)』상(이하 '개전집'이라 약칭), 단재신채호선생기념사업회, 1982, 105쪽.

다. 고려 숙종조 위위승동정(衛尉丞同正)이었던 김위제(金謂磾)의 상소문을 보더라도 이해할 수 있다. 즉 김위제가 단군 시대 사관(史官)이었던 신지(神誌)의 비사 내용을 통하여 고려 삼경제(三京制)의 정당성을 찾고 있는 것은, 고려의 삼경제 역시 단군 시대로부터 내려오는 삼수원리의 구조와 기능에 영향 받고 있음을 확인할 수 있는 것이다. 더욱이 고려 명종 때는 삼소조성도감(三蘇造成都監)을 설치하고 좌소(左蘇)인 백악산과 우소(右蘇)인 백마산, 그리고 북소(北蘇)인 기달산에 연기궁궐(延基宮闕)을 조성했다는 기록도 나타난다. 삼소란 고려의 국도인 개경을 중심으로 북에 있는 것을 북소, 왼쪽에 있는 것을 좌소, 오른 편에 놓여 있는 것을 우소라 한 것인데, 일도삼소(一都三蘇)라는 일삼(一三)의 원리에 정확하게 부합하고 있다. 이것은 개경을 중심으로 서경(평양) · 동경(경주) · 남경(지금의 서울)이라는 일도삼경의 수리원리와도 동일한 가치라 할 수 있다. 즉 일삼의 원리에 기대어 나라의 안녕과 번영을 기원하고자 했던 고려왕조의 신앙이었던 것이다.

또한 삼소가 삼신의 수호신앙과 연관되는 것으로, 고려의 삼소제도가 단순히 행정구획이나 풍수도참에 의한 것이 아니라, 우리의 오랜 삼수신앙(三數信仰)과 연결된 구원성을 가짐을 말하는 것이기도 하다.[3] 이것은 고려의 삼소가 예로부터 삼신의 성역으로 여겼던 소도신앙의 유풍임을 확인시키는 것으로, 신채호가 조선의 상고시대를 '수두시대(蘇塗時代)로 설정하고 수두를 삼신께 제를 올리는 신단(神壇)으로 비정함도 이를 뒷받침하고 있다.[4] 또한 이것은 신라에서 세 곳의 산신(山神)에 제를 올렸다

3 이병도, 『고려시대의 연구 – 특히 도참사상을 중심으로』, 을유문화사, 1948, 251–256쪽 참조.

4 신채호, 「조선상고사」, 앞 책, 74–78쪽 참조.

는 기록이나, 백제 전성기 때도 세 곳의 산신(山神)이 비상을 하였다는 내용과도 일맥하는 것으로 추찰할 수 있다.

묘청의 팔성신앙 역시 우리 고유의 팔관(八關)이 변형된 것으로, 산악신(山岳神) 내지는 기타 명산 · 대천 · 천지 · 신령을 섬겨 복리를 얻으려는 의식으로 본다는 점에서도 주목된다. 정지상의 제문에는 팔성을 팔선(八仙)으로 표현하고 있다. 즉 팔성당이 선불(仙佛)의 가호를 위해 건립되었고 만물을 제압할 수 있는 천명(天命)과 천하의 왕이 될 수 있는 지덕(地德)의 조화를 위해 팔선을 안치했다는 것이다. 더욱이 조선 숙종 시기 『규원사화』에서도, 단군 팔가(八加:虎加·馬加·牛加·熊加·鷹加·鷺加·鶴加·狗加)에 대한 언급과 함께 단군 팔조(八條)의 가르침이 언급되고 있다.[5] 특히 팔성신앙의 대상이 되는 여러 요소(日·月·陰陽·四時의 神과 山岳·河川·里社의 主)들이 나타난다는 점에서, 묘청의 팔성신앙의 뿌리가 단군 시대까지 연결되고 있음을 추리할 수 있는 것이다. 이것은 묘청이 내세운 불교적 팔성과는 근본적으로 차이가 있다. 그리고 묘청의 팔성신앙은 우리 전래의 신교적 팔성신앙에 불교적 팔성을 가미한 것임이 그대로 드러난다.

또한 고려 태조 왕건이 훈요십조를 통해 중시했던 팔관에서도 우리 전래 신교(神敎)의 가치가 강하게 드러나고 있다. 팔관은 태조 왕건이 「훈요십조」 제 6항을 통해 가장 중시한 가치로, 즉위 원년부터 행사를 열었다. 한편 팔관의 근원과 관련하여 한 가지 주목되는 부분이 있다. 즉 신라의 신교적 유풍으로 많이 알려진 팔관이 고구려의 동맹으로 연결되는 기록이 있기 때문이다. 주지하는 바와 같이 팔관회를 처음 시행한 인물은 궁예다. 그가 첫 도읍으로 정한 송악에서, 팔관회를 처음 설한 때는 신라

---

5 『규원사화』, 단군기.

효공왕 3년(899) 10월로 나타난다. 그리고 고구려의 계승을 주장하며 국호를 고려로 공포한 것이 2년 후인 901년(효공왕 5년)이다. 즉 정식으로 국호를 내세우기 전에 팔관회를 먼저 설한 것이다. 또한 궁예가 팔관회를 행한 때가 10월이었다는 것은, 고구려의 10월 동맹을 그대로 승계했음을 말해 준다. 이러한 주장은, 고구려의 동맹제가 고려의 팔관회로 계승되었다고 언급한 서긍(徐兢)의 기록으로도 뒷받침된다.[6] 따라서 팔관회가 고구려에도 존재했을 가능성이 매우 크다.

이렇게 볼 때 묘청의 팔성신앙은 고구려 동맹제의 요소와 밀접한 듯하다. 더욱이 묘청이나 그와 뜻을 함께 한 정지상 · 백수한 등 세 사람 모두가 고구려의 왕도(王都)였던 서경 출신이라는 점에서도 그렇다. 태조 왕건의 「훈요십조」에서 팔관회가 천령(天靈)과 오악(五嶽) · 명산(名山) · 대천(大川) · 용신(龍神)을 섬기는 것이라고 말한 것도 고구려의 동맹제와 무관치 않다고 본다. 정인보가 중국문헌에 나타나는 고구려의 영성(靈星) · 사직(社稷) · 수신(隧神) · 제천(祭天) 등이 별개의 것이 아니라, 고구려의 10월 제천과 연관된 것이라고 지적한 것도 이것과 부합하는 내용이다.[7]

고려는 신불융회적 성격이 강한 나라였다. 팔관회와 연등회의 병행이 그것을 말해 준다. 특히 신교적 성격이 강한 팔관회는 태조 원년 11월 개최 이후 해마다 지속적으로 시행되었다. 그리고 그것은 고려 사회의 통합 기능에 많은 역할을 했다. 그러나 팔관으로 대표되는 신교의 흐름에 치명적인 타격을 준 것은, 성종 원년(982) 최승로가 올린 시무(時務) 28조라 할 수 있다. 이 시무 28조는 신불융회적 성향의 고려 문화를 유교를 중심으

6 『고려도경』 권14, 祠宇.

7 정인보, 「조선사연구(하) – 典故甲」, 『담원정인보전집』 4, 연세대학교출판부, 1983, 196 – 197쪽 참조.

로 한 유·불 중심의 고려문화로 선회케 하는 중요한 사건이었기 때문이다. 이 시무 28조는 현재 22개 조항만 남아 있는데, 그 중 13조와 21조가 토착신앙에 대한 규제 혹은 제한과 관련된 조항이다.

13조에 연등과 팔관회 행사의 축소에 대한 내용과 21조에 나타나는 음사(淫祀)에 대한 제한 등이 그것이다. 즉 최승로는 우리 고유의 신앙 의례와 가치를 중국 중심의 유교적 제례의식과 가치에 의해 규제하고자 했다. 그는 백성들의 과도한 경제적 부담을 현실적 명분으로, 중국 의례의 예법과 풍속에 어긋난다 하여 연등과 팔관회의 행사를 폐지해야 한다고 주장한 것이다. 그가 유교적 질서 위에서 새로운 의례질서를 다잡고자 했음은, 시무 제 20조에서 불교의 행사를 유교적 『예기』에 정리된 월령(月令) 규범에 의해 제한하고 있음을 보아도 알 수 있다. 성종은 최승로의 시무책을 대부분 수용하여 개경과 서경의 팔관회를 정식으로 폐지했으며,[8] 신교적 종교 의례 또한 불교적 의례로 대신하고자 했다. 나아가 성종 2년(983) 정월에는 원구단(圓丘壇) 기곡제(祈穀祭)와 적전(籍田) 친경의례(親耕儀禮)가 시행되면서 유교사상에 입각한 오례체제(五禮體制)가 갖추어지기 시작한 것이다. 그러나 성종의 유교를 중심으로 하는 신교 탄압 정책이 순조로운 것만은 아니었다. 성종의 이러한 정책에 대해 많은 관리들은, 국인(國人)들이 좋아하지 않는다는 이유로 반발했다.

그 대표적인 사례가, 성종 12년(993) 거란 침입 당시, 이지백(李知白)의 상소라 할 수 있다.[9] 이 상소의 내용은 고려시대 신교의 흥망을 추리함에 있어 매우 중요한 기록으로 생각한다. 왜냐하면 이 상소 내용이 유교적·

8 『고려사』 권3, 세가3.

9 『고려사』 권93, 열전7, 徐熙.

중국적(事大主義的) 성향에 대한 저항을, 신교적(民族主義的) 입장에서 가장 잘 보여주는 기록이기 때문이다. 이 상소에는 국토수호의 의지마저 팽개쳐 버린 관료들에 대한 지탄과, 외세의 침입이나 중국풍에 대한 대항정신으로 연등 · 팔관 · 선랑의 복원을 내세웠다는 점에서, 그것이 갖는 사상적 의미가 무엇인지가 분명해진다. 즉 연등 · 팔관 · 선랑의 정신은 자주적 · 민족적 성향의 사표요 의식임이 그대로 드러나는 것이다.

후일 팔관회가 복설된 뒤 공식적으로 중단된 예는 네 번 있었다. 모두 원(몽고)의 간섭기였다는 점이 주목된다. 이것은 팔관회의 자주적 · 민족적 성격을 뒷받침하는 또 하나의 반증으로, 고려 정체성의 상징이라 할 팔관회의 위상이 몽고의 적극적 간섭에 의해 추락해 갔음을 말하는 것이다. 한말 단군신앙(팔관)의 부활체인 대종교단에서, 몽고 침입에 의한 팔관 행사의 단절을 교맥(教脈)의 단절로 이해하고 있음도 이와 무관치 않다. 즉 단군신앙 중흥에 앞장섰던 홍암 나철의 다음 기록에서도 그러한 의식을 그대로 확인할 수 있다.

> “몽고의 고려 침학(侵虐) 이법(異族)의 혐의(嫌疑)로다 / 서적문기(書籍文記) 다 뺏고 교문제전(教門祭典) 다 폐절(廢絕)”10

나철은 몽고의 침략으로 인해 교문제전(教門祭典) 즉 팔관이 단절된 것으로 이해했고, 팔관의 재계가 우리 민족 진실한 정성의 예(禮)임을 말하고 있다. 묘청이 팔관과 통하는 팔성의 힘으로 금나라에 대해 자주성을 나타내고자 했고, 이지백 역시 팔관의 정신으로 거란에 대해 맞서라 했

---

10 종경종사편수회 편, 『대종교중광육십년사』, 대종교총본사, 1971, 229쪽.

다. 또한 대몽항쟁의 정신적 배경에 팔관의 힘이 뒷받침되었으며 일제강점기에 팔관의 부활체라 할 대종교가 총체적 항일운동의 선봉에 섰다는 것은, 팔관의 정신에 담겨있는 자주적 · 민족적 의취가 그대로 나타난 것이라 할 수 있다.

한편 팔관회가 앞서 언급한 바와 같이 궁예의 팔관회가 고구려적 성격이 다분히 강했다는 점과 서긍의 『고려도경』에도 동맹의 계승이 팔관회라는 기록이 주목된다. 이것은 팔관회의 의례 요소에 고구려적 요소가 강하게 반영되었음을 암시하고 있다. 팔관회에 나타나는 천령과 오악 · 명산 · 대천 · 용신(龍神) 등의 제신적 요소가 언급한 대로 고구려의 영성 · 사직 · 수신 · 제천 등의 신앙과 일치되는 부분이 강하기 때문이다. 더욱이 팔관회에 사용된 우인(偶人)의 양태는, 고구려의 10월 동맹 때 수신신앙(隧神信仰)에 나타나는 '성스러운 공간[隧穴]'으로부터 옮겨온 '나무로 만든 수신(隧神)'과 흡사함이 많다.[11] 일찍이 신채호가, 고구려의 동맹대제(東盟大祭)가 팔관재(八關齋)라는 명칭으로 유전되어 고려의 팔관행사로 자리잡는 것이라고 단정한 것도,[12] 이러한 이해 속에서 나타나는 것이다.

유교를 국시로 하는 조선조에 들어서는 우리 정체성의 공간은 더욱더 좁아졌다. 우리 정체성의 근간이 되는 단군의 위상은 기자에 밀려 초라해지고, 단군조선보다는 기자조선이 우선시 되었다. 정도전의 다음 주장을 보자.

"해동은 그 국호가 하나가 아니었다. 국호를 조선으로 삼은 경우가 셋이었으니, 단군, 기자, 위만이 그것이다. 박씨, 석씨, 김씨가 서로 계승하여 신라라고 칭하였

11 『삼국지』 권30, 위서 · 동이전, 고구려조.

12 신채호, 「조선상고문화사」, 『단재신채호전집(개정판)』 상, 앞의 책, 392쪽.

으며, 온조는 앞에서 백제라고 칭하였으며, 견훤은 뒤에 후백제라고 칭하였다. 또 고주몽은 고구려라고 칭하였고, 궁예는 후고구려라고 칭하였다. 왕씨는 궁예를 대신하여 고려라는 국호를 이어서 사용하였다. 모두 한 귀퉁이를 몰래 차지하여 중국의 명령을 받지 않고서, 스스로 명호를 세우고 서로 침탈하였으니, 비록 칭하던 바가 있더라고 어찌 취할 수 있겠는가? 오직 기자만은 주무왕의 명령을 받아 조선후에 봉해졌다. 이제 천자(天子, 명태조)가 명하길 "조선이란 칭호가 아름답고 또한 그 유래가 오래되었으니, 그 이름을 근본으로 삼고 하늘을 몸으로 삼고 백성을 다스린다면 후손들이 길이 창성할 것이다"라고 하였는데, 생각컨대 무왕이 기자에게 명하던 것으로 전하에게 명한 것이니, 그 이름이 이미 바르니 말이 순리에 맞다. 기자는 무왕에게 「홍범」을 펴고, 그 뜻을 미루어 부연하여 '팔조의 가르침'(팔조금법)을 지어서 나라 안에 시행하였으니, 정치와 교화가 성대하게 행해지고 풍속이 지극히 아름다웠다. 조선이란 이름이 천하 후세에 알려진 것이 이와 같다. 이제 조선이라는 아름다운 국호를 이미 계승하였으니, 기자의 선정 또한 마땅히 도모해야 할 것이다. 아! 천자의 덕도 주무왕에 부끄러울 것이 없으며, 전하의 덕 또한 어찌 기자에게 부끄러울 것이 있겠는가? 장차 홍범지학(洪範之學)과 팔조지교(八條之教)가 금일에 다시 시행되는 것을 보게 될 것이다. 공자께서 "나는 그 나라를 동주(東周)로 만들 것이다!"라고 하였으니, 어찌 나를 속이셨겠는가?"[13]

정도전은 조선 건국 당시 국호를 정함에 있어, 팔조교(八條教)와 홍범(洪範)을 전한 기자를 기리면서, 조선이 기자조선을 계승하여 입국하였음을 분명히 밝히고 있다. 또한 주무왕과 공자에 대한 흠모를 내세워, 조선을 동주(東周)로까지 연결시키고 있다. 뼈 속까지 스며든 존화주의적 가치를 엿보게 된다. 그러므로 조선에서의 단군은 단지 민족 시조로서 혈연적 의미만이 부여되었던 반면, 기자에게는 한국 사회에 유교를 최초로 도입함으로써 한국 사회를 질적으로 변화시켜 놓은 문화적 군주이자 고조선의

13 『조선경국전』, 國號條.

실질적인 비조라는 의미가 부여되었다. 나아가 이러한 인식은 대종교 중광(1909) 이전까지 그대로 연결된다.[14]

단군에게는 고조선의 혈연적 시조라는 지위가, 기자에게는 문화적 시조라는 지위가 부여됨으로써, 성리학을 표방한 조선에서 모든 종교적·문화적 중심축으로 기자가 서게 되었다. 이러한 현상은, 조선왕실이 논쟁 결과 단군묘(檀君廟)는 건립되지 못하고 기자묘만 건립되었던 점에서도 분명히 드러난다. 조선조에서도 단군으로 대표되는 우리 정체성 공간을 기자를 내세운 유교의 공간이 차지하게 되었던 것이다. 1412년(태종 12)에는 예조우참의(禮曹右參議) 허조(許稠)의 주장에 따라 기자묘에 단군이 배향되었다. 단군은 기자묘에 배향되었을 뿐 아니라, 별도의 제전(祭田)도 없어 기자에게는 매월 삭망제를 올리면서도 단군에게는 춘추로만 향사하였다. 유교적 정체성 속에 단군이 빌붙어 사는 형국이 되었다.

한편 제의(祭儀)의 형식도 조선조에 이르러 유교 길례의 대·중·소사(祀), 천(天)·지(地)·인제(人祭)로 분리하는 방식이 국가의 공식적인 입장이 되었다. 천·지·인제에 대한 천자국(중국)과 제후국(조선)의 향사 대상의 차이에 대한 인식, 곧 천자(天子)는 천·지·인 모두에 제사할 수 있고 제후는 지·인에만 제사할 수 있다는 인식이 더욱 분명해지게 되었다. 따라서 조선의 건국세력은 천(하늘)과 관련한 모든 종류의 제례를 폐기하고자 하였다. 우리 정체성의 중심에 닿아 있는 제천 전통의 강고함에도 불구하고 조선의 성리학자들은 신교식 제천의례, 유교식 제천의례, 도교식 제천의례 할 것 없이, 천과 관련된 제례라면 모두 폐지하고자 한 것이다.

유교의 종주국이자 천자국인 중국에게 신교(단군신앙)의 오랜 전통이자

14 김동환, 「대종교 성지 청파호 연구 – 종교지리학적 관점을 중심으로」, 『대종교보』 제294호, 대종교총본사, 2013, 52 – 53쪽 참조.

상징인 제천권마저 박탈당하였다. 우리 정체성의 근본인 제천권을 행사 못한다는 것은 정신사적으로도 뼈아픈 경험이었다. 먼저, 성스러움과 교통하는 최고의 수단을 포기하는 것으로, 천손의식이나 배달민족의 관념을 상실한 것과 통한다. 또한 제후국으로서의 조선이 천자국인 중국을 향하여 모든 권한을 포기하는 부끄러운 상징성의 사례가 되는 것이다.

한편 조선조 정체성의 위기와 관련하여 놓칠 수 없는 것이 우리 역사서의 망실이다. 우리의 역사서를 잃어버림은 곧 우리 역사의 망각 혹은 말살과 연결된다. 더욱이 우리의 삶을 진정으로 대변해주는 사서의 망실은 정체성의 붕괴와 함께 올바른 역사 접근을 근본적으로 어렵게 했다. 일찍이 북애자는

> "내가 말하고 싶은 것은 조선에 국사가 없다는 것이 가장 큰 걱정이다. 『춘추』를 지어 명분을 세우고 『강목』을 써서 정통과 윤통이 나뉘었는데, 『춘추』와 『강목』은 중국 선비의 힘으로 쓰였다. 우리나라 옛정서의 사서들은 여러 번 병화를 입어 다 흩어지고 없어졌다. 후세의 고루한 자들이 중국책에 빠져서 주나라를 높이는 사대주의만이 옳은 것이라 하고 내 나라 근본을 굳건히 세워 그것을 밝게 빛낼 줄 몰랐다. 이는 등나무나 칡넝쿨이 곧게 뻗어갈 줄 모르고 얽어매기만 하는 것과 같으니, 어떻게 천하다 하지 않을 수 있겠는가."[15]

라는 탄식을 했다. 그가 조선에 국사가 없다고 말한 것은, 우리의 정체성을 대변하는 국사, 즉 신교사서들의 부재를 한탄한 것이다. 그는 그것을 우리의 옛 정서를 담은 사서라 했다. 그것들이 병화에 사라져버리고 오직 중화적 가치에 함몰된 사서들이 득세함을 천박하다고까지 힐난

15 『규원사화』, 序.

했다. 한마디로 무역사의 시대, 망각의 시대를 살아가는 지식인의 넋두리가 오히려 처연키만 하다. "단군사가 전하거나 부여사가 전하거나, 고흥의 백제사가 전하거나, 이문진의 고구려사가 전하거나 거칠부의 신라사가 전하였으면, 아국(我國)이 금일(今日)에 지하여 민력(民力)이 팽창하여 동아에 칭패(稱覇)함도 가하며, 국위가 진작하여 서구를 부시(俯視)함도 가하거늘, 오호라, 고대의 거필(巨筆)은 병화(兵火)에 투(投)하며 진토(塵土)에 매(埋)하여, 일단편(一短篇)도 전치 못하고 전한 것은 노배(奴輩)의 사필뿐이라."고[16] 절규한 신채호의 정서도 마찬가지다. 역사서다운 사서는 모두 없어지고 노예무리들의 사필만 남아있음이 한스럽다는 것이다.

그러한 역사서의 수난 속에서 사서명을 확인할 수 있는 것만도 적지 않다. 조선조 세조 · 예종 · 성종 때의 수서령(收書令)에 나타나는 서목을 보더라도 우리의 신교사서가 적지 않았음이 확인된다. 수서령이란 말 그대로 책을 수거하라는 명령이다. 조선조 수서령은 비교적 신교와 관련된 역사책을 조선조 정부 차원에서 수거한 것이다. 그 서책명에 나타나는 의미가 유교와는 거리가 먼 것들이다. 따라서 수서령의 정책 배경 역시 조선의 국시(國是)와 떼어 생각할 수 없다. 조선의 국시는 바로 숭명의식(崇明意識)과도 직결된다. 따라서 중화질서에 어긋나는 우리의 주체의식은 쉽게 표출하기 힘든 상황이었다. 국시를 거스른다는 것은 반체제의 가치를 드러내는 것이요, 더욱이 숭명(崇明)에 반한다는 것은 역천(逆天)의 의미로까지 해석되었다. 그렇다면 자명해진다. 수서령에 포함된 책들이 비교적 우리의 정체성을 드러내는 상고사 혹은 신교가치를 담은 당대의 반체제 서적일 것이다. 숨기면 목을 베어 죽이겠다는(斬刑) 극단의 방법까지 동원

16 신채호, 「대동제국사서언」, 『단재신채호전집』 제3권(역사), 한국독립운동사연구소, 2007, 344－345쪽.

한 이유가 이를 뒷받침한다.

나철이 「중광가」에서 "후조선 휘참(諱讖)하야 세조 예종 금서(禁書)로 / 고조선사 오훈고(五訓誥) 신사비기(神事秘記) 다 탔네"라고 탄식한 것도,[17] 이러한 신교 관련 사서들의 참화를 지적한 것이다. 또한 이와 같은 조선조 수서령의 비극을, 처음으로 역사 속에 고발한 인물도 무원 김교헌이었다. 김교헌은 『신단실기(神檀實記)』(1914년)의 말미에 「경사재액(經史災厄)」이라는 부분을 실어, 단군시대의 고사와 경전이 후세에 인멸된 과정을 설명한 것이다. 이에 의하면, 단군시대의 경사가 부여 · 고구려에 유전하여 번역 간행된 것이 많았으나, 신라와 당이 고구려를 멸하면서 서고를 불태우고 민간소장을 거두어 태웠다 했다. 또한 부여에 소장되었던 것은 발해로 전해졌으나, 금(시대적으로 보면 요나라의 오기인 듯하다-필자주)이 나 · 당의 전철을 밟아 훼손하였다는 것이다. 그래도 남아 전해온 경사의 일부마저도, 조선조 세조 · 예종 · 성종 때의 수서령에 의하여 수거된 뒤 병화(兵火)로 인하여 유실되었음을 밝혔다.

조선조 수서령에는 안 나타나지만, 고구려의 『유기(留記)』100권이나 『신집(新集)』, 백제의 『서기(書記)』, 신라의 『국사(國史)』 등도 전하지 않는다. 또한 『신지비사』 · 『신지비사역술(神誌秘詞譯述)』 · 『조대기』 · 『진역유기』 · 『삼한습유기』 · 『대변경』 · 『신선전』 · 『해동비사』 · 『해동비록』 · 『단군기』 · 『해동고기』 · 『선사』 등도 제목이 익숙한 책들이다. 모두 신교적 내음이 물씬 풍기는 책들이다.

조선조 유교(성리학)에 유린당하고, 개화기 유입된 서양종교에 의해 배척당했던 우리의 정체성은, 일제강점기에 들어와 처절하게 파괴된다. 유

17 『대종교중광육십년사』, 앞의 책, 229쪽.

교적 합리주의로 포장된 조선조 중화주의에 신교(단군신앙, 대종교)는 만신창이가 되었다. 그리고 일제와 서양종교가 내세운 미신타파와 개화라는 명목 앞에 또다시 짓밟혔던 것이다. 가신(家神: 성조신, 조왕신, 부루단지 등)의 배척으로 '나'(가족)의 가치 공간이 사라져 버렸다. 동신(洞神: 산신, 서낭신, 당산신, 도당신, 부군신 등)에 대한 부정으로 '우리'(사회)의 가치 공간 역시 무너진 것이다. 이것은 일제강점기 아유카이 후사노신(鮎貝房之進)이, 우리 신교의 선배(先人 혹은 仙人)도를 승계한 화랑도가 선랑을 거쳐 무속화되고, 박사 · 무당 · 화랑이로 천박해지는 과정을 설명한 것과도 그 정서가 동일한 것이다.[18]

3. 부활의 시대

해방 이후 대종교단 내에서의 교사(敎史) 정리는 중요한 과제 중의 하나였다. 일제강점기에 대부분의 자료를 일어버린 대종교단에서 보면 가장 시급한 문제였다. 특히 대종교단에서 먼저 주목한 것이 『반만년종사(半萬年倧史)』라는 교사 정리다.[19] 그러나 자료 확보의 시간 부족과 집필 · 연구진의 준비 미흡으로 진행 되지 못했다. 그 차선책으로 우선 정리 발간한 것이 『대종교중광육십년사』로, 중광 이후의 교사를 정리한 것이다. 이것은 대종교가 중광 이전의 교사를 결코 가벼이 하지 않았음을 시사해 주는 부분이다.

대종교는 팔관의 부활체로 자처하며 중광을 선포했다. 몽고 침입에 의

18 鮎貝房之進, 『雜攷』第4輯(花郎攷), 朝鮮印刷株式會社, 1932, 참조.

19 『대종교중광육십년사』, 앞의 책, 1077쪽.

한 팔관 행사의 단절을 교맥(敎脈)의 단절로 이해하고 있는 것이나,[20] 나철이 자진순교(自盡殉敎)할 당시 남긴 유서에서도 진실한 정성을 위해 팔관의 재계(齋戒)[21]가 있음을 간곡히 일깨운 것에서도 확인된다.[22] 또한 대종교 중광과 이음동의어라 할 수 있는 팔관의 부활은 곧 한민족 근대정체성의 재정립이기도 했다. 그러므로 나철이 대종교 중광의 명분으로 내세운 '국망도존(國亡道存, 나라는 망했으나 정신(도)은 있다)'에서의 '정신(도)'가 팔관과 동일한 가치임을 알 수 있다. 이 구호는 과거 천 년 노예의 시대를 뒤엎는 일대 외침으로, 대종교 중광의 주요 명분이기도 했다. 나철의 정치적 스승인 운양 김윤식이, 1916년 나철의 순명조천(殉命朝天) 이후 쓴 치제문에도 잘 드러난다.

> …(전략)…
>
> 君嘗語余그대(나철 – 인용자 주)가 일찍이 나(김윤식 – 인용자 주)에게 말하길
>
> 昨非今悟어제가 잘못이었음을 오늘에 깨달았다고
>
> 國亡道存나라는 망했어도 정신은 남았으니
>
> 天所畀付하늘이 위임한 바라 하였네
>
> …(후략)…[23]

나철이 대종교를 일으키기 전에 이미 '국망도존'을 내세워 유교적 지식인으로 살아온 과거의 삶을 후회했다는 구절이다. 그리고 대종교를 일으

---

20 김득황, 『韓國思想史』, 南山堂, 1964, 216쪽 참조.

21 팔관재계란, 고려 때의 팔관재에서 임금과 백성이 한 가지로 하느님께 제사하되 '생물을 죽이는 것 · 도적질하는 것 · 음란한 것 · 망령되이 말하는 것 · 술을 마시는 것 · 높은 평상에 앉는 것 · 비단옷을 입는 것 · 함부로 듣고 봄을 즐기는 것' 등의 여덟 가지 허물을 금하자는 의식이다.

22 김교헌 편, 『홍암신형조천기』, 대종교총본사, 1953, 53쪽.

23 『운양집』제13권, 祭文, 祭大倧敎都司敎弘巖羅君喆文.

키는 일이 하늘이 준 사명이라 고백했다 한다. 이러한 나철의 '국망도존'은 1909년 대종교를 중광한 이후 수많은 동지들을 규합하는 명분으로도 외쳐졌다. 대종교 3세 교주인 단애 윤세복의 다음 기억에서도 알 수 있는 부분이다.

> "우리 대교(大教, 대종교 - 인용자 주)가 중광한 지 25년 동안 너희 일본의 무리한 박해를 늘 받아왔으나, 지금 시국의 정세는 더욱 변천되고 갈 데 올 데가 없는 오늘날, 나는 한배검의 묵시를 받고 스스로 순교의 길을 떠나는데, 만일 너희 당국의 양해를 얻으면 '국수망이도가존(國雖亡而道可存)'이라 하신 신형(神兄, 홍암 나철을 가리킴 - 인용자 주)의 유지(遺志)를 봉승할 것이오. 또 여의치 아니하면 나의 일신을 희생하여 선종사(先宗師, 2세 교주 김교헌을 가리킴 - 인용자 주)의 부탁하신 대은(大恩)을 갚겠노라"[24]

윤세복이 3세 교주가 된 이후인 1925년, 만주 지역에서도 대종교 포교금지령이 내려졌다. 이에 대종교는 밀산(密山) 밀림지역으로 은거하며 7년을 와신상담한다. 칩잠하던 대종교는 만주괴뢰정권의 합법적 양해 속에 대종교 포교를 재개하기 위한 정면돌파를 선택했다. 위의 내용은 1933년 어천절(음력 3월 15일) 경하식(慶賀式) 후에 윤세복이 새긴 마음의 각오다. 절체절명의 순간에서도 떠올린 것이 "국수망이도가존(國雖亡而道可存, 나라는 비록 망했으나 정신은 가히 존재한다")는 나철의 경구였다. 그 유지를 잇지 못하면 차라리 죽겠다는 필사즉생(必死卽生)의 결기가 나타나 있다.

대종교의 중광은 바로 국망(國亡, 일제의 침탈)이라는 절망감 속에서 도존(道存, 팔관·단군사상)으로써 미래의 희망을 찾고자 하는 선택이었다. 또한

---

24 『대종교중광육십년사』, 앞의 책, 444쪽.

이것은 질곡의 족쇄였던 중화의 껍질을 벗고 민족정체성을 찾아가고자 하는 거대한 역사(役事)이기도 했다. 이 사건은 우리 민족사의 전반에 커다란 변화를 몰고 왔다. 주권을 잃어버린 암흑시대에 희망의 메시지로 작용했으며, 민족정체성의 와해 속에서 방황하던 수많은 우국지사들과 동포들에게 정신적 안식처를 제공하였다.

특히 국망(國亡)이라는 수모를 당하게 된 역사적 원인에 대한 냉철한 반성과 도존(道存)이라는 정신적 일체감을 통한 치유방안을 동시에 제시함으로써, 한민족 정체성 재건의 당위적 방향을 제공했다는 점에서도 의미가 크다. 대종교의 중광이 한민족 근대정체성 확립과 표리관계라는 이해도 이러한 배경과 맞물린다. 근대정체성의 핵심 가치인 국시(國是, 홍익인간), 국전(國典, 개천절), 그리고 국기(國紀, 단군기원) 등이 대종교에서 파생된 것만 보아도 알 수 있다. 또한 국교(國敎) 관념이나 한글 정착, 그리고 중화사관과 일제관학에 맞서 우리의 역사학을 개척한 집단도 대종교다. 한마디로 '대종교=한민족정체성'이라는 등식까지도 무리 없이 도출된다.

오래 전 동아시아의 역사적 고대가, 한국 · 중국 · 일본 등, 동아시아 근대 국민 국가들에 의해 '만들어진 전통' 으로 변용된 현상을 강력히 문제 삼았던 책이 우리에게 관심을 끌었다. 또한 몇 년 전에는, 우리가 피상적으로 알고 있던 유구한 전통의 허상을 폭로하며, 국가 및 민족을 둘러싼 전통 창조의 거대 담론을 보여주는 책이 번역되어 많은 시선을 모았다.

두 책 모두 '근대=민족'이라는 등식을 전제로 재미를 본 것들이다. 이러한 논리에서 보면, 홍익인간이나 개천절, 그리고 단기 연호 등도 근대에 창조된 전통으로, 근대 민족의식의 성숙과 맞물려 나타난 제도화된 상징에 불과하다. 민족의 성립이 근대의 부산물이라면, 민족의식 역시 근대 이전으로 소급할 수 없는 한계를 갖기 때문이다.

그러나 역사의 줄기는 절대적 기준으로 엮을 수 없으며 상대적 변용 속에 간추려야 할 특성을 갖는다. 따라서 유럽의 역사 줄기로 모든 역사의 줄기를 세울 수 없다. 이것은 보편성이라는 구실로, 여타의 삶을 구속하려는 것과 다르지 않다. 특히 우리나라의 역사는 세계사에서 찾기 힘든 면면이 있다. 가장 대표적인 것이 민족의식의 발아가 비교적 이른 시기(늦게 잡아도 삼국시대)에 이루어졌다는 점이다. 또한 세계사에서도 드물게, 각 왕조의 역사가 유구하다는 점도 빼 놓을 수 없다. 이러한 시선으로 우리의 과거를 되짚으면, 만들어진 전통보다도 이어진 전통의 모습이 더욱 뚜렷하다.

홍익인간은『삼국유사』에 기록된 단군사화의 중심가치이며, 개천절은 소도제천 · 영고 · 동맹 · 무천 · 팔관 등과 시간을 달리한 이음동의적 문화가치다. 단기 연호 역시 우리 역사의 수난기마다 고개를 든 정체성 확인의 한 요소라는 점에서 빼 놓을 수 없다. 따라서 우리에게 홍익인간과 개천절 그리고 단기 연호는 근대에 들어 갑자기 '만들어진 전통'이라기보다는, 우리 역사에 연면히 '이어온 전통'이며, '만들어진 고대'의 잔영이 아니라 '이어져 온 고대'의 상징물이다. 더욱이 국교의식(國教意識) 정착과 한글 연구 그리고 민족주의역사학 확립 등도 대종교를 떠나 생각할 수 없는 요소들이다.

(1) 국시(國是)

국시란 국민 전체가 지지하는 국가의 이념이나 국가 정책의 근본 방침을 말하는 것으로, 장기적으로 유지되는 속성이 있다. 국시는 헌법과 달리 국내 · 외교 및 기타 여러 가지 분야 모두를 망라하는 것은 없고, 법률로 명문화되는 것도 아니다. 따라서 법적 구속력이 없는 선언적 경우가 대부분이며, 대체로 간결한 표현으로 나타남이 상례다.

국시란 말의 구체적 등장은 범엽이 쓴 『후한서』의 다음 내용에서 찾을 수 있다. "언젠가 장왕이 손숙오에게 물었다. '과인은 아직 어떻게 하는 것이 나라를 바르게 하는 것(國是)인지 모르겠소이다.' 손숙오가 대답했다. '나라에서 옳다고 하는 것이 곧 많은 사람들이 잘못되었다고 싫어하는 것일 수도 있습니다. 저는 이러한 경우 왕께서 자신의 고집만을 강조하여 이를 바르게 결정하지 못할까 두렵습니다.' 그러자 장왕이 불평했다. '올바른 결정을 내리지 못하는 것이 어찌 왕인 나에게만 책임이 있겠소? 신하에게도 역시 책임이 있지 않겠소?' 손숙오가 설명했다. '…(중략)…왕과 신하가 화합하지 못하면 올바른 국시는 결정될 수 없습니다.' 장왕이 말했다. '옳도다. 그대는 여러 신하들과 함께 국시를 정하도록(共定國是) 하시오.'"[25] 즉 초장왕과 초나라 명재상인 손숙오의 대화에서 공정국시(共定國是)라는 말로 나타나는 것이다.

일찍이 율곡 이이도 국시가 바로 서야 백성들의 마음이 뭉쳐지고 선비들이 올바르게 일어나므로, 국시를 바르게 함이 무엇보다 중요하다는 것을 강조한다.[26] 한편 성호 이익은 "비록 10인이 옳다고 하고 1인이 그르다고 하더라도 국시가 될 수 없는 것인데, 하물며 옳다고 하는 자가 10인이 되지 않음에 있어서랴? 또 붕당에 빌붙어 풍습을 선동하매 흑백이 정한 데가 없어, 배를 타고 방향을 돌리면 남북이 자리를 바꾸듯 하니, 장차 어디로 따라 갈 것인가? 그러므로 스스로 국시라고 창론하는 자는 나

25 『후한서』, 相譚馮衍列傳上.

26 『율곡선생전집』 권4, 疏箚2, 代白參贊論時事疏.

라를 망치는 논설인 것이다."[27]라는 언설을 통해, 국시를 세움이 쉬운 것이 아님을 말하고 있다. 특히 붕당(朋黨) 간의 정쟁으로 특징지어지는 정치 상황을 비판하면서, 당시 붕당들이 절대적인 것으로 내세우는 정쟁의 명분으로 이용되는 국시 주창을 공박한다. 이것은 과거 1980년대 반공을 국시라고 주장했던 군사정권과 통일을 국시라고 외쳐댔던 야당의원의 이념적 정쟁과도 흡사하다는 점에서 주목된다. 이것은 정체(正體)의 본질을 꿰뚫지 못하고 정체(政體)와 혼동하는데서 나오는 현상이라 할 수 있다.

아마도 우리의 역사 속에서 시·공간을 가장 폭 넓게 싸안을 수 있는 '공변의 가치(public thought)'로 홍익인간만한 것도 없을 듯하다. 홍익인간은 동이고조선계열에서 탄생한 보편적 가치로, 동이은상계열에서 나타난 인(仁)과 함께 중요한 상징성을 지닌다.[28] 홍익인간이라는 말은 『삼국유사』의 단군사화에 나온다. 옛날 환인의 서자(庶子) 환웅이 천하에 뜻을 두고 자주 인간세상을 탐내어 찾았다. 아버지가 아들의 뜻을 알고 아래로 삼위태백(三危太伯)을 굽어보니 '인간을 널리 유익하게(弘益人間)' 할 수 있는 곳이었다. 그리하여 천부인(天符印) 3개를 주어 인간세계로 보내 다스리게 한다는 줄거리로 요약된다. 즉 '하늘이 정해 준 고조선 건국이념(天定國是)'이 홍익인간이다. 그리고 이러한 건국이념은, 교화를 중심으로 정치와 종교를 일체화시킴으로써 평화로운 이상국가 건설을 궁극적 목적으로 한 의도와 연결되는 것이다.[29]

근대에 들어 홍익인간이라는 말이 대두된 것도 단군 관련 집단(대종교)

27 『성호사설』 권16, 人事門, 國是.

28 김동환, 「동이의 문화사상 – 정신적 이상으로서의 '仁'을 중심으로」, 『국학연구』 제14집, 국학연구소, 2010, 8쪽.

29 김동환, 「대종교와 국가정체성」, 『대종교보』 제295호, 대종교총본사, 57쪽.

이었다. 신교의 전래 경전인 『신사기(神事記)』에 홍익인세(弘益人世)라는 말로 홍익인간을 표현하고 있기 때문이다.

> "삼가 상고 하건데, 치화주는 한검이시니, 다섯 가지 일들(五事)을 맡으사 널리 인간세상을 유익케 하시며[弘益人世], 나라를 처음 세우사 법통을 만대에 드리우시니라. 세 선관들과 네 신령들에게 명령하사, 공경히 직분을 주시어, 사람의 삼백예순 여섯 가지 일들을 맡아 다스리게 하시니라."[30]

즉 홍익인간에 나타나는 인간의 의미가, 이 시대에 우리가 이해하는 인간이 아니라 '인간세상'의 뜻으로 해석됨을 본다면, 『신사기』에 표현된 홍익인세의 의미는 남다른 의미를 갖는다. 또한 홍익인세의 통치장치로 등장하는 것이 오사(五事, 主穀·主命·主病·主刑·主善惡)임이 주목된다. 오사란 인간 주생활과 관련된 통치를 말하는 것으로, 먹고 사는 것, 삶 속에서의 위계(位階), 삶의 생로병사(生老病死), 삶의 질서, 삶의 도덕과 윤리 등을 관장한 통치 질서라고 할 수 있다. 그러므로 대종교 항일단체 북로군정서 총재였던 백포 서일은 오사통치의 의미를 "심고 거둠을 때맞춰 하여 백성은 주림이 없고, 행하고 본받음이 마땅함을 얻으니 백성은 어김이 없고, 병빌미를 알고 미리 막아 백성은 천명을 지키고, 간사한 무리들이 머리 들지 못하니 백성은 송사(訟事)가 없고, 상과 벌이 분명하여 백성은 죄를 범함이 없느니라."[31]라고 새기고 있다.

홍익인간은 1920년대의 신민족주의자들에게 와서 본격적으로 주목되고 인용되기 시작했다. 이 시기의 과제는 사상적 · 계급적 대립을 통합할

30 정열모 편, 『譯解倧經四部合編(全)』, 대종교총본사, 1947, 92－93쪽.

31 같은 책, 122쪽.

민족적 지도이념을 정립하는 것이었는데, 조소앙과 정인보·안재홍과 같은 신민족주의 사상가들은 외래사상 아닌 토착적·고유적 유산 속에서 통일민족국가의 지도원리를 찾고자 하였으며, 그들에 의해 주목된 고유의 이념이 바로 홍익인간이었다. 이들 신민족주의적 국학자들은 홍익인간 이념을 사상적·계급적 대립을 통합하여 통일민족국가를 성사시킬 수 있는 지도원리로 재해석하고 이 이념을 일반에게 적극 보급하고자 한 것이다. 정인보는 그의 『조선사연구』에서

> "아사달 창기(創基)의 초에 이미 홍익인간으로써 최고의 정신을 세우니 만큼, 이내 전민족 공통의 교의(敎義)로 널리 또 길게 퍼지며 내려온지라……"[32]

고 설명하는 것을 보더라도 확인할 수 있다. 정인보이 민족사 개창기의 개국정신으로 주목한 '홍익인간의 대도'는 조소앙·안재홍 등에 의해 민주·평등·복지·평화와 같은 현대정치적 이념을 함축하는 고유적 이상으로 해석되었고 나아가 통일된 신국가 건설을 주도하는 기본 이념으로 등장했던 것이다.[33]

홍익인간과 관련하여 가장 주목되는 인물은 조소앙이다. 그는 홍익인간을 통일국가건설과 세계일가 이상을 실현할 수 있는 최고 공리(公理)로 규정하고, 홍익인간을 특히 균등사상의 측면에서 해석하여 그의 삼균주의 정치이론의 사상적 토대로 삼았다. 조소앙의 정치사상적 집대성이요 임시정부 이념의 중요한 토대가 되었던 삼균주의 또한 대종교의 교리·교사와 밀접하다. 그는 「대한민국건국강령」에 우리의 건국정신을 다음과

32 정인보, 「조선사연구(하)」, 앞의 책, 182쪽.

33 정영훈, 『단군민족주의와 그 정치사상적 성격에 관한 연구』, 단국대박사학위논문, 1993, 60쪽.

같이 밝혔다.

"우리나라 건국정신은 삼균제도의 역사적 근거를 두었으니, 선민(先民)이 명명한 바 수미균편위(首尾均平位)하면 흥방보태평(與邦保太平)하리라 하였다. 이는 사회 각층 각 계급의 지력(智力)과 권력(權力)과 부력(富力)의 향유를 균평하게 하며, 국가를 진흥하며 태평을 보유(保維)하리라 함이니, 홍익인간과 이화세계하자는 우리 민족이 지킬 바 최고공리…."[34]

조소앙의 이러한 인식은 또 다른 글(「한국독립당당의해석」)에서도 여실히 나타난다. 즉 "당의(黨義)의 중심사상은 평등이다. 우리 선철은 말하였으되 '수미균평위하여 흥방보태평함이 홍익인간하고 이화세계하는 최고공리라'하였다. 다시 말하면 머리와 꼬리(上下라고도 할 수 있다)의 위치를 고르게 함으로써 나라를 흥왕케 하며 태평을 보전함이 널리 인간을 유익케 하며 세계를 진리로써 화하는 가장 높은 공리라 함이다. …(중략)… 물(物)이 평(平)함을 부득(不得)하면 반드시 명(鳴)하며, 명하여도 평할 길이 없으면 필경 난(亂)에 이르게 되고, 수미의 위(位)가 평균하면 인간을 홍익할 뿐만이 아니라 세계까지 합리화할 수 있는 것이다. 그러므로 우리는 항상 과(寡)를 불환(不患)하고 불균(不均)을 환(患)할지니 이는 동서고금에 움직일 수 없는 진리인 것이다."[35]라는 주장이 그것이다.

사실 조소앙이 내세운 삼균주의의 유일한 역사·사상적 근거가 『신지비사』에 나오는 '수미균평위(首尾均平位) 흥방보태평(興邦保太平)'이라는 한 구절이다. 이 구절의 가장 오래된 전거(典據)는 『고려사』에 나오는 내용인

34 조소앙, 「대한민국건국강령」, 『소앙선생문집』상, 삼균학회, 1970, 148쪽.

35 조소앙, 「한국독립당당의해석」, 같은 책, 206쪽.

데, 『용비어천가』제15장 「주(註)」에도 언급이 있다. 공교롭게도 『신지비사』를 전하는 신지(神誌)라는 인물도 대종교의 경전과 관련된다. 즉 대종교경전 『신사기』를 보면 삼백 육십 육사(三百六十六事)를 주관하여 다스리는 삼선사령(三僊四靈)의 한 사람으로 다음과 같이 사관(史官)의 과업을 맡고 있다는 점이다.

> "신지야! 너는 사관[史]이 되어서, 문서[書契]를 맡으라. 맡은 뜻을 드러내고 글은 일을 기록함이니, 백성을 옳음으로써 가르쳐서, 하여금 좇을 바를 알게 함이 오직 너의 공적이니라. 힘쓸지어다."[36]

또한 근대에 들어와 이 신지비사를 처음으로 언급한 인물도 나철이다. 나철은 1914년 「제고령사제문(祭古靈祠祭文)」[37]과 1916년 순교(殉教) 당시 유시(遺詩)로 남긴 「중광가」41장[38]에서도 언급하고 있음을 볼 때, 조소앙의 삼균주의의 역사적 근거가 되는 『신지비사』 내용 또한 대종교의 영향이 컸음을 암시 받을 수 있다. 다만 그는 『신지비사』를 도참설(圖讖說)이나 종교적 비서(秘書)로만 보지 않고, 균평(均平)의 근본원리를 밝힌 전거(典據)로 취하고 여기에 홍익인간 · 이화세계의 건국이념을 연결시켜 민족주의적 이데올로기의 중심개념으로 하려 하였음을 알 수 있다.

안재홍 역시 홍익인간이념을 다사리 · 만만공생 · 대중공영 · 민주주의 · 민생주의 같은 현대적 정치원리로 재해석하여 '새시대창건의 지도원리'로의 신민족주의이론의 한 기둥으로 삼았다.[39] 정인보도 홍익인간을,

36 『역해종경사부합편(전)』, 앞의 책, 95쪽.

37 『대종교중광육십년사』, 앞의 책, 170－171쪽.

38 같은 책, 239쪽.

39 안재홍, 「신민족주의와 신민주주의」, 『민세안재홍전집』2, 지식산업사, 1981, 참조.

우리민족이 인간세계를 열고 나라를 세운 최고의 준칙이었으며 '조선의 조선됨이 그 근본되는 연원'이자 '겨레의 줏대되는 정신'이라 강조하고, 공익을 사적 이익에 앞세우던 홍익인간의 전통을 잊고 실천하지 않은 데서 망국이 초래되었다는 담론을 전개한다.[40] 또한 최남선은 홍익인간의 가치지향을 '활동목표의 전일적(全一的) 인도완성(人道完成)'이라고 규정했으며,[41] 백두산을 밟고 감격적으로 토로한 다음의 글에서는 홍익인간의 국시적 가치를 더더욱 부각시키고 있다.

> "'홍익인간' 네 글자만 하여도 아무에게도 없고 여기에만 있는 어떻게 거룩한 인간의식, 국가원리, 인생철학이냐. 또 그대로 어떻게 구원한 진리의 예각적 표현이냐. 어느 창세설화나 건국설화에나 이러한 정대적(正大性) · 고귀성(高貴性)을 가지고, 또 이렇게 훌륭한 이상의 광소(光素)를 머금은 유례가 다만 하나라도 있느냐 없느냐? 이것이 누천년 전에 인류의 대부(大部)가 배밀이도 분명히 못할 때에 우리의 창작하고 전승하던 사상임을 생각하면, 이 엄청난 은총을 눈물로써 느꺼워하지 아니할 수 없다. 이는 실로 조선의 빛일 뿐 아니라 인류의 자랑이라 하여도 조금도 과할 것 없을 일이다. 인류는 창세에 대하여 조국(肇國)에 대하여 어떻게든지 철학적 · 관념적의 설명을 가지려 하였다. 그리하여 민족이라는 민족은 다 그 심능(心能)을 다하여 하나 씩 그것을 만들었다. 그런데 그 최대능(最大能)을 내고, 최고조(最高潮)를 보이고, 최상돌기(最上突起)를 지은 것이 조선의 그것이다. 그렇게 한 갸륵한 고동이 실로 홍익인간이라는 점이었다."[42]

광복 이후 홍익인간은 한국교육의 지도이념으로도 채택되었다. 미군정

40 정인보, 「조선사연구(하)」, 앞의 책, 182-184쪽. ; 정인보, 「병자와 조선」, 『담원정인보전집』 2, 연세대출판부, 1983, 363-369쪽.

41 최남선, 「檀君神典의 古義」, 『육당최남선전집』 2, 현암사, 1973, 197쪽.

42 최남선, 「백두산근참기」, 『육당최남선전집』 6, 현암사, 1973, 129쪽.

하에서 교육문제를 자문하던 조선교육심의회에서다. 백낙준과 안재홍의 노력으로 이루어진 것이다. 특히 백낙준은 홍익인간 이념의 유래가 『삼국유사』나 『제왕운기』보다 훨씬 옛적부터 전해온 것으로, 우리민족의 이상을 가장 잘 표시하고 있기 때문에 대한민국의 교육이념으로 손색이 없다고 강조하였다. 백낙준은 미국에서 교육을 받은 기독교인이었다. 기독교인이면서 미국식 교육을 받은 그가 홍익인간이념을 강조했다는 것은 광복 이후만 하여도 단군을 중심으로 한 정체성이 종교를 초월하여 공유되어 있었음을 보여주는 대목이라 할 수 있다.[43] 이들의 주도하에 조선교육심의회 제4차 전체회의(1945.12.20)에서는 교육의 근본이념을 "홍익인간의 건국이상에 터하여 인격이 완전하고 애국정신이 투철한 민주국가의 공민을 양성함"에 두기로 결정하기에 이르게 된다.[44]

홍익인간은 대한민국이 건국된 후 교육법이 제정되면서 교육이념으로 정식 채택된다. 당시 홍익인간을 교육이념으로 채택한 동기를 『문교개관』에서는 "홍익인간은 우리나라 건국이념이기는 하나 결코 편협하고 고루한 민족주의 이념의 표현이 아니라 인류공영이란 뜻으로 민주주의의 기본정신과 부합되는 이념이다. 홍익인간은 우리 민족정신의 정수이며, 일면 기독교의 박애정신, 유교의 인(仁), 그리고 불교의 자비심과도 상통되는 전인류의 이상이기 때문이다"라고 설명하였다.[45]

물론 이러한 일련의 과정이 순탄한 것만은 아니었다. 당시 마르크시즘의 계급중심적 유물사관에 편향된 공산주의자들은, 홍익인간을 과학 아닌 신화에 토대된 반동적인 관념이라 규정하고 민주건국이라는 시대과제

43 백낙준, 『한국교육과 민족정신』, 문교사, 1953, 25쪽.

44 홍웅선, 『광복 후의 신교육운동』, 대한교과서주식회사, 1991, 16쪽.

45 문교부 편, 『문교개관』, 문교부, 1958, 4-5쪽.

에도 어울리지 않는다며 거부하였다.[46] 또한 미국과 서양으로부터 학문적 · 종교적 경험을 습득한 이들도 홍익인간을 공격하였다. 그들은 홍익인간이 실증되지 않은 신화에 근거하고 있는 데다 구체성이 결여된 추상적 · 포괄적 관념이라는 것을 못마땅해 하였으며, 홍익인간이념을 강조한 입장의 배후에 존재하는 민족주의적 논리에 대해서도 그것이 편협한 자긍심을 형성하여 세계시민의식을 제약하고 독재정권에 봉사할 우려가 있다는 점을 비판한 것이다. 이것은 홍익인간이라는 가치가 진보와 보수로부터 늘 괄시 당해 온 경험을 말해준다.

근자에는 일부 국회의원들이 우리나라 교육이념 등 기본 방향을 규정하고 있는 '홍익인간'을 삭제하고 민주시민을 교육의 기본 이념으로 구체화하자는 내용의 황당한 법개정안을 발의한 적이 있다. 물론 철회하였지마는 국가지도층에 있는 인물들의 천박한 역사인식의 단면을 보여주는 사건이었다.[47]

지금 한반도의 분위기는 분단의 고착화로 기우는 분위기다. 다문화사회의 갈등은 발등에 떨어진 불이 아닌가. 중국이나 일본의 정체성 확산에 우리의 존재마저 희미해져가는 지금이다. 홍익인간은 이러한 난국에 대항할 우리의 둘도 없는 정체성 제고 방안이다. 홍익인간은 동북아시대의 존립근거인 우리 정체성의 상징이다. 또한 정치인들이 입만 열면 외쳐대는 통일과 다문화사회의 모순 · 충돌을 녹여낼 귀중한 철학이기도 하다. 그 속에는 구심(민족정체성)과 원심(인류애)이 공존하기 때문이다.

이념 지향은 탈시간적 · 범공간적인 가치일수록 외연확장성을 갖는다.

46 백남운, 「조선역사학의 과학적 방법론」, 『백남운전집』 4, 이론과 실천, 1991, 127－128쪽.

47 김동환, 「홍익인간과 철부지정치인들」(『통일뉴스』 2021년 4월 21일, http://www.tongilnews.com/)

홍익인간은 우리의 시 · 공간을 아우르는 공변의 가치이며 누구와도 어울릴 수 있는 접화군생(接化群生)의 도라는 점을 다시금 새겨야 할 시기다.

(2) 국전(國典)

개천(開天)은 '세상을 다스리도록 하늘이 열린 것'을 말한다. 개천이란 본디 환웅이 처음으로 하늘을 열고 백두산 신단수 아래로 내려와 홍익인간 · 이화세계의 뜻을 펼치기 시작한 사건과 관련 있다. 그리고 여기서 개천(하늘이 열림)이라 함은, 천명(天命)에 의해 최초의 인간공동체인 신시를 열고 첫 국가 고조선을 건설한 사건을 상징적으로 표현한 것이다. 우리 민족이 천자신손으로서의 자격을 갖고 제천숭조의 당위성을 확보하는 근거도 여기에 있다. 그러므로 개천절은 '하늘이 열려 세상을 다스리는 질서'를 기념하는 날이라 할 수 있다.

국가가 시행하던 단군관련 제례의 내용에 대해서는 자세한 기록을 찾을 수 없지만, 민간의 신앙에 대해 전하는 문헌에서는 10월 3일이라는 구체적인 날짜가 적시되기도 하였다. 조선 후기 평안도 지역에서 활동하던 김염백의 단군신교 교단도 10월 3일과 3월 15일을 단군의 탄생일과 선거일(仙去日)로 정하여 제례를 개최한 것으로 알려지는데, 이점 역시 단군관련 민간신앙 속에 10월 3일에 대한 전승이 있었음을 확인시켜준다.

한편 개천절은 단군제천을 시작으로 상고 때부터 내려오는 전통으로, 영고 · 동맹 · 무천 · 상달제 · 팔관 등과 연결되고 있으나, 그 명칭의 역사적 흐름은 정확하지 않다. 다만 조선 숙종조 북애자의 『규원사화』에는 이러한 제천의 전통을 '오랜 세월 이어온 우리의 국가제전(東方萬世之國典)'으로 단정하는데, "태백산(백두산-인용자 주)은 신시씨가 오르내린 신령한 땅이며, 단군이 임금 자리를 계승하고 시작한 땅이기 때문에, 제사 또한 태백에서 처음으로 행해졌다. 이것은 오랜 세월 이어온 우리의 국가제전이 되었다. 때문에 옛 임금들은 반드시 먼저 하느님[上帝, 가장 크고 높은 으뜸되는 신-인용자 주], 그리고 단군삼신을 공경하여 섬기는 것으로 도를 삼았다."[48]라는 내용이 그것이다.

최남선 역시 개천절의 연원을 말함에 있어, 누가 만들거나 언제부터 시작했다는 것이 아니라, 우리 민족 배태기(胚胎期)로부터 구원한 민속적 사실로 자연히 성립되고 발달해 나온 것이라고 설명했다.[49] 또한 개천의 의미를 인문(人文)의 시작으로 보면서, 어디까지나 종교적이며 철학적이며 예술적이라고 덧붙혔다.[50] 더불어 개천절이 보본(報本)을 위한 제천에서 비롯했음을 다음과 같이 주장한다.

> "보본반시(報本反始) 생활원리의 근저에 대한 반성 및 진신(振新)의 상시적 노력은 조선민족 윤리상에 있는 중대한 일목표이니, 이 민덕(民德)의 구체화된 것이 시간적 행사에 있어서는 일년 일차의 제천중심의 전민족 경절이요, 시방 말로 하면 개천절이란 것이다."[51]

근대 개천절의 등장과 정착에도 전래 단군신앙과의 연결이 주목된다. 즉 구한말 대종교 중광의 근거가 되는 「단군교포명서」(1904년)의 서두에 10월 3일을 '개극입도지경절(開極立道之慶節)'이라고 밝힌 데서 기인하는 것이다. 후일 대종교를 일으킨 나철이 이것을 계승하여 1910년 9월 27일(음력)

---

48 『규원사화』, 단군기.

49 최남선, 「개천절」(『동아일보』 1927년 10월 29 · 30일)

50 최남선, 「개천절」(『동아일보』 1926년 11월 7일)

51 최남선, 「개천절」(『동아일보』 1927년 10월 29 · 30일)

의식규례를 제정발포하면서 '개천절은 강세일(降世日)과 개국일(開國日)이 동시 10월 3일이라 경일(慶日)을 합칭(合稱)함'이라고 규정함으로써 개천절의 명칭을 분명하게 했다.[52]

안재홍은 "해마다 이 개천절을 국경일로 기념하게 된 것이고, 동시에 국조이신 단군의 성적을 옹호하고 유지하는 사업은 문득 민족정기를 똑바로 세워 독립과 자유와 통일 단합을 재촉하는 기본조건의 하나로 되는 것이다."라고 개천절의 의미를 부여하고 있고, 조소앙 또한 우리 민족이 단군의 개천건국이래 동방에서 가장 유구한 역사와 찬란한 문화를 가졌다고 자부하면서, 고구려의 무위(武威)와 신라 · 백제 · 고려 · 조선의 문화를 자립하면서 오늘에 이르렀으니 세계 어느 민족에 비하여도 손색이 없었고 이렇듯 찬란하고 유구한 문화 위에 독립 자주하여 온 것은 물론이고 문화적으로도 영도적 지위에 있었음을 자타가 부인할 수 없는 것이라고 단정하고 있다. 한편 정인보도 1935년 발표한 글에서 시월(十月) 개천절의 철학적 의미를, 개천(開天)의 의미가 단군이 하늘의 부탁을 받아 홍익인간의 뜻을 이 땅에 새긴 것으로 해석함으로써, 천자신손(天子神孫)으로서의 자부심과 문화민족으로서의 유구함을 강조하여 민족적 단결을 일깨웠다.

이 세상에 하늘이 열린 날을 기념하는 나라도 드물 듯하다. 개국절이 아닌 개천절을 만든 우리 민족이 그 주인공이다. 나라 세움을 기리는 날을 '개천절'이라고 이름 붙인 것은 분명 범상스럽지 않다. 건국이나 개국이란 말 대신에 '개천', 즉 하늘을 열었다는 뜻의 말을 쓴 것은 우리 조상의 삶의 가치가 어떤 것인지를 웅변해 주고도 남는다. 즉 일신강충(一神降衷) · 천신

52 『대종교중광육십년사』, 앞의 책, 160쪽.

강림(天神降臨) · 천손의식(天孫意識)을 그대로 상징화시켜 주고 있다.

그러므로 하늘의 하늘집을 옮겨, 땅위의 하늘집을 만들고, 사람 속의 하늘집을 만듦도 개천사상과 무관치 않다. 하늘의 질서로 선택된 삼위태백에서, 하늘의 이치를 옹글게 심고 깨달아가야 하는 집단이 바로 배달민족이다. 지상천궁에서 하느님을 머릿골 속에 모시고 사는 인간들, 그것이 바로 천손의식의 출발이다.

또한 하늘을 연다다는 것은 과연 무엇을 하자는 것인가. 그것은 하늘[天]의 뜻을 펼치는 것[開]이 시(始)와 종(終)을 이룬다는 점에서도 흥미롭다. 그 시천례(始天禮)가 개천절이요, 귀천례(歸天禮)가 어천절이다. 그러므로 개천절과 어천절을 통하여 하늘이 인간과 끊임없이 교감하는 뫼비우스의 띠가 형성된다. 또한 개천은 개지(開地)하고 개인(開人)하는 그런 열림인 것이다. 즉 하늘의 질서를 땅에 펼치고 하늘의 규범을 인간에 심어주는 것, 그것이 바로 개천의 뜻이다.

한편 개천절 역시 우리의 정체성과 불가분의 관계를 갖는다. 예로부터 그 집단의 정체성을 상징하는 것이 천제(天祭)임을 보아도 알 수 있다. 즉 하늘과 직접 교감하는 인간(혹은 집단)이 바로 천하의 주인이라는 의식이 바로 그것이다. 우리의 삼신[환인 · 한웅 · 환검(단군)]의 문화 역시 제천의 시대였다. 더욱이 우리는 제천을 통하여 하늘을 공경하고, 제지(祭地)를 통하여 땅을 위무하며, 제인(祭人)을 통하여 조상을 숭배해 온 것이 우리의 고속(古俗)이다.

제천권(祭天權)을 상실하였다는 것은 주권을 잃어버림과 상통하는 의미였다. 중국이 조선을 제후국가로 한정시키면서 제천의례의 정당성 문제가 부각된 것도 이러한 연유에서다. 그래도 조선초기에는 제천의례가 정기적은 아니었지만, 재난에 대한 기원으로써 부정기적으로 거행됐다. 세

조때 정기의례로 회복이 됐긴 했어도, 대체로 조선시대를 통해서 중단된 상태였다. 그 기간 동안에 제천의례의 역할을 했던 것은 도교적인 의례들이었다. 고종 때인 1897년 대한제국이 성립되면서 고종의 황제등극의례로서 하늘에 제사를 드리는 제단인 원구단이 건축되고, 그 원구단에서 등극의례가 거행되었다. 고종황제가 중국으로부터 독립된 황제의 권위를 확보하기 위해 원구단을 짓고 제천의례를 올린 것은, 세조 3년 이후 440년만의 일이었다. 중국의 천자만이 하늘의 제사를 올릴 수 있다는 사대주의를 물리치고 우리가 바로 하늘의 자손이며, 진정한 독립국의 백성임을 내외에 알린 것이다.

나철이 1909년 대종교를 중흥시키면서, 제천을 통하여 정당성을 찾고자했음도 이러한 배경과 연관된다. 즉 제천을 통해 단절된 팔관의 도맥을 복원하고자 했고, 제천을 통해 과거 중화주의적 종속성을 벗어나고자 했으며, 제천을 통해 기울어진 국권을 다시 세우려했다는 것이다. 따라서 일제하에는 대종교로 국한되는 종교적 기념일을 넘어서 범민족적 기념일로 인식되었을 뿐만이 아니라, 망명동포들이 거주하는 곳이면 때마다 기념행사를 거행하여 민족의식을 고취시키고 조국독립의 의지를 다지는 계기로 삼았다.

상해임시정부(1919)도 발족한 첫해부터 국무원 주최로 음력 10월 3일에 「대황조성탄 및 건국기원절 축하식」을 거행하였다. 따라서 일제강점기를 통하여, 개천절 행사는 민족의식을 고취하는 데 기여하였으며, 중경(重慶) 등지의 임시정부에서도 대종교와 합동으로 경축행사를 거행하였다. 독립운동의 대표기관을 자처한 임시정부가 10월 3일을 대황조성탄절이자 건국기원절로 정하여 공식적인 정부차원의 축하식을 거행한 것은 중요한

의미를 갖는 사건이었다.[53]

1920년대로 넘어오면 개천절이라는 이름이 더욱 일반적으로 사용되게 된다. 개천절이 건국절 또는 건국기원절보다 더욱 일반적으로 사용되게 된 데는, 개천이라는 말이 더욱 의미심장하고 함축한 바가 크다는 데에 있는 것 같다. 말하자면 단군에 의한 건국이라는 사건만이 아니라 민족과 고유문화전통의 시작이라는 사건을 모두 포괄하여 상징적으로 표현해 줄 수 있는 말로 개천이라는 말이 더 적절한 것으로 인식되었던 것이다. 일제하의 언론도 개천절이라는 이름하에 그 기념행사들을 보도하고 있으며, 대종교라는 특정 종교를 넘어 민족적 기념일로 자리매김해갔다. 개천절 무렵이 되면 각종 언론들이 개천절의 유래와 의의에 대해 계몽하는 기명 · 무기명의 논설을 게재하여 일반의 인식제고를 선도하였다.[54]

한편 대종교의 개천절 복원은 당시 일제의 문화정책을 근본적으로 후퇴시키는 저항이기도 했다. 즉 일본 황국주의자들에 의해 날조된 일본 역사의 기원에 대한 근본적 부정임과 아울러, 일제가 말살하려던 전래 신교의 제전(祭典)을 공식화한 것이라는 점에서 그렇다. 일본의 건국신화를 절대적인 역사적 사실로 둔갑시킨 장본인들은 19세기 명치유신(明治維新)을 추진한 일본의 국수주의자들이다. 기원전 660년 신무천황(神武天皇)이 야마도국을 정복하고 일본국을 세웠다는 『일본서기』의 건국신화를 근거로, 그 날짜를 2월 11일로 삼아 기원절(紀元節)을 제정한 것이다. 그들은 기원

---

53 『독립신문』1919년 11월 27일.「大皇祖聖誕 及 建國紀元節 祝賀式」, 1920년 5월 6일.「가미고이도가오소」, 1923년 11월 10일.「開天節祝賀式 擧行」, ; 『동아일보』1922년 11월 29일.「上海의 開天慶祝, 法界三一堂에서」, 1924년 11월 1일.「檀君開天紀念祝賀式」, 1924년 11월 9일.「上海에 建國紀元節, 단군탄강일을 성대히 긔념」, 1924년 11월 18일.「南京서 開天祝賀, 여러 가지로 긔념축하」.

54 정영훈, 「단기 연호, 개천절 국경일, 홍익인간 교육이념 – 현대 한국에서의 단군민족주의의 제도화에 관한 연구」,『정신문화연구』제31권 제4호(통권113호), 2008년 겨울호, 한국학중앙연구원, 175쪽.

전 660년 음력 정월 초하루를 약력으로 환산하여 2월 11일을 기원절(紀元節)이라는 이름의 개국기념일로 공식화시켰다. 일본은 한반도와 만주지역에서 개국한 다른 나라들, 즉 신라의 기원전 57년, 고구려의 기원전 37년, 백제의 기원전 18년보다 그 개국연도가 500여년 앞선 선진국이기 때문에, 20세기에 들어와 한국과 만주를 지배하는 것이 당연하다는 명분을 내세웠던 것이다. 일선동조론(日鮮同祖論)의 성립도 여기서 명분을 얻었다.

일제의 기원절을 넘어서는 우리의 개천절 행사는 일제 감시 대상의 주요한 하나였다. 당시 항일운동의 총본산이었던 대종교가 주도하는 행사였으며, 민족적 정체성 확인과 자주독립 의지를 고취시키는 동력이 바로 개천절이었기 때문이다. 일제의 동원수탈정책과 민족말살책동이 심화되던 만주사변 이후에는 국내에서는 개천절 행사 개최 자체가 불가능하게 되어갔고, 관련 보도도 일제의 핍박에 의해 언론에서 거의 사라지게 되었음이 그 방증이다.

더불어 개천절은 연면히 이어온 우리 민족의 국가제전으로, '내마음 속의 얼(하느님)'을 찾아가는 정체성의 근거였다. 개천절은 곧 하느님의 뜻이 세상에 터진 날이라는 뜻이다. 그 뜻을 짊어지고 온 이가 단군이다. 따라서 '하늘을 열어놓고(開天)' 살림을 하자는 것은 무엇인가. 천지화합과 천인합일의 사업을 펼치자는 말과 같다. 그것이 또한 '우리의 일(天業)'이요 사명인 것이다. 우리 민족이 수천 년 동안 아프고 쓰라린 시련을 겪어야 했던 것은, 어쩌면 이러한 단군 할아버지의 개천기도의 정신을 잊어버렸기 때문일지도 모른다. 기도는 인간의 영성(靈性)을 정성스레 하여 하느님과 소통하는 둘도 없는 세레머니다. 그 기도 속에는 하늘의 씨알을 중심으로, 인간의 정체성(가장 인간다움)이 있고, 배달겨레의 주인정신(천손의식)이 있으며, 인간들의 궁극적 삶의 지향(홍익인간)이 배어있기 때문이다. 단군의 개천기도를 오늘 우리가 다시 하여야 하는 이유가 여기에 있다. 하느님의 뜻을 받아야 하는(신인합일) 이유가 여기에 있다.

(3) 국기(國紀)

나라의 벼리[紀]는 그 나라의 뼈대가 되는 줄기로써, 그 나라의 역년의식(歷年意識)과 직결된다. 우리에게 있어 연호는 바로 역사의식의 줄기다.[55] 과거에는 중국의 연호를 따라 쓰는 것이 일반적이었다. 그런 현상은 사대모화사상과 유교적 명분론이 우세하던 시기에 더욱 심화되었으며, 거기에는 자신을 독자적 중심이 아닌 주변적 존재로 생각하는 소극적 · 비주체적 정체성이 깔려 있었다. 조선 왕조는 중국에 대한 사대를 대외관계의 기본원칙으로 삼고 출발하였으므로 명과 청의 연호를 사용해왔다. 한말에 와서 개화사상의 보급과 함께 국제사회의 대등하며 자주적인 구성원으로의 국가정체성이 자각되면서 독자연호를 사용하기 시작하였다. 개국기원(1894)이나 건양(建陽:1896) · 광무(光武:1897, 대한제국) · 융희(隆熙:1907, 순종) 등이 그것이다.

그러나 이런 것들은 왕권국가차원의 독자성을 천명한 것으로 민족적 차원의 독자성이나 정체성을 표현한 것은 아니었다. 이들 왕권국가 차원의 연호가 아니라, 민족적 차원의 정체성인식을 반영하여 대두된 연호가 바로 단군기원이다. 즉 민족적 특성과 왕조의 조국의식(肇國意識)이 맞물려 나타난 것이 단기 연호라 할 수 있다. 그러므로 구한말 단기 연호의

55 김동환, 「단기연호 성립의 역사적 배경 – 檀君紀年意識을 중심으로」,『선도문화』제12권, 국학연구원, 2012, 9 – 46쪽 참조.

등장은 중화질서로부터의 탈피를 말하는 것이면서, 일본제국주의를 향한 자주독립국으로서의 선언이기도 했다.

단군기원은 우리 민족의 시조라는 점과, 우리나라 최초의 국가를 세운 조국자(肇國者), 그리고 그 집단의 최초의 통치자라는 의미가 어우러진 관념의 상징화라 할 수 있다. 흥미로운 것은 19세기 말에서 20세기 초, 동북아 3국이 각자의 인물을 내세워 기년의 기준으로 삼았다는 점이다. 한국의 단군기원과 더불어, 중국의 황제기원(黃帝紀元), 일본의 천황기원(天皇紀元)이 그것이다.

중국의 황제기원은, 류스페이(劉師培, 1884-1919)가 1903년 『국민일일보(國民日日報)』에 발표한 「황제기년론(黃帝紀年論)」에서 출발한다. 이 「황제기년론」은 같은 해에 출판된 『황제혼(黃帝魂)』이란 책 속에 「황제기년설(黃帝紀年說)」로 실렸다. 한족의 비조가 황제헌원이며, 문명을 최초로 개척한 인물 역시 황제라는 것에서 황제기년의 명분을 찾고 있다. 또한 황제기년 주장을 위한 외적 자극으로, 예수기원과 마호메트 기원을 언급하고, 내적 자극으로서는 공자기원에 대한 차별을 끌고 온 것이다. 공자는 교(敎)의 기원이지만 황제는 종족(種)의 기원이라는 점을 강조하고 있다. 당시 공자기원의 주장은 강유웨이(1858-1927)를 중심으로 한 변법자강파들과 『신민총보(新民叢報)』를 이끈 량치차오(1883-1929) 등에 의해 주창되었다.[56]

일본의 황기(皇紀-神武天皇卽位紀元)는 중국보다 이른 시기인 1872년 메이지 정권에서 태정관(太政官) 포고 제342호에 의해 제정되어, 이듬해인 1873년 1월 1일 태양력 채용과 동시에 시행되었다.[57] 국가의 기원을 진무

56 黃帝子孫之多數人 撰述, 「黃帝紀年說」『黃帝魂』, 黃帝紀元4614年(1903年)[羅家倫 主編, 『黃帝魂』(中華民國史料叢編), 中國國民黨中央委員會黨史史料編纂委員會], 1-2쪽.

57 日本文化硏究會 編, 『神武天皇紀元論 · 紀元節の正しい見方』, 立花書房, 1958, 참조.

천황 즉위에 맞춘 것은 고대의『일본서기』출현 이후 일반적인 인식으로써, 이러한 기년법의 인식은 에도시대 후기의 1840~1860년대에 걸쳐 국학자들에 의해 주창된 것이 시작이다.

흥미로운 것은 메이지유신 이후 일본의 연호들이 중국의 철학적 배경과 관련된다는 점이다. 즉 중국의 고전인『주역(周易)』과『상서(尙書)』, 그리고『사기(史记)』등에서 연호의 의미를 가져왔다는 것이다.[58] 가령 메이지(明治, 1868-1912)라는 연호는『주역』,「설괘(说卦)」에 나오는 "이(離)괘라는 것은 밝음이니 만물이 모두 서로 보니 남방의 괘다. 성인이 남쪽을 대면하여 천하의 소리를 듣고는, 밝음을 향하여 정치를 하니, 이는 대개 그 이(離)괘에서 취함이다.(離也者明也 萬物皆相見 聖人南面而聽天下 嚮明而治 蓋取諸此也)"라는 구절에서 기인한 것으로, 메이지(明治)는 곧 '밝은 정치'와 연관된 연호다. 또한 다이쇼(大正, 1912-1926)도『주역』,「단사(彖辞)」에 실린 "바른 것으로 크게 형통하는 것이 바로 하늘의 명이다.(大亨以正 天之命也)"라는 구절에서 뽑아온 구절이다. 즉 '바른 것으로 크게 형통'한다는 의미의 연호인 것이다.

또한 쇼와(昭和, 1926-1989)는『상서』,「요전(堯典)」의 "백성은 밝고 밝으며, 모든 나라와 협화한다.(百姓昭明 協和萬邦)"는 구절에서 유래한 것으로 '백성들의 밝음과 다른 나라와의 협화'가 강조된 연호라 할 수 있다. 끝으로 헤이세이(平成, 1989-2019) 역시 중국의 고전과 연관된다.『사기』,「오제본기(五帝本紀)」와『서경(書經)』,「대우모(大禹謨)」에 나오는 내용을 가져온 것이다. 즉『사기』의 "아버지는 바르고 어머니는 인자하며 형은 우애하고 동생은 공손하며 자식이 효도하면 안이 평온하고 바깥은 이루어진다.(父義

---

58 김동환,「단기연호 성립의 역사적 배경 - 檀君紀年意識을 중심으로」, 앞의 책, 22-23쪽.

母慈 兄友 弟恭 子孝 內平外成)"는 내용과, 『서경』의 "땅은 평온하고 하늘은 이루어진다.(地平天成)"는 구절에서 가져온 것이다. 곧 헤이세이(平成)라는 연호는 '평온과 이룸'의 소망이 담겨있는 말이다.

우리의 단군기원은 우리 민족에게 연면히 이어온 단군기년의식의 제도화된 상징으로써, 단군왕검이 고조선을 세워 즉위한 BC 2333년을 원년(元年)으로 하는 한국의 연호를 말하는 것이다. 단군을 동국사의 기원으로 생각하는 관점은 특정의 사건이나 역사적 사실들을 인식함에 있어, 그 의미를 우리 역사의 흐름 속에서 생각하게 하고 단군이 건국한 후 얼마나 지난 시점의 일인지 따져보는 행동으로 나아가게 된다. 그러므로 단군기년의식(檀君紀年意識)의 태동도 이러한 분위기와 맞물린다. 한마디로 단군기년의식이란, 단군과 관련한 기년 문제를 통해 민족의 기원을 단군으로부터 세우려하는 민족적 심리라고 정리할 수 있다.

단기 연호의 배경이 되는 단군기년의식의 역사적 실례는 고려 때부터 이미 나타나고 있다. 단군에 대한 기록 및 이의 연대를 추정케 해주는 기록인 『삼국유사』의 『고기(古記)』류나 『위서(魏書)』, 그리고 『제왕운기』에 등장하는 『본기(本紀)』류를 통해 단군기년의식을 확인할 수 있기 때문이다. 단군기년에 대한 의식을 단군기원의 연대와 직접적으로 연결시킨 최초의 기록은 『고려사』다. 『고려사』「열전」에서 백문보(白文寶, 1303-1374)가 공민왕에게 글을 올려 단군기원을 언급한 부분이 나타난다. 「열전」에 나오는 백문보편에는 공민왕에게 올린 글에서, "천수(天數)는 순환하여 주기적으로 반복합니다. 700년이 작은 주기(一小元)이 되고, 이것이 쌓여 3,600년이 되면 큰 주기(一大周元)가 됩니다. 이것은 삼황오제의 시대, 왕도와 패도, 다스려지고 다스려지지 않음, 흥하고 쇠하는 주기입니다. 우리나라는 단군으로부터 지금까지 이미 3,600년이니 큰 주기가 바뀌는 시기입니다.

마땅히 요순과 육경(六經)의 도를 준행하고 공리화복지설(功利禍福之說)을 행하지 말아야 합니다. 이와 같이 하면 위로는 하늘이 돕고 음양이 시의에 맞게 되어 국운이 연장될 것입니다."[59]라고 말한 것이 그것이다.

이색의 단군기년의식 역시 주목된다. 그는 "조선씨의 입국은 실은 당요의 무진세"[60]라는 인식으로 단군을 이해했다. 이것을 보면 당대 지식인들의 단군인식이 적지 않게 퍼져 있음을 직감케 한다. 1369년(공민왕 18년) 동녕부(東寧府) 정벌에 나선 고려군이 그 포고문에서 우리나라가 요(堯)와 함께 세워졌다고 자부한 것도, 이러한 단군기년의식과 밀접한 것이었다.

조선조의 단군기년의식 역시 개국시기로부터 나타난다. 조선왕조가 개창되면서 자기문화에 대한 자존심과 주체의식의 표상으로서 단군인식이 등장하기 때문이다.[61] 조선왕조에서는 국가의 명칭을 조선으로 정하여 (고)조선계승의식을 분명히 했다. 변계량은 "우리 동방의 시조는 단군인데, 하늘에서 내려오셨지 천자께서 지역을 나누어 봉한 것이 아닙니다. 단군은 요임금 무진년에 하늘에서 탄강하셨는데, 지금 3천여 년이 되었습니다. 하늘에 제사를 지내는 예가 어느 시대에 비롯되었는지는 모르겠으나, 그 또한 천여 년 이상이나 개정하지 않았고, 우리 태조 강헌 대왕께서도 그대로 인습(因襲)하여 더욱더 부지런히 하였습니다. 그러므로 신이 우리 동방에는 하늘에 제사를 지내는 이유가 있어 폐지할 수 없다고

---

59 『고려사』 권112, 열전 권25, 諸臣. 後上疏言事曰, 國家世守東社, 文物禮樂, 有古遺風. 不意寇患屢作, 紅巾陷京, 乘輿南狩, 言之可謂痛心. 今當喪亂之後, 民不聊生, 宜霈寬恩, 以惠遺黎. 且天數循環, 周而復始, 七百年爲一小元, 積三千六百年, 爲一大周元. 此皇帝王霸, 理亂興衰之期. 吾東方, 自檀君至今, 已三千六百年, 乃爲周元之會, 宜遵堯 · 舜六經之道, 不行功利禍福之說. 如是則上天純祐, 陰陽順時, 國祚延長. 願念睿廟置淸燕 · 寶文閣故事, 講究天人道德之說, 以明聖學. 且鄕曲皆正則國家可理, 唐鄕置大中正, 國初亦置事審. 今宜大小州郡, 復置事審, 糾察非違. 新羅始崇佛法, 民喜出家, 鄕 · 驛之吏, 悉逃徭賦, 士夫有一子, 亦皆祝髮. 自今官給度牒, 始得出家, 三丁不足者, 並不聽.

60 『牧隱詩稿』 권9, 序, 送偰符寶使還詩序.

61 김동환, 「단기연호 성립의 역사적 배경 – 檀君紀年意識을 중심으로」, 앞의 책, 29 – 34쪽 참조.

한 것입니다."[62]라는 상주(上奏)를 통하여 단군기년의식을 통한 제천의 정당성을 말하고 있다.

권근의 『응제시(應製詩)』에 실린 「시고개벽동이주(始古開闢東夷主)」 역시 시사하는 바 크다. 조선 개국 초인 1396년(태조5년) 권근이 명나라에 사신으로 가서 명태조의 어제시(御製詩) 3수를 받고, 응제시(應製詩) 24수를 지어서 바친 글에 실린 하나다. 권근은 그 시제(時題)의 의미 설명을 "옛날에 신인이 단목 아래 하강하자, 나라 사람들이 그를 임금으로 세우니 단군이라 이름하였다. 때는 당요 원년(戊辰)이었다."[63]라고 표현했다. 단군의 기년(紀年)이 요임금 원년에서 시작함을 말한 것이다.

조선 건국으로부터 등장하는 이러한 단군기년의식은 성종 때 편찬된 『삼국사절요(三國史節要)』나 『동국통감(東國通鑑)』에 와서는 보다 구체화되고 있다. 고대사 중심으로 엮어진 『삼국사절요』와 고대에서 고려시대까지 기록한 『동국통감』에서, 단군조선을 한국사의 출발점으로 등장하는 것이다. 특히 『동국통감』(단군조선이 비록 外紀로 처리되었지만)에서는 단군의 즉위년을 중국 요임금 25년으로 비정하면서, 기존의 통설(단군 즉위년=요임금 원년)을 바꾸어 놓았다. 김종직의 문인으로 『표해록(漂海錄)』을 남긴 최보(崔溥)가, 「동국통감론(東國通鑑論)」을 통하여 이러한 단군기년의식을 그대로 인식하고 있었던 점도 눈에 띈다. 남효온(1454-1492) 역시 단군기년의식에 대한 구체적 역년을 가늠했다. 즉 1482년(성종 13년), 경징군(慶徵君)의 부음(訃音)을 접하고 읊은 시를 통하여, 단군이 나라를 개국한 지 3,700년

62 『春亭集』 권7, 封事. 吾東方 檀君始祖也 盖自天而降焉 非天子分封之也 檀君之降 在帝堯之戊辰歲 迄今三千餘禩矣 祀天之禮 不知始於何代 然亦千有餘年 未之或改也 我太祖康獻大王 亦因之而益致勤焉 臣以爲吾東方有祀天之理而不可廢也

63 『陽村集』 권1, 應製詩, 始古開闢東夷主. 昔神人降檀木下 國人立以爲主 因號檀君 時唐堯元年戊辰也

이 지났다고 그 역년을 헤아리고 있다. 더욱이 어린이 독본용으로 박세무(朴世茂, 1487-1554)가 저술한 『동몽선습(童蒙先習)』(1670년 간행)에서는, 단군을 우리나라 최초의 임금으로 내세우면서 요임금과 병립(竝立)했다는 기년의식을 뚜렷이 보여주고 있다.[64] 이것은 단군기년의식의 세대(世代)를 넘어선 확산이라는 점에서 중요한 의미를 갖는다.[65]

연면히 이어지던 단군기년의식의 성숙은 16세기 사림세력의 등장과 더불어 나타난 모화사대의식 속에서 주춤거렸다. 즉 조선 성리학자들이 이상적 치세시기(治世時期)로 여겼던 중국의 삼대(三代:夏·殷·周)를 계승했다는 기자(箕子)의 위상이 높아진 것이다. 자연히 단군기년의식 역시 후퇴하게 된다. 한백겸은 『동국지리지(東國地理志)』(1615년)를 통해 우리의 상고사를 남·북 이원적(二元的) 사고로 인식함으로써, 우리 민족의 근원이 단군에 귀일한다는 단일민족의식을 희석시켰다. 홍여하 역시 『동국통감제강(東國通鑑提綱)』(1672년)에서 단군을 동장(東長)·동진(東眞)·숙신(肅愼)과 더불어 동방 4개국 중의 하나로 인식했다. 더욱이 단군은 나라도 끊어지고 그 후손도 없다는 식으로 단군의 의미를 크게 약화시킴으로써, 단군기년의식의 후퇴를 조장하게 된다.[66]

단군기년의식의 고양은 조선 후기 백과사전의 대표적 저술이라 할 『지봉유설(芝峯類說)』에도 그대로 드러난다. 1614년(광해군 6년)에 편찬된 이 책에는 "요임금 원년 갑진으로부터 홍무원년(洪武元年, 명태조 주원장의 연호-인용자 주) 무신까지 총 3,785년이고, 단군원년 무진에서 우리 태조원년 임

64 『동몽선습』, 總論. 東方初無君長 有神人 降于太白山檀木下 國人立以爲君 與堯竝立 國號朝鮮 是爲檀君

65 김동환, 「단기연호 성립의 역사적 배경 – 檀君紀年意識을 중심으로」, 앞의 책, 29 – 34쪽 참조.

66 박광용, 「단군인식의 변천」, 『韓國史學史硏究』1, 조동걸선생정년기념논총간행위원회, 1997, 84 – 87쪽 참조.

신(壬申)까지 역시 3,785년이니 어찌 다를 것인가. 이러한 이치로 계산해 보면, 단군원년으로부터 선왕(先王, 宣祖-인용자 주) 정미(丁未, 1607년-인용자 주)까지 4,000년이나 된다."[67]라고 밝힘으로써, 단군원년 무진설을 통해 단군기년을 구체화시키고 있다.

조선후기로 오면서 단군기년의식은 『규원사화』의 등장으로 최고조를 맞았다. 물론 이 책은 활자화되어 출간된 것은 아니다. 반유교적 정서를 담고 있기에 개인의 필사본으로 전해져 왔다. 1675년(숙종 2년) 북애노인(北崖老人)의 저술로 알려진 이 책의 「단군기」에는 단군기년의식이 세밀하게 기록되어 있다. 제1대 단군 왕검으로부터 제47대 단군 고열가까지의 치세 연수를 밝힌 것이다.[68]

또한 이문재(李文載, 1615-1689)가 명나라의 문헌인 『집황명기전(輯皇明紀傳)』의 「지대륜(支大倫)」을 원용하여, 단군원년 무진에서 태조(이성계)원년 임신까지를 역시 3,785년으로 기산하고 있음이 확인되는가 하면, 18세기에 들어서도 단군기년의식은 여기저기서 보인다. 즉 18세기 초 신유한(申維翰)은 단군 무진으로부터 3,725년이 조선 태조원년인 임신이라고 밝히고 있다.

이러한 단군기년의식은 실학자들의 안목에서도 예외는 아니었다. 홍대용은 "동방에 처음 군장이 없었다. 신인(神人)이 태백산 박달나무 아래 내려오시니 추대하여 임금으로 삼았다. 이 분이 단군이다. 그 시작한 해는 요임금 무진년이다."라는 인식으로 『동국통감』「외기(外紀)」의 견해와 거의 일치하는 의견을 보였다. 또한 이덕무도 조선 단군원년을 무진년으로 보

67 『지봉유설』 권3, 君道部, 帝王. 自唐堯元年甲辰 至法武元年戊申 總三千七百八十五歲 檀君元年戊辰 至我太祖元年壬申 亦三千七百八十五歲 異哉 以此計之 自檀君元年 至先王丁未 爲四千歲也

68 김동환, 「단기연호 성립의 역사적 배경 – 檀君紀年意識을 중심으로」, 앞의 책, 36 – 38쪽 참조.

고, 요임금 25년 무진년과 동일하게 인식했으며, 정약용 역시 단군 즉위 연도를 요임금 25년으로 기산하고 있다.

19세기 중엽 편집된 이규경의 『오주연문장전산고(五洲衍文長箋散稿)』에서도, "동방은 단군 무진년으로부터 본조(本朝)까지 무릇 3,811년이다."라는 역년을 통해, 단군기년의식의 구체성을 그대로 드러내고 있다. 이러한 단군기년의식의 연면한 전승을 통한 단군인식의 고양은 1900년에 새 국면을 맞는다. 나라에서 고종37년(1900년) 단군묘(檀君墓)를 단군릉(檀君陵)으로 격상시킴으로써, 단군인식의 변화된 위상을 확인한 것이다.

더욱이 한말에 와서는 외세의 본격적인 간섭으로 인한 국가정체성이 자각되면서, 독자연호를 사용하고자하는 의식이 구체화되었다. 개국기원(1894)이나 건양(建陽, 1886) · 광무(光武, 1897) · 융희(隆熙, 1907) 등이 그것이다. 그러나 이런 것들은 왕권국가차원의 독자성을 천명한 것이지 민족적 차원의 독자성이나 정체성을 표현한 것은 아니었다. 이러한 왕권국가차원의 연호가 아니라, 우리의 역사 속에 끊이지 않고 이어온 단군기년의식에 대한 자각, 즉 민족적 차원의 정체성인식을 반영하여 대두된 연호가 바로 단군기원[檀紀]이다.

20세기 단군기원의 출발 역시 대종교와 맞물린다. 대종교의 중광 선언인 「단군교포명서」에 그 기원을 찾을 수 있기 때문이다. 「단군교포명서(檀君敎佈明書)」의 서두를 보면,

> "오늘은 오직 우리 대황조 단군성신께서 나라를 여시고 한얼이치의 그 진수를 펼치시어 깨우침의 참다운 도리를 세우신 지 4237회가 되는 경절이라, 우형(愚兄) 등 13인이 태백산(지금의 백두산) 대숭전에서 본교 대종사 백봉신형을 찾아가 절하여 뵙고, 본교의 심오한 뜻과 역대의 소장된 말씀을 엄숙히 받들어 모든 우리 동

포 형제자매에게 삼가 알리오니, 본교를 높이 받들어 선을 추구하며 악을 피하여 영원한 복리(福利)가 저절로 한 몸, 한 집안, 한 나라에 이르기를 바라고 원하나이다."[69]

라고 시작하고 있다. 여기에 언급된 4237회라는 기년은 단군기원으로써, 「단군교포명서」가 반포된 1904년을 말하는 것이다. 이후 단군의 건국으로부터 기산하는 '조선건국 ○○년', '단군개국 ○○년' 또는 '단군기원 ○○년' 식의 기년법이, 1905년경부터 더욱 본격화 된다. 『황성신문』은 판형을 개량한 1905년 4월1일자(1905호)부터 '단군개국' 기년를 기자원년 · 대한개국 · 광무 · 서기 · 음력 · 일본명치 · 중국광서와 함께 병기하고 있는데, 이와 같은 기년방식은 『대한매일신보』나 『만세보』· 『경남일보』· 『예수교회보』· 『공립신보』· 『신한민보』 등 국내외에서 발간되던 다른 신문들도 따르고 있다. 그 이후에는 단군기원만으로 년대를 적는 방식이 점차 보급되었다.[70]

(4) 국교(國敎)

일제강점기의 가장 큰 종교 쟁점은 우리의 전래 신교(神敎, 대종교)와 일본 신도(神道)의 충돌이었다. 일본 정체성의 핵심인 신도를 통하여 조선의 새로운 치유와 통합의 완성을 도모하려 했던 일제로서는, 일본 신도의 종주(宗主)를 자처하며 나타난 대종교를 부정하는 것이 새로운 치유와 통합의 첩경이었다.

---

69 『단군교포명서』(단군교단, 1904)

70 정영훈, 「단기 연호, 개천절 국경일, 홍익인간 교육이념 – 현대 한국에서의 단군민족주의의 제도화에 관한 연구」, 앞의 책, 163–193쪽 참조.

우선 대종교를 중광한 나철이, 일본의 신도가 우리 신교에 뿌리를 두었다는 다음의 인식을 주목해 볼 일이다.

"대화(大和: 일본 – 인용자 주)의 옛 사기(史記)를 살펴보건대, 일본 민족의 근본과 신교(神敎)의 본원이 다 어디로부터 온 것이며, 신사(神社)의 삼보한궤(三寶韓几)와 궁내성(宮內省)의 오십한신(五十韓神)[71]이 다 어디에서 왔으며, 의관문물(衣冠文物)과 전장법도(典章法度), 그리고 공훈을 세운 위인들이 다 어느 곳으로부터 왔는가."[72]

즉 일본의 신도만이 아니라 일본문화의 모든 질서가 한국으로부터 건너갔음을 말하고 있다. 그것도 일본 정체성의 뿌리가 모두 한국으로부터 갔다는 내용이 담긴 서한을 일본총리에게 보낸 것이다. 이후 패망 때까지, 일제가 극렬하게 대종교를 없애려 한 근본적인 이유가 여기에 있다. 결코 일제는 그들의 신도와 한국 전래 신교(대종교)의 양립을 용납할 수 없었던 것이다. 신도를 국교로 했던 일제로서는, 신도의 뿌리를 자처하는 조선의 신교(대종교)를 용납한다는 것이 성립되지 않았다. 한마디로 신교와 신도와의 전쟁이었다. 이것은 일본 신도의 '태생적 한계'(한국의 전래 신교에 그 뿌리를 둠)에서 오는 자격지심도 있으려니와, 신도의 국교화를 통한 조선의 영구지배를 위해서도 단군으로 상징되는 조선의 정체성을 방관할 수 없었기 때문이다.[73]

그러므로 1915년 국내에서의 대종교포교금지령이 내려진 이후의 신교 국내 활동은 거의 불가능한 상황이었다. 1915년 8월 16일 공포된 「포교규

71 五十韓神이란, 이소다게루(五十猛)나 이데도(五十迹手) 그리고 일본 황실의 시조로써 백제계의 신(神)인 가라가미(韓神)를 지칭하는 것이다.

72 『대종교중광육십년사』, 앞의 책, 247쪽.

73 김동환, 「대종교 성지 청파호 연구 – 종교지리학적 관점을 중심으로 –」, 앞의 책, 225쪽.

칙」은 일본의 신도를, 불교 · 기독교와 함께 식민지 조선에서 종교로 공인한다. 일제는 1915년 10월 1일 조선총독부령 제83호로 발포한 '포교규칙'에 의하여[74] 대종교는 그들이 정한 신도가 아니라는 이유로 신청서를 각하하였다. 사실상 종교 활동의 중단 상태로 빠져들었다. 그리고 대종교에 대한 통제가 가능해지자, 일제는 서서히 자신들 국체의 우월성을 교화하는 국가신도(國家神道)를 보급하며 신도의 국교화를 진행시켰다.

일제의 신사 창건과 신도의 보급은 일본의 국풍(國風)을 우리에게 이식하겠다는 의도에서 출발하였다. 즉 그들의 조상신을 우리의 조상이라 정당화함으로써, 내선일체 · 일선동조론의 명분을 합리화하고 궁극에서는 황민화를 달성하려 했다. 한민족 정체성의 상징인 대종교가, 일제의 패망 때까지 총체적 대일항쟁의 길을 걷게 됨도 그 이유다. 우리의 신교(대종교)와 일제의 신도 간에 물러설 수 없는 싸움이 전개된 것이다. 따라서 일본 신도의 원조임을 내세운 대종교의 종교 공간은, 일제의 탄압에 의해 철저하게 부정되고 말살되었다.

일제의 신도 정책에 대항한 대종교의 조직적 저항 역시 만만치 않았다. 나철은 대종교의 국교의식(國敎意識) 환기를 통해 일제의 신도 국교화와 정면으로 충돌했다. 나철은 대종교가 우리 민족의 역사 속에 연면히 흘러온 종교이며, 우리 민족의 종교적 사유를 가장 옹글게 간직한 것이 단군신앙으로 보았다.[75]

우선 대종교의 전래 경전이 단군시대로부터 유래되는 것이며 그것의 역사적 전개 또한 교명(敎名)만 달리 할 뿐, 동북아 전역에 이어 왔다는

74 朝鮮總督府, 『朝鮮總督府施政年報』, 大正 6年(1915), 372쪽.

75 김동환, 「국학과 홍암 나철에 대한 연구」, 『국학연구』 제9집, 국학연구소, 2004, 228쪽.

것이다. 즉 부여에서는 대천교(代天教) 고구려에서는 경천교(敬天教) 발해에서는 대도진종(大道眞倧), 그리고 신라는 숭천교(崇天教)로 고려는 왕검교(王儉教)로 만주에서는 주신교(主神教)로 흘러 왔음을 밝혔다.[76] 또한 삼신제석으로 떠받드는 성조신(聖祖神)과 태백신제(太白神帝)인 산상신(山上神), 그리고 만주족이 신봉하는 주신(主神)과 태고단신(太古檀神), 중국인들이 떠받드는 동황대제노백신(東皇大帝老白神) 등도 같은 하느님의 이음동의어로 보고 있다.[77]

또한 나철은 "교문을 세우니 이름하여 대종이요 현묘한 도의 근원은 삼일이라(乃設教門曰大倧 玄妙之原道三一)"고 밝힘으로써,[78] 현묘지도의 근원이 단군신앙의 삼일철학에 있음을 설파했다. 그러므로 그는 순교 당시 제자 엄주천에게 남긴 유서에서도 신라 최치원의 '난랑비서(鸞郎碑序)'를 간곡하게 일깨우는데,[79] 이것은 최치원의 '국유현묘지도(國有玄妙之道)'에 나타나는 국교의식을 전수하려는 나철의 의지라고 보아도 무리가 없다. 최치원의 현묘지도(풍류도)는 한국 고대종교의 결정체로서, 국가적 · 민족적 · 영토적 · 문화적 통합에 의해서 형성된 한국 고대의 가장 뚜렷하고 독창적인 종교요 사상이며 문화이기 때문이다.[80]

나철이 창교가 아닌 중광(重光:단군신앙을 다시 일으킴)을 내세운 것도, 몽고 침입 이후 7백 년 간 단절되었던 위와 같은 종교적인 맥을 다시 세웠기 때문으로 풀이된다. 즉 단군신앙 고유제전인 팔관(八關)이 몽고의 침략으로 무너졌다는 것이다. 까닭에 나철은 순교 당시 유서를 통해서도 진실

76 『홍암신형조천기』, 앞의 책, 63쪽.

77 같은 글, 68쪽.

78 『대종교중광육십년사』, 앞의 책, 172쪽.

79 『홍암신형조천기』, 앞의 책, 91쪽.

80 도광순, 「풍류도와 신선사상」, 『신선사상과 도교』, 범우사, 1994, 83쪽.

한 정성을 위해 팔관의 재계(齋戒)가 있음을 일깨우고 있다.[81] 팔관은 고려조 이지백(李知白)의 상소 내용에서도 전래되어온 선랑(仙郞)의 유풍이었음이 확인되고,[82] 고려 의종은 선풍(仙風)과 팔관회를 받들어 따를 것을 명한 바가 있으며,[83] 그 행사 내용도, 백희가무(百戲歌舞)와 사선악부(四仙樂部), 다섯 길이 넘는 채붕(綵棚) 설치와 모든 신하들이 포홀행례(袍笏行禮)를 하는 등의 불교적 행사와는 완전히 다른 전래 행사였다.[84]

아무튼 나철의 위와 같은 국교의식은 김교헌 · 서일 · 신규식 · 윤세복 · 이시영 등등 당시 많은 사람들에게 파급되었다. 대종교의 국교적 의미 부여는, 당시 신문인『대한매일신보』에서 이미 언급되고 있다.[85] 즉 국가 간의 세력 다툼에서 종국적으로는 종교의 침략이 나타남을 지적하고, 그 나라의 국성(國性)으로 된 국교의 의미를 인식시켰으며, 대종교와 천도교가 그러한 가치 위에서 나타난 것임을 소개하고 있다. 또한『황성신문』논설에서도

> "我始祖檀君은 神聖의 德으로 繼天立極ᄒᆞ셧스니 神道說教로 作君作師ᄒᆞ심을 歷史의 明證이오 神人의 后裔로 神教를 信仰ᄒᆞᆷ은 理想의 固然이라. 故로 星湖 李先生이 日 我國古代에 神教가 始有라 ᄒᆞᆷ이 豈不信哉리오. 由此觀之ᄒᆞ면 我國의 宗教 歷史ᄂᆞᆫ 第一世 神教오 第二世 箕子의 倫教오 第三世 佛教오 第四世 儒教로 相承ᄒᆞᆷ이 歷歷可證이라. 凡我子孫은 此教化歷史에 對ᄒᆞ야 宜乎紀念ᄒᆞ고 崇拜ᄒᆞᄂᆞᆫ 思想이 有ᄒᆞᆯ지로다.(원문을 그대로 실음 – 인용자 주)"[86]

---

81 『홍암신형조천기』, 앞의 책, 53쪽.
82 『고려사』 권94 열전 제7, 徐熙.
83 『고려사』 권18, 세가 제18, 의종24년.
84 『고려사』 권69, 志23, 禮11, 嘉禮雜儀, 仲冬八關會儀.
85 『대한매일신보』 1910년 5월 18일. 「論說 – 韓國宗教界의 將來(續)」.
86 『황성신문』 1910년 8월 9일. 「論說 – 我檀君子孫의 民族과 疆土아 教化의 歷史」.

라고 언급했다. 여기서는 단군의 종교가 신교(神教)로써 역사가 증명하는 것이며, 성호 이익의 말로도 뒷받침된다는 것이다. 또한 기자의 윤교(倫教) 뿐만 아니라, 불교, 유교에 앞선 유구한 종교가 단군 신교임을 강조했다.

박은식 역시 정신적 승리를 위한 종교의 중요성을 주창했다. 당시의 대종교가 단군 시대의 신교에서 출발하여 연면히 이어온 종교임을 다음과 같이 언급한다.

> "단군 시대에는 신도(神道)로 백성을 교화하였기에 그 종교를 신교(神教) 또는 배천교(拜天教)라 한다. 대개 고대 사람들의 사상은 모두 신권(神權)에 복종하였다. 그러므로 역(易)에 이르기를, '성인은 신도로 교를 베프니 천하가 복종하였다'라는 것이 그것이다. 우리 동방의 역대 왕조에 고구려의 시조는 선교(仙教)로 세상을 다스렸고, 신라의 시조는 신덕(神德)으로 나라를 세운 것은 모두 단군으로부터 온 것이고, 단군이 신인(神人)으로 세상에 내려온 것으로 동방교화의 시조를 삼았기 때문에 오늘날 조선의 교계에 대종교가 있다. 종(倧)은 신인의 칭호이니 이는 단군의 신교를 받드는 것으로 곧 역사적 종교이다."[87]

이것은 단군신앙이 단군의 신교를 출발점으로 연면히 이어왔다는 점을 강조함으로써, 대종교 국교관에 통시적 당위성을 부여해 주고 있다. 또한 신채호도 "단군이 곧 선인(仙人)의 시조라, 선인은 곧 우리의 국교(國教)이며"라고 밝힘으로써,[88] 단군신앙이 우리 민족의 국교임을 주창하고 있다. 또한 정인보는 해방 후 「순국선열추념문」을 통하여, "국변(國變) 당시 조야(朝野)를 통하여 열절(烈節)히 계기(繼起)한지라, 수토(守土)의 장리

---

87 박은식, 「대동고대사론」, 『백암박은식전집』 제4권, 동방미디어, 2002, 387쪽.
88 신채호, 「조선상고사」, 앞의 책, 372쪽.

(長吏)를 비롯하여 구원(丘園)에서 간정(艱貞)을 지키던 이, 국교(國敎)로 민지(民志)를 뭉치려던 이, …(후략)…"라는 표현과 같이,[89] 국교의 기원을 단군에 두고 나철을 국교(國敎)로써 민족의 뜻을 뭉치려 하였던 인물로 평가하고 있다.

한편 일제강점기 많은 지도층 인사들이 대종교에 직접 입교하지는 않았더라도, 당시 단군 사상의 정점에 있었던 대종교를 국교로 받아들이려는 정서가 팽배해 있었다.[90] 그러므로 일제하 만주지역을 보더라도, 대종교는 종교적 성격보다 이주 한인사회를 상징하는 사회운동단체와 같아서 다른 종교인들과도 쉽게 교류하게 되었다. 천도교 · 기독교인이라 하여도 대종교에 대해서는 거부감을 보이지 않았으며, 모두 백두산 아래 모인 배달족일 뿐이었다.[91] 또한 대종교에 입교하여 대종교인으로서 활동하지 않았다 하더라도, 국교적 대종교관을 가진 인물들도 적지 않았다. 백범 김구는 카톨릭 배태교인(胚胎教人)이면서도 대종교를 방문할 때마다 천진전(天眞殿)에 참배(參拜)드리고 윤세복을 배견(拜見)한 후 나도 대종교인이라는 것을 자처하면서, 우리가 한배검 자손인 이상 모두 그 가르침 속에 살아 왔음을 고백하곤 했다.[92] 김구가 『백범일지』, 「나의 소원」 부분에서 우리나라가 세계에 우뚝 서는 나라가 되기를 간절하게 소망하는데, 무력(武力)이나 경제력(經濟力)이 아닌 '아름다운 문화'로써 우뚝 서기를 갈망한

89 정인보, 「순국선열추념문」, 『담원정인보전집』2, 앞의 책, 264－265쪽.

90 김동환, 「일제하 항일운동 배경으로서의 단군의 위상」, 『선도문화』 제10권, 국학연구원, 2011, 168쪽.

91 서굉일, 「단애 윤세복과 독립운동」, 『단애윤세복선생추모학술강연회논문집』, 대종교종학연구원, 2001, 18쪽. 이러한 예는 당대 대표적인 천도교의 이론가였던 이돈화에게서도 발견된다. 즉 이돈화는 대종교의 교사인 『단군교오대종지서』를 『단군역사』라는 제목으로 불교잡지에 연재도 했다.(白頭山人, 「檀君歷史」, 『潮音』, 朝鮮佛教青年會通度寺支會(1921년 11월), 27－29쪽 참조.)

92 이현익, 『대종교인과 독립운동연원』(프린트본), 1962, 48－49쪽.

다. 그리고 그 힘의 원천이 우리 국조 단군의 홍익인간 이념이 그것임을 밝힌 것도 이러한 정서와 무관치 않다.[93]

이승만 또한 일찍부터 서구적 분위기에서 기독교적 정서에 친숙한 인물이지만 상해 임시정부 대통령 당시 어천절기념식 석상에서 행한 찬송사(讚頌詞)[94]를 통해 단군황조의 뜻을 계승하고 펴겠다는 간곡한 다짐이 주목되는데, 1921년 초 상해 신원(申園)공원에서 이승만은 대종교의 핵심 인물이었던 신규식·박찬익과 의형제를 맺었다는 기록이나,[95] 대종교 국내 총책임자였던 강우(姜虞)가 무오년인 1918년에 이미 이승만을 고유(告由)로써 대종교에 입교시킨 기록이 있음을 볼 때,[96] 당시 대종교에 대한 그의 정서를 엿볼 수 있다. 그리고 안창호와 이동휘도 개천절송축사[97]와 개천절축사[98]를 통하여 단군설교(檀君設敎)의 민족적 의미를 예찬했는데, 당시의 단군이나 대종교는 종교나 이념을 초월한 민족단합의 상징이었음이 확인된다.

「대동단결선언」과 「대한독립선언(무오독립선언)」의 기초자로 알려진 조소앙도 국교적 대종교관을 잘 보여주는 인물이다.[99] 특히 그는 1914년 1월 15일에 '육성일체(六聖一體) 만법귀일(萬法歸一) 금식명상(禁食冥想)'의 육성교(六聖敎)라는 종교를 구상하면서도, 육성(六聖)을 사상과 연결시키면서 단군은 독립자강(獨立自强)에 불타(佛陀)는 자비제중(慈悲濟衆)에 공자는 충

93 김구(도진순 주해), 「나의 소원」, 『백범일지』, 돌베개, 1997, 431쪽.

94 이승만, 「어천절찬송사」『독립신문』1922년 4월 30일(陰)]

95 남파박찬익전기간행위원회편, 『南坡 朴贊翼 傳記』, 남파박찬익전기간행위원회, 1989, 161쪽.

96 독립운동사편찬위원회편, 「호석선생문집」, 『독립운동사자료집』제12집(문화투쟁사자료집), 1977, 517쪽.

97 안창호, 「개천절송축사」『독립신문』1922년 10월 12일(陰)]

98 이동휘, 「개편절축사」, 『震檀』第七號, 震檀報社(中國·上海), 中華民國九年(1920), 2쪽.

99 김동환, 「일제하 항일운동 배경으로서의 단군의 위상」, 앞의 책, 174-177쪽 참조.

서일관(忠恕一貫)에 소크라테스는 지덕합치(知德合致)에 예수는 애인여기(愛人如己)에 마호메트는 신행필용(信行必勇)에 각기 연결시켰다.[100] 여기서 특히 육성 중에 단군을 제일 으뜸으로 놓고 독립자강과 우선 연결시킴으로써, 대종교의 영향과 함께 그의 국교적 대종교관이 드러난다.

기독교 계열의 학교였던 만주 명동학교의 실례를 보더라도 알 수 있다. 당시 김약연이 이끌던 명동학교에서는 교실에 단군초상화를 걸고 수업을 했는가 하면, 예배당에도 십자가와 단군기를 함께 놓고 예배를 드렸다 한다. 또한 명동학교 교가의 가사에는 백두산과 더불어 대종교의 용어인 단군한배검 얘기가 들어 있다. 그러므로 결혼할 때에도 단군의 아들 · 딸들이 했으니 아들을 낳으라는 의미로 검정 두루마기를 입었다는 증언이 이를 확인해 준다.[101] 김약연이 대종교도들이 중심이 되어 발표한 「무오독립선언」에 기꺼이 참여한 이유가 쉽게 이해되는 부분이다.

일제의 고문으로 옥사한 환산(桓山) 이윤재는 "대종교라 하면 얼른 보기에 요새 새로 생긴 무슨 교이니 무슨 교이니 하는 것처럼 치기도 쉬우나 실상 그러한 것이 아닙니다. 이것이 우리 진역(震域)에 있어서 가장 오랜 전통과 깊은 근기(根基)를 가진 것임은 징(徵)하여 밝히 알 것입니다. …(중략)…그러니 그 본원과 본체는 어느 때든지 지고최상(至高最上)인냥 독특한 교문(教門) 그대로 있었읍니다. 이것이 곧 대종교 그것입니다."라는 견해를 통해 연면한 국교의 위치에 있었음을 설명했다.[102] 애류(崖溜) 권덕규 역시 대종교를 '조선의 생각'으로 인식하면서, 우리 민족의 역사와 흥망

100 홍선희, 『조소앙사상 – 삼균주의의 정립과 이론체계』, 태극문화사, 1975, 54쪽.

101 문화방송시사교양국편, 『독립투쟁의 대부 – 홍암 나철(자료집)』(3 · 1절 특집 – 이제는 말할 수 있다 – 74회), 문화방송시사교양국, 2004년, 35 – 37쪽 참조.

102 이윤재, 「대종교와 조선인」, 『삼천리』 제8권 제4호, 삼천리사, 1936, 140 – 143쪽 참조.

성쇠를 함께한 국교적 가치로 자리매김시키고 있다.[103]

이러한 대종교의 국교적 정서를 가장 잘 적어 놓은 인물이 가람 이병기다. 그가 대종교에 정식으로 입교한 것은 1920년 11월 21일이다. 그리고 그는 대종교에 입교할 당시의 심경을 다음과 같이 피력하고 있다.

> "나는 한배님 가르치심을 믿음은 진실로 오랜 것으로 생각한다. 한배님께서는 우리의 등걸에 가장 비롯하고 거룩하시고 높으시고 크시어 다시 우러르고 끝없고 가없은 등걸이다. 고로잘해 먼저부터 우리 등걸들께서 한배님을 가장 높이시고 사랑하시고 믿어오며 우리로부터 고로잘해 그지없는 뒤에도 우리 자손들이 한배님을 가장 높이고 사랑하고 믿을지니라. 이를테면 우리 등걸이든지 우리든지 이승에 생겨나올 적에 반드시 삼신께서 만들어 낳으셨다 하니 삼신이 곧 한배님이시라. 한배님께서 하늘에 계실 적에는 환인(桓仁)이시었고, 하늘과 땅 사이에 계실 적에는 환웅(桓雄)이시었고, 이승에 내리었을 적에는 단군(檀君)이시었다. 이러하므로 삼신이라 이름이다. 이렇듯 우리는 사람마다 집마다 한배님을 높이고 믿었다. 실상 이제 새삼스럽게 한배님의 가르침을 믿는다니 하잘 것 없다. 이미 삼천 년 긴 동안이나 높이시고 믿으면서 왔다. 그러나 이 때는 다른 때와 달라 온갖 다른 교(敎)란 것이 들어와 한배님의 가르치심을 어지럽게 하므로 다른 때보다 더욱 얼을 차리고 힘을 다해 한배님의 가르치심을 널리 펴 널리 알아, 위로는 우리 등걸의 큰 뜻을 받아 이고 아래로는 우리 자손에게 이 뜻을 전하여 우리는 우리대로 문명을 짓고 문명을 자랑하며 살아야 함이다. 제 어버이를 공경하지 아니하고 다른 어버이를 공경하며, 또 저의 아들을 사랑하지 아니하고 다른 아들을 사랑한다 함은 합리한 일이 아니다. 진실로 우리가 한배님을 버리고 누구를 높이며 믿으랴. 한껏 한배님의 가르치심이 이 누리로 가득하여 나아가기를 빌고 또 비노라."[104]

103 권덕규, 「조선 생각을 차즐대」, 『개벽』제45호, 개벽사, 1924, 34－40쪽 참조. ; 권덕규, 「大倧教觀, 대종교는 역사상으로 어떠한가」, 『삼천리』제8권 제4호, 삼천리사, 1936, 134－139쪽 참조.

104 이병기, 『가람일기』Ⅰ, 신구문화사, 1975, 130쪽.

이 글의 내용을 살펴보면 이병기는 대종교에 정식으로 입교하기 이전에 이미 대종교에 대한 상당한 이해가 있었음을 알 수 있다. 그는 대종교 신앙이야말로 오랜 세월 전부터 우리 민족의 생활 속에 흘러왔음을 밝히고 후손들의 믿음 속에서도 사라지지 않을 것임을 확신하고 있다. 또한 삼신의 의미가 바로 한배님임을 밝히고 우리 민족 구성원이면 누구에게나 이미 녹아있는 종교적 성정(性情)임을 피력함과 아울러, 새삼스레 대종교에 입교하여 믿는다는 것이 형식적 번거로움임을 토로한다. 즉 이병기는 대종교를 국교의 가치로 인식하고 있는 것이다.

(5) 국어(國語)

집단의 문화를 지탱하는데 중요한 요소로 지적되는 것이 언어다. 이것은 그 집단(민족)을 치유하고 통합시키는 데도 중요한 동인이 된다. 민족집단에 있어 언어는 그 집단의 종교 · 철학 · 역사 · 사상과 더불어 정체성을 지탱하는 핵심요소가 되기 때문이다. 일제는 우리 국어를 조선어로 구축해 버림으로써, 우리 정체성의 요소로부터 망각시키려 하였다. 그들 정체성(일본어)의 이식(移植)을 위한 주요 대상이 우리의 국어였으며, 통합의 방법이 새로운 국어(일본어)로의 대체였다.

이러한 정체성의 위기에 대해 보여준 대종교의 역할과 저항 또한 주목되는 부분이다. 훈민정음 등장 이후 조선조 말기까지 우리글은 한마디로 국어로서의 대접을 받지 못했다. 그러한 현상의 근본적인 원인은 당시의 사회구조와 밀접하다. 즉 당시 대부분의 사대부들이 조선의 국시(國是)인 유교적 정서를 토대로 한문으로 소양을 쌓고 그것을 통하여 과거에 응시하고 사회적 입지를 굳건히 했던 것이다. 그러므로 그들에 있어 한문이라는 것은 학문이나 정치 · 사회 활동 및 여가활동 등 모든 지적 표현활동의 중요한 도구가 되었다. 이러한 지적(知的) 구조에다가 중국에 대한 사대모화사상이 맞물려 한문숭상주의가 당연히 득세할 수 있었고 한글은 그러한 구조적 벽에 걸려 언문(諺文: 상놈의 글)으로 폄하되어 평가받지 못했던 것이다.

까닭에 우리글의 의미를 민족문화의 반열 위에 내세운다는 것은 이러한 인식의 틀과 사회구조를 근본적으로 바꾼다는 의미와도 상통한다. 먼저 정신적으로는 유교적 사대모화사상(事大慕華思想)으로 벗어나야 한다는 의미이며, 한편으로는 기득권을 가진 지식층의 한문어(漢文語)를 청산하고 민중보편적인 우리글의 확립을 조직적으로 도모해야 한다는 것을 나타내는 것이다. 또한 당대로는, 일제가 우리의 국어를 조선어로 타자화시키는 정책에, 우리 국어를 지키기 위한 통한 투쟁의 길을 모색하는 것이기도 했다.

대종교는 「단군교포명서」에 이미 조선이라는 말이 배달에서 왔다는 설명과 더불어 배달목 · 태백산 · 패강 · 임검 · 이사금 · 이니금 · 나라 · 서울 등 우리말에 대한 어원을 상세히 밝히고 있다. 이것은 단군교단이 대종교 중광 이전에 이미 우리말에 대한 관심이 지대했음을 보여주는 부분이다. 또한 대종교를 중광할 당시 단군교단으로부터 받은 「봉교과규(奉教課規)」 중에 다음과 같은 지침이 나타난다.

> "봉교인은 남녀를 가리지 말고 문자를 해득치 못하는 자는 마땅히 국문(한글 – 필자 주)을 먼저 익히게 하되 만일 가난하여 여유가 없는 자에게는 부득이 강행할 것임."105

---

105 『대종교중광육십년사』, 앞의 책, 100쪽.

즉 문자를 모르는 교인이 있으면 어떠한 수를 써서라도 국문(한글)을 먼저 습득케 하라는 종교적 규약을 보면, 한글에 대한 대종교 혹은 나철의 방침이 무엇이었는가가 분명하게 확인된다. 또한 대종교의 노래 중 나철이 작사한 「한풍류(天樂)」·「세얼(三神歌)」·「세마루(三宗歌)」·「어천가(御天歌)」 등에 나타나는 나철의 순수한 우리말 사용에 놀라지 않을 수 없다. 한 단어 · 한 글자에도 한자어 사용이 없고 유려하고 세련된 조탁에 의해 펼쳐진 이 노랫말 속에서, 나철의 순수 우리말 구사 능력과 그것을 위한 노력의 흔적을 볼 수 있는 것이다.[106]

한힌샘 주시경은 그 중심에 있었던 인물이다. 물론 1905년 신정국문(新訂國文) 실시 주장했던 지석영도 대종교 활동을 통해 민족의식을 고취시켰던 기록이 있다. 그러나 주시경이야말로 우리글의 명칭을 '한글'이라고 처음 명명한 인물로서, 한글을 통한 언어민족주의와 한글 대중화를 위해 1914년 7월 27일 임종하기까지 오로지 헌신했던 인물이다.

그의 한글사랑에 대한 계기 또한 대종교다. 주시경은 배재학당 졸업 당시에 받은 예수교 세례를 과감히 버리고 대종교로 개종한다. 그는 무력침략보다 정신적 침략을 더 무서운 것으로 여겼으며 본인이 예수교인으로 있다는 것은 이미 정신적 침략을 받은 것으로 다음과 같이 단정했다.

> "선생은 종교가 예수교였는데, 이 때 탑골승방에서 돌아오다가 전덕기 목사를 보고, '무력침략과 종교적 정신침략은 어느 것이 더 무섭겠습니까?'하고 물을 때에 전목사는 '정신침략이 더 무섭지.'하매, 선생은 '그러면 선생이나 나는 벌써 정신침략을 당한 사람이니, 그냥 있을 수 없지 않습니까?'하였다. 전목사는 '종교의 진리만 받아들일 것이지 정책을 받지 않으면 될 것이오.'하였지마는, 선생은 과거 사대

106 김동환, 『나철 – 이 달의 문화인물』, 문화관광부, 2005, 17 – 19쪽 참조.

사상이 종교침략의 결과임을 말하고, 종래의 국교(國敎)인 대종교(곧 단군교)로 개종하여, 동지를 모으려고 최린, 기타 여러 종교인들과 운동을 일으키었으므로, 종교인들에게 비난과 욕을 사게 되었다."[107]

또한 우리 민족 과거의 사대사상이 종교침략의 결과임을 분명히 밝히면서 종래의 국교(國敎)인 대종교로 개종한다고 천명한 것을 보더라도, 주시경의 한글운동의 배경에는 철저한 대종교적 정서를 토대로 한 언어민족주의적 가치가 지탱하고 있었다.

주시경의 이러한 국어정신을 계승한 대표적 인물이 백연 김두봉이다. 김두봉은 주시경의 수제자이면서 대종교를 중광한 나철의 수제자였으며 대종교의 교리 · 교사에 해박한 인물이었다. 그는 1914년 주시경이 세상을 떠나자 스승이 못다 한 일을 이어 받아 그것을 더 넓히고 더 열어서 우리의 말과 글과 얼이 묻히지 않고 영원히 자랄 수 있는 기틀을 다지기 위해 『조선말본』을 저술한 인물이다.[108] 또한 그는 1916년나철의 구월산 봉심(奉審)에 수석시자(首席侍者)로 동행을 한다.[109] 당시 나철은 6명의 시봉자(侍奉者)를 대동하는데 그 중에서 김두봉은 교질(敎秩)이 가장 높은 상교(尙敎)의 위치에 있었다. 상교의 교질이란 대종교에 봉교한 지 최소 5년 이상이 지나야 얻을 수 있는 교인의 지위로서, 신행(信行)이 일치하고 교리(敎理)의 연찬(硏鑽)이 월등하며 교문(敎門)의 오대종지(五大宗旨)와 오대의무(五大義務)를 잘 이행하며 교우(交友)들에 모범이 되는 사람에게 주어지는 교질이다.[110] 후일 '조선어학회' 조직에도 절대적인 영향력을 행사한

107 김윤경, 「주시경전기」, 『한결金允經全集』7, 연세대학교출판부, 1985, 23쪽.

108 김차균, 「김두봉의 우리말 소리 연구에 대한 국어사학적 고찰」, 『한힌샘연구』, 한글학회, 1989, 89쪽.

109 『대종교중광육십년사』, 앞의 책, 186쪽.

110 대종교편, 「敎秩」, 『大倧敎洪範』제5장, 대종교총본사, 단기4325년, 30－31쪽 참조.

김두봉이 일찍부터 대종교에 입교하여 활동했음은 물론 대종교에서의 그 역할 또한 중요했음을 짐작해 볼 때 그의 한글연구를 통한 저항의 배경에도 이러한 정신 굳게 자리잡고 있음을 직감할 수 있다.

이극로는 그의 혁혁한 문화적 업적에도 불구하고 분단의 상황 속에서 김두봉과 같이 우리 민족운동사에 잊혀진 인물 중의 하나로 기억된다. 이극로는 베를린대학에서 경제학 박사를 받고 파리대학과 런던대학에서 음성학을 연구한 뒤 귀국하여 1929년 조선어학회의 전신인 조선어연구회에 가입한다. 한힌샘 주시경의 제자들이 주축이 되어 1921년에 결성한 조선어연구회는 1931년 조선어학회로 명칭을 바꾸고 조선어사전편찬 · 한글맞춤법제정 · 외래어표기 · 표준어사정 등의 굵직한 국어의 당면문제들을 추진해 나가는데, 이극로는 간사장(幹事長)으로서 사실상 어학회를 이끌었다.

이극로 또한 대종교를 통하여 민족의식에 눈을 뜨고 국학운동에 관심을 갖게 되며 국어연구의 계기를 마련한다는 점에서 주목을 끈다. 이극로의 대종교 입교 시기는 1912년으로 추정된다. 이러한 추측은 그가 1912년 만주 회인현(懷仁縣)에서 대종교를 처음 접하고 대종교의 중심인물이었던 단애 윤세복과 백암 박은식, 그리고 국어연구의 결정적인 계기를 만들어 주었던 백주(白舟) 김진(金振, 대종교에서는 金永肅으로 많이 알려짐-필자 주)을 만나 이곳에서 생활하게 된 것을 보면 알 수 있다.[111]

이러한 만남들은 이극로의 인생에 중요한 변화를 몰고 왔다. 당시 윤세복과 박은식, 그리고 신채호의 만남과 한글연구의 계기가 되는 김영숙과의 만남은 그가 대종교적 민족주의정서를 토대로 한글운동에 헌신하게

111 이극로, 「滿洲와 西伯利亞에서 放浪生活하던 때와 그 뒤」, 『苦鬪四十年』, 을유문화사, 1947, 8-9쪽.

된 중요한 바탕이 되었기 때문이다. 그 중에서도 윤세복은 대종교의 절친한 동지인 백산 안희제와 함께, 이극로뿐만이 아니라 신성모 · 안호상 등을 중국 상해로 보내 구라파 유학을 주선한다. 특히 이극로로 하여금 베를린대학에 조선어과(朝鮮語科)를 설치해 전세계에 우리 국어 · 국문 그리고 우리 문화를 최초로 선전하는 계기를 만들어 주었고 대종교정신을 통한 국어사랑에 초지일관할 수 있는 의지를 심어주었다는 점에서 윤세복의 영향은 지대했다 할 수 있다. 그러므로 이극로는 해방 후에도, 당시 대종교의 교주를 맡고 있던 윤세복을 도와, 전강(典講)이라는 중책 맡아 대종교의 연구와 교육 활동에 중심이 되었으며 종학연구회(倧學硏究會)회원으로서 활동하기도 했다.[112]

공교롭게도 임오교변(1942년 대종교지도자 일제구속사건)과 조선어학회사건이 모두 이극로와 연관이 된다는 점도 흥미롭다. 임오교변이 이극로가 윤세복에게 보낸 「널리펴는 말」[113]이라는 글이 단서가 된 것 같이, 조선어학회사건은 만주에서 윤세복이 「단군성가(檀君聖歌)」라는 노래가사집을 경성에 있는 이극로에게 보내 작곡을 의뢰했는데, 이 가사가 조선어학회 이극로의 책상 위에서 일경(日警)에 의해 발견됨으로써 조선어학회사건의 결정적인 빌미가 되는 것이다.[114] 이렇듯 이극로도 대종교와 불가분의 관계를 맺으면서 그의 국어사랑의 실천 및 조선어학회를 이끌었음을 볼 때,

---

112 『대종교중광육십년사』, 앞의 책, 577－579쪽 참조.

113 당시 경성에서 조선어학회를 이끌고 있던 이극로가 윤세복에게 보낸 서찰 중에 「널리펴는 말」이라는 원고가 동봉되었는데, 일경은 이를 먼저 검열하고 그 내용을 일문(日文)으로 번역함에 있어 그 제목을 「조선독립선언서」라고 바꾸어 붙이고 그 내용의 마지막 부분에 나오는 "일어나라 움직이라! 한배검이 도우신다."라는 내용을 "봉기하자 폭동하자! 한배검이 도우신다."로 날조하였다. 바로 이 내용이 임오교변 발생의 직접적인 단서가 되었던 것이다.(『대종교중광육십년사』, 위의 책, 458쪽 참조.)

114 이인, 『반세기의 증언』, 명지대학출판부, 1974, 124－127쪽 참조.

그의 국어운동을 통한 항일운동의 정신적 배경 또한 대종교로 귀착됨이 분명해진다.

이 밖에도 조선어학회와 연관된 많은 인물들이 대종교를 토대로 활동하면서 일제에 대해 조직적인 저항을 감행했다. 이것은 조선어학회가 대종교정신으로 무장한 주시경의 제자들이 중심이 되어 태동시킨 단체라는 점과 조선어학회를 이끌었던 김두봉과 이극로의 대종교와의 밀접한 관계를 보더라도 쉽게 짐작할 수 있다. 그러므로 조선어학회에서 활동한 대표적 인물들 중, 최현배 · 이윤재 · 권덕규 · 신명균 · 안재홍 · 정인보 · 이병기 · 안호상 등등의 인물들도 대종교 정신을 토대로 국어 투쟁에 헌신한 인물들이다.

더불어 문학적인 부분에서도 이러한 시대적 각성이, 대종교적 정서 위에서 민족문학적 모티브를 찾으려 했던 안확(安廓)[115]을 위시하여, 지성인들의 양심과 어울려 나타난다. 빙허 현진건이 1932년『동아일보』에 연재한『단군성적순례』또한 이러한 정서의 연장에서 출현한 것이다. 현진건이『단군성적순례』의 마지막에서, 다음과 같은 나철 시 한 수로 끝맺고 있음도 이에 대한 방증이다.

參星壇上拜吾天　참성단에 올라 하늘에 절하니
天祖神靈赫赫然　한배님의 영험이 밝기도 밝아라
廣開南北東西至　누리를 개척함이 가없이 이르고
歷溯四千三百年　느리워진 역사 사천삼백 년이라
倍達族光從古闡　배달족의 영광 본받아 떨치니

115 안확은 대종교의 정신 속에서 그의 문학관을 형성하는데, 대종교의 기본 경전인『삼일신고』의 영향을 크게 받았다. 그는 대종교 교리의 핵심이라 할 수 있는 종(倧)을 토대로, 그의『조선문학사』의 정신적 근원인 종사상(倧思想)을 구체화시킨 인물이다.

大倧道脈至今傳　대종교의 가르침 지금도 전하네.[116]

(6) 국사(國史)

일제가 대종교와 충돌한 또 한 부분이 역사 방면이다. 그들은 우리 민족의 족보를 그들의 족보로 편입시키려했다. 즉 조선의 미개하고 전근대적인 과거사를 치유하고 문명화된 미래를 열어주겠다는 명분으로 한국사의 새로운 통합(식민사관)을 시도한 것이다.

일제의 한국사 왜곡의 배경을 보면 일제침략기에 별안간 이루어진 것이 아니라 그 뿌리가 깊다.[117] 일제의 한국사에 대한 침략적 안목은, 한국에 대한 식민지지배가 본격화되면서 식민주의사관이라는, 더욱 세련된 논리로 자리 잡게 된다. 병탄 직후부터, 조선총독부에서는 어용학자들을 동원하여 고적조사 · 구관제도조사(舊慣制度調査) 등의 사업을 통해, 식민지통치를 위한 기초자료수집에 착수하였다. 그러나 그들이 발견한 것은 한국인의 문화적 저력과 역사적 자긍심이 남다르다는 점이었다. 동시에 일본 어용학자들에 의해 주창된 타율성론 · 정체성론 · 일선동조론 등의 가치를 한국사의 굴레에 잡아 묶는 일이 쉽지 않다는 것을 알았다.

그러므로 일제는 한국사에 관한 서적들을 수거 폐기시키면서, 한국인의 민족의식 고취와 관련된 독서를 금지시켰다. 그리고 한민족 문화적 역량의 줄기가 되는 한국사에 대한 조직적인 왜곡작업을 진행하게 된다. 때

116 현진건, 『단군성적순례』, 예문각, 1948, 107－108쪽. 이 시는 나철이 대종교를 일으키고, 강화도 마니산 제천을 행할 당시에 지은 시로써, 『강도지(江都誌)』에 실려 전한다.(『江都誌』「名所古蹟」〈古蹟〉)

117 일본인 하타다 다카시(旗田巍)는 그의 저서(旗田巍, 『日本人の朝鮮觀』, 勁草書房, 1969참조.)에서, 일본 학자들의 조선 연구 경향이 잘 소개하고 있다. 이 책에는 「日本人の朝鮮觀」· 「滿鮮史の虛像」· 「日本における朝鮮史硏究の傳統」등의 논문이 실려 있다.

마침 대종교계열의 역사가였던 박은식의 『한국통사』가 국내에 유입되어 민족의식이 고무됨을 보자, 일제는 서둘러 한국사의 편찬 작업을 시작했다. 이것은 바로 식민사관에 입각한 한국사의 정리로써, 객관적 실증주의를 명분으로 내세우고 이면에는 타율성론 · 정체성론 · 일선동조론과 같은 부정적 역사관으로 한국사를 포장하는 목적성 연구 작업이었던 것이다. 다음의 기록이 이에 대한 방증이다.

> "조선인은 여타의 식민지의 야만미개한 민족과 달라서, 독서와 문장에 있어 조금도 문명인에 뒤떨어질 바 없는 민족이다. …(중략)…혹은 '한국통사'라고 일컫는 한 재외조선인 저서같은 것의 진상을 규명하지는 않고 함부로 망설을 드러내 보이고 있는 것이다. …(중략)…그러나 이를 절멸시킬 방책만을 강구한다는 것은 도로(徒勞)에 그치는 일이 될 뿐 아니라, 오히려 전파를 장려하는 일이 될지도 모른다는 점을 헤아리지 않으면 안 되는 것이다. 오히려 옛 역사를 강제로 금하는 대신 공명적확한 사서로써 대처하는 것이 보다 첩경이고 또한 효과가 더욱 클 것이다. 이 점을 조선반도사 편찬의 주된 이유로 삼으려 하는 것이다. 만약 이러한 서적의 편찬이 없다면 조선인은 무심코 병합과 관련 없는 고사(古史), 또한 병합을 저주하는 서적만을 읽는 일에 그칠 것이다. …(중략)…이와 같이 된다면 어떻게 조선인동화의 목적을 달성할 수 있을 것인가?"118

중화사관과 일제의 식민사관이 중첩되는 시기에 대종교가 등장한다. 일제의 식민사관은 과거 조선조 중화사관의 적절한 변용으로 잉태된 또 다른 왜곡사관이었다. 즉 일제의 식민사관은 중화사관에 나타나는 우리 역사의 사대성(事大性)과 종속성을 교묘히 재활용하여 정착시키려 했다. 이러한 중첩성은, 대종교의 역사투쟁이 과거 중화사관의 척결과 더불어

118 朝鮮史編修會編, 「朝鮮半島史編纂要旨」, 『朝鮮史編修會事業概要』, 朝鮮總督府, 1938, 6쪽.

일제 식민사관에 맞서게 되는 운명적 구조의 배경이 된다.

20세기 초 대종교의 등장은 한국사학사에도 일대 변화를 몰고 왔다. 그것은 대종교의 교리(敎理)나 교사(敎史)의 특성상, 정신사관적(精神史觀的)인 요소의 강조와 대륙사관적(大陸史觀的)인 측면의 부각, 그리고 문화사관적(文化史觀的)인 방향이 중시될 수밖에 없었다는 것이다.

정신사관적인 측면에서 본다면, 우리나라 사학사의 흐름을 유교사학·불교사학 그리고 도가사학(道家史學)의 흐름으로 이해해 볼 때,[119] 과거 유교와 불교중심으로 흘러 내려오는 역사인식을 도가(道家) 또는 신교(神敎), 즉 대종교적 역사인식으로 바꾸는 것을 의미하는 것이다. 또 대륙사관적인 방향에서 살펴볼 때, 그 동안 반도중심적, 즉 신라·고려·조선으로 이어지는 역사인식을 고조선·부여·고구려·발해·요·금·청 등의 대륙중심의 인식으로 확산시켜 가는 것을 말하는 것이다. 그리고 문화사관적인 입장에서 본다면, 외래사조에 침체되고 와해된 우리 고유문화, 즉 신교문화(神敎文化)를 복원하고 그것에 정체성(正體性)을 부여하는 작업과도 일치하는 작업이었다.

한편 대종교의 이러한 측면들의 강조는 당연히 과거와 현실에 동시에 맞서야 하는 이중적 부담을 안게 되었다. 먼저 과거 조선조에 화석처럼 굳어진 성리학적 정통론과 맞서야 하는 문제였다. 즉 주무왕에 의해 봉해졌다는 기자의 조선이 아닌 중국과 대등하게 출발하는 단군의 조선으로 돌려놓는 일이 그것이다. 종속적 역사에서 자주적 역사로의 회귀를 말하는 것이다. 또 하나는 당대 일제 식민사관과의 투쟁이었다. 일제는 타율성·정체성·반도사관을 앞세워 조선의 역사를 치유의 대상으로 환작(幻

119 한영우, 「17세기 반존화적 도가사학의 성장」,『한국의 역사인식』상, 지식산업사, 1976, 264쪽 참조.

作)시켰다. 일제는 황국사관의 토대 위에서 우리의 역사를 철저하게 유린해 갔다. 대종교사관은 일제의 황국주의 · 침략주의 · 어용주의의 탈을 쓴 식민사관에 대항하는 민족사관으로 자리 잡았고, 나아가 민족적 역사의식의 고취를 통한 항일운동의 중심 축으로 우뚝섰다.

대종교의 정신사관적 측면을 분석함에 있어 가장 선행해야 할 부분이 대종교 중광의 종교적 특성을 살펴보는 일이다. 한말 등장하는 여타 종교의 교주들과는 달리, 나철은 자기역할에서 분명한 차이를 보여주고 있다. 즉 대종교에서 단군의 의미는 종교적 입장으로 본다면 창교주인 동시에 민족사의 관점에서는 국조(國祖)가 되기 때문이다. 그러므로 대종교에서 단군의 위상을 올바로 세운다는 의미는 종교사와 국사를 동시에 바로 세운다는 뜻과도 일맥하는 것으로 신교사관(神教史觀) 곧 대종교사관의 본질이 여기에 있다.

위와 같은 대종교사관을 가장 잘 정리한 인물이 김교헌이다.[120] 김교헌은 그의 저술인 『신단민사(神壇民史)』·『신단실기(神壇實記)』·『배달족역사』에서 대종교의 역사적 원형인 신교사관(神教史觀)을 정립한다. 『신단민사』에서는 우리 단군민족의 혈통의 흐름을 대종교의 경전인 『신사기(神事記)』와 같은 구족설(九族說)에 그 근원을 찾음과 함께, 역사적 강역인식에서는 대륙을 주요 활동무대로 설정하여 고조선부터 조선조까지 철저하게 대륙적 인식을 버리지 않고 있다. 『신단실기』에서도 단군에 대한 사적(事蹟)과

120 김교헌이 우리 역사계에 차지하는 비중에 대해서는, 김두봉이 "중국의 사마천(司馬遷)이 세운 공보다 더 크다"(『동아일보』 1924년 1월 23일. 「金敎獻(茂園)追悼式 – 일월십삼일에 상해에서 열어」)고 평한 것이나, 안재홍이 "우리 민족 전체의 선생"(『조선일보』 1926년 1월 2일. 「茂園 金敎獻씨를 悼함」)이라고 추앙함에서도 알 수 있다. 또한 "우리나라 역사학의 우두머리"(대한민국임시정부자료집편찬위원회편, 『대한민국임시정부자료집』 42, 「서한집」 I, 〈白純이 李承晩에게 보낸 서한〉(1921년 12월 29일))로 평한 백순의 기록, 그리고 상해 『독립신문』의 사장을 지낸 김승학이 "대한민국 역사계의 독보적 존재"(『독립신문』 1923년 7월 21일. 「神檀民史刊行廣告」)로 광고한 내용에서도 그 무게가 확인된다.

신교사상에 대한 자취를 모아 자료집의 성격으로 정리해 놓았으며 『배달족역사』는, 정확히 말하면 김교헌이 교열(校閱)한 것을 대한민국상해임시정부가 발간한 것으로, 『신단민사』의 굵은 줄기만을 간추려 놓은 축소판이라 할 수 있는 책이다.

김교헌의 역사정신은 독립운동의 동력으로 연결되었다. 국권을 상실한 일제하에서 무엇보다 시급한 문제가 국권회복을 위한 투쟁의식이었다. 따라서 역사교육을 통한 독립의식의 함양과 고취는 가장 중요한 요소였다. 김교헌의 역사서는 재만한인사회의 학생들에게 독립의식 고취를 위한 교과서였던 동시에, 일반민중이나 상해임시정부의 학생교육서로 쓰였다. 나아가 중광단 · 정의단 · 북로군정서를 비롯한 독립군들에게도 정신교육의 중요한 도구가 됨으로써 독립투쟁정신을 북돋는데 크게 이바지한다. 그러므로 김교헌이 있던 곳이 독립운동의 거점이 되었고 동시에 곧 민족사 연구의 현장이었다. 그곳은 또한 독립군 양성의 요람으로 진정한 민족사관의 근거지였다. 우리가 얻어낸 독립과 자유는 이러한 역사의식을 통한 희생으로 얻어진 결과였다. 일제에 부용하면서, 질곡의 시대에 안주하며 그러한 시대가 영원하길 바라던 노예적 식민사관하고는 근본적인 차이를 보여준다.

신채호 역사정신의 핵이라 할 수 있는 낭가사상(郎家思想)의 형성 배경에도 대종교의 정신적 요소가 크게 작용하고 있다. 그것에 대한 단적인 예로, 신채호가 대종교를 경험하기 이전에는 그가 유교라는 정신적 바탕을 벗어나지 못했다는 것이다.[121] 그러므로 그는 신교(神教)와 같은 맥락인 한국 고대선교(古代仙教)에 대해서, 불로장수를 추구하는 중국종교의

121 김동환, 「일제하 항일운동 배경으로서의 단군의 위상」, 앞의 책, 164-165쪽 참조.

아류(亞流)로 공박했다. 그러나 대종교를 경험하면서 완전히 변한다. 중국 도교와는 전혀 성격이 다른 우리 민족 고유의 선교가 이미 도교 수입 이전부터 형성되어 우리 민족신앙의 중요한 줄기가 되었다고 인식한 것이다. 그 변곡점이 된 신채호의 논문이 1910년 3월에 발표된 「동국고대선교고(東國古代仙敎考)」다. 그는 이 글에서 과거의 유교정신의 잔재를 청산하고 우리 고유의 사상을 바탕으로 한 역사의식의 변화를 극명하게 보여주는 모습이다. 그러므로 1910년대 이후의 신채호의 역사연구는 거의 대부분을 선교(대종교)의 실체를 연구하는 데 두어졌다고 해도 과언이 아니며,[122] 이러한 사상적 바탕 위에서 대륙적 인식 및 문화사의 지평을 넓혀간 것이다.

박은식 또한 대종교를 경험하기 이전에는 유교적 중화사관(中華史觀)에서 헤어나지 못한 고루한 유학자에 지나지 않았다.[123] 1910년 이전의 박은식은 인생이나 사회구제의 대명제(大命題)로 공부자(孔夫子)의 도, 즉 유교밖에 없다는 인식으로 일관한다. 그리고 유교구신(儒敎救新)을 위하여 양명학 운동이나 대동교(大同敎) 창건 등의 활발한 활동을 전개했던 것이다. 까닭에 대종교 경험 이전의 박은식의 역사의식은 민족사관과는 거리가 먼 유교적 애국사상가 수준을 벗어나지 못했다.

1910년 만주로 망명한 후의 박은식의 변화는 환골탈태 그 자체였다. 바로 대종교를 경험하면서다. 그의 역사정신의 고갱이라 할 수 있는 국혼(國魂)의 의미도 바로 대종교의 정신적 구현이라 할 수 있다. 그러므로 그는 신교(神敎)의 현대적 구현이 대종교로 단정하고 대종교를 국교(國敎)로

122 한영우, 「한말에 있어서의 신채호의 역사인식」, 『단재신채호선생탄신100주년기념논집』, 단재신채호선생기념사업회, 1980, 175-176쪽.

123 김동환, 「백암 박은식과 대종교」, 『백암학보』, 백암학회, 2006, 199-247쪽 참조.

서의 가치가 있음을 고증도 한다.[124]

박은식 역사인식의 변화를 단적으로 보여주는 글이 『몽배금태조』다. 이 글은 나라가 망한데 대한 준엄한 자기비판이 통곡처럼 흐르고 앞으로 나라를 찾으려는 결의가 천둥처럼 울려 퍼지는 통렬한 독립지침서이며 변모된 박은식에 대한 사상과 의식이 가장 집중적으로 표된 책으로써,[125] 이 글을 쓰게 된 동기가 대종교의 영향임을 서두에서 박은식 스스로 밝히고 있다. 박은식은 이 글을 통하여 유교적 가치에 대한 환멸과 함께, 유교를 민족의 자존과 독립을 위해 반드시 청산해야 할 반민족적 가치로 규정함은 물론, 망명 전 교육의 정신적 토대였던 유교가 교육을 통해 극복되어야 할 대상임 적시하고 있다. 즉 중화사관의 극복이 곧 일제 식민사관에 대한 투쟁임을 자각한 것이다.

또한 박은식은, 육체의 생활은 잠시일 뿐 영혼의 존재는 영구한 것이라고 언급하며, 인간이 나라에 충성하고 민족을 사랑하는 자면 육신의 고초는 잠시일 뿐이요 그 영혼의 쾌락은 무궁한 것이라고 말한다. 반면에 나라를 팔아먹고 민족에 화를 주는 자는 육체의 쾌락은 잠시일 뿐이요 영혼의 고초는 무궁할 것이라고 경고함으로써,[126] 정신사관의 본질을 지적하고 있다. 이러한 박은식의 역사정신이 『대동고대사론』·『한국통사』·『한국독립운동지혈사』에 흐르는 국혼사관(國魂史觀)·대륙사관·대종교사관의 형성에 중요한 배경이 되는 것이다.

한편 정인보의 역사정신의 중추인 '조선얼' 또한 대종교의 영향 속에서 배태된 것이다. 정인보는 나철의 유훈(遺訓)을 받들어 국내비밀활동

124 박은식, 「한국통사」, 『박은식전서』 하권, 단국대동양학연구소, 1975, 359쪽.
125 김영호, 「해제」, 『박은식전서』 상권, 앞의 책, 5쪽.
126 박은식, 「몽배금태조」, 『박은식전서』 중권, 같은 책, 207쪽.

을 전개했을 뿐만이 아니라,[127] 신규식의 동제사(同濟社) 활동에도 가담하여 직·간접적인 대종교 활동을 감행한다. 그 또한 대종교가 단군이 처음 교화를 베푼 것이며 대종교를 국교로 인식했던 인물이다. 특히 정인보는 인간이 '얼'을 잃어버린 것은 남이 빼앗아 간 것이 아니라, 자실(自失)하는 것임을 환기시키면서, 학문이 얼이 아니면 헛것이고 예교(禮教)도 얼이 아니면 빈 탈이며, 문장(文章)이 얼이 아니면 달(達)할 것이 없고 역사정신 또한 '얼'이 아니면 박힐 것이 없음을 강조하면서, 얼은 진(眞)과 실(實)이니 얼이 아니면 가(假)와 허(虛)에 불과하다고 단언했던 인물이다.[128]

이 밖에도 안재홍·이상룡·류근·장도빈·권덕규 등도 대종교적 정서 위에서 그 나름의 민족사를 개척하고 서술하였다. 분명한 것은 이들 모두 다음과 같은 박은식 역사인식의 정서에 부합되는 인물들이었다.

> "혼의 됨됨은 백에 따라 죽고 사는 것이다. 그러므로 국교와 국사가 망하지 아니하면 그 나라도 망하지 않는다. 한국의 백은 이미 죽었으나 이른바 혼이란 것은 존재하는 것인가 죽은 것인가."[129]

4. 탄압과 시련

대종교는 중광 당시부터 이중의 투쟁에 부딪혔다. 과거 정체성의 질곡으로부터 벗어나야 하는 통시적 투쟁과 함께 일제식민지로부터 정체성을 지켜내야 하는 공시적 투쟁이 그것이다. 그러므로 일제강점기의 가장 큰

---

127 이현익, 『대종교인과 독립운동 연원』, 앞의 책, 87－88쪽.

128 정인보, 「조선사연구(상)」, 앞의 책, 29－30쪽.

129 박은식, 「한국통사」, 『박은식전서』 상권, 앞의 책, 367쪽.

종교 쟁점 역시 우리의 전래 신교(神教, 대종교)와 일본 신도(神道)의 충돌이었다. 우선 대종교를 중광한 나철이, 일본의 신도가 우리 신교에 뿌리를 두었다는 다음의 인식을 주목해 볼 일이다.

> "대화(大和, 일본-인용자 주)의 옛 사기(史記)를 살펴보건대, 일본 민족의 근원과 신교(神教)의 본원이 다 어디로부터 온 것이며, 신사(神社)의 삼보한궤(三寶韓几)와 궁내성(宮內省)의 오십한신(五十韓神)[130]이 다 어디에서 왔으며, 의관문물(衣冠文物)과 전장법도(典章法度), 그리고 공훈을 세운 위인들이 다 어느 곳으로부터 왔는가."[131]

일본의 신도만이 아니라 일본문화의 모든 질서가 한국의 신교로부터 건너갔음을 말하고 있다. 그것도 일본 정체성의 뿌리가 모두 한국으로부터 갔다는 내용이 담긴 서한을 일본총리에게 보냈다. 이러한 신교에 대한 인식은 대종교의 전래 문건인 『단군교포명서(檀君教佈明書)』나 『단군교오대종지서(檀君教五大宗旨書)』 그리고 『신사기(神事記)』 등에도 잘 나타나고 있다. 대종교의 성립과 더불어 일제와 대립하는 근본적 원인이기도 하다.[132]

---

130 五十韓神이란, 이소다게루(五十猛)나 이데도(五十迹手) 그리고 일본 황실의 시조로써 백제계의 神인 가라가미(韓神)를 지칭하는 것이다. 지금도 일본 도처에는 한국계의 인물을 主神으로 받들어 제사를 지내는 神社와 '소머리대왕신사(牛頭大王神社)'라는 명칭이 남아 있다. 예를 들면, 스사노오노미코도와 그의 아들 이소다게루(五十猛), 신라의 왕자 아마노히보고(天日槍)와 그의 아들 이데도(五十迹手)를 받드는 신사, 그리고 신라신사들과 韓神新羅神社, 백제왕씨의 신사, 왕인박사의 사당들, 왕인의 후손인 스가와라 미지자네(管原道眞)를 받드는 덴만구(天滿宮)들, 고구려의 마지막 왕자 쟉고(若光)를 받드는 고마(高麗)신사들, 그 외에도 이나리(稻荷), 가스까(春日), 야사가(八阪)신사들, 단군을 받들던 교구신사(玉山宮)를 비롯하여 한인계의 신사가 수없이 남아 있는데, 이들 신사에서는 한인계의 조상이나 유공자들을 主神으로 하여 제사를 지내고 있었음이 확인된다.

131 『대종교중광육십년사』, 앞의 책, 247쪽.

132 김동환, 「일제의 종교정책과 대종교-탄압과 쇠망의 연관성을 중심으로-」, 『한국종교』 제38집, 원광대종교문제연구소, 2015, 20쪽.

흥미로운 것은 일본의 모든 문화가 조선의 아류(亞流)라는 인식은 18세기 말 일본에서 이미 등장하는 논리다. 『충구발(衝口發)』이라는 책이 그것이다.[133] 1781년 후지와라 사다모토(藤井貞幹, 1732-1797)가 저술한 『충구발』은 그 출간과 함께 일본의 지식계를 흔들어 놓았다. 당대 최고의 국학자 모토오리 노리나가(本居宣長)의 『겸광인(鉗狂人)』이 등장하게 된 배경이다. 노리나가는 사다모토가 일본의 황통(皇統)을 폄훼하였다고 분개하면서 '미친 놈[狂人]'으로까지 몰아세웠다. 그러한 광기(狂氣)를 품고 사마모토의 입에 족쇄를 채우겠다고 저술한 것이 『겸광인』이다.

한편 『충구발』은 근세 일본의 대표적 사상 논쟁의 기폭제가 되기도 했다. 세칭 '일본신(日の神)'의 논쟁으로 알려진 이 논쟁의 중심에 있던 책이 『충구발』이다. 노리나가가 『충구발』의 논리에 『겸광인』을 통해 비이성적으로 반응을 보이자, 우에다 아키나리(上田秋成, 1734-1809)는 『겸광인상전추성평(鉗狂人上田秋成評)』을 통해 그의 주장을 통렬하게 비판하였다. 이에 노리나가가 다시 반박하며 쓴 것이 『겸광인상전추성평동변(鉗狂人上田秋成評同弁)』이다. 근세 일본의 사상 논쟁 중 가장 주목을 끈 사건 중의 하나다.[134]

문제는 노리나가의 흥분처럼 사다모토가 '미친 놈'이 아니었다는 점이다. 그는 교오토 출신의 극히 이성적인 인물로, 불학(佛學)과 유학(儒學)은 물론 국학에도 조예가 깊었던 고고학자였다. 그러면 『충구발』의 어떤 내용이 노리나가의 광기적(狂氣的) 반응을 촉발한 것일까. 그리고 어떤 주장이 치열한 사상 다툼의 원인이 되었을까. 그것은 바로 조선과의 연관성 문제였다.

---

133 藤井貞幹, 『衝口發』(鷲尾順敬 編, 『日本思想闘爭史料』 4, 東方書院, 1930), 228－250쪽 참조.

134 강석원, 「『衝口發』小考」, 『일어일문학연구』 제37집, 한국일어일문학회, 2000, 347~364쪽 참조.

사다모토는 황통의 근간이 되는 신대(神代)의 연수가 모두 터무니없는 날조라고 비판했다. 그리고 고증을 통해 일본의 언어 · 성씨(姓氏) · 국호(國號) · 의복 · 제사 · 박수예절(拍手禮節) · 화가(和歌) · 국사(國史) · 제도(制度) 등의 모든 것이 조선으로부터 건너왔음을 주장했다. 일본의 국학(자)이 공들여온 그들의 신국관(神國觀)과 국체(國體)의 근본을 송두리째 흔들어놓은 것이다.

노리나가는 일본 국학을 대성한 인물이다. 탈중국적 사고를 통한 일본 고유의 신국(神國) 사상을 논리화한 장본이이다. 이것이 후일 히라타 아츠타네(平田篤胤, 1766-1843)가 강조한 일본신국관(日本神國觀)의 원천이 된다. 『고사기(古事記)』와 『일본서기(日本書紀)』의 기재를 모두 역사적 사실로 인정하면서 삼한이 일본에 조공한 나라로 날조한 인물도 노리나가였다. 더욱이 신공황후(神功皇后)는 신의 계시를 받아 삼한을 토벌했으며, 도요토미 히데요시의 조선침략도 신의 뜻으로 정당화시켰다. 후일 정한론의 배경도 여기에서 잉태되었다. 『충구발』의 내용을 보면 이러한 『고사기』 등의 내용이 모두 날조다.

더욱이 『충구발』에서는 일본 정신의 뿌리인 신도(神道)의 원류도 조선에 기원을 두고 있다. 일본은 신국이 아니라 조선의 아류국이며, 일본 국체(國體, 일본의 정체성) 역시 그 정신적 고향은 조선이라는 것이다. 당대 국학의 거두였던 노리나가에게는 더 없는 충격이었다. 그에게 천황은 신(神)이었으며, 일본은 신국(神國)이요 팔굉(八紘)의 중심이었기 때문이다. 그가 이성을 잃어가며 『충구발』을 '미친 놈'의 '미친 소리'로 몰아세운 결정적 요인이다. 한마디로 사다모토의 『충구발』은 일본 국학자들에게는 너무도 큰 아픔이었다. 모든 것이 한반도의 아류로 귀착되는 일본사의 종속성이, 그 이후 일본 위정자들에게도 견뎌내기 힘든 고통이었을 것이다. 근자까지도 일본이 우리에 대해 발작적으로 반응하는 배면에는 이러한 태생적 한계에 대한 트라우마가 작용하는 듯하다.

나철의 일본 신도 한반도 원류 주장은 일본의 트라우마를 다시 건드린 격이었다. 일제가 한반도 강점 이후 신도국교화(神道國敎化) 정책을 강력하게 추진한 이유다. 또한 이것은 일제가 그들의 신도 보급에 있어, 한국의 신교(대종교)를 용납하지 못한 배경도 된다.

20세기 초 해외신사 건설로 본격화된 일본의 신사신도(神社神道)가 천황제 이데올로기와 결합하여 국가신도를 지향하던 신사였다. 신사신도는 교파신도(敎派神道)나 민속신도(民俗神道)와는 구별되는 일본 신도의 한 흐름으로, 신사를 정신 결합의 중심으로 삼고 천황제 지배를 뒷받침하던 이념적 신사였다.[135] 따라서 일본이 지배하는 영토에는 일본의 신이 강림한다는 이른바 국체(國體) 교의에 입각하여 추진한 것이 해외신사 건설이었다. 그러므로 해외신사 건설이란 다름 아닌 종교침략과 일맥하는 정책이었다.[136]

일제가 패망할 때까지 극렬하게 대종교를 없애려 한 근본적인 이유가 여기에 있다. 신도를 국교로 했던 일제로서는, 신도의 뿌리를 주장하는 조선의 신교(대종교)를 용납한다는 것이 성립되지 않았다. 한마디로 정체성의 충돌이었다. 대종교와 신도와의 전쟁이 시작된 것이다. 이것은 일본 신도의 '태생적 한계'(한국의 전래 신교에 그 뿌리를 둠)에서 오는 자격지심도 있으려니와, 조선의 영구지배를 위해서도 단군으로 상징되는 조선의 정체성을 방관할 수 없었기 때문이다.

---

135 國史大辭典編纂委員會 編,『國史大辭典』7, 吉川弘文館, 1985, 41쪽.

136 村上重良,『國家神道』, 岩波書店, 1974, 79－80쪽 참조.

일제의 신사 창건은, 그들의 국교인 신도의 보급을 통해, 일본의 정체성을 우리에게 이식하겠다는 의도에서 출발한다. 즉 그들의 조상신을 우리의 조상이라 정당화함으로써, 내선일체 · 일선동조론의 명분을 합리화하고 궁극에서는 황민화를 달성하려 했던 것이다. 한민족 정체성의 중심인 대종교가, 일제의 패망 때까지 총체적 대일항쟁의 길을 걷게 됨도 그 이유다. 즉 우리의 신교(대종교)와 일제의 신도 간에 물러설 수 없는 싸움이 전개되었다. 따라서 일본 신도의 원조임을 내세운 대종교의 공간은, 일제의 탄압에 의해 철저하게 부정되고 말살되었다.

한편 일제에 대한 대종교의 저항 역시 쉽게 꺾이지 않았다. 정치 · 경제 · 사회 · 문화 등 민족사회 전반에 총체적 저항으로 나타났기 때문이다. 그것도 길지 않은 시간 속에서 나타나는 변화의 양상임을 볼 때, 획기적 사건이라 하지 않을 수 없다. 물론 이와 같은 단기간의 혁명적 영향력의 배면에는, 대종교라는 에너지가 어느 날 갑자기 만들어진 것이 아니라, 우리 민족사의 바닥에 연면히 흘러온 단군신앙을 현대적으로 부활시켰다는 점과, 당시대의 많은 지식인들이 대종교를 국교적 정서로 인식했던 것과 관련이 있다. 또한 우리의 역사 속에서 민족적 위기 때마다 고개를 든 단군구국론의 경험과도 무관치 않다고 본다. 따라서 일제하 대종교의 독립운동은 우리 민족의 자존심을 대내외에 천명한 일대사건으로써, 항일운동 본산으로서의 역할과 더불어, 총체적 저항의 사표를 보여주었다는 점에서 의의가 크다.[137]

일본 신도의 종주(宗主)를 자처한 대종교는 출범 당시부터 일제에 의해 철저하게 부정되었다. 1909년 교단 성립 직후부터 일제통감부 경시청의

137 김동환, 「대종교의 민족운동」, 『종교계의 독립운동』(한국독립운동의역사38), 한국독립운동사연구소, 2008, 139－146쪽 참조.

감시를 시작으로,[138] 1942년 임오교변(壬午教變, 대종교지도자 일제구속 사건)으로 인해 교세가 무너지기까지, 혹독한 탄압의 역사라 해도 과언이 아니다.[139] 박은식은 일제가 1910년 병탄 직후 대종교를 해산시키려 했던 음모를 아래와 같이 고발했다.

> "그(대종교 – 인용자 주) 신도는 그 민족성과 국혼을 보전해 지키는 것이다. 그러므로 저들(일제 – 인용자 주)은 병합하던 날에 의논하여 이를 해산시키려 하였다. 그러나 때마침 일본인이 간행하는 잡지『태양(太陽)』에서 대종교 처치 방법을 논하기를, '그 교(敎)는 자기 나라의 고교(古教)로서 그 믿는 무리가 비록 많기는 하나, 모두 손에는 촌철(寸鐵)도 없다. 설혹 탈선하는 행동이 있을지라도 먼저 종교를 간섭한다는 원망과 비방을 불러일으킬 필요가 있는가'하였으므로, 그 논의가 드디어 중지되었다. 그러나 경찰과 탐정하는 졸개들이 교직자의 미행을 잠시나마 그치지 않으며 또 까닭 없이 체포하는 경우가 많았다. 포교의 자유와 교당의 건설을 허가하지 않으며…(중략)…교도들에 대한 주목은 날마다 심하여 갔다."[140]

일제는 이미 1899년 2월 11일「메이지헌법[明治憲法]」제8조에서 천황제를 전제한 하위개념으로서 형식적 신교(信教)의 자유를 보장하였다.[141] 그리고 일본 내에서는 종교계의 반대로 제정하지 못한 종교법의 내용을 1906년 대한제국에서 공포·시행하게 된다. 1906년 11월 17일 통감부령 제5호로 공포된「종교의 선포에 관한 규칙」은 한국 거주 일본인의 포교를 규제하기 위한법령이었다. 일제는 이미 1910년 11월, 다음과 같이 종교

---

138 『황성신문』1909년 7월 25일자.「단군교회조사」. 羅寅永 吳基鎬氏 等이 發起ᄒᆞ야 檀君教會를 組織ᄒᆞ얏다 홈으로 警視廳에셔 調査中이라더라.

139 김동환,「대종교의 민족운동」, 앞의 책, 131 – 138쪽 참조.

140 박은식,「한국독립운동지혈사」,『백암박은식전집』제2권, 동방미디어, 2002, 483 – 484쪽.

141 조선총독부편,『朝鮮法令集覽』上卷, 京城帝國地方行政學會朝鮮本部, 1922, 15쪽. ; 吉井蒼生夫,「舊刑法の制定と皇室ニ對スル罪」,『神奈川法學』13 – 3, 日本神奈川法學會, 1978, 125쪽.

통제계획을 구체화시키고 있었다.

> "종교제한은 허설(虛說). 근일(近日) 신문 중에 총독부는 조선에 재(在)혼 종교에 관ᄒᆞ야 상세히 조사ᄒᆞ고 장차 차(此)에 제한을 가ᄒᆞ기 위ᄒᆞ야 법령을 제정ᄒᆞ리라고 전ᄒᆞᄂᆞᆫ 자 유(有)ᄒᆞ나 신교(信敎)의 자유는 총독유고(總督諭告) 중에도 언명홈과 여(如)히 종교에 대ᄒᆞ야 하등 제한을 가홀 사(事)ᄂᆞᆫ 무(無)홀지라 연(然)이나 원래 조선에ᄂᆞᆫ 각종 신교자(信敎者)가 유(有)ᄒᆞ되 지어금(至于今) 하등 조사가 무ᄒᆞᆫ 고로 금일에 차를 조사홈은 혹유(或有)홀지라도 차에 관ᄒᆞᆫ 법령을 제정ᄒᆞ야 제한을 가ᄒᆞ기로 준비ᄒᆞᆫ다 홈은 전연히 허설에 불과홈이더라."[142]

1915년 8월 16일에는 총독부령 제3호로 「포교규칙」을 한국의 모든 종교를 통제하기 위한 법령으로 공포하였다.[143] 총독부는 종교 자유 보장 포교 활동 공인 종교에 대한 평등한 대우를 위해서 「규칙」을 제정하였다고 발표하였다.[144] 그러나 이 법령은 "본령(本令)에서 종교라 함은 신도, 불도 및 기독교를 일컫는다."(제1조)라고 하여 세 종교만을 종교로 인정하였고, 그 이외의 종교들은 '유사종교' 혹은 '비종교'(非宗敎)로 분류하였다. 그러므로 1915년 국내에서의 대종교포교금지령이 내려진 이후의 대종교 국내 활동은 거의 불가능한 상황이었다.

대종교는 일제가 1915년 10월 1일 조선총독부령 제83호로 「포교규칙」을 발포하자, 그 해 12월 21일자(음력)로 신교포교규칙(神敎布敎規則)에 준한 신청서를 총독부에 제출했다. 그러나 총독부 측은 고의적으로 일반유사종단으로 보아 오던 군소신앙단체는 모두 서류를 접수하고 오직 대종

142 『매일신보』1910년 11월 4일.「종교통제계획」

143 『朝鮮總督府官報』1915년 8월 16일자.

144 『朝鮮總督府施政年報』1915, 66-67쪽.

교만은 신교가 아니라는 이유로 신청서류를 각하하였다. 뿐만 아니라 교내외활동을 못하게 함은 물론 심지어 교주인 나철의 수도행(修道行)까지 저지하는 한편 구속하겠다는 위협으로 겁박하였다.[145]

이로 인해 대종교는 포교뿐만이 아니라, 사사로운 집회나 강연 따위도 모두 금지되었다. 대종교가 대동청년단 · 조선국권회복단 · 귀일당(歸一黨) · 동원당(東園黨) · 자유공단(自由公團) · 조선어학회 · 해원도(解寃道) 등과 같이 철저하게 비밀결사로 많이 움직이게 된 것도 이러한 배경과 무관치 않은 것이다.

1920년대의 국내 대종교 활동은 더욱 참혹했다. 비밀리에 집회활동을 하기 위해 각황사라는 절을 빌려 모이는가 하면,[146] 중심부와 떨어진 변두리로 수시로 옮기며 집회를 갖기 일쑤였다. 당시 대종교의 이러한 국내 탄압상을 알려주는 기록 중,

> "나는 옮기어 배움을 경성××학교에 수학하게 되자, 동무들의 권유로 대종교에 다니게 되었습니다.…(중략)…그러나 때는 마침 무단통치시대인지라, 언론집회는 물론 대금물이어니와, 더구나 이 민족적 색채를 가진 대종교에 대한 감시야 실로 끔직하였지요! 빈궁한 살림살이에 고정한 회당조차 없이 이 집 저 집으로 돌아다니는 곤경에다가, 설상가상으로 그들의 핍박이 날이 갈수록 더욱 심하여, 심지어 교사 원고까지 빼앗기는 등, 실로 피가 뛰고 이가 갈리는 비분한 경우도 많이 당하였습니다."[147]

라는 내용에서도 볼 수 있듯이, 대종교를 믿고자 해도 끔찍하고 피가 뛰

145 『대종교중광육십년사』, 앞의 책, 185 – 186쪽.

146 이병기, 「日記抄」, 『가람문선』, 신구문화사, 1996, 102쪽.

147 해경거사, 「나의 불교 믿게 된 경로」, 『불교』(1930. 11), 불교사, 47쪽.

며 이가 갈리는 핍박으로 인해 돌아설 수밖에 없었음을 전해주고 있다.

안타깝게도 1920년대 대종교 국내 활동에 대해서 체계적으로 정리된 자료가 없다.[148] 그러나 성세영이 1922년 대종교남도본사를 방문했을 당시는, 각 지역 대종교인의 명단이 존재하고 있었다. 『본사행일기』에 다음 기록이 그것을 증언해 준다.

> "기타의 각 지방의 교형제(敎兄弟) 명부(名簿)도 봉열(奉閱)하얏스며……"[149]

그러나 불행하게도 성세영이 남도본사를 방문하여 확인했다는 당시 각 지방의 교인명단도 남아 있지 않다. 대종교단내에서 전하는 당시 국내 남도본사와 관련된 문건도 전무한 상태다. 이것은 식민지라는 시대상황 속에서, 대종교단 스스로 감춘 것도 있으려니와 일제에 의한 압수로 인해

---

148 일제강점기 대종교단내의 대종교 관련 기록은 거의 없어졌다. 물론 이러한 현상의 근본적 원인으로 일제의 대종교에 대한 철저한 감시 · 통제와 무관치 않다. 이것은 대종교가 일어난 1909년부터 일제통감부 경시청의 감시를 시작으로 해서, 1942년 임오교변(壬午敎變: 대종교 간부 일제 구속 사건)에 의해 모든 서류와 서책이 압수되기까지, 대종교단 내 문서의 체계적 관리 · 보관이 불가능했던 정황과 직결된다. 가령 백산 안희제의 예를 보더라도 알 수 있다. 안희제 역시, 그의 모든 활동이 측근마저도 감지할 수 없을 정도로 극비리에 진행시켰으며, 1942년 백산이 조선어학회사건 소식을 듣고 만주를 드나들며 기록해 놓은 『滿蒙日記』와 함께 그 동안에 주고받았던 여러 가지 往復書類들을 모두 소각해 버린 적도 있다. 특히 대종교의 壬午敎變 당시, 대종교총본사가 소장하고 있던 신간서적 2만 여권 및 구존 서적 3천 여권과 천진(天眞)과 인신(印信), 홍암 나철의 『渡東記』를 포함한 각종 도서 전부와 각지의 대종교지도자들이 체포될 당시에 발견된 서물(書物) 6백 여종 등, 이 모두를 일제가 압수해 간 일은, 대종교의 기록이 빈곤하게 된 결정적 사건이었다.

149 성세영, 『本司行日記(필사본)』, 1922년 10월 10일.(〈자료소개〉,「본사행일기(영인본)」,『국학연구』제12집, 국학연구소, 2008, 322쪽.) 『본사행일기』는 경북 성주 사람인 나옹 성세영이, 1922년 10월 10일 경북 성주를 출발하여 경성(서울) 대종교남도본사를 방문하고 10월 27일 성주로 다시 돌아가기까지의 과정을 적은 기록물이다. 책의 형태는 가로16cm×세로24cm의 크기이며, 전체 186쪽 분량의 필사본으로 엮어져 있다. 책의 주요내용을 보면, 당시 대종교남도본사에서 행하여지는 의식과 활동, 성세영이 접촉한 인물들, 그리고 자신이 활동하던 성주의 성일시교당에 없거나 다른 내용을 가진 책들에 대한 기록이 거의 빠짐없이 적혀 있다. 특히 정운일 · 서상일 등이 포함된 1910년대 경북지역 대종교인 234의 명단과, 1922년 당시 권오설 · 유인식 등이 들어있는 경상도지역 대종교인 214명의 명단, 그리고 우리나라 최초의 비행사 안창남 역시 대종교도였다는 기록 등을 포함하여, 총 592명의 명단이 기록되어 있다.

나타난 결과라 할 것이다.

1930년 4월 들어서는 동대문 밖 신당리 연화동 골방으로 이사할 때에는 협조하는 사람 하나 구할 수 없었다. 당시 대종교 국내지도자였던 호석(湖石) 강우(姜虞)가 홀로 탄식하며 단군영정을 모시고 동대문으로 향했다. 강우가 당시의 아픔을 토로했던 다음의 싯구가 처연하다. 종교 공간을 잃어버린 상황에서, 국혼(國魂)을 깨우치고자 고군분투했던 한 지사의 절규가 그대로 묻어나고 있다.

> "신상(神像)을 받들고 4월에 동문을 나가며 / 서울의 수많은 자손들 수없이 불렀다오 / 푸른 풀 무성한데 이내 한 가없으니 / 국혼을 깨우치느라 혼자서 애 태웁니다"[150]

마침내 대종교 국내 활동의 마지막 공간이었던 경성 남도본사가 일제의 탄압을 견디지 못하고 문을 닫았다.[151]

한편 대종교에 있어 만주는 남다른 공간이었다.[152] 만주는 우리 민족의 상고사에 있어서 민족 원류의 한 부분을 이루고 있는 역사로 기록되고 있는 지역일 뿐만 아니라, 일제의 식민지통치시기에 해외 항일민족해방운동의 중요한 활무대로 부상되었기 때문에 이 지역은 민족사에 있어서 중요한 의미를 지닌다.[153]

---

150 「호석선생문집」, 앞의 책, 520쪽. 奉神四月出東門 喚盡長安萬億孫 芳草萋萋無限恨 國魂警處自傷魂

151 『대종교중광육십년사』, 앞의 책, 185쪽.

152 임찬경, 「대종교 성지 청파호 연구 – 역사지리학적 관점을 중심으로 – 」,『국학연구』제17집, 국학연구소, 2013, 참조. ; 김동환, 「대종교 성지 청파호 연구 – 종교지리학적 관점을 중심으로 – 」, 같은 책, 참조.

153 최봉룡, 「만주국의 종교정책에 대한 재만 조선인의 종교 활동」,『만주연구』1, 만주학회, 2004, 153쪽.

특히 대종교에 있어 만주(혹은 백두산)는 '성스러움의 그 자체'였다. 우리 부여족의 활동 무대로, 종교적 시원이 이루어진 곳이요 돌아가야 할 정신적 공간 역시 그곳이었다.[154] 신시 삼천단부의 교화 공간이 그곳이며 다물(多勿)의 의지를 담은 이상향도 그곳에 있었다.[155] 신지 선인의 '수미균평위흥방보태평(首尾均平位興邦保太平)'의 거점도 이곳을 벗어나선 생각할 수 없고 홍익인간의 구현 또한 이 공간을 떠나서 구도할 수 없다. 대종교 선열인 석농 류근이 품었던 그곳에 대한 그리움을 곱씹어 보자.

> "선생(류근 - 인용자 주)은 가끔 만주를 이야기하였다. 그 속에 무슨 뜻이 있었는지는 모르되 그의 말씀은 이러하였다. 사람이 널리 놀아야 뜻이 갑갑지 아니하며 사람이 커지는 것이다. 공부도 그러하고 일도 그러하다. 더욱이 만주는 우리 조상이 뒤굴근 데로, 우리 대종이 베푸신 데라. 이것을 모르는 세상의 어린이들은 이곳을 생각에 걸지도 아니하지마는, 소위 문자하는 뜻있는 사람으로 저 컴컴한 구덩이를 그냥 버려둘 수 가 있나 하였으니, 곰곰이 말을 캐어본다면 그 뜻의 범연치 아니함을 여러 방면으로 짐작할 것이다."[156]

이러한 정서는 대종교 선열들 모두의 마음속에 담겨진 정서이기도 하

---

154 김동환, 「대종교 성지 청파호 연구 - 종교지리학적 관점을 중심으로 - 」, 앞의 책, 참조. 일찍이 후이징가는, 어떤 거룩한 지점을 구획하는 일은 모든 거룩한 행위의 기본적 특징이라는 주장을 폈다.[Johan Huizinga, 『Homo Ludens』 trans, R.F.C. Hull(London: KeganPaul, 1949), 17쪽.] 대종교의 教義인 홍익인간이라 할 때 '인간'은 인간세상을 뜻하는 것으로, 그 인간세상은 바로 '우리들의 신성한 고장'이며, 이는 곧 '강토성역의식'이 표출된 기록이라 이해할 수 있다. 또한 고대 우리 민족의 조상은 그들이 살고 있는 특정 장소에 대해 신성시하는 성역관념을 갖고 있었다. 대종교는 일제하 항일운동의 과정에서도, 그 궁극적인 목표를 조국독립이라는 주권회복의 명분을 넘어, 배달국 이상향 건설이라는 종교적 완성으로 확대시키고 있다. 이러한 종교적 목표는, 성역의식과 관련된 대종교의 宗旨를 고려한다면, 대종교가 단순히 독립운동단체라는 해석 또한 재고되어야 할 근거요소로 판단된다.(김동환, 「대종교와 홍익인간 사상」, 『국학연구』 제7집, 국학연구소, 2002, 301 - 307쪽 참조.)

155 우리 신교의 多勿主義에 대해서는, 졸고(김동환, 「仙道史書에 나타나는 고구려 多勿主義에 대한 연구」, 『선도문화』 제1집, 선도문화연구원, 2006, 313 - 345쪽.)를 참고할 수 있다.

156 권덕규, 「石儂先生과 歷史證言」, 『隨筆集 - 乙支文德』, 정음사, 1946, 48 - 49쪽.

다. 가령, 성재 이시영의 역사인식에서 그려지고 있고,[157] 백암 박은식이 『몽배금태조』에서 엮은 꿈에서도 드러난다.[158] 또한 수당 맹주천의 마음속만이 아니라,[159] 희산 김승학이 품었던 배달국이상향의 꿈에서도,[160] 그리고 한글학자 이윤재(이호)에게도 동일하게 나타난다.[161] 한마디로 대종교 선열들에게 있어 그곳은 '땅 위의 한울집[地上天宮]'이었다. 발해시대 임아상이 「삼일신고해설」에서 일깨운 다음의 가르침을 품었기 때문이다.

> "한얼님의 나라와 한울집이 반드시 한울에만 있는 것이 아니라, 땅 위에도 있고 사람의 몸에도 있다. 한밝뫼(백두산)의 남북 마루가 곧 한얼님의 나라요, 거기에서도 사람의 몸으로 화하여 내려오신 곳이 곳 한울집이다."[162]

한편 일제는 러·일전쟁 이후 남만에 대한 특권을 얻어 관동군을 주둔시키고 만철주식회사를 건립하여 만주에서의 식민지세력을 본격적으로 확대하기 시작하였다. 1905년 11월에 을사늑약을 통해 조선의 외교권을 장악한 일본은 1907년 8월 용정촌에 '통감부임시간도파출소'를 세우고 만

---

157 이시영, 『感時漫語』, 일조각, 1983, 4-5쪽. 성재 이시영 역시 「배달민족의 기원」이라는 부분을 통해, 대종교의 전래 경전인 『神事記』와 동일한 역사인식을 드러낸다. 즉 배달의 의미와 배달족의 강역, 그리고 神人의 조선개국, 五事와 三百六十餘事, 단군의 세 아들(扶婁·扶蘇·扶虞)의 치적, 匪西岬神后·元輔 팽우·史官 신지·農官 고시·藥官 지제의 업무 활약과 여수기·배천생·숙신씨·옥저씨 등의 역할과 치적을 통해 배달강역의 소중함을 소개하고 있다.

158 박은식, 「몽배금태조」, 『박은식전서』중, 앞의 책, 187-312쪽 참조.

159 맹주천, 「간행사」, 『임오십현순교실록』, 대종교총본사, 1791, 1쪽. 맹주천은 경기고등학교 교장 및 대종교의 총전교를 지낸 인물로, 『임오십현순교실록』의 「간행사」를 통해 "산 높고 물 맑은 震擅 남북에서 백두산 광명의 神道 문화를 널리 아세아 전역에 傳布하고, 단일 혈통의 배달 神族으로 고유한 문자와 통일된 언어와 三神의 신앙을 보전하여, 예의 동방의 칭송을 받으면서 그 國威를 천하에 떨친 지 무릇 수 천 년!"이란 인식을 보여주었다.

160 김승학, 「倍達族理想國建設方略」, 『국학연구(자료)』제14집, 국학연구소, 2010, 205-242쪽 참조.

161 이호, 「한배의 옛터」, 『한빛』창간호, 한빛사, 1928, 6-7쪽 참조.

162 『역해종경사부합편(전)』, 앞의 책, 20쪽. 天宮 非獨在於天上 地亦有之 太白山南北宗爲神國 山上神降處爲天宮

주에 대한 침략정책을 추진해 나갔다. 이것은 일제의 대륙침략정책의 일환으로 간도지역이 한국의 영토임을 주장하고 나왔던 것이다. 그리고 일제는 조선인들의 환심을 얻기 위해 혹은 조선인의 이주를 정당화시키는 논리로서 민족고토론을 역설하고 조선인들의 고토의식을 부활시키는데 노력함으로써, 일부 일진회 회원을 비롯한 친일파들의 호응을 얻을 수 있었다. 그러나 일부 친중파인 유림계의 조선인들은 중화사상을 배경으로 일제의 침략적인 음모를 밝히면서 간도가 중국 영토임을 주장하기도 했다.[163]

당시 만주에서 조선인은 중국과 일본의 사이에 낀 중간자의 모습이었다. 일본은 모든 조선인(중국 국적을 취득한 조선인조차도)을 자신의 지배대상으로 간주했고 중국 또한 적어도 관동주와 만철부속지, 그리고 상부지 이외에 있는 모든 조선인(간도의 잡거지에 거주하는 조선인조차)을 자신의 지배대상으로 간주했다. 일본이 관동주와 만철부속지 이외의 지역에서 거주하는 조선인(대부분의 조선인은 이 지역에서 거주했다)을 통치하는 기구는 영사관(영사경찰)이었다. 이 기구는 중국의 통치기구에 비하면 빈약했으나 집중되어 있었다. 일본은 관동주와 만철부속지에 군대(관동군)을 가지고 있었고, 만주에서 가까운 조선에 또한 군대(조선군)을 가지고 있었다. 이 군대는 만주사변에서 증명되었듯이 만주의 중국 군대를 충분히 압도할 수 있는 무력이었다.[164]

1910년 8월 일제의 조선병탄 이후, 일제의 식민지통치가 심해짐에 따라 만주에로 이주하는 조선인들의 숫자는 한층 고조되었다. 그 이주 동기

---

163 최봉룡, 「기억과 해석의 의미 : 만주국과 조선족」, 『만주연구』 제2집, 만주학회, 2005, 99쪽.

164 이동진, 「만주국의 조선인 : 디아스포라와 식민 사이」, 『만주연구』 제13집, 만주학회, 2012, 19–20쪽.

는 대부분 정치적 원인에 있었다. 즉 국내에서 항일운동의 한계를 느낀 의병장들을 포함한 수많은 애국지사와 독립운동가들이 만주로 망명하여 독립운동기지 건설에 착수함으로써 이 지역은 항일민족독립운동의 중심 무대가 되었다. 특히 그 중심에는 만주 고토의식을 강하게 내세운 대종교가 있었다.[165]

대종교는 1910년 10월 25일에 이미 북간도지사를 설치하고 이건(李鍵)을 지사의 책임자[支司敎]로 세웠으며,[166] 같은 해 11월에는 박찬익을 앞세워 청산리에 시교소를 두었고,[167] 1911년 6월에는 화룡현 학성촌을 중심으로 활발한 포교활동을 전개했다.[168] 특히 1912년대에는 나철을 중심으로 박찬익 · 박승익 · 심근 · 현천묵 · 백순 · 조창용 · 기길(奇姞, 나철의 부인) 등이 백두산 북녘 화룡지역을 중심으로 대대적인 활동을 전개했다.

대종교가 만주진출을 본격적으로 의도한 것에는 몇 가지의 이유를 꼽을 수 있다.[169] 첫째, 국내 교세의 확장으로 인한 일제의 본격적 감시와,[170] 둘째, 일제에 의해 종교단체를 가장한 항일독립운동단체로 지목된 점, 셋째, 본격적인 항일투쟁의 모색, 넷째, 한민족과 대종교의 발상지로의 이전 등이 그것이다. 더욱이 국내에서의 활동이 어렵게 된 나철은, 1914년 5월 백두산 북쪽 기슭(만주 화룡현 청파호)으로 대종교총본사(총본부) 자체를 완전 이전시켰다. 이것은 일제의 종교탄압을 피하고자 했던 시대

165 최봉룡, 「기억과 해석의 의미 : 만주국과 조선족」, 앞의 책, 99쪽.

166 『倧報』제8호(1910년 겨울호)

167 국사편찬위원회편, 『한국독립운동사』2, 1967, 558쪽 참조.

168 현규환, 『한국유이민사』상권, 어문각, 1969, 568－569쪽 참조.

169 박영석, 『일제하 독립운동사연구』, 일조각, 1993, 255－256쪽 참조.

170 일제는 강제 병탄 직후인 1910년 9월 15일(음력 8월 12일), 대종교의 명의(名義)와 연혁, 역사를 조사해 갔다.(『倧報』제7호, 1910년 가을호) 이것은 1910년 8월 4일(음력 6월 29일) 현재, 서울 교인 수가 2,748명이며 각 지방의 교인 수가 18,791명에 달한 것과 무관치 않은 듯하다.(『倧報』제6호, 1910년 여름호)

적인 이유와, 단군신앙의 종교적 성지인 백두산 거점 마련이라는 종교적인 이유가 맞물려 있었던 것이다.

만주에서의 대종교 확산이 당시 만주 당국자들에게도 큰 부담이었다. 만주 당국이 1910년에 이미 북간도의 대종교를 해산시키려 한 시도에서도 암시받을 수 있다. 1910년 8월, 당시 길림성 연길도윤(延吉道尹)이었던 도빈(陶彬)은 관하 각도(各道)에 이주해 있는 조선인 교육을 중국의 학제 맞게 통일시키려는 계획을 도모했다. 그러한 시도의 일환으로 당시 화룡현 교육과장은 1910년 8월 6일 각 지역 조선인학교 선생들을 불러 다음 4개항의 요지를 설명하였다.

1. 교과서는 추가로 편찬 중인 것을 배포할 것
2. 3 · 4학년은 중국 지리 · 역사 · 수신(修身) · 이과(理科) 과목을 중국어로 가르칠 것
3. 단군교(대종교 – 필자 주)는 모두 해산할 것
4. 기독교 성경은 수업 전에 보도록 할 것[171]

등이다. 여기서 주목되는 것은 3항이다. 대종교는 교육(기관)은 고사하고 그 자체를 모두 해산시키라는 것이다. 후일 많은 대종교계열의 학교들이 통계에 잡히지 않거나 관련 인물들이 드러나지 않는 이유라 할 수 있다.

1913년에는 남파 박찬익과 만주군벌 장작상(張作相, 張作霖의 부하)과의 논쟁도 있었다. 당시 길림성 일대의 대종교 탄압이 본격화되고 있다는 백포 서일의 전갈을 받고, 박찬익은 그 해결을 위해 장작상을 만났다. 장작상은 "너희는 지금 독립운동을 한답시고 우리 만주를 넘보고 있다. 그리

171 「支那官憲ノ學制統一ニ關スル件」[間島 · 沿海州 關係2, 五. 在外朝鮮人教育關係雜纂(教育補助金支給)」(自明治四十三年八月), 『韓國近代史資料集成』10, 한국사DB, 국사편찬위원회]

고 대종교라는 것이, 나는 너희 나라 국조를 섬기는 교인 줄 알았더니, 백두산을 너희는 대종교들의 천산이라 부르며, 백두산 일대의 땅은 모두 너희들 땅이라고 생각한다면서! 그래 어느 땅이 감히 너희들 땅이냐!" 라는 격앙된 인식을 보였다. 이에 대해 박찬익은, 만주를 비롯한 백두산이 당연히 예로부터 조선의 땅임은 삼척동자도 아는 것이 아니냐며 단호히 반문했다. 그러나 대종교가 그 옛 땅을 찾고자 하는 것이 결코 아니며, 일제에 강점당한 조국을 찾겠다는 일념밖에는 아무런 욕심이 없다는 것을 분명히 하면서, 이 모든 것이 일제의 이간질임을 밝히고 있다. 당시 장작상은 박찬익의 말에 공감하면서, 오히려 1만원짜리 어음을 선물로 주었다 한다. 그리고 이 돈은 북로군정서의 뿌리가 된 중광단의 무기 구입에 사용되었다.[172]

아무튼 대종교가 만주로의 종교적 망명을 단행한 이후, 1911년 만주 최초의 독립운동단체인 중광단 조직을 효시로, 대한정의단 그리고 북로군정서로의 발전, 신민부로의 계승과 한족연합회로의 단결, 또한 흥업단 발족에서 광정단, 그리고 정의부의 성립, 그리고 서로군정서 · 통의부 · 참의부 · 의열단 · 광복단에서의 활동까지,[173] 영욕과 부침(浮沈)이 교차하는 가운데서도 불굴의 의지로 일제와의 투쟁을 굽히지 않았다.

일제가 궁극적으로 백두산마저 그들의 종교 공간화 하려던 의도도 주목된다. 일제강점기 이와모토 요시푸미(岩本善文)의 기록에서, 백두산에 신궁(神宮) 건설의 야망을 보인 것이 그것이다. 이와모토는 백두산을 동북아 여러 민족 수호신으로 보았다. 또한 중국에 있어서도 무함(巫咸)의 영

172 남파박찬익전기간행위원회편, 『남파 박찬익 전기』, 앞의 책, 130-132쪽 참조.

173 이현익, 『대종교인과 독립운동연원』, 앞의 책, 참조.

봉(靈峰)이며, 군봉(群峰)의 으뜸으로서, 외경(畏敬)이 서린 영산으로 간주했다. 그리고 극동민족의 융합귀일(融合歸一)을 암시하는 상징성을 가진 신령한 힘이 있는 산이 백두산임을 언급하면서, 조선과 일본 · 중국을 통틀어 백두산만한 존재가 어디 있겠느냐는 반문도 하고 있다. 나아가 이와 모토는 신궁 건립의 의도를

> "나는 이곳 백두산에 신궁(神宮)을 짓고, 이 영산(靈山)의 신비한 힘으로 정신적 결합을 도모할 것을 제창한다. 그리고 신궁의 제신(祭神)으로는, 일본 건국의 제신[諸神, 천신오대(天神五代) · 신무칠대(神代七代), 천조황대신(天照皇大神)], 중국의 요순(堯舜) 및 주왕실의 문왕(文王) · 주왕(周公), 단군과 기자, 공자 · 맹자, 신라 혁거세, 고구려 동명왕, 발해의 시조, 금나라의 완안씨 영가(盈歌)와 아골타, 조선의 원조(遠祖) 및 시조(始祖), 청나라의 원조(遠祖)와 누루하치 등의 십종(十種)의 신체(神體)를 합사(合祀)한다."174

라고 밝혔다. 일본의 건국신들을 으뜸으로 세우고 다음은 중국신, 그리고 단군은 그 다음으로 세우고 있음을 알 수 있다. 대종교의 조종이자 백두영산의 주인공인 단군은 들러리로 전락시키고, 일본 건국신들의 종교공간으로 치환시키려는 복심을 드러냈다. 대종교의 처음이자 끝이라 해도 지나치지 않은 백두산의 상징성을 무너뜨림으로써, 신도의 승리를 도모한 것이다.

1920년대 말 국내의 조직 기반을 상실한 대종교가 만주 지역의 거점을 더욱 공고히 하고 독립운동을 주도하며 교세를 떨치자, 일제는 중국의 동북군벌정권과 결탁하여 대종교의 탄압을 모색했다. 즉 1925년 만주 지역의 항일독립운동을 차단하기 위해 맺어진 「미쯔야협정(三矢協定: 1925년)」

174 岩本善文, 『北鮮の開拓』, 北鮮の開拓編輯社(朝鮮 · 京城), 1928, 799－800쪽.

에 의하여 길림성장 겸 독군(督軍)이었던 장작상은 만주 지역 대종교포교 금지령(1926년)을 내렸다.[175] 당시 「미쯔야협정」의 '부대조항'에 "대종교는 반일군단(反日軍團)의 모체로서 종교를 가장한 항일단체이니 중국에서 영토책임상 이를 해산시켜야 한다"[176]는 조항이 그것이었다. 1929년 이 금지령이 해제될 때까지 대종교총본사는 만주의 각지를 전전하면서 철저히 은둔해야만 했다. 이것은 단순히 교세의 위축을 넘어서, 교단의 체제와 연락망 그리고 기록의 분실 등과도 연결된 것으로 대종교에 심각한 타격을 안겨준 시간이었다.

일제는 만주에서의 대종교 말살 계획도 치밀하게 진행하고 있었다. 일제가 만주괴뢰정권을 세우고 1932년 잠행징치반도법(暫行懲治叛徒法)을 시행한 이후부터 주목한 것이다.[177] 임오교변으로 기소된 대종교지도자들의 기소장에는 어김없이 "대동원년(大同元年, 11932년-인용자 주) 9월 12일 잠행징치반도법 시행 후에도 앞에 기록한 목적(조선독립-인용자 주)을 가진 대종교 교주(教主, 혹은 教徒) 지위에 머물렀으며"라는 내용이 들어있다.[178] 즉 대종교의 활동이 그들이 만들어 놓은 잠행징치반도법에서부터 저촉되었다는 것이다.

---

175 『시대일보』1926년 7월 14일.「大倧教의 解散命令」. 당시 대종교는 중국인으로 귀화하지 않고 잡거구의 간민들 사이에 조직되어 있었으며, 종교 활동도 중국 당국에 신고하지 않고 활동하였음은 물론, 대종교 교인들이 불렀던 神歌에는 정치적인 내용이 많았다고 한다.(第21号全宗第6号目录 20案卷号 延吉县尹饬为和龙县垦民池容权等设檀君教聚集男女讲演各县查禁 民國3.12.20, 吉林延吉道尹公署第三六一號) 또한 1926년 4월 대종교 백일시교당 책임자 金礪煥 등 9명이 왕청현 소속 제 4구 중국 경찰에 검거되면서 작성된 조서(왕청현에서 작성한 당안자료)에 의하면, 화룡현의 대종교 교인 수천 명이 모여서 주야 가리지 않고 집회를 가진 내용과 그들이 중국 당국에 신고하지 않고 비밀리에 활동하고 있었음을 확인할 수 있다.(第32号 全宗第3号目录 838案卷号 查禁鲜民大宗教由 民國15.4.24)

176 顧維鈞, 「雙方商定取締韓人變法綱要:取締韓人辨法施行細則」,『中國現代史料叢書』第2輯, 文星書店(臺灣 · 臺北), 1962, 77 – 79쪽 참조.(최봉룡, 「만주국의 종교정책에 대한 재만 조선인의 종교 활동」,『만주연구』1, 앞의 책, 173쪽에서 재인용.)

177 『滿洲日報』1937년 8월 26일.「暫行懲治 – 叛徒 · 盜匪兩法」

178 강천봉, 「기소역문」,『임오십현순교실록』, 대종교총본사, 1971, 39 · 43 · 45 · 46 · 47 · 50 · 52쪽 참조.

나아가 1941년 12월 27일 만주국 정부는 치안유지법을 공포하여 당일 시행했다. 그 제정 이유는 잠행징치반도법의 개정 필요성의 증가로, 치안유지법을 제정해 항구적인 치안법을 입안하기 위함이었다. 이것은 괴뢰 만주국에 일단 형식적인 법치 체제를 구축하겠다는 기존의 의도도 있었지만, 반만 항일운동의 위기감이 더욱 고조된 결과에서 기인한 것이다. 치안유지법은 일본 국내에만 머무르지 않고, 식민지 조선 · 대만 · 사할린 · 만주 등지에서 모두 시행되었다. 특히, 조선에서의 치안유지법의 악법성은 일본 국내 이상이었음은 여러 사례를 보더라도 헤아릴 수 있으며,[179] 만주에서도 이러한 행태를 보여준 것이 대종교의 임오교변이었다.

주목되는 것은 치안유지법 제3조에 나오는 "국체를 부인하거나 건국신묘(建國神廟) 혹은 제실의 존엄을 모독해야 할 사항을 유포하는 유포를 목적으로 단체를 결성한 자 또는 단체의 모의에 참여하거나 혹은 지도하거나 단체의 중요한 임무를 맡아서 처리한 자는 사형 또는 무기 혹은 6년 이상의 도형에 처한다"는 내용이다. 문제는 건국신묘의 중심이 아마테라스 오미카미(天照大神)라는 점이다.[180] 이것은 만주 종교계에 상당한 부담이었다. 만주국 시기에 일부 소수 기독교인들에게서 반일활동이 나타날 뿐, 기독교가 일제의 강압에 의한 그 시대적 상황에서 자의든 혹은 타의든 '순수한 신앙'을 내세우며 일제의 '황민화정책'에 부응한 것도 이와 무관치 않은 것이다. 그러므로 만주 종교계의 조선인들이 종교보국(宗教報國)을 주창하면서 신사참배와 신도를 국가에 대한 국민의 의례로 수용하

179 荻野富士夫, 「〈来るべき戦争遂行の準備〉に抗するために－治安維持法の悪法性の視点から」, 『特集:東アジアにおける戦後和解－戦争は「終わった」のか？』, 明治学院大学国際平和研究所, 2010, 9쪽. 1925년 이후 조선공산당 사건으로 검거된 대종교도 권오설이나 박순병이, 조사 단계에서 고문에 의해 살해된 것은 그 대표적 사례다.

180 荻野富士夫, 「滿洲國の治安法」, 『治安維持法関係資料集』第4巻, 新日本出版社(日本 · 東京), 1996, 765쪽.

면서, 성전(聖戰)에 적극적으로 동조하기도 했다. 특히 선만일체(鮮滿一體)라는 국가 운영의 이념에 의해 만주지역에서 활동한 조선의 종교인들도 일반적으로 반공 · 친일의 태도를 지니고 일제의 동아론(東亞論)에 부응하였다.[181]

한편 대종교 교주였던 윤세복은 대종교의 침체를 타파하기 위해 1934년 1월, 「시교권인가신청서(施敎權認可申請書)」를 제출하여 '순수한 종교 활동을 한다'는 조건으로 포교 허가를 받는데 성공했다. 그리고 그해 3월 하얼빈에 '대종교선도회'를 설치하고 그 이듬해에 영안현 동경성으로 본부를 옮기었다. 대종교가 이와 같이 일제와 타협하여 대종교의 교세를 재기시키려는 방략은 일제의 음모를 무릅쓰고 감행한 모험이었다.[182] 즉 일제의 대종교 포교허가는, 그것을 계기로 대종교의 중심인물들을 표면으로 드러나게 함으로써, 대종교를 근본적으로 폐쇄시키고자 하는 회유책

181 최봉룡, 「만주국의 종교정책에 대한 재만 조선인의 종교 활동」, 앞의 책, 169쪽. 가령 천주교에서는 1942년 초에 로마 교황청의 '告示'에 의하여 교도들의 '신사차배'가 허용되었고, 聖戰(침략전쟁)을 위한 헌납운동도 일어났다. 이때 일제는 기독교 예배당의 종까지 다 뜯어갔지만, 천주교당의 종은 하나도 건드리지도 않았다. 이에 일부 천주교 상층인사들은 감지덕지하여 일제의 성전을 선양하기도 했고, 有信과 無信은 勢不兩立이라고 하면서, 反共宣傳을 고취하기도 했다. 1942년 12월 연길교구의 백화동 주교는 동맹 3국의 반공협정 정신에 근거하여 관할 구역 각 본당의 司鐸들에게 "대동아성전의 승리를 위해 기도를 드리자"는 諭示를 발송함과 동시에, 전체 교구의 본당신부들을 교구에 집중하여 성전승리의 대미사를 드렸으며, 각 본당 신부들은 그 후부터 일제가 패망할 때까지 주교의 유시를 집행하였다.(최봉룡, 「만주국의 종교정책에 대한 재만 조선인의 종교 활동」, 같은 책, 172쪽.) 또한 1940년 1월 9일 천도교종무원의 주최로 천도교 야뢰 이돈화의 강연이 열렸다. 용정협화회 분회 및 조선일보 지국의 후원으로 용정의 홍중학교대강당에서 열린 시국 강연(주제 – 신동아건설의 이상과 실현)에서, 이돈화는 "동아인에 동아를 건설해야 된다는 것은 역사적으로 보와도 절대성을 가젓으니 금차의 사변은 동아의 맹주 일본제국이 이 이상을 실현하는 성전이니 우리 동아인은 여하한 괴롬일지라도 인내하야 국체에 순응하는데 잇서서만 신동아건설이 잇다"는 내용으로 일제의 정책에 부응했다.(이돈화, 「新東亞建設의 理想과 實現」,『滿洲日報』1940년 1월 12일) 이러한 친일 전선에서 만주 개신교 역시 예외는 아니었다. 간도기독교연합회를 조직하여 친일 선동에 적극 앞장선 것이다. 그 연합회의 「규칙」 제 2조 목적에서 밝힌 "본회는 기독교신자의 단결을 圖하고 互相 협력하야 기독교 전도의 실효를 擧하고 皇國臣民으로서의 報國의 誠을 致함으로써 目的으로 함"이라는 목적 지향을 통해, 황국신민으로서의 보국을 다할 것을 다짐했다.(『滿洲日報』1940년 4월 7일.「宗教保國을 宣言, 間島基督敎聯合會 結成式을 盛大히 擧行」)

182 박영석, 『일제하독립운동사연구』, 앞의 책, 268쪽.

이었다. 당시 윤세복 교주를 위시한 대종교의 지도자들이 종교적 의지가 앞선 나머지 일제의 교활하고 잔인한 의도를 파악하지 못한 듯하다.[183] 대종교는 1937년부터 발해고궁유지(渤海古宮遺址)에 천진전(天眞殿)의 건립을 추진하는 한편, 대종학원(大倧學園)을 설립하여 초·중등부를 운영하는 등 교세 확장에 큰 진전을 보였다. 일본경찰은 점점 감시를 엄하게 하며, 교단 내부에 교인을 가장한 밀정 조병현(趙秉炫, 당시 약 50세)을 잠입시켜 교계의 동향과 교내 간부들의 언행을 일일이 정탐하면서, 대종교의 궤멸을 준비해 왔다.[184]

임오교변은 그렇게 온 것이다. 일제는 대종교를 독립운동단체로 규정하고 1942(임오년)년 11월 19일(음력) 국내에서는 조선어학회사건과 때를 같이 하여 만주와 국내 각처에서 교주 윤세복을 비롯한 대종교지도자 21명을 치안유지법 위반으로 동시에 체포했다.[185] 대종교단에서 '임오교변'이라 부르는 이 사건은, 한국종교사에서 찾아보기 힘든 사건으로, 일제가 우리 민족 정체성의 중심이라 할 정신(대종교)과 언어(조선어학회)를 없애기 위해 저지른 극악한 만행이었다.[186]

183 가령 1920년대 국내 경성의 대종교 桂善施敎堂을 이끌고 있던 梁世煥은, 해방 후 임오년 교변을 추억하면서, "그런데, 道兄(당시의 대종교 교주였던 윤세복을 말함 – 인용자 주)의 此擧가 일시 착각이 아니든가 생각된다. 왜냐 하면, 본디 국제상 信義는 지킬 줄도 모르고 한갓 朝三暮四의 政術만을 是賴하는 日本當路者의 양해를 구하여, 소위 합법운동을 圖得함은 근본적 착오인즉, 차라리 일시 華北으로 피난하여, 10수년만 苦行을 더 하였다면, 壬午敎變도 없고 해방후에 大敎의 施展이 용이치 않았을까? 그러나 난관을 만난 당사자로서 장래를 예측키도 어렵거니와, 또한 운명으로서 擅着되는 인간사를 어찌할 수 없는 것이다. 그렇지만 이미 三大不幸이 있었으므로 일대 착오가 생겼고, 또한 일대 착오로 말미암아 임오교변이 있은 것만은 사실이다."라는 인식을 보여줌이 그것이다.(양세환, 「임오교변」,『임오십현순교실록』, 서울대학교출판부, 1971, 16 – 17쪽.)

184 『대종교중광육십년사』, 앞의 책, 457쪽.

185 박영석, 『일제하독립운동사연구』, 앞의 책, 303 – 331쪽 참조.

186 김동환, 「대종교 항일운동의 정신적 배경」,『국학연구』 제6집, 국학연구소, 2001, 152 – 153쪽 참조.

5. 맺음말

대종교에서의 해방은 환희와 더불어 아픔이었다. 일제의 질곡으로부터 자유를 찾음과 동시에 분단이라는 멍에를 동시에 몰고 왔기 때문이다. 더욱이 일제에 의한 억압으로 국내의 발판을 모두 잃어버린 대종교의 현실은 아픔을 넘어 절망적 현실과 부딪히게 된다. 또한 타의에 의해 씌워진 이념의 굴레와 청소하지 못한 일제의 앙금은 또 다른 시련으로 역사를 정지시켰다. 일제하 대종교 말살 정책에 의해 국내의 기반을 잃었던 대종교 세력은 남북의 새로운 이념세력에 의해 동시에 구축되는 비운을 맞는다.

일제에 의해 국내적 기반이 완전히 무너진 대종교로서는, 해방 후 국내로 그 본거를 다시 옮긴 후에도 고난의 길을 계속해야 했다. 종교적 장을 펼칠 수 있는 교육기관이나 문화공간은커녕, 의지할 공간조차 얻기도 힘든 상황이었던 것이다. 대종교의 민족주의적 정서와는 동떨어진 남북의 이념적 분단은, 대종교지도자의 남북 분산과 더불어 남한 내의 정착을 더욱 어렵게 했다. 더욱이 일제치하에서 친일의 대가로 온전된 국내의 종교 · 문화적 기득권 속에서,[187] 해외항일운동으로 초지일관한 대종교의 정서가 자리 잡기에는 민족문화적 토양이 너무 척박했던 것이다.

그러한 어려움에서도 해방된 남녘땅에 대종교의 중흥을 위한 다양한 노력이 없었던 것은 아니다. 먼저 새 정부수립 이후 대종의 문화적 기반인 단기연호를 공식적으로 계승했으며,[188] 개천절을 국경일로 공식 제정함과 동시에,[189] 홍익인간을 대한민국의 교육이념으로 정식 채택한 것을

---

187 임종국, 「일제말 친일군상의 실태」, 『해방전후사의 인식』, 한길사, 1979, 202-240쪽 참조.

188 「연호에 관한 법률」, 법률 제4호로 공포.

189 「국경일에 관한 법률」, 법률 제53호로 공포.

꼽을 수 있다.[190] 그리고 대종교를 종단 제1호로 등록시킨 점이 특기되는 부분이다. 또한 홍익대학와 국학대학 그리고 단국대학 등, 대종교 정신에 의한 대학의 설립의 노력도 간과할 수 없을 듯하다.

대종교의 노력은 정치사상적인 면에서도 나타났다. 조소앙의 삼균주의와 안재홍의 신민족주의, 그리고 안호상의 한백성주의[一民主義] 등이 그것이다. 조소앙의 삼균주의는 1920년대에 이미 체계화된 것으로, 그 뿌리를 대종교에 두고 있다.[191] 특히 그는 삼균주의의 철학적 바탕을 홍익인간 이화세계에서 찾았고, 그 구현 원리로 신지비사(神誌秘詞)의 '首尾均平位興邦保泰平'를 내세움으로써 우리 민족 고유의 단군사상을 통해 그 치도(治道)의 원리를 발견하려 했던 것이다.[192]

안재홍의 신민족주의 역시 1945년 9월 국민당의 지도이념으로 제시된 것이지만, 1924년에 이미 구상된 가치였다. 그는 우리 대종교 고유의 정치이념을 '다사리정신'으로 규정하고 이것을 신민족주의 정치이론의 연원으로 삼았던 것이다.[193] 특히 안재홍의 신민족주의의 배경에는 대종교 경전인 「삼일신고」의 가치가 강하게 투영된 듯하다.[194] 안호상의 한백성주의 역시 대종교의 홍익인간과 화랑도에 토대를 둔 것으로,[195] 대한민국 제1공화국의 지도이념으로까지 주창되기도 했다.[196]

그러나 6.25의 발발로, 정인보 · 조소앙 · 조완구 · 안재홍 · 명제세와

190 「교육의 목적」, 교육법(1949. 12. 31) 제1장 제1조.
191 강만길, 「민족운동, 삼균주의, 조소앙」, 『한국민족운동사론』, 한길사, 1985, 171－194쪽 참조.
192 조소앙, 「대한민국건국강령」, 『소앙선생문집』, 삼균학회, 1979, 148쪽.
193 정영훈, 『단군민족주의와 그 정치사상적 성격에 관한 연구』, 앞의 책, 167－168쪽 참조.
194 안재홍, 「三一神誥註」, 『민세안재홍선집』4, 앞의 책, 115－119쪽 참조.
195 안호상, 『일민주의의 본바탕』, 일민주의연구원, 1950, 22쪽.
196 이승만, 「일민주의를 제창하노라」, 『민족공론』(1948년 1월호), 3쪽.

같은 대종교지도자들의 납북과 분단의 고착은 대종교를 더욱 위축시켜 갔다. 사회경제주의사학에 입각한 북쪽의 유물사관은 대종교의 역사적 경험을 신비주의적 환상으로 매도하는가 하면, 외세와 친일에 의해 주도된 대한민국에서도 구시대의 유물인 양 대종교를 외면했다.

5.16 군사정권 이후 단기연호를 포기하면서, 대종교의 정서적 위상은 더욱 가라앉는다. 개천절은 형식적 국경일로 외면되어 갔고 홍익인간의 가치 또한 교육적 장식구호로 전락하고 말았다. 또한 경제성장제일주의와 새마을운동 등과 같은 물질중심의 성장가치와 서구의 배타적 종교관에 밀려, 대종교의 잔영이라 할 수 있는 마을공동제와 사당(祠堂), 그리고 수많은 민속유산 등은 반근대적 유산 혹은 미신이라는 허울을 쓰고 무너져갔다. 대종교 문화는, 전통문화에 대한 형식적 구호나 정책에 의해 박제된 문화로 잔명을 이었거나, 민족문화를 앞세운 군사정권의 들러리로 포장되어 부정적 이미지만을 더욱 각인시켰을 뿐이다.

'얼빠진 놈'이란 표현이 있다. 스스로의 정신을 망각한 인간을 이르는 말이다. 그러한 인간은 그저 생물학적 생명체에 불과하다. 인간이라는 존재는 인식을 통해 가치가 부여될 때 비로소 의미있는 생명체가 된다. 그 가치가 바로 얼이요 정체성이다. 국가 역시 다르지 않다. '얼빠진 국가'에서는 자주적이고 창조적인 미래를 결코 기대할 수 없다. 올바른 정체성이 확립될 때, 너와 나를 넘어선 '우리의 국가'가 되고 '얼 박힌 국가'가 된다.

우리는 이 글에서 문헌으로 확인되는 우리의 역사에서 외세 혹은 외래사조의 충돌 과정에 가장 큰 핍박의 대상이, 우리의 정체성과 맞물린 신교(대종교) 집단 혹은 문화였음을 확인할 수 있었다. 불교를 국시로 한 고려조에서, 불교와 유교 그리고 몽고의 침략에 의해 철저하게 탄압 받으면서도 저항했던 요소가 팔관이었음도 알 수 있었다. 유교를 국시로 삼은 조선조에서도 철저하게 유린된 요소가 단군역사와 그 가치였다. 일제강점기 그들이 없애려했던 가치의 중심에도 단군이 있었고 그 핍박에 맞서 극렬히 항쟁했던 집단 역시 단군신앙을 부활시킨 대종교였다. 이것은 대종교가 역사 속에 나타나는 단군구국론을 재확인시켰을 뿐만 아니라, 일제강점기 항일투쟁의 총본산으로서, 총체적 저항의 사표 역할을 한 것에서도 알 수 있는 부분이다.

그리고 그 정체성의 요소로 주목한 것이 국시(홍익인간)과 국전(개천절)·국기(단기연호)였으며, 국교의식, 한글연구, 민족주의역사학의 확립 등으로, 대종교와 연결하여 파악해 보았다. 이러한 요소들이 우리 정체성의 중심이라 할 대종교와 뗄 수 없는 가치라는 것을 말해주기 때문이다. 더욱이 외세와 외래사조의 질곡과 핍박 속에서 잉태되고 존속했다는 것은, 더없는 긍지와 자부심의 원천이라 아니할 수 없다.

홍익인간은 『삼국유사』에 기록된 단군사화의 중심가치로, '하늘이 정해 준 국시(天定國是)'임을 살펴보았고, 개천절은 소도제천·영고·동맹·무천·팔관 등과 연결된 '우리의 연면한 국가제전(東方萬世國典)'임을 확인할 수 있었다. 또한 단기 연호 역시 우리 역사의 수난기마다 고개를 든 정체성의 한 요소로, '자랑스럽게 느리워 온 나라의 기원(垂統國紀)'이었음을 살펴보았다. 국교의식 또한 배달민족 정체성에 기인한 자연스러운 발로였다. 대종교는 일제강점기 종교와 이념을 넘어선 하나 됨의 상징이었다. 한글의 명칭 부여와 연구, 그리고 이를 통한 투쟁의 전통 역시 대종교의 노력에 의한 성취였다. 주시경을 비롯하여 앞장선 인물들 대부분이 대종교의 중심에 있었고, 조선어학회가 대종교 국내비밀결사 역할을 한 것만 보아도 확인되는 부분이다. 역사 부문에서도 국사다운 국사의 논리를 개척한 집단이 대종교였다. 민족주의역사학 정립을 통한 중화사관으로부터의 탈피와 일제식민주의역사학의 극복이 그것이다.

분명한 것은, 이러한 요소들이 근대에 들어 갑자기 '만들어진 전통이나 의식(意識)'이 아니라는 것이다. 그것은 우리 역사의 암흑기 속에서도 끈질기게 '이어온 전통이요 가치'였다. '만들어진 고대'의 잔영이 아니라 '이어져 온 고대'의 상징물임을 주목해 보았다.

안타까운 것은, 역사적 경험을 통해서 확인된 이러한 전통의 상징들이 대한민국 국가정체성의 중요한 근간이 되어야 함에도, 우리 스스로 우리를 바라보려는 용기마저 잃어버린 오늘의 우리 모습이다. 정체성을 상실한 집단의 전형적 꼬락서니다. 어느 철학자의 다음 넋두리가 이에 대한 모두의 성찰일 듯하다.

> "혹자는 한국사상이란 게 뭐가 도대체 있었느냐고 할는지 모른다. 그러나 한 가지만 그 분들에게 나는 묻고 싶다. 외국 것을 알기위하여 허비한 시간과 노력의 얼마를 우리 것을 찾기 위해 바쳐 본 일이 있느냐고. 알아본 일도, 아니 관심조차도 가져본 일이 없으면서 단안부터 내리는 용기와 의아심은, 자기의 일을 남의 일같이 대하는 너무나 딱한 태도가 아닐 수 없다."[197]

---

197 박종홍, 『한국사상사－불교사상편』, 서문당, 1972, 15쪽.

제2장

1942년 일제의 대종교 탄압과 치안유지법

1942년 일제의 대종교 탄압과 치안유지법

장세윤(성균관대학교 동아시아역사연구소 수석연구원)

1. 머리말

한민족의 근대민족운동사에서 종교와 종교인, 또는 종교 관련 학교와 단체들은 나름대로 중요한 역할을 수행했다고 평가할 수 있다. 물론 일부 종교나 관련 종교인에 따라서는 민족운동에 부정적 영향을 끼친 경우도 없지 않았다. 그러나 기독교 · 대종교 · 불교 · 천도교 · 유림 등 상당수의 종교계 관련 지도자와 신도들은 적지않은 희생을 무릅쓰며 민족운동을 주도했던 것이 사실이다.

특히 대종교는 단군(檀君) 신앙을 기반으로 한 한민족 고유의 종교로서 일제하 독립운동의 전개과정에서 중요한 업적을 남겼다. 1909년 초 교조(教祖) 나철(羅喆)이 단군교(檀君教)란 명칭으로 창시한 이 종교는 1910년 8

월 대종교(大倧教)로 교명을 바꾸었다. 교명을 바꾼 이유는 출범 초기의 내분을 극복하는 한편, 일제의 탄압을 피하기 위해서였다. 이후 대종교는 1945년 8월 해방을 맞이하기까지 국내·국외를 막론하고 단군 숭배사상을 중심으로 한 한민족의 고유사상과 자주독립, 자존의 한 상징으로서 민족종교의 성격과 위상을 확고히 하게 되었다. 따라서 일제하 대종교와 관련 인물, 단체들은 사실상 종교 또는 종교인, 종교조직이라기보다는 오히려 독립운동을 위한 종교와 그 관련 조직으로 인식하는 편이 더 나을 정도로 한민족의 독립운동에 크게 기여하였다.

실제로 독립운동을 주도한 민족주의계열 독립운동가 가운데는 대종교 신자들이 많이 있었다. 교조 나철과 제2대 교주 김교헌(金教憲)·3대 교주 윤세복(尹世復) 이외에도 우리가 잘 알고 있는 박은식·김두봉·김좌진·이범석·박찬익·서일·신규식·신백우·신채호·안희제·이동녕·이시영·조성환·조완구·황학수 등 많은 독립운동가들이 직접·간접으로 대종교를 신봉하거나 관련을 맺고있던 사실이 이를 증명한다.

1915년 10월 조선총독부는 '종교통제안'을 공포하여 교세가 확장되고 있던 대종교를 불법화하는 등 탄압을 가하였다. 이에 대종교측에서는 일제의 탄압을 피하고 재만한인들을 기반으로 활발한 포교와 민족운동을 전개하기 위해 제2대 교주 김교헌의 주도로 1917년 봄에 중국 길림성 화룡현(和龍縣)의 청파호(靑坡湖) 부근으로 총본사를 이전했다. 그 직후 대종교 인사들은 주로 중국동북(만주) 지역에 거주하는 동포들을 대상으로 포교와 교육활동을 통한 교세확장에 주력하였다. 이에 따라 1910년 후반부터 교세가 신장되었는데, 온갖 난관에도 불구하고 1923년 경에는 시교당(施教堂)이 모두 48개소나 되었고, 신도수도 수천명을 헤아릴 정도였다.[1]

---

* 논문 작성과정에서 『대종교 중광육십년사』 등 많은 자료를 제공해주신 김동환 국학연구소 연구

만주로 이전한 대종교는 이후 고유의 신앙을 매개로 하여 한민족의 독립운동에 앞장섰다. 1917년 7월의 '대동단결선언'과 1919년 2월 말~3월 초의 '대한독립선언서' 작성 및 배포, 기타 정의단 · 중광단(重光團) 등 많은 독립운동 단체의 조직과 각종 교육 · 계몽활동을 통한 독립운동은 일일이 열거할 수 없을 정도이다.

1920년대 후반 대종교는 일제의 압력에 굴복한 중국 군벌정권의 금압 조치로 또 한차례 어려운 시기를 보냈지만, 1930년대 초반에는 그러한 난관을 어느 정도 극복할 수 있었다. 그러나 1930년대 중반 대종교의 3세 교주 윤세복(尹世復)은 대종교의 포교 재기와 교세 확장을 위해 만주국 당국과 타협하는 자세를 보이기도 했다.[2]

그러나 1942년 말 일제의 가혹한 탄압으로 '임오교변(壬午敎變)'이 야기되어 국내외에서 다수의 관련인사가 체포되었고, 이 가운데 안희제(安熙濟)를 비롯한 애국지사 열사람이 희생되는 등 많은 어려움을 겪었다. 이러한 수난과 우여곡절을 거치며 해방을 맞이한 대종교 지도부는 당시 본부가 소재한 만주(현재는 흑룡강성[黑龍江省]) 영안현(寧安縣) 동경성(東京城)의 어려운 사정을 고려하여 1946년 초에 대종교 총본사의 서울 이전을 결의하였다. 이에 따라 같은 해 3월 주요 인사들이 환국해서 대종교의 조직을 재정비하고 새로운 출발을 모색하게 되었다.[3]

지금까지 수행된 많은 조사 · 연구를 통해 1942년 대종교 '임오교변'의

위원께 깊이 감사드린다.

1 다만 1920년대 중반 중국동북 군벌정권의 탄압으로 신자가 많이 줄어들어 1937년 경 대종교 신도수는 모두 28,635명이었다는 통계가 있다(박영석, 『한민족독립운동사연구』, 일조각, 1982, 169쪽).

2 박창욱, 「1942년의 대종교 검거사건」, 『결전』(중국조선민족발자취총서)4, 북경: 민족출판사, 1991, 590쪽 ; 최봉룡, 『만주국의 종교 정책과 재만 조선인 신종교의 대응』, 한국학중앙연구원 박사학위논문, 2006, 202쪽 및 조준희, 「단군교의 누명과 대종교의 친일문제」, 『근대 단군운동의 재발견』, 아라, 2016, 229~232쪽.

3 장세윤, 「대종교 교보」, 『한국민족운동사연구』 19, 한국민족운동사학회, 1998, 441쪽.

실상은 거의 규명된 것으로 파악된다.[4] 그러나 일제와 만주국 당국의 대종교 주도세력에 대한 '치안유지법' 적용 탄압의 실상과 그 의미는 아직 규명되지 못한 것으로 보인다. 일부 기록과 연구서 등에는 임오교변 당시 만주국 치안당국이 '잠행징치반도법(暫行懲治叛徒法)'을 적용하여 대종교 인사들을 탄압한 것으로 되어있으나,[5] 이는 잘못된 것이다. 1941년 12월 제정된 '치안유지법'을 적용하여 일대 조작탄압사건을 벌인 것이다. 이에 일제의 괴뢰국인 '만주국'의 '잠행징치반도법' · '잠행징치도비법'을 개략적으로 검토한 뒤 만주국에서의 치안유지법 제정과 대종교도에 대한 치안유지법의 적용, 그리고 임오교변과 강철구 · 김영숙의 사례를 정리, 서술하고자 한다.

2. 일제의 '9·18사변(만주사변)' 도발과 만주국의 '잠행징치반도법'·'잠행징치도비법'

일본 관동군은 1931년 9월 18일 중국동북의 펑텐(奉天, 현재 瀋陽) 교외 류타오거우(柳條溝, 일명 柳條湖)의 철로를 폭파하는 등 이른 바 '만주사변(중국에서는 9·18사변이라고 함)'을 일으켜 중국 동북지방(만주)을 침략했다. 관동군은 전격적 군사작전으로 중국 동북지역을 점령하고 1932년 3월 1일 괴

4 박영석, 「대종교의 임오교변 연구」, 『일제하 독립운동사연구』, 일조각, 1984; 이동언, 『독립운동 자금의 젖줄 안희제』, 역사공간, 2010; 백산안희제선생순국70주년추모위원회 편, 『백산 안희제의 생애와 민족운동』, 선인, 2013; 김동환, 「일제의 종교정책과 대종교－탄압과 쇠망의 연관성을 중심으로」, 『한국종교』 38, 원광대학교 종교문제연구소, 2015; 이숙화, 「1930년대 만주지역 대종교 재건과 민족운동」, 『고조선단군학』 37, 고조선단군학회, 2017 등 참조.

5 대종교 종경종사 편수위원회, 『대종교 중광육십년사』, 대종교 총본사, 1971, 489~490쪽 및 서굉일 · 이현주, 「북만주에서의 한국독립운동」, 『중국동북지역 한국독립운동사』, 한국독립유공자협회 엮음, 집문당, 1997, 391쪽.

뢰 '만주국(滿州國)'을 세워 실질적 지배권을 행사했다. 1931년 '만주사변(9·18사변)' 이후 한민족의 독립운동은 중국(인)과 연대하여 공동투쟁하는 양상을 보였다. 중국동북에서 활동하던 한국독립당(한국독립군)·조선혁명당(조선혁명군)은 중국 국민정부(또는 중국의용군) 계열과 연계되었고, 사회주의 계열의 한인들 다수는 중국공산당에 가입하여 동북항일연합군의 일원으로 일본 침략세력과 투쟁하였다.

허수아비국가 만주국 황제 푸이(溥儀)

1) 잠행징치반도법(暫行懲治叛徒法)·잠행징치도비법(暫行懲治盜匪法)의 제정

일제의 중국 동북지방 침략과 점령으로 1932년 3월 1일 괴뢰국 '만주국'이 수립되었다. 일본 관동군이 사실상 국정 운영을 좌지우지하였다. 만주국은 1932년 11월 9일 '잠행징치반도법(暫行懲治叛徒法)'과 '\(暫行懲治盜匪法)'을 공포하였다.[6] 이는 관동군과 만주국 군경 등의 항일세력 탄압을 위한 법적 근거를 만들기 위한 조치였다. 1937년 1월 4일 '형법(刑法)'을 공포하여 이 법률을 더욱 확실히 뒷받침하였다.[7] 1941년 12월 27일 '치안유지법'과 치안유지법 시행령이 공포되기 전까지 이 두 법률은 가공할 위력을 발휘하였다.

잠행징치반도법과 잠행징치도비법은 일본군이 중국 동북지방(만주)을

6 姜念東 外,『僞滿洲國史』, 長春 : 吉林人民出版社, 1980, 621쪽.

7 姜念東 外, 위의 책, 638쪽.

점령한 직후 중국동북 각지에서 봉기한 중국의용군과 조선혁명군 · 한국독립군 등 한민족의 독립군을 가차없이 잔인하게 탄압하는 중요한 법률적 근거가 되었다. 특히 '잠행징치도비법'은 일제 당국이나 괴뢰 만주국 당국의 가장 강력한 '비적 토벌'의 법적 근거로 활용되며 1930년대 초~중반 광범위한 지역에서 강력하게 전개된 각종 반만항일운동과 무장봉기를 탄압하는데 가장 큰 위력을 발휘하였다. 더구나 법률의 '도비(盜匪)' 규정과 '임진격살(臨陣格殺)', '재량조치(裁量措置)' 등의 즉결처분 규정이 항일무장세력을 가혹하게 탄압하는 면죄부가 되었던 것이다.[8]

잠행징치도비법에서 이른 바 '도비(盜匪)'는 제1조에서 다음과 같이 규정되었다. "강포(强暴) 또는 협박의 수단에 의해 타인의 재물을 강취(强取)할 목적으로 취중(聚衆, 무리를 끌어모음), 또는 결과(結夥, 2인 이상 무리를 모음)한 자는 이를 도비(盜匪)로 함"[9] 역시 이 법의 제1조는 도비의 수괴(首魁)는 사형 또는 무기도형(징역)의 엄벌을 부과한다고 규정하였다. 이에 따라 1930년대 초중반은 주로 경찰에 의해서, 그리고 1932년부터 1940년까지 만주국 군경에 의해 무려 6만 6천여 명에 달하는 항일무장투쟁 세력이 '토벌' 당시 비적(匪賊)이나 '도비'로 규정되어 무참히 살륙되고 말았다.[10] 이 법률 7 · 8조의 임진격살, 재량조치 관련 내용은 다음과 같다.

> "제7조 군대부대(軍隊部隊)가 도비(盜匪)를 초토숙청(剿討肅淸)할 때는 임진격살(臨陣格殺)할 수 있는 외에 해(該) 군대의 사령관은 그 재량에 따라 이를 조치할 수 있다.

8 荻野富士夫 編,『治安維持法關係資料集』1, 東京 : 新日本出版社, 1996, 759~760쪽.

9 荻野富士夫 編, 위의 책, 756쪽.

10 위의 책, 757쪽 및 荻野富士夫,『外務省警察史 – 在留民保護取締と特高警察機能』, 東京 : 校倉書房, 2005, 361쪽.

제8조 고급경찰관이 지휘하는 경찰대 부대(部隊)가 도비(盜匪)를 초토할 때는 임진격살(臨陣格殺)할 수 있는 외에 현장에서 도비를 체포했으나 사태급박하여 유예(猶豫)를 허락하지 않는 사정이 있을 때는 해당 고급경찰관은 그 재량에 의해 이를 조치할 수 있다."[11]

1930년대 중국 동북지역 항일무장세력 피살자 대부분은 위의 규정, 즉 일본군이나 괴뢰 만주국군에 의한 임진격살이나 재량조치에 따른 피살자로 추정된다. 이러한 추정의 근거는 '비적 및 반항분자'에 대해서는 '극형주의의 채용'이 철저히 적용되고, '적극적 유도적(誘導的) 귀순공작'은 폐해가 많다고 언급되었기 때문이다. 즉 무조건 귀순자를 제외하고 '공비 및 용의자'로 간주되어 검거된 경우는 잠행징치도비법의 임진격살, 재량조치로 처분되었다고 볼 수 있다는 것이다.[12] 이밖에 일 · 만 군경의 토벌로 희생된 항일세력은 일일이 헤아릴 수 조차 없다.

한편 '잠행징치반도법' 역시 중국 동북지방에서 공산주의운동에 대한 탄압뿐만 아니라 소위 '잘못된 민족운동'에 대한 단속과 탄압의 근거법으로서 폭넓게 활용되어 반만항일세력을 괴롭혔다. 이 법의 제1조를 보면 다음과 같다.

"제1조 국헌(國憲)을 문란케 하여 국가존립의 기초를 급태(急殆, 급격히 위태롭게 함) 또는 쇠퇴케 할 목적으로 결사(結社)를 조직한 자는 다음의 구별에 따라 이를 처단한다. 일(一) 수괴는 사형, 이(二) 역원(役員, 임원) 기타 지도자는 사형 또는 무기도형(無期徒刑, 무기징역), 삼(三) 모의에 참여하거나 결사에 가입한 자는 무기도형 또는 10년 이상의 유기도형(有期徒刑, 유기징역)."[13]

11 荻野富士夫 編,『治安維持法關係資料集』1, 757쪽.
12 荻野富士夫,『外務省警察史 - 在留民保護取締と特高警察機能』, 360~361쪽.
13 荻野富士夫 編,『治安維持法關係資料集』1, 758쪽.

제2조에서는 "전조(前條)의 목적으로 소요 · 살인 · 습격 · 방화 · 협박 기타 불법행위를 한 자"에 대한 처벌, 제3조는 이른 바 선전행위의 처벌, 제6조에서는 선동행위의 처벌, 제7조에서는 금품등 이익공여의 처벌 등을 규정했다. 전반적으로 일본 치안유지법보다 법 위주의 엄중한 처벌을 중시하고 있다.[14]

2) 두 법률의 운용 실태

두 법률의 운용상황, 특히 만주국 검찰청의 사건 수리(접수)와 기소(起訴) 건수를 검토해보면 다음과 같다. 1933년 잠행징치반도법이 201인 · 79인, 잠행징치도비법이 2,053인 · 1,217인, 1934년은 반도법이 149인 · 53인, 도비법이 2,338인 · 1,424인, 1935년은 반도법이 194인 · 68인, 도비법이 2,375인 · 1,459인이었다. 한편 두 법률과 관련된 1933년의 재판에서 유죄가 확정된 경우를 보면 잠행징치반도법이 69인(사형·무기징역 각1인), 잠행징치도비법이 2,558인(사형 316인·무기도형 130인)이었다. 또 1935년 말의 수형자수는 반도법이 74인, 도비법이 2,454인이었다. 1937년부터 1940년까지 4년동안 검거자 수의 합계는 반도법에 의한 경우가 776인인데 비해 도비법에 의한 경우가 1만 4,728인으로 거의 19배나 많은 것으로 파악된다. 1939년 말의 수형자 숫자는 반도법이 404인, 도비법이 3,436인이었다.[15]

결국 잠행징치반도법보다 잠행징치도비법으로 훨씬 더 많은 피해자가 나는 것을 알 수 있다. 이는 허수아비국가 '만주국'을 배후에서 조종하던

14 荻野富士夫 編, 위의 책, 758쪽.

15 위의 책, 758~759쪽.

일본 관동군의 영향력이 작용하면서 중국공산당 만주조직이나 한인 민족운동 세력의 단속이나 검거 탄압보다 오히려 항일무장투쟁 세력의 탄압, 즉 무력토벌에 의한 '소탕 탄압'이 우선적으로 실시된 사실을 확인할 수 있다. 그런데 더욱 주목되는 점은 이들 무장세력에 대한 탄압은 위에서 설명한 잠행징치도비법의 제7 · 8조에서 규정한 '임진격살', '재량조치'에 따라 정식 기소나 재판없이 현장에서 군경에 의해 '엄중처분(총살, 참살 등)'되는 경우가 거의 대부분이었다는 사실이다. 실제로 1937년 7월 만주국의 형사사장(刑事司長)에 취임했던 마에노 시게루(田野茂)는 당시 보고되는 사건은 거의 일반 형사사건이었고, 위의 두 법률 관련 보고는 전혀 없었다고 회상하였다.[16]

중요한 사실은 괴뢰 만주국의 이러한 강경탄압 방침에 부응하여 식민지 조선 경무당국도 엄중한 처벌방침을 강화하게 되었다는 점이다. 특히 중국공산당 산하의 동북항일연군에 많은 조선인들이 가담하여 끈질기게 항일무장투쟁을 지속했는데, 1937년 6월 국내 진입작전으로 유명한 보천보전투가 전개되어 큰 충격을 주었다. 이에 따라 1937년 11월 조선의 경성(京城)에서 열린 재판소 및 검사국 감독관 회의에서 조선총독부 법무국장은 만주국의 '잠행징치반도법'을 언급하며 만주 항일유격대의 조선 침입방지 목적에 부응하는 엄벌방침을 지시하였다.[17] 이러한 방침은 1941년 12월 일본의 태평양전쟁 도발과 전쟁의 격화, 식민지 민중의 총동원체제가 강화되면서 만주국과 식민지 '조선'에서 한층 더 경직된 법률 적용과 엄혹한 탄압으로 표출되었다.

---

16 위의 책, 759~760쪽.

17 朝鮮總督府法務局 編, 「裁判所及檢事局監督官會議 總督訓示及法務局長訓示事項集」, 『日帝下支配政策資料集』 9; 荻野富士夫 編, 『治安維持法關係資料集』 1, 761쪽에서 재인용.

3. 만주국의 치안유지법 제정과 운용

1) 1925년 5월 일본과 식민지 '조선'에 치안유지법 실시 공포

일본 정부는 1925년 5월 8일 칙령 제175호로 '치안유지법'을 식민지 '조선'과 대만, 사할린 등에 시행한다고 공포하였다. 1924년 말 중국 동북에서 정의부(正義府) 등 독립운동 조직이 결성되고 이듬해 4월 17일 서울에서 조선공산당이 결성되었다. 일본 당국은 종래의 '조선총독부 제령(制令) 제7호'로는 단속하기 어렵다고 보았다. 이에 따라 이 법을 공포하고 5월 12일부터 이 법을 적용하여 한국인들의 독립운동과 사회(주의)운동을 가혹하게 탄압하였다[18].

이 법 제1조는 "국체를 변혁 또는 사유재산제도를 부인할 목적으로 결사(結社)를 조직하거나, 또 그 상황을 알고 이에 가입한 자는 10년 이하의 징역 또는 금고에 처함"으로 규정되었다. 조선에서의 치안유지법 적용은 일본보다 10일 빠른 것이었다. 또 형량도 일본은 징역 7년 이하로 되어있어 일본보다 더 가혹했다.[19] 치안유지법은 일본에서는 법률 제46호로 1925년 4월 22일 공포되었는데, 시행되기까지 20여일 간의 주지(周知) 기간을 두어 일본인들에게 이 법령의 시행을 계몽하였다. 그러나 식민지 '조선'에서는 공포 3일 뒤에 바로 시행하여 일반 조선인들이 이 법령의 시행을 잘 몰랐다.[20] 이 법은 일제강점기에 큰 영향을 끼쳤는데, 현재도 남아있는 '국가보안법'의 원조격이라고 평가된다.

---

18 鈴木敬夫, 『법을 통한 조선식민지 지배에 관한 연구』, 고대민족문화연구소 출판부, 1989, 196~198쪽.

19 김준엽 · 김창순, 『한국공산주의운동사』 2, 청계연구소, 1986, 339~340쪽.

20 鈴木敬夫, 앞의 책, 197쪽.

만주 독립운동 세력에 대한 최초의 치안유지법 적용(살인죄 추가)과 사형 판결은 1929년 7월 30일 신의주지방법원에서 독립운동 단체 정의부 의용군에서 활동한 독립군 대원에 대해 이루어졌다.[21] 이후 1930년 5월 30일을 전후하여 중국 연변지역(북간도)에서 소위 '제4차 간도공산당사건(일명 간도 5·30폭동, 5·30봉기)'이 일어났는데, 이 때 용정(龍井)의 간도총영사관 경찰에 모두 39명이 체포되어 서울의 경성지법방법원에서 재판을 받았다. 주동자 김근(金權)은 사형, 소성규(蘇聖奎)는 무기징역형이 구형되었다. 치안유지법과 방화, 폭발물취체규칙 위반 등의 혐의가 적용되었다.[22] 또한 1930년 중후반부터 이듬해 중반까지 중국 동북지방에서는 중국공산당 만주조직 주도의 각종 폭동에 재만한인들이 대거 참가했는데, 일본 영사관 경찰 등 일본측 검거자가 1,181명, 중국 경찰 등 관헌 검거자가 무려 1,557명, 합계 2,738명이나 되었다. 그런데 일본측 검거자 가운데 치안유지법 위반 등의 혐의로 사형 22명, 무기징역 5명이라는 엄중한 결과가 나왔다.[23]

치안유지법 7개 조항을 예시하면 다음과 같다.

"제1조 국체를 변혁하거나 또는 사유재산제도를 부인할 것을 목적으로 결사(結社)를 조직하거나, 또는 그 상황을 알고 이에 가입한 자는 10년 이하의 징역 또는 금고(禁錮)에 처하고, 전항의 미수죄(未遂罪)는 이를 벌한다.

제2조 전조(前條) 제1항의 목적으로 그 목적 사항의 실행에 관하여 협의한 자는 7년 이하의 징역 또는 금고(禁錮)에 처한다.

제3조 제1조 제1항의 목적으로 그 목적 사항의 실행을 선동한 자는 7년 이하의 징

21 荻野富士夫, 『外務省警察史 - 在留民保護取締と特高警察機能』, 261쪽.

22 김준엽 · 김창순, 『한국공산주의운동사』 4, 400 · 434쪽.

23 荻野富士夫, 『外務省警察史 - 在留民保護取締と特高警察機能』, 514~515쪽.

역 또는 금고에 처한다.

제4조 제1조 제1항의 목적으로 소요 · 폭행 기타 생명 · 신체 또는 재산에 해를 가할 수 있는 범죄를 선동한 자는 10년 이하의 징역 또는 금고에 처한다.

제5조 제1조 제1항 및 앞의 3조 죄를 범할 것을 목적으로 금품 기타 재산 상의 이익을 공여(供與)하거나, 또는 그 신청 혹은 약속을 한 자는 5년 이하의 징역 또는 금고에 처하고, 그 상황을 알고 공여(供與)를 받거나 또는 그 요구, 혹은 약속을 한 자 역시 같다.

제6조 앞 5조의 죄를 범한 자가 자수할 때는 그 형을 감경(減輕) 또는 면제한다.

제7조 본 법은 하인(何人)을 막론하고 본 법 시행구역 밖에서 죄를 범한 자 역시 이를 적용한다."[24]

일제강점기 치안유지법은 국내는 물론, 많은 조선인들이 거주하고 있던 중국과 일본, 러시아 연해주 등지에도 확대적용되어 독립운동과 사회주의운동 등에 큰 타격을 가하였다. 특히 이 법률의 적용은 갈수록 확대 강화되었는데, 중국 연변(북간도)지역에서 전개된 이른 바 '간도공산당' 사건 등 해외 독립운동, 민족해방운동 세력에게 더욱 가혹하게 적용되었다.[25] 더구나 일본 당국은 1931년 9월 중국 동북지방(만주) 침략, 1937년 7년 중일전쟁 도발과 전쟁의 확대 등으로 국민들의 전쟁동원 필요성과 사상통제, 일반 국민들에 대한 통제와 처벌을 목적으로 '예방구금제(豫防拘禁制)'를 신설하여 전쟁에 반대하는 모든 사상과 활동의 억압을 법적으로 가능하게 하였다.[26] 또 '치안유지법 개정법률(법률 제54호)'을 1941년 3월 8일 대폭 개정 제정하여 처벌규정을 확대, 강화하는 등 규정을 보다 치밀

24 『조선총독부 관보』 1925.4.27(1면)

25 鈴木敬夫, 앞의 책, 228쪽.

26 鈴木敬夫, 214쪽.

하게 가다듬었다. 개정 치안유지법은 1941년 5월 13일 칙령 제553호로 공포되었는데, 조선총독부는 치안유지법 개정법률을 이 해 5월 15일부터 시행하였다.[27] 만주국에서는 1941년 12월 27일 공포, 시행되었다.

특히 조선총독부는 1941년 2월 12일 '조선 사상범 예방구금령'을 공포하여 조선인들에 대한 통제를 더욱 강화하였다. 조선총독부는 일본보다 앞서 제령(制令) 제8호로 이 법률을 공포하여 사상통제와 감시를 더욱 강화한 것이다. 이 예방구금령은 '치안유지법' 집행유예자나 처벌받은 사람이 형의 집행을 끝내고 석방되더라도 다시 이 법률을 위반할 우려가 현저하다고 인정될 때는 재판없이도 '예방구금(豫防拘禁)'할 수 있다는 가공할 법률이었다. 특히 1936년 12월에 공포된 '조선사상범 보호관찰령'을 더욱 강화한 것이었다.[28]

---

27 주요 부분을 보면 다음과 같다. 제1장 죄 제1조 국체를 변혁하는 것을 목적으로 결사(結社)를 조직한 자 또는 결사의 역원(役員, 임원) 기타 지도자의 임무에 종사한 자는 사형 또는 무기, 혹은 7년 이상의 징역에 처하고, 그 상황을 알고 결사(結社)에 가입한 자 또는 결사의 목적수행을 위한 행위를 한 자는 3년 이상의 유기징역에 처한다. 제2조 전조(前條)의 결사를 지원하는 것을 목적으로 결사를 조직한 자 또는 결사의 역원(役員, 임원), 기타 지도자 임무에 종사한 자는 사형 또는 무기(無期)나 5년 이상의 징역에 처하고, 그 상황을 알고 결사에 가입한 자 또는 결사의 목적수행을 위한 행위를 한 자는 2년 이상의 유기징역에 처한다. 제3조 제1조의 결사의 조직을 준비하는 것을 목적으로 하여 결사를 조직한 자 또는 결사의 역원(役員, 임원), 기타 지도자의 임무에 종사한 자는 사형 또는 무기나 5년 이상의 징역에 처하고, 그 상황을 알고 결사에 가입한 자 또는 결사의 목적수행을 위한 행위를 한 자는 2년 이상의 유기징역에 처한다. 제4조 전(前) 3조의 목적으로 집단을 결성한 자 또는 집단을 지도한 자는 무기 또는 3년 이상의 징역에 처하고, 전 3조의 목적으로 집단에 참가한 자 또는 집단에 관하여 전 3조의 목적수행을 위한 행위를 한 자는 1년 이상의 유기징역에 처한다. 제5조 제1조 내지 제3조의 목적으로 그 목적사항의 실행에 관하여 협의 또는 선동을 하거나 그 목적사항을 선전하고 기타 그 목적수행을 위한 행위를 한 자는 1년 이상 10년 이하의 징역에 처한다. 제6조 제1조 내지 제3조의 목적으로 소요·폭행 기타 생명·신체 또는 재산에 해를 가할 수 있는 범죄를 선동한 자는 2년 이상의 유기징역에 처한다. 7조 국체를 부정하거나 신궁(神宮) 또는 황실(皇室)의 존엄을 모독할 수 있는 사항을 유포하는 것을 목적으로 결사를 조직한 자 또는 결사의 역원(役員) 기타 지도자 임무에 종사한 자는 무기 또는 4년 이상의 징역에 처하고, 그 상황을 알고 결사에 가입한 자 또는 결사의 목적수행을 위한 행위를 한 자는 1년 이상의 유기징역에 처한다. 제2장 형사수속 (생략) 제3장 예방구금 (생략) (『조선총독부 관보』 1941.5.1, 2~3면)

28 鈴木敬夫, 『법을 통한 조선식민지 지배에 관한 연구』, 316~317쪽.

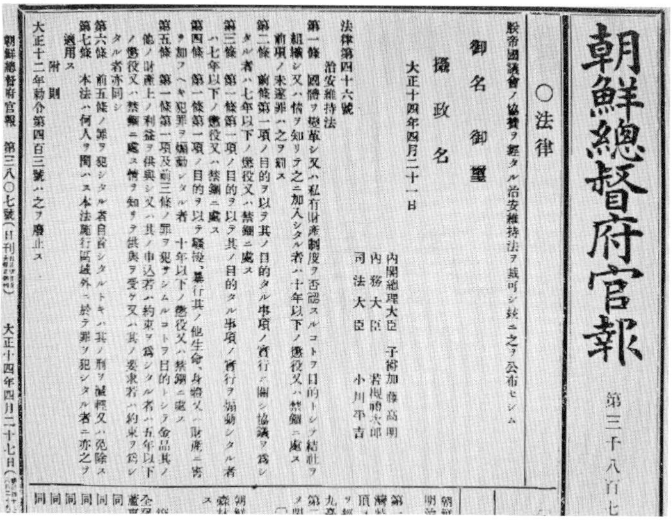

朝鮮總督府官報 第三千八百七

○法律

朕帝國議會ノ協賛ヲ經タル治安維持法ヲ裁可シ玆ニ之ヲ公布セシム

御名御璽

攝政名

大正十四年四月二十一日

内閣總理大臣 子爵加藤高明
内務大臣 若槻禮次郎
司法大臣 小川平吉

法律第四十六號

治安維持法

第一條 國體ヲ變革シ又ハ私有財産制度ヲ否認スルコトヲ目的トシテ結社ヲ組織シ又ハ情ヲ知リテ之ニ加入シタル者ハ十年以下ノ懲役又ハ禁錮ニ處ス

前項ノ未遂罪ハ之ヲ罰ス

第二條 前條第一項ノ目的ヲ以テ其ノ目的タル事項ノ實行ニ關シ協議ヲ爲シタル者ハ七年以下ノ懲役又ハ禁錮ニ處ス

第三條 第一條第一項ノ目的ヲ以テ其ノ目的タル事項ノ實行ヲ煽動シタル者ハ七年以下ノ懲役又ハ禁錮ニ處ス

第四條 第一條第一項ノ目的ヲ以テ騷擾、暴行其ノ他生命、身體又ハ財産ニ害ヲ加フヘキ犯罪ヲ煽動シタル者ハ十年以下ノ懲役又ハ禁錮ニ處ス

第五條 第一條第一項及前三條ノ罪ヲ犯サシムルコトヲ目的トシテ金品其ノ他ノ財産上ノ利益ヲ供與シ又ハ其ノ申込若ハ約束ヲ爲シタル者ハ五年以下ノ懲役又ハ禁錮ニ處ス情ヲ知リテ供與ヲ受ケ又ハ其ノ要求若ハ約束ヲ爲シタル者亦同シ

第六條 前五條ノ罪ヲ犯シタル者自首シタルトキハ其ノ刑ヲ減輕又ハ免除ス

第七條 本法ハ何人ヲ問ハス本法施行區域外ニ於テ罪ヲ犯シタル者ニ亦之ヲ適用ス

附則

大正十二年勅令第四百三號ハ之ヲ廢止ス

朝鮮總督府官報 第三八〇七號 (日刊) 大正十四年四月二十七日

치안유지법이 게재된 『조선총독부 관보』(1925.4.27, 1면)

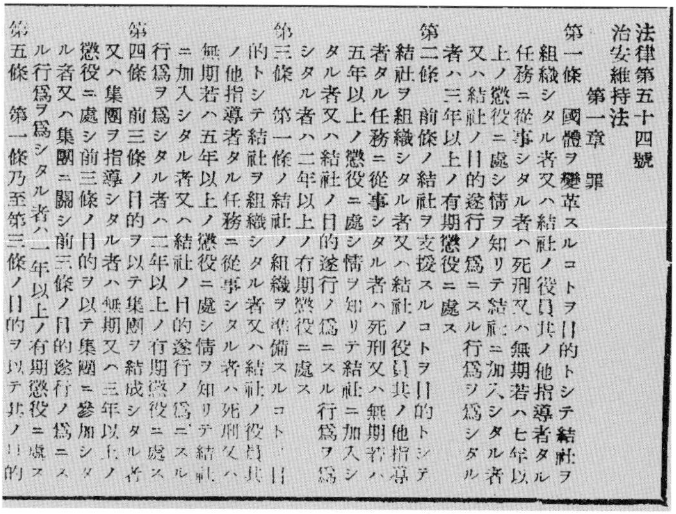

法律第五十四號

治安維持法

第一章 罪

第一條 國體ヲ變革スルコトヲ目的トシテ結社ヲ組織シタル者又ハ結社ノ役員其ノ他指導者タル任務ニ從事シタル者ハ死刑又ハ無期若ハ七年以上ノ懲役ニ處シ情ヲ知リテ結社ニ加入シタル者又ハ結社ノ目的遂行ノ爲ニスル行爲ヲ爲シタル者ハ三年以上ノ有期懲役ニ處ス

第二條 前條ノ結社ヲ支援スルコトヲ目的トシテ結社ヲ組織シタル者又ハ結社ノ役員其ノ他指導者タル任務ニ從事シタル者ハ死刑又ハ無期若ハ五年以上ノ懲役ニ處シ情ヲ知リテ結社ニ加入シタル者又ハ結社ノ目的遂行ノ爲ニスル行爲ヲ爲シタル者ハ二年以上ノ有期懲役ニ處ス

第三條 第一條ノ結社ノ組織ヲ準備スルコトヲ目的トシテ結社ヲ組織シタル者又ハ結社ノ役員其ノ他指導者タル任務ニ從事シタル者ハ死刑又ハ無期若ハ五年以上ノ懲役ニ處シ情ヲ知リテ結社ニ加入シタル者又ハ結社ノ目的遂行ノ爲ニスル行爲ヲ爲シタル者ハ二年以上ノ有期懲役ニ處ス

第四條 前三條ノ目的ヲ以テ集團ヲ結成シタル者又ハ集團ヲ指導シタル者ハ無期又ハ三年以上ノ懲役ニ處シ前三條ノ目的ヲ以テ集團ニ參加シタル者又ハ集團ニ關シ前三條ノ目的遂行ノ爲ニスル行爲ヲ爲シタル者ハ一年以上ノ有期懲役ニ處ス

第五條 第一條乃至第三條ノ目的ヲ以テ其ノ目的

개정 치안유지법이 게재된 『조선총독부 관보』(1941.5.1, 2면)

1925년에 제정 · 시행된 「치안유지법」은 '국체 변혁'과 '사유재산제도 부인'을 도모하는 조직에 대한 처벌법으로 사회주의계열이든 민족주의계열이든, 식민지 조선의 독립운동과 사상을 탄압하는 중핵 법이었다. 1928년 긴급 칙령 129호로 개정되어 '국체변혁'의 죄와 '사유재산제도 부인'의 죄가 서로 다른 항(項)으로 분리되었고, 결사의 조직원이 아닌 자도 처벌할 수 있는 '목적수행죄'가 신설되었다. 1941년 법률 제54호로 '치안유지법'이 개정되었는데, 기존 치안유지법과 유사한 점인 '국체변혁'과 '사유재산제도 부인'을 목적으로 삼는다는 것을 제외하면 완전히 새로운 법이라고 할 정도였다.[29]

1941년 개정 치안유지법은 전문 제41조 법률로 주요 특징은 우선 국체를 변혁하는 것을 목적으로 하는 범죄(제1~제9조)와 사유재산제도를 부인하는 것을 목적(10~13조)으로 하는 범죄 규정을 별도 조항으로 분리한 점. 둘째 제7조에서 황실에 관한 죄에 대한 처벌 조항을 신설하여 천황제에 반대하는 종교단체 혹은 사회단체를 치안유지법으로 탄압할 수 있게 하였다. 이러한 종교단체와 개인의 단속 강화는 내부 결속을 요구하는 전쟁시기의 한 경향이라고 평가된다.[30]

이로써 조선인들은 일제의 각종 수탈과 전쟁동원에 저항하기가 더욱 어려워졌고, '황국신민화'와 '내선일체' 등 일제의 동화정책에 속수무책으로 시달려야 했다. 실제로 이후에 미전향 사상범과 위험시되는 인물들이 전국 주요 사상범 보호관찰소나 감옥에 강제 구금되었다. 식민지 '조선'에서 치안유지법 운용의 실제는 함부로 남용되고 모든 언론 · 출판 · 집

29 박도화, 「일제강점기 치안유지법과 그 적용에 관한 연구 : 법을 통한 권력 행사를 중심으로」, 성균관대학교 석사학위논문, 2021, 178쪽.

30 박정애, 『동원과 통제: 전시체제기 형사판결문으로 본 사회상』, 선인, 2020, 123쪽.

회 · 결사의 자유를 빼앗는 악법 그 자체의 모습으로 나타났다고 평가되고 있다.[31] 특히 만주국에서는 조선보다 더욱 엄혹하게 적용된 것으로 파악된다.

2) 1941년 12월 개정 치안유지법의 제정과 시행

일본이 태평양전쟁을 도발한 직후인 1941년 12월 27일 일제의 허수아비 국가인 괴뢰 '만주국'은 치안유지법과 '치안유지법 시행령'을 공포, 시행하였다.[32]

만주국의 치안유지법은 일본의 치안유지법을 모체로 한 것이었다. 앞부분이 중요하므로 주요 내용을 살펴보기로 한다.

> "제1조 국체를 변혁하는 것을 목적으로 단체를 결성한 자 또는 단체의 모의에 참여하거나, 지도를 하여 기타 단체의 요무(要務, 중요한 업무)를 장리(掌理)한 자는 사형 또는 무기도형(無期徒刑)에 처한다. 그 상황을 알고 전항(前項)의 단체에 참가한 자 또는 단체의 목적수행을 위한 행위를 한 자는 사형 또는 10년 이상의 도형(徒刑, 징역형)에 처한다.
>
> 제2조 강포(强暴) 혹은 협박에 의한 재물의 강취(强取), 살인, 방화, 기타 흉악한 수단에 의해 안녕질서를 문란케 할 목적으로 단체를 결성한 자 또는 단체의 모의에 참여하거나 지도를 하여 기타 단체의 요무를 장리(掌理)한 자는 사형 또는 무기, 혹은 10년 이상의 도형(徒刑)에 처한다. 그 상황을 알고 전항(前項)의 단체에 참가한 자 또는 단체의 목적수행을 위한 행위를 한 자는 사형 또는 무기, 혹은 6년 이상의 도형(徒刑)에 처한다.
>
> 제3조 국체의 부정 또는 건국신묘(建國神廟), 혹은 제실(帝室)의 존엄을 모독할 사

31 오기노 후지오(윤소영 옮김), 『일제강점기 치안유지법 운용의 역사』, 역사공간, 2022, 48쪽.

32 姜念東 外, 『僞滿洲國史』, 656쪽.

항을 유포할 것을 목적으로 단체를 결성한 자 또는 단체의 모의에 참여하거나 지도를 하여 기타 단체의 요무를 장리(掌理)한 자는 사형 또는 무기, 혹은 6년 이상의 도형(徒刑)에 처한다. 그 상황을 알고 전항(前項)의 단체에 참가한 자 또는 단체의 목적수행을 위한 행위를 한 자는 사형 또는 무기, 혹은 3년 이상의 도형(徒刑)에 처한다."[33]

앞의 조선에서 공포, 시행된 개정 치안유지법과 유사하지만, 형량은 훨씬 가혹한 내용이다. 주목되는 사실은 만주국에 적용된 치안유지법에는 1932년 제정 실시된 잠행징치도비법에 있었던, 즉 '토벌' 현장에서 긴급조치로서의 즉결처분(사살)인 '임진격살(臨陣格殺)'과 '재량조치(裁量措置)'가 존속하고 있었다는 점이다.[34] 놀라운 것은 만주국에서 치안유지법이 제정, 시행된 이후에 무려 2천여 명의 사형판결과 그 집행이 이루어졌다는 점이다.[35] 특히 일본이나 조선보다 더욱 엄격한 악법인 치안유지법이 '합법성'을 가장한 채 집행된 것이다.

1942년 대종교의 '임오교변'도 이러한 일련의 흐름과 시대적 배경, 잠행징치반도법(暫行懲治叛徒法)과 잠행징치도비법(暫行懲治盜匪法)을 계승한 '만주국' 치안유지법의 제정과 시행, 그 적용이라는 시각에서 살펴볼 필요가 있다.

1930년대 후반 만주국의 경찰· 사법 등 치안체제는 일본 관동군(關東軍) 통제하에 있는 만주국군과 연계되어 있을 뿐만 아니라, 관동군 및 관동군 헌병대와 연동하여 반만항일운동(反滿抗日運動) 세력을 탄압하고 있

33 荻野富士夫 編,『治安維持法關係資料集』1, 766쪽.

34 荻野富士夫,「来るべき戦争準備」に抗するために」,『よみがえる戦時體制: 治安體制の歴史と現在』, 東京: 集英社, 2018, 10쪽.

35 荻野富士夫, 위의 책, 12쪽.

었다. 모두 일 · 만 군경이 참가하는 치안유지회 · 경무(警務)연락위원회 · 경무통제위원회에 의한 일련의 '치안숙청공작'은 실질적으로는 일본 관동군 지휘 하에 수행되었다.

특히 잠행징치반도법의 적용과 관련하여 1936년 9월 '하얼빈 경무통제위원회'에서 하얼빈 부근의 아성현(阿城縣) 시내에 조선인 공산당원이 있는 것을 발견하고, 만주지역 공산당을 섬멸하기 위해 관동군의 치안숙청계획에 기초하여, 하얼빈 중국공산당 지부조직을 대상으로 한 비밀정탐공작을 실시한 사례가 있다. 공작의 결과 1937년 4월 15일을 기해 일제 검거를 실시, 다수의 관계자를 체포하였다.[36]

"중국공산당과 연락하여 만주국 농민을 적화(赤化) 지도하고, 나아가 공산혁명에 의해 대일본제국의 국체를 변혁하여 공산주의국가를 수립할 목적으로", '아성(阿城)조선인공산당'을 조직하여 활동했다고 간주된 20인은 치안유지법 위반으로 관동군 임시군법회의에 보내졌다. 다만 재판 결과는 알 수 없다. 또 중국공산당 만주조직 아래있던 '하얼빈특위 및 합동특위(哈東特委)'는 각각 17인과 25인이 모두 만주국군 제4군관구 군법회의에 송치되어 합동특위 25인 가운데 사형판결을 받은 13인은 판결 이틀 뒤에 총살되었다.[37] 이로 미루어 보아 앞의 조선인 공산당원들도 사형 등 매우 엄격한 처분을 받았을 것으로 짐작된다.

그런데 만주국 민법과 형법의 기본구조는 속인법(屬人法)과 '사법(司法) 사무 공조(共助)' 체제의 형식으로 만주와 조선, 일본을 횡단하는 범죄나 민족의 경계를 뛰어넘는 사건에 대처하고 있었다. 이에 따라 재만(在滿)

---

36 荻野富士夫 編, 『治安維持法關係資料集』 1, 763~764쪽.

37 「北滿に於ける共産黨の槪況」, 『外事警察報』 181號, 1937.12 ; 荻野富士夫 編, 『治安維持法關係資料集』 1, 764쪽에서 재인용.

일본인에게는 일본 민법의 해당 규정이 적용되었고, 일본계 주민에 관한 형사 사법처리도 재만 일본인 사법관이나 경찰관의 손에 맡겨져 있었다. 따라서 당시 중국이나 만주국 국적이 없는 재만 조선인은 일본인으로 간주되었고, 일본이나 조선총독부의 법률이 적용되었다. 그러나 1937년 6월 만주국에서 일본인의 치외법권이 철폐되면서 일본인에 대한 특별대우는 겉으로는 사라졌다. 이후 만주국과 일본, 만주국과 조선 사이에 사법사무 공조를 위한 일련의 조치가 이루어졌다. 즉 1938년 3월 26일 일본에서는 '일만(日滿)사법사무공조법'이 공포되었고, 만주국에서는 같은 해 4월 30일 '만일(滿日)사법사무공조법'이 공포되었다. 모두 5월 1일부터 시행되었다. 사법사무공조의 주요 내용은 소송서류의 송달, 증거 조사, 범죄 수사, 피의자 · 피고인에 대한 구인장(拘引狀)의 발급과 집행, 체포장의 발급과 집행, 형사판결의 집행, 민사판결의 강제집행에 대한 공조 등이었다.[38]

또 1938년 7월 15일 만주국에서 '만주국과 조선 및 관동주(關東州)와의 사법공조의 특례에 관한 건'이 공포 시행되었고, 조선에서도 같은 해 7월 14일에 조선형사령의 개정이 이루어져 만주국 당국과 사법사무를 공조하게 되었다. 한편 중국 요동(遼東)반도 끝의 관동주에서는 7월 12일에 '관동주재판소 사무취급령'이 개정되었다. 모두 1938년 7월 15일부터 시행되었다. 주목되는 사실은 사법사무 공조뿐만이 아니라, '경찰공조'도 행해지게 된 것이다. 현행범인이 국경지대로 도주한 경우, '사법경찰관리'로서의 경찰관이 그 체포 · 압수 · 수색에 대한 공조나 위촉을 직접 할 수 있는 구조가 된 것이다.[39] 이에 따라 많은 조선인들이 만주에서 조선으로

38 淺野豊美,『帝國日本の植民地法制』, 名古屋 : 名古屋大學出版會, 2008, 471~472쪽.

39 淺野豊美, 위의 책, 472쪽.

끌려오거나, 반대로 조선에서 만주로 끌려가 재판을 받고 투옥되기도 하는 등 큰 수난을 겪게 되었다.

1942년 말 대종교 임오교변 당시 국내외에서 많은 인사들이 만주국 영안현(寧安縣) 당국으로 끌려오는 과정과 그 배경도 이러한 맥락에서 살펴볼 필요가 있다.

3) 만주국 치안유지법과 '예방구금'

일제의 괴뢰 만주국은 1941년 12월 27일 치안유지법을 공포하고, 바로 당일부터 이 법을 시행하였다. 이 법의 제정 이유에 대해서는 "최근에 사상사범의 태양(態樣, 모습)을 비추어보면 가장 유효적절한 방법으로 이러한 종류 범죄의 철저한 소멸을 도모하기 위해 잠행징치반도법에 필요한 개정을 가하고, 아울러 잠행징치도비법도 개정하여 양자를 통합하고, 새로이 치안유지법을 제정함으로써 시국하 치안의 유지에 만일의 하나라도 유루(遺漏)없음을 기할 필요가 있다."라고 밝혔다.[40] 결국 잠행징치반도법과 잠행징치도비법, 두 '잠행(暫行)' 치안법 대신에 '항구적' 치안유지법을 입안, 제정하여 만주국의 독자적 법치체제를 구축함으로써 일제의 괴뢰(허수아비)국가라는 오명을 벗는 한편, 반만주국 항일세력을 철저히 탄압하고자 한 것이다.

1931년 9 · 18사변(만주사변) 이후 중국 동북지방 각지에서는 중국인과 조선인 등 항일세력이 괴뢰 '만주국' 수립에 항거하여 치열하게 반만주국 항일운동(약칭 반만항일운동)을 전개하였다. 일본 관동군은 중국인들의 항

---

40 「滿洲國治安維持法の解說」, 『在滿日系共産主義運動』, 關東憲兵隊司令部 編 「付錄」 수록: 荻野富士夫 編, 『治安維持法關係資料集』 1, 765쪽에서 재인용.

일전쟁과 한국 독립운동 세력 독립전쟁 등의 반만항일운동을 군대를 동원하여 군사력으로 탄압했는데, 관동헌병대 외에 관동청(關東廳) 경찰, 재만 외무성경찰(영사관 경찰) 등 보조인력도 동원하여 '무력토벌'을 자행하였다. 이 때 '토벌'의 근거법으로 1932년 9월 제정된 잠행징치반도법과 잠행징치도비법을 최대한 활용하였다. 특히 1938년 3월 북만주의 자무스(佳木斯)헌병대는 탕원현(湯原縣) 일대에서 중국공산당 길동성(吉東省)위원회(즉 北滿省위원회)에 대한 대대적 탄압을 가하여 300여 명의 당원 및 항일공작원을 체포·투옥했는데, 이 가운데 상당수의 조선인이 있었다. 놀라운 것은 투옥된 공산당원 5명을 하얼빈의 731세균부대에 보내 생체실험을 통해 학살했다는 사실이다.[41]

만주국의 치안유지법은 일본의 치안유지법을 기반으로 제정되었지만, 일본과 조선에서 실시된 '예방구금'에 대한 규정이 없었다. 그 대신에 1943년 9월 '사상교정법'을 제정하여 예방구금을 실시하였다.[42] 만주국에서 1941년 말 치안유지법이 제정된 이후 1945년 8월까지 치안유지법으로 처벌된 사람은 1만 수천명에 이르고, 사형선고와 집행은 2천명 가량으로 추정된다.[43] 따라서 대종교의 임오교변으로 수난을 당한 25인(혹은 28인)은 만주국 전체 관련자에 비추어 보면 극히 일부 숫자라는 사실을 확인할 수 있다.

---

41 荻野富士夫, 「満洲国」の治安 · 司法体制 -「抵抗と弾壓」の背景」, 『「満洲国」における抵抗と弾圧 : 関東憲兵隊と「合作社事件」』, 荻野富士夫 外, 小樽: 小樽商科大学出版会, 2017, 7~8쪽.

42 荻野富士夫, 위의 책, 9쪽.

43 荻野富士夫, 「「来るべき戦争準備」に抗するために」, 『よみがえる戦時體制: 治安體制の歴史と現在』, 10쪽.

4. 만주 대종교 세력에 대한 치안유지법의 적용

1930년대 이후 '만주국' 지배하의 만주지역에서 대종교 세력의 활동이 강화되자 조선총독부와 만주국 당국은 이를 경계했다. 일제 경무당국은 밀정 조병현을 통해 대종교 지도부를 몰래 감시하다가 노골적으로 대종교를 탄압하기 시작했다.[44] 1942년 11월 19일(음력, 양력 12월 26일) 만주국 경찰은 영안현 동경성에 있던 대종교 총본사를 습격하고 제3세 교주 윤세복과 안희제 · 이용태를 비롯한 24명의 대종교 간부들을 검거했다. 대종교 간부들은 국내를 포함하여 북만주 지역의 신안진(新安鎭) · 하얼빈(哈爾濱) · 목릉(穆陵) · 영안(寧安) · 돈화(敦化) · 밀산(密山), 동만(東滿)과 남만(南滿)지역의 연길(延吉) · 반석(磐石) · 장춘(長春) · 영길(永吉) 등 넓은 지역에서 동시에 체포되었다. 이듬해 4월에는 총본사찬리(總本司贊理) 이현익도 붙잡혔다. 또한 대종교 총본사에 소장된 신간서적 2천여 권, 구존 서적 3천여 권, 각종 도서 및 교단 서류 6백여 종을 압수당했다. 이러한 일제의 탄압사건을 '임오교변'이라 한다.

교주 윤세복 · 안희제 등 25명은 소위 '치안유지법 위반'으로 검거됐는데, 이 중에 성하식 · 김진호 · 안용수 · 이종주 등 4명은 무혐의로 즉시 석방됐다. 나머지 21명의 지도자들은 영안현(寧安縣) 경무과에 특별취조본부를 설치한 만주국 경찰에 4개월 동안이나 고문과 악형을 받으며 취조를 받았다.

1944년 4월 27일 만주국 목단강(牧丹江)고등법원 제1호실에는 윤세복 · 김영숙 · 윤정현 · 이재유 · 이용태 · 이현익 · 최관 등 7명에 대한 공판이 진행됐다. 재판 결과 윤세복 · 김영숙 등 7명은 무기형 등의 실형을 선고

44 박창욱, 「1942년의 대종교 검거사건」, 『결전』, 592~593쪽.

받고 액하(液河)감옥(일명 鐵嶺河감옥)에 수감되어 고초를 치렀다.[45]

당시 국내 경찰과 만주국 경찰 등에 체포된 대종교 지도부 인사 명단은 다음과 같다.

〈표 1〉 대종교 지도자 피검자 현황

연번	성명	피검일(양력)	피검지
1	윤세복	임오 11월 19일(12월 26일)	신안진 기차내
2	김영숙	위와 같음	하얼빈 마가구
3	윤정현	위와 같음	목릉현 흥원촌
4	이용태	위와 같음	충북 제천군 백운면
5	최 관	위와 같음	영안현 동경성
6	이현익	계미(1943년) 4월 3일(5월 6일)	영안군 동경성
7	이재유	임오 11월19일	길림성 돈화현
8	권상익	위와 같음	밀산현 삼사통
9	이 정	위와 같음	영안현 신안진
10	안희제	위와 같음	경남 의령군 입산리
11	나정련	위와 같음	영안현 동경성
12	김서종	위와 같음	하얼빈시내
13	강철구	위와 같음	연길현 동불사
14	오근공(오근태)	위와 같음	영안현 와용둔 고가자
15	나정문	위와 같음	영안현 동경성
16	이창언	위와 같음	영안현 구가촌
17	권영준	위와 같음	함북 성진부
18	김진호	위와 같음	길림성 반석현
19	김두천	위와 같음	신경시내
20	서윤제	위와 같음	영안현 동경성
21	이성빈	위와 같음	길림성 영길현
22	김진호	위와 같음	영안현 동경성
23	안용수	위와 같음	영안현 신안진
24	성하식	위와 같음	경북 김천읍 당곡동
25	이종주	위와 같음	신안진 기차내

출전 : 대종교 종경종사 편수위원회, 『대종교 중광육십년사』, 대종교 총본사, 1971, 462~463쪽·258쪽 및 韓甫植 편, 『韓國年曆大典』, 영남대학교출판부, 19897, 1942~1943쪽

45 「국외독립운동 사적지(중국)」, 독립기념관 홈페이지 참조(검색일 2022년 8월 15일)

1944년 4월 27일(음력 4월 5일) 목단강 고등법원 제1호실에서 소위 피고 윤세복 등 7인의 출두로 공판이 열렸다. 이후 5월 13일(음력 4월 22일) 검찰관이 치안유지법 위반 혐의를 내세우며, "피고들은 자기네 하는 일이 정당한줄로 알지마는 국가로서는 현시국(現時局)에서 용인할 수 없는 것이다."라는 논고(論告)와 함께 다음과 같이 구형하였다. 머리말에서 언급했듯이 이들에게 만주국의 '잠행징치반도법'을 적용했다는 일부 기록은 오류이다. 만주국 치안유지법을 적용한 사실이 매우 주목된다. 대종교 세력에 '국체변혁' 등 중대한 변혁운동, 즉 독립운동을 전개하려 한 혐의를 적용한 것이다.

피고인 윤세복(尹世復) 무기도형(無期徒刑)
피고인 김영숙(金永肅) 15년
피고인 윤정현(尹珽鉉) 10년
피고인 이용태(李容兌) 10년
피고인 최관(崔冠) 10년
피고인 이현익(李顯翼) 7년
피고인 이재유(李在囿) 5년[46]

참고로 이들에 대한 검찰관의 기소장 주요 부분을 보면 다음과 같다. "피고인 윤세복은 국체변혁을 목적으로 한 단체지도자 임무에 종사하였으며, 김영숙은 위 단체의 요무(要務)를 장리(掌理)하였고 윤정현, 오근공(吳根恭, 吳根泰의 오류 -필자), 나정문(羅正紋), 이재유는 위 단체 목적수행을 위한 행위를 하여왔으며 이용태, 최관, 이현익은 위 단체에 참가하여 해

46 대종교 종경종사 편수위원회, 『대종교 중광육십년사』, 대종교 총본사, 1971, 499쪽.

(該) 단체 목적수행을 위한 행위를 하여왔다."[47] 이른 바 만주국 치안유지법 규정 제1 · 2조를 거의 그대로 적용하고 있음을 알 수 있다.

이러한 구형이 있은 지 한달 반 뒤인 1944년 5월 7일(양력 6월 27일) 판결이 있었다. 재판관은 "피고들의 행위를 법원에서 이해못함은 아니로되 국가로서는 용인할 수 없다."라는 판결언도의 개요를 말한 뒤 다음과 같이 판결하였다.

교주 윤세복 치안유지법 제1조 위반 무기도형
김영숙 치안유지법 제2조 위반 도형15년
윤정현 치안유지법 제2조 위반 도형8년
이용태 치안유지법 제2조 위반 도형8년
최 관 치안유지법 제2조 위반 도형8년
이현익 치안유지법 제2조 위반 도형7년
이재유 치안유지법 제2조 위반 도형5년[48]

1928년 12월 27일 경성지방법원의 조선공산당 만주총국 사건 판결은 '국체변혁=조선독립'이란 인식을 보여주었다.[49] 그런데 대종교 종교운동에 대해 국체변혁=조선독립이라는 기소 의견을 그대로 적용하여 판결한 것이다. 당시 국체변혁은 식민지 조선을 일본제국이라는 '국체'로부터 '이탈'시키고자하는 행위로 간주했다.[50] 따라서 대종교 요인들의 행위는 식

47 기소장 앞부분은 "康德 十一年 二月 十九日 牧丹江高等檢察廳 檢察官 中村義夫 牧丹江高等法院 御中 治安維持法 違反 大倧教 關係 윤세복 김영숙 윤정현 이용태 최관 이현익 이재유 기소사실 (이하 생략)." 끝은 "右 謄本咸 康德 十一年 二月 二十一日 牧丹江高等法院 書記官 織澤德弘 (印)"로 되어 있다(대종교 종경종사 편수위원회, 『대종교 중광육십년사』, 499~500쪽).

48 대종교 종경종사 편수위원회, 『대종교 중광육십년사』, 500쪽.

49 오기노 후지오(윤소영 옮김), 앞의 책, 86쪽.

50 전명혁, 「일제강점기 치안유지법 사건 판례를 통해 본 사상통제의 역사」, 『동북아역사논총』 76, 동북아역사재단, 2022, 405쪽.

민지 해방운동, 곧 독립운동으로 판결된 것이다.

목단강고등검찰청 검찰관(검사)과 목단강고등법원 재판관(판사)가 모두 일본인임이 주목된다. 앞에서 서술한 대로 만주국의 치안유지법은 2심제였다. 따라서 이 판결에 따라 윤세복 등 대종교 지도자들은 감옥에서 혹독한 옥고를 치러야 했다.

1930년대 중국동북(만주) 대종교 총본사의 재건은 국내 남도본사의 폐쇄에 따른 단군신앙의 부흥과 1930년대 초반까지 만주에서 활동했던 대종교 민족운동 세력의 재결집 필요성에 따라 이루어졌다. 그러나 일제의 괴뢰국인 '만주국'에서의 대종교 활동은 일본총영사관의 포교승인을 받고 시작되었다. 때문에 앞에서 거론했듯이 이 시기 대종교 민족운동에 대해 친일적 경향이 있다거나 종교활동 중심이었다는 비판이 제기되기도 한다. 그러나 1930년대 대종교의 민족운동은 1926년 '대종교 해산령' 이후 약화된 교단을 정상화시킨 다음, 그 토대 위에서 본격적으로 종교활동 등 민족운동을 전개하려는 한 동기와 목적을 고려할 필요가 있다. 북만주지방에서 활발한 활동을 펼친 대종교는 일제의 대륙침략이 강화되던 1937년 크게 발전했다. 북만주 지역에 52개의 시교당이 설립되었고, 교인 수도 16,764명에 달했다. 이러한 발전은 1920년대 북만주 항일투쟁에 참가한 독립운동세력의 적극적 활동과 재만 한인 교민들의 동참이 이루어지면서 가능했다.[51]

1930년대 대종교의 주요 민족운동을 보면, 안희제가 동경성(東京城)에 건설한 발해농장을 독립운동의 기지로 삼고 독립운동 자금을 지원한 일련의 움직임이 주목된다. 또 발해학교 및 대성학원을 세워 한글 및 역사

51 이숙화, 「1930년대 만주지역 대종교 재건과 민족운동」, 『고조선단군학』 37호, 고조선단군학회, 2017, 149~183쪽.

교육을 통해 고유의 민족정신을 함양하기도 했다. 발해(渤海)의 수도였던 동경성 안의 발해 궁전건물 터 앞에 단군 천진전(天眞殿) 건립을 준비하여 일본 신도에 대항했고 1940년에는 1만 5천권이 넘는 교적 간행을 통해 한글과 대종교, 역사서를 보급했다. 또한 개천절 · 어천절 · 중광절 등과 같은 정기적인 대종교 기념일과 의례를 시행하여 일제와 만주국 당국의 황민화정책에 대응하여 민족문화를 보전하고 고유의 민족정신을 고양하는 종교운동을 전개하였다.[52]

1942년 대종교에서 천진전을 세우려고 했던 발해 궁전지(1990년, 강용권 촬영)

52 위와 같음.

천진전을 세우려고 했던 옛 발해궁전지 앞(2002년)

중국 흑룡강성 영안현(寧安縣) 발해진(渤海鎭) 상경로(上京路)에 있던 구 대종교 총본사 터

부근 거주 이인희(李仁熙) 노인이 모시고 있는 단군 영정(2002년 7월 19일, 조선족노인협회 구내)

1946년 초 대종교 총본사의 서울 이전 이후 현지에 남아있던 한인 동포들의 대종교 신앙을 필자에게 증언하는 이인희 노인(2002년 7월 19일)

그러나 이같은 대종교의 민족운동은 당시 팽창일로의 거대 일본제국, 즉 일본 본토와 식민지 조선, 그리고 괴뢰국 만주국, 중국 동남부와 동남

아 일본 점령지 등에서 거의 동시에 전시동원통제 체제가 강화되던 시기에 오히려 활발하게 전개되어 일제 당국의 탄압을 받는 요인이 되었다. 이러한 1930년대 대종교의 민족운동은 1942년 '임오교변' 사건이란 대탄압으로 결국 쇠퇴하고 말았던 것이다.

1946년 초 윤세복 등 대종교 지도자들이 귀국할 때 주민들과 헤어졌던 당시 고목
(1990년, 강용권 촬영)

5. 임오교변과 강철구·김영숙의 사례

1942~1944년 '임오교변' 당시 수난을 당한 2인의 대종교 지도자 생애와 임오교변 관련 사항을 간단히 살펴보기로 한다.

1) 강철구(姜鐵求, 호는 海山, 1894~1943.10.21)

1894년 부여군 장암면(현재 규암면) 장하리에서 태어났다. 강경공립보통학교를 졸업하고 1914년부터 2년간 토지조사국의 기수(技手)로 근무하였다. 1910년부터 부친 강석기(姜錫箕, 일명 姜虞)의 영향으로 대종교를 신봉하다가 1917년 1월 중국동북의 철령(鐵嶺) 소재 육영학교에 입학하여 중국어를 공부한 뒤 9월에 북간도(현재 중국 연변)로 갔다. 부친이 연길현(延吉縣) 동불사(銅佛寺)에 세운 천영학교(天英學校)의 교사로 재직하였다. 1919년 12월(음력 : 양력 1920년 1월) 경 부친의 대종교 활동과 연관하여 북간도에서 서일(徐一)의 권유로 대한독립군정서(大韓獨立軍政署, 일명 대한군정서, 북로군정서)에 가입했다. 이 해 3월 서일의 비서가 되어 독립포고문과 독립공채 모집 취의서 등 문서 작성을 담당했다.

강철구(국가보훈처 제공)

1920년 4월에 대한독립군정서 재무부장 윤정현(尹庭鉉)의 명령을 받고 선포문과 군자금 수령증, 대한민국임시정부 발행 독립공채(獨立公債) 등을 휴대하고 군자금 모금을 위해 국내로 잠입했다. 1921년 2월 중하순~3월 초(음력 1월 경) 부여군 구룡면에 거주하는 박길화(朴吉和)와 협의한 뒤 구룡면 동방리에 거주하는 부호 박창규(朴昌奎)와 박남규(朴南奎)에게 군자금을 요청했다. 같은 달 하순경 마침내 박창규의 집에서 2백원을 받았고, 3월 중하순~4월 초(음력 2월 경)에는 장암면 내리 강석민(姜錫民)의 집에서 서양인에게 각각 4백원을 받아냈다. 또 박남규에게는 7백원을 더 내겠다는 서약서를 받고, 수령액중 3백원을 대한군정서로 보냈다.

그러나 이 소식을 탐지하고 추격해온 동대문경찰서 형사대에 6명의 동지와 함께 잡혀서 조선총독부 제령(制令) 7호 위반혐의로 1923년 3월 31일 경성지방법원에서 징역 3년을 선고받았다. 서대문형무소와 함흥형무소에서 옥고를 치렀다.[53] 그의 군자금 모금활동은 대종교와 밀접한 관련을 갖고 전개되었다. 고향 부근의 부여군 장암면 북고리의 가림산(嘉林山) 산

53 『동아일보』 1932.4.1

속에 근거지를 두고있는 대종교 조직을 이용하여 서울과 전국의 대종교도와 연계해서 군자금 모금을 협의했다. 군자금 모금활동에 협조하다가 함께 체포되었던 문경섭(文瓊燮)이 뒷날 대종교의 북일시교당(北一施敎堂) 전무(典務)로 활동하고, 문장섭(文章燮)이 북일시교당 찬무(贊務), 남이도본사(南二道本司) 순교원(巡敎員), 부여 제2지사 전무(典務, 姜鎭求 대리) 등을 역임한 사실은 이를 뒷받침한다.

이러한 군자금 모금은 해외 독립운동 세력이 대종교와 연계하여 벌인 활동으로서 일제 당국은 3·1운동 직후 최대의 중대사건으로 간주하였다. 강철구의 형제인 강진구(姜鎭求)와 강용구(姜鎔求)도 대종교에서 중요한 위치에 있었는데, 강철구의 군자금 모금에 참여하였다.

감옥 출옥 후 다시 중국 동북으로 건너갔다. 이후 대종교 교질(敎秩)이 영계(靈戒)에서 상교(尙敎)로 차츰 높아졌으며, 대종교 경의원(經議院) 참의(參議), 경각(經閣) 봉선(奉宣), 총본사 전강(典講) 등의 주요 직책을 맡았다. 특히 1939년 괴뢰 만주국 정부와 교섭하여 대종교 서적의 간행을 승인받고 '대종교서적 간행회'를 조직하여 총무가 되었다. 이후 회장 안희제(安熙濟)와 함께 『홍범규제(弘範規制)』 등 6종 1만 5백부의 서적을 출판하였다. 또 1942년 10월에는 만주의 영안현(寧安縣) 동경성(東京城)에 대종교의 천전(天殿)을 세우는 건축주비회(建築籌備會)의 발기에도 참여했다.

그러나 이 해 12월 26일(음력 11월 19일) 이른바 일제 당국의 대종교 탄압사건인 '임오교변' 때 교주 윤세복(尹世復) 등 21명과 함께 '치안유지법위반' 혐의로 경찰에 체포되었다. 연길현 동불사(銅佛寺) 자택에서 끌려가 만주국 영안현서(寧安縣署)와 목단강(牧丹江) 경무처(警務處)에 구금된 지 9개월 만에 병보석으로 출옥하였다. 그러나 강철구는 참혹한 고문 후유증으로 한달만인 1943년 10월 21일(음력 9월 23일) 동불사 자택에서 사망했다.

1946년 대종교의 순교십현에 대한 상호식(上號式)에서 '경신애족(敬神愛族) 위도성인(衛道成仁)'의 공로로 '정교가대형호(正敎加大兄號)'를 추승(追陞)받았다. 이때 이용태가 지은 제문 「곡강해산철구대형(哭姜海山鐵求大兄)」이 전해지고 있다. 1963년 건국훈장 독립장이 추서되었다.[54]

2) 김영숙(金永肅, 호는 白舟, 1886~1955.2.3)

김영숙(국가보훈처 제공)

1886년 논산군 양촌면 임화리에서 태어났다.(충남 결성군 이동 출생설도 있음)[55] 고향에서 상업에 종사하였으나, 실패하였다. 1907년 경 중국 길림성(吉林省, 현재는 흑룡강성[黑龍江省]) 영고탑(寧古塔)으로 이주하여 학교 교사가 되었다. 1911년 경남 밀양 출신의 윤세복(尹世復)·윤세용(尹世茸) 등이 중국 동북의 봉천성(奉天省) 환인현(桓仁縣) 읍내에 동창학교(東昌學校)를 세우자 이극로(李克魯) 등과 함께 이 학교로 갔다. 동창학교는 2년 여만에 일제의 항의로 폐교되었으나, 계속 환인현에 거주하며 한인 민족교육과 독립운동에 매진하였다. 1915년 2월 대종교 총본사 학리(學理)부장겸 서무부장을 맡았다.[56] 1926년 10월 흑룡강성

---

54 이상은 『동아일보』 1923.2.15, 3.31, 4.1 ; 조선총독부 경무국, 『國外ニ於ケル容疑朝鮮人名簿』, 1934; 앞의 『대종교 중광육십년사』; 국가보훈처, 『독립유공자 공훈록』 4권, 1987; 「강철구 신문조서」, 『한민족독립운동사 자료집』 38, 국사편찬위원회, 1999; 박걸순, 「부여 長亭 진주 강씨 문중의 대종교 신앙과 민족운동」, 『한국근현대사연구』 34, 한국근현대사학회, 2005; 박걸순, 「湖石 姜錫箕 父子의 대종교 신앙과 민족운동」, 『한국사연구』 167, 한국사연구회, 2014; 이동언, 「백산 안희제의 대종교 독립운동과 순국」, 『백산 안희제의 생애와 민족운동』, 선인, 2013; 김은지, 「충남 부여인의 중국 망명과 독립운동」, 『역사와담론』 88, 호서사학회, 2018; 장세윤, 「1930~40년대 만주·연해주지역 독립운동과 충남인」, 『충남독립운동사』 4(충남인의 국외독립운동), 충청남도역사문화연구원, 2021 참조.

55 『대종교 중광육십년사』, 510쪽.

56 위의 책, 280쪽.

하얼빈(哈爾濱)으로 이주하여 민족운동에 종사하였다.

1934년에는 하얼빈에서 대종교 교주 윤세복을 도와 김응두(金應斗)·박관해(朴觀海)·김서종(金書鍾) 등과 함께 '대종교 하얼빈선도회'를 설치하여 현지 거주 한인들에게 대종교를 전파하며 고유의 민족의식을 드높였다. 또 이듬해 8월에는 대종교의 핵심인물이자 발해농장을 경영하던 안희제 등과 '대종교서적 간행회' 조직에 참여하였다. 1940년 5월『종문지남(倧門指南)』을 한글로 번역하였다. 이 해 10월에『종문지남』편집겸 발행인으로 한글본 2천부를 발간했다.[57] 그는『삼일신고(三一神誥)』,『신단실기(神壇實記)』,『오대종지강연(五大宗旨講演)』등 주요 대종교 서적의 간행에 크게 기여했다. 그러나 일제의 괴뢰 '만주국' 당국과 조선총독부 경찰이 이극로의 편지를 문제삼아 1942년 12월 대종교인들에 대한 일대 탄압 사건인 '임오교변'을 일으켰을 때 거주지인 하얼빈 마가구에서 체포되었다. 이 사건으로 윤세복·안희제·최관·강철구·김진호(金鎭浩)·김서종(金書鍾)·나정문 등 21명의 동지들과 함께 체포되었다.

일제 당국은 만주국 영안현(寧安縣) 경무과에 '특별취조본부'를 설치하고, 4개월간 혹독한 악형과 심문을 계속하였다. 1944년 4월 27일 목단강(牧丹江) 고등법원에서 공판이 열렸고, 이 해 6월 26일 치안유지법 위반 혐의로 징역 15년형을 선고받았다.[58] 이 사건과 관련된 인물 가운데 안희제·강철구 등 10명이 조사과정에서 온갖 고문과 악형으로 순국하고 말았다. 대종교에서는 이들을 '임오십현(壬午十賢, 또는 순교십현)'이라 부른다.

김영숙은 목단강(牧丹江) 액하(掖河)감옥에 수감되어 복역중 1945년 8월 12일 소련군의 만주 진출 이후 석방되어 출옥하였다. 1955년 사망하였

57 위와 같음.

58 문일민 편,『한국독립운동사』, 애국동지원호회, 1956, 86쪽.

다. 1963년 건국훈장 독립장이 추서되었다.[59]

6. 맺음말

식민지 '조선'과 일제의 괴뢰국 '만주국'에서 제정, 운용된 치안유지법, 특히 만주국에서 그 이전에 제정, 운용되었던 잠행장치반도법과 잠행징치도비법의 문제점은 다시 거론할 필요가 없을 것이다. 조선(남한)에서는 1945년 8월 15일 일제의 패망 직후 치안유지법의 적용이 중지되었고, 미군 진주 후인 같은 해 10월 9일 폐지되었다.[60] 그만큼 이 법의 운용은 문제 투성이였던 것이다.

치안유지법은 일본과 조선에서 1928년부터 전면적 시행단계에 들어가 검거자와 기소자가 급증하였다.[61] 그런데 1928년 개정으로 제1조 후단에 '목적수행죄'의 적용, 즉 '목적수행행위 처벌규정'이 신설되었고,[62] 1941년 대폭 개정된 이 법률에서도 더욱 강화되었다. 그런데 이처럼 '목적죄'로 성립한 치안유지법의 엄밀한 의미에서의 적용은 부당한 것이었다. 특히 1941년 개정 후의 치안유지법으로 처벌된 사람들은 원래 무죄이고, 명예회복이 이루어져야 한다고 볼 수 있다. 치안유지법에 의한 처벌과 그에 근거한 사회적 위협은 일제강점기, 특히 전시체제기에 일본은 물론 조

---

59 이상은 조선총독부 경무국, 『國外ニ於ケル容疑朝鮮人名簿』, 1934; 국가보훈처, 『독립유공자 공훈록』 4권, 1987; 이동언, 「백산 안희제의 대종교 독립운동과 순국」, 『백산 안희제의 생애와 민족운동』, 선인, 2013; 장세윤, 「1930~40년대 만주 · 연해주지역 독립운동과 충남인」, 『충남독립운동사』 4(충남인의 국외독립운동), 충청남도역사문화연구원, 2021 참조.

60 오기노 후지오(윤소영 옮김), 『일제강점기 치안유지법 운용의 역사』, 역사공간, 2022, 457~459쪽.

61 오기노 후지오, 위의 책, 104~105쪽.

62 荻野富士夫, 「「来るべき戦争準備」に抗するために」, 『よみがえる戦時體制 : 治安體制の歴史と現在』, 13쪽 및 鈴木敬夫, 『법을 통한 조선식민지 지배에 관한 연구』, 234~237쪽.

선과 만주국 등을 매우 압박 · 질식하는 것이었다. 1945년 8월 일제의 패망 직후 조선과 만주에서 신속히 이 법률이 폐지된 것은 그러한 억압체제가 최종적으로는 실패했다는 것을 여실히 증명한다고 하겠다.[63]

대종교의 '임오교변'은 일제 당국의 조작과 고문 등에 의한 부당한 구속과 수감, 부당한 법률을 적용한 기소와 재판, 그 재판 결과에 따른 감옥 구금과 처벌이라는 점에서 부당성이 더욱 두드러진다. 1940년대 초 민족운동적 요소가 없지는 않았지만, 대종교의 고유사상과 종교운동, 서적 보급 등에 대해 '국체변혁'을 내세워 만주국 치안유지법을 적용하고 처벌, 탄압한 것은 매우 부당한 것이었다고 하지 않을 수 없다. 그러나 '국체변혁=조선독립'이라는 인식의 판결은 역설적으로 대종교의 민족운동적 특성을 잘 보여주는 부분이라고 하겠다.

1930년대부터 1945년 8월 15일 광복이전까지 일제의 괴뢰국인 '만주국' 치하에서 대종교단은 합법적 종교 승인을 받고 발해농장을 경영하면서 대종교총본사를 재건하는 등 종교 운동에 매진했다. 1937년 중일전쟁 도발 이후 일본 침략세력은 이른 바 '황민화정책'을 실시하며 대종교를 만주국의 식민지 지배체제에 포섭코자 하였다. 그러나 대종교단은 합법적 종교활동을 펼치면서 안으로는 독립운동 자금을 지원하고 교적간행사업 · 개천절 · 어천절 등을 개최하며 고유의 민족정신과 민족의식을 지켜나갔다. 대종교 세력에 대한 감시를 게을리하지 않던 조선총독부 경무당국은 1942년 국내의 조선어학회 사건을 계기로 만주의 대종교총본사까지 탄압하는 '임오교변'을 일으켰다. 이 사건으로 교주 윤세복을 포함한 25명의 간부들이 체포되어 10명은 일제의 고문 등으로 사망하고, 7명은 무기형

63 荻野富士夫, 「来るべき戦争準備」に抗するために」, 『よみがえる戦時體制 : 治安體制の歴史と現在』, 13쪽.

또는 유기형을 선고받았다. 일제의 탄압으로 대종교 세력은 큰 수난을 겪었지만 이는 회유정책으로도 대종교의 민족정신을 꺾지 못한 일제 종교정책의 실패를 의미한다고 평가할 수 있다.[64]

현재의 액하감옥(전기 철조망이 남아있음, 흑룡강성 목단강시 양명구 철령하, 독립기념관 제공)

액하감옥 내부 전경(2017년, 노경래 제공)

64 이숙화, 『대종교의 민족운동연구』, 한국외국어대학교 박사학위논문, 2017, 2~3쪽.

임오교변으로 체포된 대종교인 25명, 그중 안희제와 나철의 두 아들인 나정련(羅正練), 나정문(羅正紋), 권상익(權相益), 이정(李楨) 등 10명이 잔인하고 혹독한 고문의 후유증으로 옥사했다. 서일 총재의 장남 서윤제의 사위 최관도 투옥되었다. 백산상회로 유명한 안희제 역시 발해농장 등을 운영하다가 검거되었다. 일제하 종교탄압사건 중 규모가 큰 사건이었다. 이들이 수감되었던 액하감옥은 중국 흑룡강성 목단강시 철령하진(鐵嶺河鎭)에 있는데, 주변이 급속하게 변해서 주변건물이 헐리고 아파트가 들어서고 있다. 액하감옥의 원래 모습을 보존하기 힘든 상황이다.

액하감옥 안에는 사형장터와 옥사, 고문실 등이 있고, 감옥이 5동으로 되어 있었다는 현지 노인들의 증언이 있다. 다행히 2015년 목단강시 정부가 철령하감옥으로 명칭을 변경하고 역사문물로 지정, 보호하고 있다. 액하감옥은 철도길 건너편 현지 죄수들이 수감되어 있던 감옥이었다. '중국 목단강지역 독립운동유지 보존회'에서는 흑룡강성 정부 외사처에 복원요청을 추진하고 있다고 한다. 액하감옥도 안중근 신채호 등이 수감되었던 여순(旅順)감옥처럼 복원하여 한국인들이 찾을 수 있는 유적지 답사코스로 개발할 필요가 있다.[65]

그러나 가장 중요한 일은 바로 '임오교변'으로 순국한 대종교 요인들의 이상과 가치, 그들이 이루고자 했던 민족고유의 대종교 사상과 그 이념, 살신성인의 희생과 그 정신을 올바로 계승하고 비판적으로 발전, 승화시키는 것이 아니겠는가 생각해본다.

65 '중국 목단강지역 독립운동유지 보존회' 노경래 회장의 주장.

제3장

임오교변 전말

임오교변 전말

이동언(선인역사문화연구소 연구소장)

1. 들어가는 말

임오교변은 1942년 11월 19일 일제가 대종교를 중국동북지역 독립운동의 총본산으로 규정하고 대대적으로 탄압한 사건이다. 임오교변으로 중국동북지역과 국내에서 제3세 교주 윤세복 · 안희제 · 이용태 등을 비롯하여 25명의 대종교 간부들이 동시에 검거되었으며 대종교총본사의 각종 비품과 서적을 압수 당하였다. 일제가 체포한 대종교 간부 25명중에서 10명은 일제의 혹독한 고문과 악형으로 1943년 5월부터 1944년 1월 사이에 모두 순국하였다.[1]

임오교변 당시 국내에서는 조선어학회사건이 일어나 순수한 한글연구마저 독립운동으로 간주되어 한글학자들이 대대적인 탄압을 받고 체포되

---

1 대종교에서는 이들을 '임오십현(壬午十賢)' 또는 '순교십현(殉教十賢)'이라고 한다.

었다. 임오교변이 일어나게 된 직접적인 동기는 당시 서울 조선어학회에서 활동하던 이극로가 대종교 3세 교주 윤세복에게 보낸 편지에 동봉된 「널리펴는 말」이란 제목의 원고를 일제가 검열과정에서 조작하여 일으킨 것이다. 임오교변은 조선어학회사건의 연장선에서 일어났으며 전시체제하에서 일제가 국내외 독립운동세력을 대대적으로 탄압한 사건이다. 본고에서는 중국동북지역에서의 대종교 독립운동과 임오교변 당시 국내외 정세, 임오교변이 일어나게 된 배경과 경과 그리고 일제의 대종교 간부 체포와 탄압 실상을 규명하고자 한다.

2. 중국동북지역에서의 대종교 독립운동

대종교는 중광당시부터 종교적 성격과 함께 구국운동의 성향을 강하게 띠고 있었다. 대종교의 이러한 성향은 대종교 중광교조인 나철이 구국운동 과정에서 단군교에 입교하여 정신적 재건을 통한 독립운동 방략을 제시하였고 그의 순명을 계기로 중국동북지역 항일무장투쟁이 본격화된 점에서 잘 알수 있다.[2] 나철은 국권수호를 위해 다방면에 걸쳐 활동을 전개하였으나 여의치 않아 고민하던 중 민족주체성을 확립하고 주권을 수호하기 위해 1909년 단군교를 중광하였다. 다음해인 1910년 8월 5일 대종교로 교명을 바꾸고[3] 포교활동을 통한 구국운동에 매진하였다. 나철은

2 김동환, 「기유중광의 민족사적 의의」, 『국학연구』 제1집, 국학연구소, 1988, 94~119쪽.

3 단군교를 중광하고 1909년 봄 『倧報』 제1호를 발간하였으나, 대종교로 개칭하면서 書名을『敎報』로 변경하였다. 대종교에서는 『敎報』를 季刊으로 발간하였으나 현재까지 전하는 자료가 많지 않아 정확하게 알 수는 없다. 다만 '환국기념호'로 발행한 『敎報』(제149호, 1946. 8. 25)가 현재 독립기념관에 소장되어 있다. 이자료는 대종교총본사에서 독립기념관에 제공한 것인데 『한국민족운동사연구』제19집(한국민족운동사연구회, 1998. 9)에 실려있다. 또한 『大倧敎重光六十年史』, 92~93면에 『倧報』 제1호(己酉春期)에 실린 '重光源由'가 실려 있다.

국권회복을 위한 새로운 방략으로 한국 고유의 민족종교를 창시하고, 자주 독립 사상을 고취하여 이를 통해 구국운동을 전개하고자 하였다. 우리 민족종교는 그 원류가 단군조선에서 계승되어 부여에서 代天敎, 신라에서 崇天敎, 고구려에서 敬天敎, 발해에서 眞倧敎, 고려에서 王儉敎로 전승되어 오다가 몽고의 침략으로 고려 원종때부터 단절되었다. 나철은 단절된 한국 고유의 민족종교 '중광'을 통해 자주 독립 사상을 고취하고 일제의 침략으로부터 국권을 수호하기 위해 단군교를 중광하였다. 일제강점하 구국을 위한 대종교의 항일운동은 대종교 중광의 주체인 나철의 '國雖亡而道可存(나라는 비록 망했으나 정신은 가히 존재한다)'라는 정신적인 각성이 구심점이 되었다.[4] 대종교인이 중심이 되어 수많은 독립운동단체를 조직하여 활동하였다. 대종교는 일제의 감시와 탄압을 피해 1914년 중국 길림성 화룡현 청파호로 대종교총본사를 이전한 후 포교활동을 통한 항일운동을 전개하였다. 아울러 서간도 일대에 시교당을 설립하고 박달학원·東昌學校·白山學校·大倧學院 등을 설립하여 민족교육을 실시하였다.[5] 나철은 교단을 정비하고 서울로 돌아와 남도교구에서 교단조직과 포교활동을 전개하였다. 그러나 1915년 조선총독부는 대종교를 종교가 아닌 항일독립운동단체로 규정하고 남도본사를 강제 해산하였다. 이에 나철은 일제의 간악한 탄압과 만행을 보고 견딜 수가 없어서 서울에 있는 남도본사 천진전을 떠나 1916년 8월 15일 구월산 삼성사에서 유서[6]를 남기고 순국하였다.[7]

---

4 김동환,「대종교 항일운동의 정신적 배경」,『국학연구』 제6집, 국학연구소, 2001, 141쪽.

5 이동언,「홍암 나철의 생애와 구국운동」, 대종교중광90주년기념학술회의 발표문, 6쪽.

6 「大宗師의 朝天」,『대종교중광육십년사』, 212~215쪽.

7 『大倧敎重光六十年史』,182~203쪽, 254~256쪽. 대종교에서는 중광교조 홍암 나철이 순국한 이날을 '가경절(嘉慶節)'이라 한다.

한국근대민족운동사에서 대종교 · 천도교 · 기독교 · 불교 등 종교계가 중요한 역할을 한 것은 간과할 수 없은 사실이다. 그중에서도 특히 대종교는 단군 신앙을 바탕으로 한 민족종교로 일제침략에 대항한 항일무장투쟁에서도 괄목할 만한 업적과 성과를 거두었다. 1914년 5월 13일 중국 동북지역 화룡현 청파호로 대종교총본사를 이전하고 포교활동을 통한 항일투쟁을 전개하였다. 또한 대종교는 서간도일대에 1922년에서 1923년 사이에 만주지역에 34개소, 국내에 6개소, 노령지역 3개소, 중국 본토 3개소 등 총 46개소의 시교당을 설립하고 박달학원 · 동창학교 · 백산학교 등을 설립하고 민족교육을 실시하였다. 아울러 대종교인이 중심이 되어 수많은 독립운동단체를 조직하여 활동하였는데 대표적인 단체로는 重光團 · 大韓正義團 · 大韓軍政署(北路軍政署) 등을 들 수 있다.

1910년대 대종교도가 주도한 독립운동 중심지는 북간도 汪淸縣 일대였다. 왕청현에서는 대종교 동도본사 책임자인 서일이 중광단을 조직하고, 독립정신 함양과 군사교육에 진력하였다. 1918년 제1차 세계대전이 종료된 후, 중국에 망명중인 독립운동지도자들이 연명하여 대한독립선언서〔大韓獨立宣言書, 일명 : 무오독립선언서(戊午獨立宣言書)〕를 발표하였는데 서명인사 39인 중 대부분이 대종교도였다. 서일은 중광단을 토대로 정의단으로 확대한후 북로군정서로 발전시켜 나갔다.[8] 북로군정서는 중국동북지역 한인무장투쟁 활동의 중심이 되었고, 북로군정서 독립군 병사 대다수는 대종교도였다. 이로써 대종교는 항일독립전쟁의 이념적 기반으로 자리매김 되기에 이르렀다. 1920년 10월 북로군정서는 서일의 지휘아래 金佐鎭 · 李範奭 · 羅仲昭 등의 지휘하에 靑山里大捷의 전

8 서일의 항일무장투쟁에 관해서는 이동언, 「서일의 대종교에서 활동과 항일무장투쟁」, 『내가 몰랐던 독립운동가 12인』, 선인, 2013, 39~74쪽 참조.

과를 거두었다. 이어서 대종교도 독립군들은 1925년 新民府를 결성하여 민정과 군정을 아우른 한인자치정부 성격을 띤 독립군단을 성립시켰다. 대종교는 독립운동을 위한 종교 또는 조직으로 인식될 정도로 한민족독립운동에 크게 기여하였다. 독립운동지도자들 가운데 대종교 관련인사가 상당수 있었다. 대종교 중광교조 나철, 2대 교주 김교헌, 3대 교주 윤세복을 비롯하여 서일 · 申圭植 · 朴殷植 · 申采浩 · 李東寧 · 李始榮 · 李相龍 · 김좌진 · 柳東悅 · 이범석 · 洪範圖 · 李相卨 · 박찬익 · 金承學 · 曺成煥 · 趙琬九 · 黃學秀 · 金科奉 · 안희제 · 서상일 등을 들 수 있다. 국외에서 활동하던 독립운동가 대부분이 대종교 교도였다는 사실만 보아도 대종교가 독립운동선상에서 차지하는 위치를 짐작할 수 있다.

일제는 대종교를 종교로서 인정하지 않았고 철저하게 대종교 활동을 탄압하였다. 1915년 국내에서 '대종교 포교금지령'이 내려진 이후 국내에서의 대종교 활동은 거의 불가능하게 되었다. 일제가 1915년 10월 1일 조선총독부령 제83호로 발포한 「포교규칙」에 의해 대종교는 사실상 종교활동이 중단 상태에 빠졌다. 대종교는 포교뿐만 아니라 사사로운 집회나 강연 따위도 일체 금지되었다. 대종교가 대동청년단 · 조선국권회복단 · 歸一黨 · 東圓黨 · 自由公團 · 조선어학회 · 解冤道 등과 같이 철저하게 비밀결사 단체로 활동한 것도 이러한 배경과 관련이 있다.

1910년 경술국치 이후 일제의 감시와 탄압으로 국내에서의 포교활동이 금지되자 대종교 중광교조 나철은 동지들과 함께 1911년 7월 21일 서울을 출발하여 강화 · 평양을 경유하여 두만강을 건너 백두산 북록 청파호를 답사한 후 중국 길림성 청파호로 대종교총본사를 이전하였다. 대종교가 중국으로 총본사를 이전한 후 교세가 확장되어 대종교 교도수가 30만여 명에 달하였다. 대종교가 총본사를 이전한 후 중국동북지역 독립운동을 주도하고 교세를 떨치자 일제는 중국의 동북군벌정권과 결탁하여 대종교 탄압을 모색하였다. 1925년 중국동북지역의 항일독립운동을 차단하기 위해 맺어진 '三矢協定'에 의해 길림성장 겸 독군이었던 張作相은 1926년 중국동북지역에 대종교 포교금지령을 내렸다. 1929년 이 금지령이 해제될 때까지 대종교총본사는 만주의 각지를 전전하면서 철저히 은둔해야만 하였다.

대종교 3세 교주 윤세복은 일제와 중국 동북군벌의 대종교에 대한 탄압으로 인한 침체를 타파하기 위해 1943년 1월 대종교 재만주시교권 인허신청을 만주에 주재한 일제의 전위기관인 관동군특무기관 · 하얼빈총영사 · 조선총독부특파원 등과 교섭하여 대종교 포교를 양해받았다. 그리하여 대종교선도회가 하얼빈시에 조직되고 안희제에 의해 영안현 동경성에 대종교총본사 현판을 걸고 포교활동을 재개하였다. 일제의 대종교 포교허가는 이를 계기로 대종교 중심인물을 표면적으로 드러나게 함으로써 대종교를 근본적으로 폐쇄시키고자 하는 회유책이었다. 윤세복을 위시한 대종교 지도자들은 대종교 포교 의지가 앞선 나머지 이러한 일제의 교활하고 잔인한 의도를 간파하지 못하였다. 일제는 대종교에 대한 내사와 감시를 강화하고, 대종교총본사에 교인을 가장한 일제의 밀정을 잠입시켜 대종교 동향과 간부들의 언행마저도 일일이 정탐하였다.[9]

중일전쟁과 태평양전쟁을 일으켜 제국주의 침략 야욕을 드러낸 일제는 동남아시아 지역으로 진출하기 위해 중국동북지역 일대의 항일민족세력을 척결하지 않으면 안되었다. 중국동북지역에서 일제가 주목한 점은 첫째, 길림성 영안현 동경성내에 있는 대종교계 3 · 1학원의 민족교육 둘

9 『대종교중광60년사』, 대종교총본사, 1971, 457쪽 ; 김동환, 「대종교의 민족운동」, 『종교계의 민족운동』(한국독립운동의역사 38), 독립기념관 한국독립운동사연구소, 2008, 134쪽.

째, 안희제의 발해농장의 경제활동 셋째, 발해국 궁궐터에 대종교 교당 천진전과 대종학원 설립 넷째, 일제 밀정들의 대종교 지도자 언행에 대한 조사보고 등이다.[10]

3. 임오교변 당시 국내외 정세

임오교변이 일어난 1940년대 초기 국내외 정세를 살펴보자. 1940년대에 들어와 국제정세에 커다란 변화가 일어났다. 유럽에서는 1939년 9월 제2차 세계대전이 일어났고, 아시아에서는 일본이 인도네시아 · 싱가포르 등 동남아시아 지역으로 세력을 확대하면서 아시아 전체가 전쟁터로 변하였다. 여기서 더나아가 1941년 12월 7일 일본이 미국 해군기지인 하와이 진주만을 기습하면서 미국과 일본간에 태평양전쟁이 일어났다.

일본이 동남아시아 지역으로 세력을 확대해 가고 있을 때 미국은 일본의 전쟁확대를 저지하였다. 루스벨트 대통령이 미국 안에 있는 일본의 자산을 동결하여 전쟁에 필요한 물자를 미국에서 조달하지 못하도록 한 것이다. 이러한 미국의 조치에 대해 일본은 강력하게 반발하였다. 고노에 후미마로(近衛文磨) 일본총리는 미국과 타협책을 찾고자 하였으나 강경한 군부의 압력으로 물러났다. 대신 반미주의자로 알려진 도조 히데키(東條英機)가 총리로 선출되었고 일본은 미국을 무력으로 공격하였다.

1941년 12월 7일 일본 전투기가 하와이 진주만을 기습 공격하였다. 하와이 북쪽에 접근한 일본군함에서 출발한 360여 대의 일본 전투기가 진

10 박영석, 「대종교의 민족의식과 항일민족독립운동 ; 임오교변을 중심으로」, 『건대사학』 6, 1982, 37~41쪽 ; 이동언, 「백산 안희제의 대종교 독립운동과 순국」, 백산안희제선생순국70주년추모위원회 편, 『백산 안희제의 생애와 민족운동』, 도서출판 선인, 2013, 261~265쪽.

주만 상공에 나타나 비행장과 미국군함에 폭탄을 퍼부었다. 미국 전투기들은 비행장에서 괴멸당하였고 항구에 정박중인 군함들도 불길에 휩싸였다. 일본의 공습은 이른 아침에 기습적으로 감행하여 하와이 해군기지에 있던 미국 전투기와 군함 대부분이 파괴되고 2천명이 넘는 장병들이 전사하는 등 피해가 컸다.

일본의 공격은 하와이 진주만 뿐만아니라 필리핀 마닐라에 있는 미국 공군기지도 일본 전투기 공격을 받았다. 3일 후 일본은 태평양에 있는 미국 영토인 괌(Guam). 그리고 미국이 통치하고 있던 웨이크 섬(Wake Island)과 영국이 통치하고 있던 홍콩까지 점령하였다.

일본의 기습 공격을 받은 미국은 즉각 전쟁에 돌입하였다. 미국 정부는 12월 8일 일본에 대해 선전포고를 하고 맥아더(Douglas MacArthur)로 하여금 오스트레일리아에서 뉴기니아를 거쳐 필리핀으로 진격하도록 하였고 체스터 니미츠(Chester Nimitz) 해군제독에게는 하와이와 태평양 중부의 섬들을 탈환하라는 명령을 내렸다. 이로써 미국과 일본이 태평양에서 전쟁을 벌이게 되었다. 이를 '태평양 전쟁'이라고 한다.

태평양전쟁으로 일제의 지배하에 있던 한국 민중들은 더욱 가혹한 수탈과 수난을 겪게 되었다. 일제는 중국 대륙을 비롯하여 아시아지역과 태평양으로 전선을 확대하면서 전쟁물자를 수탈하고 인력을 강제동원하였다. 이미 일제는 1937년 중일전쟁 이후 '국가총동원법'을 공포하여 물자와 인력을 강제로 징발하였는데 태평양전쟁 이후 전시체제하에서는 더욱 많은 인원을 전쟁에 강제동원하고 더 많은 물자를 약탈하였다. 태평양전쟁이 전개되면서 수많은 한국인 청년들이 전쟁터로 끌려갔다. 한국 청년들이 전쟁터로 끌려간 것은 중일전쟁 때부터였다. 1938년 육군특별지원병제도를 통해 한인청년들을 전쟁터로 내몰았고 이후에도 1943년 징병제와 전문학교 이상 학생들을 대상으로 한 학도병특별지원병제도를 실시하여 한인청년들을 강제 징집하였다. 또한 수많은 한국인들이 군수물자 생산과 군사시설에 동원되어 강제노역 당하였다. 일제는 1939년 국민징용령을 발표하여 한국인들을 강제 동원하기 시작하였고 이로인해 수백만 명의 한국인이 끌려갔다. 이들은 일본을 비롯하여 중국 · 동남아시아 · 사할린 등지로 끌려가 광산 · 군수공장 · 철도 · 비행장 등의 공사장에서 노예처럼 혹사 당하였다. 공사가 끝난 다음 이들은 군사기밀을 유지한다는 이유로 무더기로 학살당하였다. 심지어 일제는 어린 학생들을 근로보국대란 이름으로 동원하여 군사시설과 토목공사장에서 강제로 일을 시켰다. 그리고 '여자정진대근무령'을 공포하여 젊은 여성들을 강제 동원하였다. 끌려간 여성들은 군수공장에서 강제노역을 하기도 하였지만 상당수가 전선에서 일본군들의 성노예가 되는 치욕을 당하였다.

일제의 수탈과 탄압이 가혹하게 진행되는 가운데에서도 국내에서의 독립운동은 끊이지 않고 계속되었다. 학생 및 사회주의 세력을 중심으로 한 비밀결사 조직이 탄압을 받았지만 새로운 비밀결사들이 계속 생겨났다. 독립운동의 주체나 형태도 다양해져서 일제의 강제 동원에 대항하는 운동을 비롯하여 조선어학회 사건으로 대변되는 문화운동 등 다양한 독립운동이 전개되었다. 일제는 학교에서 한국역사를 가르치지 않는 것은 물론이고 한국말과 글의 사용을 금지하였다. 한국어 사용을 금지한 가운데 이극로 · 최현배 · 이희승 등 조선어학회 회원들이 '조선어큰사전' 출판을 추진하였다. 일제는 이를 독립운동으로 규정하고 1942년 10월 사전편찬위원과 조선어학회 간부들을 체포하였다. 이를 '조선어학회사건'이라 한다.[11]

---

11 한시준, 「태평양전쟁의 발발과 대일전쟁 전개」, 『한국독립운동의 역사』, 독립기념관 한국독립운동사연구소, 2013, 232~237쪽.

4. 임오교변 발생배경

1941년 12월 8일 전시체제하에서 만주국은 전시법령을 더욱 강화하였다. 같은해 12월 27일 '치안유지법'을 공포하여 "국체를 부정하거나 국체 변혁을 목적으로 결성된 단체 또는 단체의 모임에 참가하거나 지도하는 자, 단체의 요직을 장악한 자는 사형 또는 무기형에 처한다"[12]하여 사상검열 수위를 높였다. '불령선인'에 대해서는 사형까지 가능하도록 하였다. 만주국은 문명에 기초한 법치주의를 표방하였음에도 군대와 경찰에게 '임진격살(臨陣格殺)'이라는 권한을 부여하였다. '임진격살'이란 일본군이나 일본경찰이 불령선인을 체포할 때 당시 "재량에 따른 조치"를 할 수 있다는 것이다. 만주국에 적대시한다고 판단되는 경우 그 자리에서 사살할 수 있는 권한을 말한다. '임진격살'은 만주국 건국 직후인 1932년 9월 제정된 '잠행징치도비법(暫行懲治盜匪法)'에서 규정한 것인데 '치안유지법'이 공포된 후에도 그 효력을 유지시켰다.[13]

문화통제도 더욱 심해졌다. "일본어는 일만(日滿) 일덕일심(一德一心)의 정신에 기초한 국어의 하나로 일본어 습득은 모든 학교에서 필수이며 장래에 만주국에서 공통어는 일본어로 통일되어 있다[14]"라며 일본어 사용을 강요하였다. 종교에서 황민화는 더욱 심했다. 1945년까지 295개나 되는 신사가 건립되어 참배를 해야 했고 그 앞을 지날 때면 탈모와 최경례가 강요되었다. 학교 교정에도 건국신묘와 건국충령묘를 만들어 아침저녁으로 참배하고 천황제를 모방한 신앙을 강요하였다.[15] 그러나 개별 종교활동은

12 薛虹 · 李樹田, 『중국동북통사』, 길림성길림문사출판사, 1991, 696쪽.

13 야마무로 신이치, 『키메라 만주국의 초상』, 소명출판, 1993, 281~283쪽.

14 만주일일신문사, 『소화15년판만주연감』, 1939, 365쪽 ; 야마무로 신이치, 앞의 책, 284쪽.

15 야마무로 신이치, 앞의 책, 285쪽.

만주국도 법적으로 인정하였기 때문에 원천적으로 금지할수는 없었다.

이러한 상황에서 일제는 대종교의 종교활동을 금지시킬 명분과 구실을 만들었다. 1942년 일제는 조선어학회 사건을 일으켜 회원들을 검거하는 과정에서 이극로와 윤세복 사이에 오고간 편지를 발견하였다. 일제는 이 편지를 구실로 조선어학회에 대한 탄압을 강화하는 한편 대종교 간부 전원을 체포하고 대대적인 탄압을 자행하였다. 이를 임오교변이라고 한다. 『대종교중광60년사』에는 임오교변에 대해 일제의 검거선풍, 순교십현에 대한 약술, 그리고 순교십현의 옥고와 수형, 추모, 옥중저술 등 대부분 순교십현에 대해 기술하고 있다.[16]

대종교와 조선어학회의 연관관계를 살펴보면, 조선어학회는 대종교 정신을 바탕으로 언어민족주의를 실천했던 주시경 제자들이 중심이 되어 만든 단체이다. 조선어학회에는 대종교 교인들이 많았고 사실상 대종교의 국내 비밀조직 역할을 담당하였다. 대종교와 조선어학회는 정신적 일체성을 가지고 있었다.[17]

임오교변 발생 배경을 당시 대종교측과 조선어학회 상황을 통해 살펴보고자 한다. 당시 대종교는 1937년부터 대종교 시교당 건립과 대종교 교인이 늘어나자 대종교 제3세 교주 윤세복은 동경성내 대종학원 건립과 천진전건축주비회를 구성하였다. 1942년 가을 윤세복은 민족교육을 강화하기 위해 조선어학회 이극로에게 「단군성가(檀君聖歌)」의 작곡자 주선을 의뢰하는 편지를 보냈다. 일제는 윤세복이 이극로에게 보낸 편지를 구실삼아 조선어학회 회원들을 검거하고 탄압하였다. 조선어학회에서 활동했

---

16 대종교총본사, 『대종교중광60년사』, 1971, 456~562쪽.

17 이현익, 『대종교인과 독립운동연원』, 대종교총본사, 1962, 48쪽.

던 이인은 이사건을 다음과 같이 회고하였다.[18]

"…꾸며내기로 마음먹은 일경이 그대로 물러 설리는 없다. (중략) 日警은 모든 서류 서적은 물론이요. 애써 모은 원고까지 압수하였으나 꼬투리를 잡을 게 없자 固陋의 책상 앞에 있던 편지 한 통을 문제 삼았다. 이 편지는 만주의 발해고도 동경성에서 尹世復이 보낸 것이었다. 윤세복은 단군을 받들어 민족혼을 부식하자는 대종교를 일으켰다가 만주로 쫓겨나 있었는데 거기서 작사했다는 「檀君聖歌」를 어학회로 보내 작곡 주선을 의뢰했다. 日警은 모두 「檀君聖歌」를 가지고 조선독립을 하자는 것 아니냐고 들고 오니, 이해 10월 1일에는 어학회의 이중화 · 장지영 · 한징 · 이윤재 · 최현배 · 이극로 · 이희승 · 정인승 · 권승욱 · 이석린 등 11명을 일제히 검거하여 洪原으로 끌고 갔다."

「단군성가」는 대종교총본사에서 발간한 『한얼노래』집에 수록된 여러개의 가사를 묶은 것이다. 『종문지남』과 『교보』에는 한글가사의 「歌曲集」이 있는데 이 노래들을 나철 · 서일 · 최남선 · 이극로가 직접 지은 것들이다. 윤세복은 이 가사들에 곡을 붙여 부르기 위해 이극로에게 작곡자 주선을 의뢰하는 편지를 보냈다. 일제는 이 노랫말들이 민족혼을 불러 일으키며 조선독립과 독립정신을 고취하는 가사로 규정하고 조선어학회 회원 11명을 구속하였다. 이어 일경은 검열과정에서 이극로가 윤세복에게 보낸 편지에서 「널리펴는 말」이라는 제목의 글을 발견하였다. 「널리펴는 말」 전문은 다음과 같다.

천운은 빙빙 돌아가는 것이라 한번 가고 다시 오는 법이 없다. 날마다 낮이 가면 밤이 오고 밤이 가면 낮이 오며, 또 춘하추동 4철은 해마다 돌아온다. 이와같이 영

18 이인, 『반세기의 증언』, 명지대학출판부, 1974, 125쪽.

원토록 돌아가고 돌아오는 법이 곧 한얼님의 떳떳한 이치다.

이런 순환하는 천리에서 인간 사회의 변천도 끊임없이 생긴다. 부자가 가난하여 지고 가난한 사람이 부자가 되며, 귀한 사람이 천하여지고 천한 사람이 귀하여진다.

동방에는 밝은 빛이 비치었다. 이는 곧 대종교가 다시 밝아진 것이다. 한동안 밤이 되니 지나던 대종교가 먼동이 튼지도 30여 년이 되었다. 아침 햇빛이 땅 위를 비치어 어둠을 물리치는 것과 같이 대종교의 큰 빛이 캄캄한 우리의 앞길을 비치어 준다.

어리석은 뭇사람은 제가 행하고도 모르며 또 모르고도 행한다. 직접으로는 만주 대륙과 조선 반도를 중심하여 여러 천만 사람이 대종교의 신앙을 저도 모르는 가운데 아니 믿는 사람이 없고, 간접으로는 이웃 겨레들도 이 종교의 덕화를 받지 아니한 이가 없다.

삼신(三神)이 점지하시므로 아이가 나며, 삼신이 도우시므로 아이가 자란다고 믿고 비는 일이 조선의 풍속으로 어디나 같다.

이 삼신은 곧 한임 · 한웅 · 한검이시다. 황해도 구월산에는 3성사가 있고, 평양에는 숭령전이 있고, 강화도 마니산에는 제천단이 있다. 발해 시대에는 태백산에 보본단을 쌓고 해마다 제사를 지내었다.

이와 같이 삼신을 믿고 받들어 섬기는 마음은 여러 천년 동안에 깊이 굳어졌다. 시대와 곳을 따라 종교의 이름은 바뀌었으나, 한얼님을 섬기고 근본을 갚아 사람의 도리를 지키는 교리만은 다름이 없고 변함이 없다.

종교는 믿는 마음으로만 되는 것은 아니다. 일정한 형식을 갖추어야 되며, 또 형식은 존엄을 보전할 만한 체명을 잃지 아니하여야 된다. 사람의 이상은 소극적으로 지키는데 있는 것이 아니라 적극적으로 나아가는 데 있다.

그런데 이제 우리의 체면을 유지할 만한 천전과 교당도 가지디 못하였으며, 또는 교회의 일꾼을 길러 낼 만한 교육 기관도 없다. 이는 우리에게 그만한 힘이 없는 것도 아니요, 성력이 아주 부족한 것도 아니다. 그 동안에 모든 사정이 우리의 정성과 힘을 다 발휘할 기회를 얻지 못하였던 까닭이다.

그런데 이제는 때가 왔다. 우리는 모든 힘을 발휘하여 대교의 만년 대계를 세우고 나아가야 된다.

이 어찌 우연이랴! 오는 복을 받아들이지 아니하는 것도 큰 죄가 되는 것을 깊이 깨달아야 된다. 만나기 어려운 광명의 세계는 왔다. 반석 위에 천전과 교당을 짓자! 기름진 만주 벌판에 대종학원을 세워서 억센 일꾼을 길러 내자!

우리에게는 오직 희망과 광명이 있을 뿐이다.

일어나라! 움직이라!

한배검이 도우신다.

개천 4399년 9월 5일

이극로의 글 「널리펴는 말」은 당시 국제정세를 볼 때 태평양전쟁을 일으킨 일제의 패망을 단언하면서 우리레게 조국광복의 희망이 있으니 이 기회를 놓치지 말고 적극적으로 항일역량을 높여야 한다는 암시가 담겨 있다. 이극로는 대종교가 천진전과 교당을 갖지 못하고 교육기관도 갖추지 못한 정은 "우리에게 그만한 힘이 없는 것도 아니오. 성력이 아주 부족한 것도 아니다. 그동안에 모든 사정이 우리의 정성과 힘을 다 발휘할 기회를 얻지 못하였던 까닭이다."면서 우리민족이 힘을 발휘하지 못하는 것은 일제의 억압과 민족차별에 따른 탄압에 있음을 지적하였다. 이극로는 "사람의 이상은 소극적으로 지키는데 있는 것이 아니라 적극적으로 나아가는데 있다."하여 한배검(단군)의 역사의식으로 일제의 식민통치에 적극적으로 대응하며 독립운동을 전개할 것도 주문하였다.

일제는 이극로의 글에서 항일의지와 봉기를 독려하는 점을 간파하였다. 그리하여 이 글의 마지막 구절 "일어나라 움직이라"를 "봉기하자 폭동하자"로 고치고 글 제목도 「널리펴는 말」을 「조선독립선언서」로 날조하여 대종교 간부들을 체포하는 구실로 삼았다.[19]

일제는 조선어학회사건 「판결문」에서 "이극로는 어렸을 때 서당에서 한

---

19 이숙화, 「환국 직전의 대종교 – 임오교변을 중심으로」, 『광복이후 대종교 환국과 한국현대사』(대종교 환국 71주기 기념 학술회의 자료집), 2017, 43~49쪽.

문을 배우고 사립 초등학교 고등과 1년을 수료후 17세경 만주로 건너가 통화현 및 무송현 등지에서 교육을 받은 자로 만주에 있을 당시 조선인 간에 팽창한 강한 민족적 반일적 분위기에 물들고 또 박은식, 윤기섭, 신채호 등과 같은 저명한 민족주의자와 접촉하여 그 교양감화를 받고 또한 민족 종교인 대종교에 입교하여 3세교주 윤세복의 교양을 받아 민족의식이 더욱더 치열해지고 조선의 독립을 열망하게 되어 조선독립운동에 일생을 바쳐 그 지도자가 될 것을 마음먹고 대정 4년(1915년)경 상해로 건너가 독일인 경영 同濟大學에 입학하고 대정 9년(1920년) 동 학교 본과 공과 1년을 중도 퇴학하고 대정 10년(1921년) 상해파 고려공산당의 영수인 이동휘가 伊市派 고려공산당하의 분쟁을 해결하려고 국제공산당의 지시를 받기 위하여 露都를 향하여 떠날 때 동인과 동행하여 이 기회에 독일로 들어가 대정 11년(1922년) 伯林(베를린)大學 철학부에 입학하여 공업경제를 전공하는 일방 인류학, 언어학을 연구하여 소화 2년(1927년) 철학박사의 학위를 얻고 동대학을 졸업하고 소화 4년(1929년) 1월경 귀국하였는데 백림대학 재학중 1927년 白耳義(벨기에) 수도 브뤼셀에서 개최된 제1회 세계약소민족대회에 조선대표로 출석하여 총독정치의 즉시 중지를 절규하고 조선독립을 위하여 분투한 바 있고 귀국 도중에 미국 하와이에서 조선독립운동의 거물 이승만, 서재필 등과 조선독립운동의 금후의 방침에 대하여 의견을 교환하고 귀국 후는 민족적 종교로서 대종교와 몰래 관계를 가져 그 제4세 교주의 촉망을 받은바 있는 자이다."고 하여 징역 6년을 언도하였다.[20]

조선어학회사건은 1942년 10월부터 일제가 조선어학회 회원과 관련자

20 국가기록원 독립운동관련 판결문(관리번호 ; CJA0000580 문서번호 ; 710021 성명 ; 의본극로 외 4인 쪽번호 ; 623－675)

를 검거하여 재판에 회부하고 실형을 선고하여 한글운동을 탄압한 사건이다. 일제말기 일제는 각급학교와 공식 회합에서 조선어 사용을 금지하는 한편 1942년『조선어큰사전』편찬작업을 추진하던 조선어학회를 해체시키기 위해 함흥학생사건을 조작하여 조선어학회 회원들과 동사업에 협조한 인물들을 대거 검거하였다.

5. 일제의 대종교 간부체포와 탄압

일제의 대종교 탄압은 1909년 단군교 중광 직후부터 일제 통감부 경시청의 감시[21]를 시작으로 해서 1942년 임오교변으로 대종교 교세가 무너지기 까지 계속되었다. 1910년 경술국치 직후 대종교를 해산시키려 했던 일제의 음로를 백암 박은식은 다음과 같이 증언하였다.[22]

> 경찰과 탐정하는 졸개들이 교직자(교직자)의 미행을 잠시나마 그치지 않으며 또 까닭 없이 체포하는 경우가 많았다. 포교의 자유와 교당의 건설을 허가하지 않으며…교도들에 대한 주목은 날마다 심하여 갔다.

1911년에도 충청남도장관이었던 朴重陽이 조선총독부 내무부장관 우좌미승부(宇佐美勝夫)에게 보낸 질의에 대한 답변에서도 대종교를 불허하고 있다. 박중양이 「학도에 대한 대종교 권유 상황보고에 관한 건」이란 보고서에서 당시 대종교 「단군교포명서」와 「단군교오대종지포명서」를 통해 지역 학생들에게 국권회복을 선동하였다고 하였다. 이에 대해 조선총

---

21 「단군교회조사」『황성신문』1909년 7월 25일자.

22 박은식,『백암박은식전집』2, 483~484쪽.

독부는 「본건에 대한 의견」을 통해 대종교를 기성종교인 신도(神道) · 불교 · 기독교와 동일하게 취급할 수 없어 종교로 인정할 수 없다고 밝혔다. 일제는 대종교를 종교로 인정하지 않고 독립운동 단체로 지목하고 탄압하였다. 1915년 '대종교포교금지령'이 내려진 이후 국내에서의 대종교 활동은 불가능하게 되어 대종교총본사를 중국 화룡현으로 이전하였다.[23]

1942년 11월 11일(음력 10월 3일) 대종교 간부들은 영안현 동경성 대종교 총본사에서 개천절 행사를 거행하였다. 개천절 행사는 대종교 간부들이 모여 예식을 거행하고 천진전 건축을 위한 주비사무협의회에는 관할 목단강성 일본인 고위관리도 참석하였다. 개천절 행사는 대종교의 가장 큰 행사로 지역 시교당 책임자와 교인들이 참석하는 대규모 행사였다. 대종교의 위세에 일본인 관리들은 위기를 느꼈다. 개천절 행사를 마치고 8일째 되는 날, 11월 19일 대종교총본사에 일본경찰들이 들이닥쳐 대종교 3세 교주 윤세복을 비롯하여 대종교 간부 전원을 체포하였다.

중국동북지역과 국내에서 제3세 교주 윤세복 · 안희제 · 이용태 등을 비롯하여 21명의 대종교 간부들이 동시에 검거되었으며 대종교총본사의 각종 비품과 서적을 압수 당하였다. 대대적인 검거가 시작되어 검거장소도 중국동북지역의 新安鎭,哈爾賓,穆陵,寧安,敦化,密山, 동만과 남만지역은 延吉,盤石,長春,永吉 등지와 국내이다. 당시 대종교 지도자들은 넓은 지역에서 동시에 체포되었고, 대종교총본사에서는 신간서적 2천여 권, 구존(舊存)서적 3천여 권, 천진(天眞) 및 인신(印信), 각종도서와 교단 서류 600여 종을 압수 당하였다.

국내외 대종교 간부 체포과정은 대종교 간부들을 일망타진하여 폐교시

---

23 김동환, 「대종교의 민족운동」, 앞의 책, 131~132쪽.

키려는 일제의 의도가 적나라하게 드러낸 무자비한 탄압이었다. 영안현에서 대종교 간부들의 체포광경을 직접 목격한 이인희(영안현 삼령향 남양촌 거주)는 당시 상황을 다음과 같이 증언하였다.[24]

> 임오교변이 발생했을 때 날을 잡아서 천제를 지내고 음식을 썼는데 나의 할아버지(이수원)는 음식 탓인지 속이 불편하여 총본사를 나와 집으로 돌아왔다. 우리 집은 총본사에서 약 2백 미터 떨어져 있었는데 할아버지가 집으로 막 들어서려 할 때 동쪽으로부터 자동차가 오는 것이 보였다. 할아버지는 이상하다고 생각하면서 집에 들어섰다. 나는 평소에 할아버지와 같은 방에서 잤는데 그날은 할아버지가 오지 않 아 뒤척이다가 깜빡 잠이 들었는데 마침 할아버지가 돌아오는 소리를 듣고 잠에서 깼다. 할아버지가 "이상하다. 새벽에 무슨 자가용이 올까?"라고 혼잣말을 하셔서 나는 자동차란 말에 호기심이 동해 밖으로 나가 보았다. 자동차는 총본사 뒷마당에 멈춰 섰고 일본경찰들이 뛰어 내리더니 총본사 안으로 마구 쳐들어갔다.

일본경찰은 대종교 간부들이 천제를 지내기 위해 모인 날 한밤중에 대종교총본사를 급습하여 간부들을 체포하였다. 아마도 대종교 내부사정을 잘 알고 있는 밀정 조만춘이 밀고한 것으로 보인다.

서일의 손자이며 서윤제의 아들인 서경섭의 증언에 의하면 그의 부친 서윤제, 고모부 최관도 대종교총본사에서 체포되었는데 그 후 일본경찰이 자신의 집으로 들이닥쳐 "책이란 책은 몽땅 마당에 꺼내놓았고 종이란 종이는 글씨야 있건 없건 모두 압수했으며 사진 한 장도 남기지 않고 빼앗아갔다"고 하였다. 또 다른 목격자 차경순은 체포현장의 살벌한 광경

24 강용권, 『죽은 자의 숨결 산자의 발길』, 도서출판 장산, 1996, 29~30쪽.

을 다음과 같이 전했다.[25]

> 내가 보통학교 6학년 때 하루는 친구인 나종권의 집으로 시험공부하러 간 적이 있는데, 일본 경찰들이 사람을 들어가게만 하고 나오지는 못하게 했다. 나는 영문 도 모르고 안으로 들어가 보니 집안에는 두루마기를 입은 네 명의 노인을 앉혀 놓 았는데 머리에는 모두 검은 광주리를 씌어놓아 누구인지 분간할 수가 없었다. 경찰들은 부산하게 움직이며 수색을 하고 있었다. 일경들이 나를 가운데 앉히더니 꼬치 꼬치 캐물었다. 나는 몇 번이고 학생이라고 했으나 나를 데리고 학교까지 가서 확 인하고서야 놓아주었다. 일본경찰들은 대종교 간판을 떼간다. 대종교서적을 날라 간 다. 하루 종일 야단법석을 떨었다.

일제는 대종교 지도자 윤세복·안희제 등 25명을 소위 '치안유지법위반'으로 검거하였다. 당시 체포된 25명의 명단은 다음과 같다.[26]

성 명	검거일	검거장소
윤세복(尹世復)	1942. 11. 19	중국 영안현 신안진 기차내
김영숙(金永肅)	〃	중국하얼빈 마가구
윤정현(尹珽鉉)	〃	중국 목릉현 흥원촌
이용태(李容兌)	〃	충북 제천군 백운면
최 관(崔冠)	〃	중국 영안현 동경성
이현익(李顯翼)	1943. 4. 3	〃
이재유(李在囿)	1942. 11. 19	중국 길림성 돈화현
권상익(權相益)	〃	중국 밀산현 삼릉통
이 정(李楨)	〃	중국 영안현 신안진
안희제(安熙濟)	〃	경남 의령군 입산리
나정련(羅正練)	〃	중국 영안현 동경성
김서종(金書鍾)	〃	중국 하얼빈시내
강철구(姜鐵求)	〃	중국 연길현 동불사
오근태(吳根泰)	〃	중국 영안현 와룡둔 고가자
나정문(羅正紋)	〃	중국 영안현 동경성
이창언(李昌彦)	〃	중국 영안현 구가촌
권영준(權寧濬)	〃	함북 성진부
김진호(金鎭浩)	〃	중국 길림성 반석현

25 강용권, 앞의 책, 32쪽.

26 박달재수련원, 『애국지사단암이용태선생문고』, 동화서관, 462~464쪽.

성 명	검거일	검거장소
김두천(金斗千)	〃	중국 신경시대
서윤제(徐允濟)	〃	중국 영안현 동경성
이성빈(李成斌)	〃	중국 길림성 영길현
김진호(金鎭皓)	〃	중국 영안현 동경성
안용수(安龍洙)	〃	중국 영안현 신안진
성하식(成夏植)	〃	경북 김천읍 부곡동
이종주(李鍾洲)	〃	중국 영안현 신안진 기차내

일제는 1942년 11월 19일 각지에서 체포한 대종교 지도자 중에서 성하식, 김진호, 안용수, 이종주 등 4명은 혐의사실이 없어 즉시 석방하였다. 일제는 영안현 경무과에서 특별취조본부를 설치하여 고문과 악형을 가하고 1943년 2월까지 4개월 간 심문을 계속하였다. 1943년 3월말에는 목단강 경무처와 액하감옥, 길림감옥으로 이들을 분치하고 목단강성 경무청 특무과에서 약 3개월에 걸친 제2부 취조에 이어 7월부터 9월까지는 목단강 고등검찰청에서 제3부 취조를 끝냈다. 권영준은 당시 72세의 고령으로 免訴되어 1943년 10월 1일 석방하였고, 김진호, 김두천은 '교무무책(敎務無責)'으로, 이성빈, 서윤제(서일의 맏아들)은 '연소미삼(年少未參)으로 석방하였다.[27] 1944년 4월 27일 목단강고등법원 제1호실에서 윤세복, 김영숙, 윤정현, 이재유, 이용태, 이현익, 최관(서일의 사위) 등 7명에 대한 공판이 개최되어 윤세복은 4일간, 그 외 6명은 2일에 거쳐 심문하였다. 공판과정에서 일제측의 심리내용 요지는 다음과 같다.[28]

대종교는 조선고유의 신도중심인 단군문화를 다시 발전한다는 표방하에 조선민중에게 조선정신을 배양하고 민족자결의 의식을 선전하는 교화단체인 만큼 조선독립이 그 최종목표요, 따라서 반도와 만주를 탈취하여 배달국 재건의 음모를 가

---

27 『임오십현순교실록』, 대종교총본사, 1971, 34쪽.

28 『애국지사단암이용태선생문고』, 498쪽.

졌으니 이것이 어찌 종교를 가장한 정치운동이 아닌가?

이에 대해 법정에서 대종교 지도자들은 다음과 같이 항변하였다.[29]

대종교의 교원(敎源)은 신항태백(神降太白)이요, 교의(敎義)는 홍익인간(弘益人間)이요, 교리(敎理)는 삼진귀일(三眞歸一)이요, 진흥문운(振興文運)이요, 구경(究竟)은 화성천국(化成天國)이다. 그런데 조선독립은 국민운동에 속할 것이요, 배달국(倍達國) 재건은 천국건설이니 대종교의 이념이다.

일제는 대종교를 국권회복을 위한 종교를 가장한 정치운동으로 사건을 조작하여 1944년 5월 13일 윤세복 무기징역, 김영숙 징역 15년, 윤정현 징역 10년, 이용태 징역 10년, 최관 징역 10년, 이현익 징역 7년, 이재유 징역 5년을 구형하였고, 다음달 6월 26일에는 치안유지법위반 제1조 위반으로 윤세복 · 김영숙 · 이현익 · 이재유 등은 원심대로 확정하고, 윤정현 · 이용태 · 최관 등 3명은 징역 10년에서 8년으로 감형하여 판결하였다.[30] 조사과정에서 일제의 고문과 악형으로 10명은 사망하고 나머지 7명은 목단강고등법원에서 실형을 선고받아 牧丹江 液河감옥에 투옥되었다.[31] 이때 검거된 사람 중 10명은 일제의 혹독한 고문과 악형으로 1943년 5월부터 1944년 1월 사이에 모두 순국하였다. 대종교에서는 이들을 '壬午十賢' 또는 '殉敎十賢'이라고 한다. 임오십현 명단은 다음과 같다.[32]

29 『애국지사단암이용태선생문고』, 498~499쪽.

30 『애국지사단암이용태선생문고』, 497~500쪽.

31 한국독립유공자협회, 『중국동북지역 한국독립운동사』, 집문당, 1997, 389~391쪽.

32 대종교총본사, 『임오십현순교실록』, 33~34쪽 ; 임오십현 순교상황과 약력은 『대종교중광60년사』, 464~489 참조.

교직	성명	연령	순교장소
상교(尙敎)	권상익	44세	중국 밀산 삼릉통
〃	이 정	49세	중국 영안 신안촌
정교(正敎)	안희제	59세	경남 의령 입산리
〃	나정련	62세	중국 영안 동경성
〃	김서종	51세	중국 하얼빈
〃	강철구	53세	중국 연길 동불사
〃	오근태	63세	중국 영안 와룡둔
〃	나정문	54세	중국 영안 동경성
〃	이창언	68세	중국 영안 구가촌
〃	이재유	68세	중국 길림 돈화

임오교변 당시 순교십현들이 목단강 고등법원의 기소사실은 다음과 같다.[33]

기소사실(起訴事實)

대종교는 그 전 이름을 단군교라 칭하고, 명치(明治) 42년 음 정월 15일 조선 경성부(경성부)에서 나철(나철)이 자고로 조선 민족간의 신앙에 있어서 조선 민족의 시조이며 국조(國祖)라고 전승하여 온 단군을 숭봉하며 이에 귀일함으로써 조선 민족 정신의 순화 통일과 조선 민족 의식의 앙양을 도모함과 동시에 조선 민족 결합의 강화에 의하여 독립 국가로서 조선의 존속을 목표로 하고, 다수 동지와 함께 결성하여 스스로 제1세 교주라고 한 단체로서, 그 교리라는 것은 유일무이한 천신(天神)이 우주 만물을 창조하고, 다시 지금(강덕 10년)으로부터 4천 4백년전 태고에 천신이 인간으로 화하여 만선(滿鮮) 국경 백두산에 강하한 이래 1백 25년간 만선에 널려 있는 삼천단부(三千團部)의 부민(部民)을 교화시킨 후 배달국을 수립하고 그 나라 임금 단군이 될새, 그 영역은 동－창해〔滄海 · 일본해(日 本海)〕· 서－사막〔興安總省(흥안총성)〕· 남－영해〔瀛海 · 동지나해(東支那海)〕· 북－흑 룡간

33 『나라사랑』 제19집, 외솔회, 1975, 161~162쪽.

에 이르렀으며, 93년간 인민을 통치한 후 승천하였고, 또 단군은 오훈(五訓)으로 써 인민을 가르치며 곡(穀) · 명(命) · 병(病) · 형(刑) 선악의 오사(五事)로써 인민을 다스려서 질서있고 또 평화스러운 이상 국가를 실현하므로 인민은 천신을 숭경(崇敬)하며 단군에 열복하여 안락 평온의 생활을 하여 왔으므로 그 후예들이 조선 민족이라면 단군은 조선 민족의 시조이며 국조이며 또 교조라 하여, 단군의 소위 오훈은 천훈(天訓) · 신훈(神訓) · 천궁훈(天宮訓) · 세계훈(世界訓) · 진리훈(眞理訓)으로 이루었으며, 진리훈에는 인물(人物)이 신의 창조로 성(性) · 명(命) · 정(精) 삼진(三 眞)을 받았고, 또 한번 지상에 태어날 제 심(心) · 기(氣) · 신(身) 삼망(三妄)을 얻어서 감(感) · 식(息) · 촉(燭)의 삼도(三途)를 짓게 되므로 이것을 지(止) · 조(調) · 금(禁)의 삼 법으로써 수양하면 삼진(三眞)에 귀일하여 신에 화합을 얻는다고 하며, 또 단군 교도의 실천 강령이라고 하여 오대 종지(五大宗旨)를 만들어서 조선 민족은 단군을 신앙하여 신으로부터 받은 삼진의 영성(靈性)을 닦아서 신에 화하도록 힘쓰는 동시에 이상 국가인 배달국을 지상에 재건할 것이라고 하여 오던 중, 동 43년 7월에 나철은 단군교를 대종교라 개칭하고, 그 후 동년 8월 일한 합병으로 조선민족이 독립 국가를 상실함에 따라 대종교는 단군을 신앙함으로부터 조선 민족정신을 배양하며, 조선 민족의 결합을 도모하고 조선 독립 의식을 앙양하며, 따라서 조선 독립의 소지(素地)를 만들어 궁극에서 조선으로 하여금 일본제국 통치권의 지배를 이탈시켜 독립국으로 하고 또 그 독립 형태를 이상 국가인 배달국을 이 지상에 재건할 목적으로 한 단체이었으며, 제1세 교주 나철은 대정(大正) 5년 음 8월 15일 조선에서 사망하고, 그 후계자 김교헌(金教獻)은 도만(渡滿)하여 동 12년 음 11월 18일 영안현에서 사망한 후 윤세복(尹世復)이 동인의 유명(遺命)에 의하여 제3세 교주로 되었으며, 아국(만주) 건국 후 동교의 소위 배달국 재건에 대한 조선 민족의 독립은 배달국의 영역을 영토로 하고, 따라서 아제국(我帝國)의 영토 일부를 탈취하며, 또 일덕일심(一德一心)의 기조상(基調上)에 처한 대일본제국 영토의 일부인 조선으로 하여금 동국의 통치권에서 이탈시켜 독립국으로 할 것을 목적으로한 단체로 되어 있는 것이다.

임오교변 당시 일경에 체포된 이용태는 「구금고황(拘禁苦況)」이라는 옥중 일기를 남겼는데 검거 당시와 '순교십현'의 최후상황까지 상세하게 기록되어 있다. 또한 이용태는 옥중시 4수를 남겼는데 당시 심경을 잘 나타내고 있다.[34] 옥중시 4수는 영안현 유치감에서 지은 2수와 액하감옥으로 이감되어 지은 1수, 그리고 판결서를 받고 난후 지은 1수이다. 그중 징역 8년형이 확정된 후 판결서를 받고 지은 한편의 시를 소개하면 다음과 같다.

판결서를 받고(1945. 7월초)

서너해 갇혔으니 오랜 세월에
얼마나 많은 취조 받아 왔던가.
이제야 끝났다고 알려 오는데
액하의 감옥에서 살라고 한다.
일생을 마칠 것을 각오한 이몸
무엇을 바라고 기대할건가.
팔년 형 받았다고 근심을 할까
마음은 거울같이 고요도하다.

구금고황은 임오교변 당시 일제의 탄압상을 알 수 있는 중요한 기록으로 전문을 소개하면 다음과 같다.[35]

구금고황(拘禁苦況)

때는 마침 개천 4399년 임오(壬午) 11월 19일(서기 1942년 12월 26일) 이라. 백설

34 이용태의 옥중시 4수는 영안현 유치감에서 지은 2수와 액하감옥으로 이감되어 지은 1수, 그리고 판결서를 받고 난 후 지은 1수이다.(『애국지사단암이용태선생문고』, 126~127쪽).

35 『애국지사단암이용태선생문고』, 357~362쪽.

(白雪)이 분분하고 삭풍이 열열하여 한위(寒威)가 천지를 포섭(掩襲)하고 냉기가 우주를 동결하고자 하던 시기인데 대교박멸(大敎撲滅)의 악몽을 꿈꾸던 왜적의 단말마적인 검거선풍이 일어나서 전기(前記)한 같은 날에 단애도형(檀崖道兄)은 신경(新京) 귀로(歸路)에 영안현(寧安縣) 신안진역두(新安鎭驛頭)에서, 기타 간부는 선만(鮮滿) 각지의 자가(自家)에서 28인의 총검속을 감행당했다.

본인도 역시 자가인 충청북도 제천군 백운면 방학리에서 검거를 당하여 풍우같이 몰아다가 제천경찰서 구치소에서 일야(一夜)를 경과하고 익일에 경성(京城)을 거쳐 만주로 압송되어 영안현공서(寧安縣公署) 특무고(特務股) 토옥(土獄)에 수감되니 당시의 감회는 일일이 그 진상을 매거(枚擧)하기 극난(極難)하나 그 개요만을 기술하고자 한다.

첫째는 본인이 소위 면장이라는 공직을 사임하고 대종교총본사에 들어가서 헌신적으로 활동 봉사하려고 한 근본목적은 반만년 유구한 역사가 영구히 멸절(滅絶)될 리가 만무함은 자연의 공법이요, 이 역사를 갱생케 함은 민족의 정신이요, 민족의 정신을 발휘케 함은 오직 국가를 자주하고 민족을 단결하고 문화를 계승 전수하는 대종교의 정신이 아니면 시간의 지속은 차치하고라도 전도의 생생한 명맥을 유지 배양할 길이 없음을 자각하였던 바 일조에 이와 같이 독사같은 마적에게 저작됨에 자신의 희생은 고사하고 국민의 전체적 운명이 불행하게도 수포에 귀함이 철천의 원한이오.

둘째는 홍암대종사께서 계왕개래(繼往開來)하신 그 거룩한 대업이 700여 년의 암흑한 외래사조를 돌파하고 천재간(千載間) 착종(錯綜)된 미완(迷沈)의 폐풍(弊風)을 청소하여 고유신앙의 대도를 중광하고 유일무이한 신리(神理)를 천명하시와 전세계 인류를 고해에서 낙원으로 구제하고자 수립된 교문이 여지없이 폐쇄됨이 골수에 사무치는 분한(憤恨)이며.

셋째는 단애도형께서는 제삼세의 도통을 전수하신 후 시운의 불행과 말세의 흉변으로 인하여 서북으로 표박하시며 병비(兵匪)와 토적(土賊)의 유린으로 만난(萬難)과 백겁(百劫)을 겪으시면서 백절불굴의 그 강용(强勇)과 일호무사(一毫無邪)의 그 정직으로 일관하시와 망칠(望七)의 고령(高齡)까지 신고(辛苦)의 시련을 당하시다가 이 최후의 악경을 밟게 되시는 참상은 생각할수록 지원지통(至冤至痛)을 난승(難勝)이며 또 70을 넘은 고령이신 아현(亞峴) 권영준(權寧濬) 선생(先生)과 망칠노령(望七老齡)의 백람(白嵐) 이재유(李在囿) 선생(先生), 백향(白香) 이창언(李昌彥) 선생(先生), 죽포(竹圃) 오근태대형(吳根泰大兄)과 부병피수(扶病被囚)된 백산(白山) 안희제(安熙濟) 선생(先生), 해산(海山) 강철구(姜鐵求) 선생(先生)과 노령의 백주(白舟) 김영숙(金永肅) 대형(大兄), 회갑 당년의 대종사 장윤(長胤)인 염재(念齋) 나정련(羅正練) 선생(先生)과 차윤(次胤)인 일도(一島) 나정문(羅正紋) 선생(先生)이며 일야(一野) 윤정현(尹珽鉉) 선생(先生)과 근재(槿齋) 이현익(李顯翼) 선생(先生) 등 제위께서도 30여 년간 망국의 원한과 울분을 품고 이역 만주에서 광복운동선상에서 맹렬히 분전 고투하였고 대교(大敎)의 발전을 위하여 지성으로 노력하여 멸사봉공적 고초생활을 계속감수하시다가 금일의 구금을 당하게 됨은 실로 자신의 번민보다 기백배의 억울함을 느낄지로다.

구금중 고황을 들자면 세세령령(世世零零)한 사건을 이루 다 기억하기 지난하나 처음에 피검수감된 곳이 영안현공서(寧安縣公署) 특무고(特務股)에 소속된 유치토옥(留置土獄)인데 후면에는 한 짝의 철창씩을 붙였고 전면에는 한줄의 목책과 이중의 토장(土墻)으로 구조한 감방 5개소에 분수(分囚)하되 언어를 일체 엄금하고 좌와(坐臥)도 서로 등지게 하여 의사연락을 단절하고 수족거동도 자유가 없게 감시노 8명(전부 패독흉악한 왜노임)을 배치하여 주야로 엄격히 감시하는 바 인간으로서 취급하는 것이 아니라 맹수 목축의 취급보다 우심한 학대이다.

본인과 백산선생은 입옥 제2일에 소위 고등검사국을 거쳐서 목단강경찰서로 이감되어 약 15일간을 경과한 후 다시 영안으로 이감된 바 이송 도중에는 외홍내흑(外紅內黑)의 자루를 머리에 씌워 천일을 불견케 하며 전옥(轉獄) 후 식사는 1일 2회 粟粥(조죽) 일완(一椀:한주발)씩으로 연명을 시키니 병구노장이며 청년장정이 일제히 기갈에 핍박되어 신체는 피골이 상접하여 극도로 수척하고 질병은 시각을 다투어 침신첨발(浸身添發)하여 구차히 욕되게 사는 것보다 깨끗이 죽는 것이 낫다는 관념이 점차 생겨진다.

하루는 아현선생이 취조를 마치고 돌아오는데 취조하던 자가 감시노에게 단단히 고통을 주라고 명령을 한다. 그리하여 감시노가 백묵으로서 감방내 하층토간에다 아현선생을 세우고 양족(兩足)이 입착한 부분을 금을 그어 그려놓고 하는 말이 일주간을 차처(此處)에 서서 지내되 만일 요동하던지 좌와의 변경이 있을 때에는 용서없이 타살한다고 위협하므로 약 2주야(晝夜)는 입착하였으나 소호(小毫)라도 동요가 있으면 곤봉으로 무수히 난타하여 유혈이 임리(淋漓)하고 정신이 혼도(昏倒)된다. 5주야(晝夜)를 당하여서는 기진맥진하여 자연 혼도로서 쓰러지니 감시노 2인이 체번(遞番)하여 밤새도록 난타하여 거의 사경에 이른지라. 선생이 자진(自盡)함이 가하다고 생각하고 유혈하는 두골을 목항(木杭)에 부딪혀서 파쇄 자살코저 하였더니 교대한 타노(他奴) 1인이 경아(驚訝)의 동정이 생겼던지 소위 제 상관에게 급보하여 의사를 초치하여 진료하고 좌와수면을 자유롭게 허락하여 가위 사중구생을 득하였다. 당시를 목도하던 오배(吾輩)의 말 못하던 심리고통과 뇌수를 찌르는 악감울분이 어떻다 형언하리오. 지금에도 이 사실을 생각하면 전신에 소름이 끼치고 두 눈에 눈물이 흐르는 줄 모르게 내림을 막을 수 없다. 이것은 아현선생 1인 뿐아니라 우리 28인이 다 같이 겪은 고통이요, 우리 28인 뿐만아니라 3천만 동포 중 국가의 독립을 희망하고 민족의 생존을 사랑하던 동포는 이 설움과 이 고통을 다 같이 겪은 것으로 안다.

기타의 고초는 취조중에 혹은 단식하고 혹은 금수하고 혹은 제반 악형을 총동원한 고문으로 낙형, 거물형, 주수형, 곤봉구타, 형극궤좌형, 간지, 전기형 등 이루 말할 수 없는 바 자세한 것은 타인의 명변에 위양해 둔다.

이와같이 4개월을 동일한 장소에서 취조를 받다가 양력 4월 6일에 목단강경무처에 이감되어 5월 1일에 9인은 액하감옥(掖河監獄)으로 수감되고 12인은 경무처에서 1년간이나 취조를 거듭하는 동안에 십현이 순교한 비참한 일이 생겼다.

슬프다! 이 자격없고 능력없는 우매한 이 인간은 잔명을 보전하여 만반의 새서광을 보게 되며 지식이 첨부하고 성력이 열렬하고 공적이 과대하신 명철제현은 많은 원한을 품고 귀천하되 눈을 감지 못하고 교문의 부흥과 국가의 재건을 직접 경영치 못함은 실로 어국어교에 유감천만이다. 그러나 사람의 생사는 육신에만 있지 아니하고 정신에 있음이 더 중대한 즉 본인의 생은 단지 의식을 소비하는 도생이라. 종문과 사회에 대하여 일호의 가치가 없는 일개의 미냉시에 불과한 바이며 십현의 사(死)는 순교순국의 영예로운 사(死)라. 천추만세까지 그 영령이 불체하여 종문의 보호와 국민의 행복을 길이 도와주실 터이니 육체는 사(死)라 하여도 정신은 영생이며 또 사후할 모든 교우들이 제현의 순교하신 정신을 추모하 여서 사교 발전에 분투노력하여 홍익인간의 대목적을 달성할 줄로 믿는다.

다음은 감옥생활상 견디기 힘든 고초는 기한의 난감과 노역과 학심과 금수취급은 예사라. 세록은 피하나 사생은 유명이라. 유의소재인 즉 위교위국에 사유무한이라는 주관으로써 사생을 초월한 경지에서 안심입명코저 자위하면서 경과하다가 천조의 묵우하심과 선철선현의 보호하심으로 몽방을 득하여 다시 이 고황을 기술하게 됨은 실로 대덕에 감격하나 아무 실적과 숙공이 없이 영행칭예를 들음은 참괴를 불승하며 부기삼항하고 그친다.

부기(附記) 이적(異蹟)

一. 구금한 지 3일내에 영안현장[만주인]이 급사하다.

二. 구금한 지 1주일 내에 영안현공서 특무고 서무주임[왜인]이 폭사하다.

三. 목단강경찰서에서 영안으로 이감한 지 3일만에 유치감 간수장이 병사하다. [안백산과 본인을 유치시킨 왜노이다.]

(개천 4403년 9월 상완)

(서기 1946년)

임오십현 중에서 안희제는 1942년 11월 19일 만주 목단강성 경무청 형사대 3명에게 체포되어 목단강으로 호송되어 경무청에 수감되었다. 안희제는 검거 당시 58세의 중년 나이로 정신과 기운은 맑았으나, 그 해 봄과 여름사이에 건강이 좋지 않아 고향인 경남 의령에서 요양하던 중 자택에서 검거되었다. 체포된 후 바로 만주 영안현 경무과를 거쳐 목단강 경무처에 이감되는 동안 8개월 간의 고문과 악형에 병세가 점점 위독해지자, 위장병과 이질로 식음을 전폐한 지 여러날 만에 병세가 점점 위독하여 병보석으로 출감한 다음날인 1943년 8월 3일 친척동생 安永濟가 경영하는 만주 목단강시의 永濟醫院에서 응급치료를 받았으나 향년 59세로 순국하였다. 후일 안영제는 안희제의 임종당시 상황을 다음과 같이 회고하였다.[36]

> 그當時 日政下에서 思想問題로 온 韓國을 떠들썩하게 하여 널리 國內에 알려진 洪城事件으로 因하여 白山兄任이 滿洲寧安刑務所에 在監하실 時에 나는 相祿군(白山長男)과 같이 2~3次 面會를 간 記憶이 난다. 그後 얼마있다가 兄任은 牧丹 江警察署로 移監되었다. 그當時 그署에는 不幸中 多幸으로 韓國人 趙氏 豊島氏(警尉)가 勤務하고 있었다. 그런 關係로 나는 容易하게 署內와 連絡을 取할수 있었다. 私食差入을 비롯하여 衣服 其他와 兄任의 健康이 不良할때는 事前에 내게로 連絡해주도록 約束이 되어 있었다. 그당시는 세계2차대전시라 식량부족으로 관식은 더 형편이 없었다. 그래서 우리는 식권을 매입하여 사식차입을 하였는데 식권이 다 떨어질때마다 그분(풍도씨)이 연락을 해주셔서 많은 편리를 받았다. 나는 상록군이 입만하여 면회갈때에는 수차나 동행하였고, 그 외에도 형임의 건강불량으로 인해서 2차나 왕진간 기억이 난다. 면회시에 우유를 드렸는데 전신이 극도로 衰弱하신 관계인지 嚥下가 잘되지 않는 상태였다.
>
> 그러던중 일자미상 별세전일(출감일)[37] 오후 4시경에 서에서「백산이 위험하니 출감하라」는 전화가 내게로 걸려왔다. 그때 다행이도 상록군이 입만하여 우리집에 滯留하고 있었다. 우리는 즉시로 목단강서로 달려갔다. 집무실에 들어가 이유를 밝히고 약 10분간 기다렸다. 죄수같은 한사람이 혼자 등에 업고 나와서 마루바닥에 내려놓은 것을 보니 너무나 전신이 瘦瘠하여 目不忍見이었다. 피골은 상접하였고 眼窩는 陷沒하였다. 처음에는 의식이 불명하여, 우리를 잘 알아보시지 못하였다가 약 2~3분 후에야 비로소 알아보셨다. 우리는 그것을 보니, 울분이 치밀어 기가 막힐지경이었다. 수분이 지난후 돌아가라는 말을 듣고 상록군은 형임을 껴안고 실내에 있고 나는 거리로 나와 마차를 구해와서(그때는 택시가 없었음) 마차상에

36 안영제,「임종당시상황 – 족형 백산의 만주수감시를 회고하면서 –」1988년 11월 30일.

37 1943년 음력 8월 2일(양력으로는 9월 1일).

서 누운 위치로 우리병원(영제병원)으로 귀원하기 시작했다. 누워서 오신 관계인지 시가지를 지날때마다 가로명을 알아보셨다. 착원하여 즉시로 2층 병실고 모시고 우유를 드렸더니 넘기면 역상하여 수차를 반복한 후에야 위까지 연하하였다. 곧 5% 포도당 1000cc와 강심제를 주사하여 약 5~6시간 후에야 끝냈다. 그동안 의식이 조금 회복된것 같았다. 나는 환자진료 관계로 상하층을 수차나 오르내리고 하다가 11시경에야 용무를 마치고 병실로 올라가 12시경까지 같 이 있었다. 경과가 조금 호전되는 것을 보고 나는 하층 침실로 내려와서 잤다. 새벽 5시에 상록군이 나의 침실로 내려와 급히 와달라는 부탁을 받고 곧 올라갔어나, 운명하신 후였다. 그때에 상록군에게 들은 이야기인데 내가 병실에서 내려온 후에 가내안부, 동리 친척들 안부, 심지어 과수원일까지도 자상히 물으시드라고 상록군이 말하였다.
우리는 아침 일찍이 고향으로 전보로 비보를 연락하였더니 2~3일 후에 가족과 친척 수명이 입만하였다. 상의한 결과 한국으로 운구하기로 결정하고 모든 준비를 한 후 철도편으로 운구하였는데 목단강역 철도국에는 우리병원 단골 환자댁 한국인교인 문모씨가 있어서 운구절차를 무난히 마치고 10여일 만에 목단강역발 하얼빈, 봉천, 안동현, 서울을 거쳐 고향인 의령군 부림면 입산리 자택에 안착하였다.
별세후 2~3일경에 영안형무소 간수(청년) 2명이 별세확인차인지 조문차인지 알 수 없으나 來院하였다. 그들은 조문절차를 다 마치고, 담화중 한 청년이「안선생 中々エライ方テスネ」하면서 정중한 태도로 칭찬하는 것을 보았다. 그것은 형임이 수감중에 계시면서 하시는 행동과 말씀을 통해 무언가 감화를 받았는것 같았다. 그놈들의 괘심한 사실은 별세후에 생전에 감방에서 입었던 내복을 보니「이(이)」가 너무나 수없이 많아 그것을 잡아 처리할 수가 없어서「빼지카(난방장치)」에 소각하여 처치하였다. 놈들의 그와 같은 과도한 부자비한 처사에 격분을 금치 못하였다.

안희제의 유해는 즉시 그의 고향인 경남 의령에 안장되었으며, 대종교에서는 1946년 8월 15일 순교한 10인에게 十賢의 호를 올리고 이어 教秩까지 추승하였다. 안희제는 正教加大兄號로 追陞되었으며 대종교 제3세 교주 윤세복은 감옥에 있을 때 안희제가 세상을 떠났다는 비보를 접한 후

輓詩 한편을 지어 읊으며 영령을 위로하고 명복을 빌었다고 한다.

또한 이시영은 『순교십현일록』 서문에서 다음과 같이 말하였다.

> 우리 국교를 다시 세우려 하던 그 때 기울어진 나라는 벌써 걷잡을 수 없었다. 지성을 품고 지한(至恨)을 안아 마침내 일사(一死)로써 교의 종풍(宗風)을 보이신 한 스승의 뒤를 이어서 내외에 홍포(弘布)됨이 자뭇 컸었으나, 그럴수록 적의 박해가 더욱 심하더니 저즘께 북만에서는 무리에다 무리를 더하여 옥중에서 신고(身故)하신 이만 열 분이라. 이 열 분으로 말하면 다 종문의 신사(信使)로서 이역풍상을 갖추 겪고 한 곬만을 향하여 나아가다가 교를 붙들고 몸을 바쳤으니, 오늘날 그들의 의로운 자취를 기록하여 전함은 한갓 서자(逝者)을 위하여 말 수 없는 일일 뿐이 아니다.
>
> 인물을 아낌은 고금이 없으나 오늘에 있어서는 참으로 묘현함은 탄식하지 아니할 수 없다. 이 열 분이 그 조난(遭難)이 아니었던들 우리의 일에 얼마나 도움이 되었을 것인가.
>
> 그러나 사람의 정신이란 죽어 없어지는 것이 아니다. 열 분의 변하지 아니하고 굽히지 않은 그 매움의 끼쳐 줌이 결코 적은 것이 아니다. 뒤에 남아 있는 우리는 그 끼침으로 하여금 아무쪼록 더 빛나게 더 장엄하게 할 책임이 있다.
>
> 또 생각하면 산 사람은 누구며 죽은 사람은 누구냐. 뜻이 살아야 산 것이니 몸의 존부(存否)는 오히려 제2에 속하는 바다. 이 열 분은 살았다. 누구든지 이 열분의 눈에 산 사람이 아닌 것같이 보이지 마라.
>
> 개천 4405년 9월 15일
>
> 성재(省齋) 이 시 영(李始榮)

당시 대종교서적간행회에서 출판된 서적은 『홍범규제』·『삼일신고』 등 8종으로 발행부수는 3만 5천 부 정도였고, 매년 4회에 걸쳐 『敎報』도 간행하였다. 1942년 3월 대종교총본사에서는 발해고궁지에 천진전 건축을 추진하였다. 그해 10월 3일 개천절 동경성에는 국내외 각지에서 많은 교우들이 모여 개천절 경축식을 거행한 후 임시협의회를 개최하고 천진전건축준비사무를 협의하였는데 대종교의 교세가 나날이 확장되어 민족의식 고취 및 독립운동세력으로 발전하였다. 이에 위협을 느낀 일제는 1942년 11월 19일 국내외의 대종교 간부들을 전원 체포하고 대종교 서적을 압수하는 등 대대적으로 탄압하였다. 당시 21명의 대종교 간부가 체포되었으며 그중 10명이 순국하였다.[38]

6. 나오는 말

중일전쟁과 태평양전쟁을 일으켜 제국주의 침략 야욕을 드러낸 일제는 동남아시아 지역으로 진출하기 위해 중국동북지역 일대의 항일민족세력을 척결하지 않으면 안되었다. 중국동북지역에서 일제가 주목한 점은 첫째, 길림성 영안현 동경성내에 있는 대종교계 3·1학원의 민족교육 둘째, 안희제의 발해농장의 경제활동 셋째, 발해국 궁궐터에 대종교 교당 천진전과 대종학원 설립 넷째, 일제 밀정들의 대종교 지도자 언행에 대한 조사보고 등이다.

임오교변은 1942년 일제가 대대적으로 대종교를 탄압한 사건이다. 임오교변 당시 국내에서는 조선어학회사건이 일어나 순수한 한글연구마저 독립운동으로 간주되어 한글학자들이 대대적인 탄압을 받고 체포되었다.

38 대종교에서는 이 사건을 임오교변(壬午教變)이라 하고, 당시 순국한 대종교 인사를 순국십현(殉國十賢) 또는 임오십현(壬午十賢)이라 한다. 대종교 제3세 교주 윤세복 등 21명의 대종교지도급간부가 체포되었는데 그중 안희제 등 10명이 순교(殉教)하였고, 윤세복 등 7명이 형을 언도 받았고, 5명이 면소(免訴)되었다.

임오교변이 일어나게 된 직접적인 동기는 당시 서울 조선어학회에서 활동하던 이극로가 대종교 3세 교주 윤세복에게 보낸 편지에 동봉된 「널리 펴는 말」이란 제목의 원고를 일제가 검열과정에서 조작하여 일으킨 것이다. 임오교변은 조선어학회사건의 연장선에서 일어났으며 전시체제하에서 일제가 국내외 독립운동세력을 대대적으로 탄압한 사건이다.

제4장

고문 과정에서 완성된 윤세복 종사의 삼법(三法) 수행

고문 과정에서 완성된 윤세복 종사의 삼법(三法) 수행

최윤수(국학연구소 연구원)

1. 머리말

대종교가 일제의 탄압을 심하게 받았던 이유는 독립운동을 하는 한편 임시정부에 독립운동의 자금을 지원했을 뿐만 아니라 배달겨레의 얼을 되찾아서 독립운동가와 넓게는 겨레의 정체성을 확립했기 때문이다. 대종교 선열들은 우리의 얼이 담겨 있는 우리 말글과 역사와 철학을 되찾아서 겨레가 사대주의에서 벗어나 빛나는 얼을 가진 민족이라는 자부심을 가지게 했다.[1]

홍암 나철 대종사는 삼일신고(三一神誥)를 주 경전으로 삼고 대종교를 중광해서 상고시대부터 존재해온 우리 정신을 되살렸다. 고유의 경전인 삼일신고는 조화(造化), 교화, 치화의 세 작용을 하느님의 작용과 인간과

1 최윤수, 「주체성의 주춧돌, 단군교포명서」, 『단군사상의 재조명』(제10회 국제신인류문화학회 추계학술대회 발표집), 국제신인류문화학회, 27쪽, 2017.

만물의 원리와 삶의 방향을 가르쳐 준다. 이러므로 삼일신고는 내부 수행(修行)의 원리에 대해서도 가르친다. 내부 수행은 내가 내 안에 이미 받아가지고 있는 것을 닦는 행위를 의미한다. 그러므로 외부 지식을 습득하여 쌓아나가는 방법과는 다르게 공부한다.

윤세복은 1924년에 도통을 전수받아 대종교 제3대 도사교(都司敎)에 취임하여 1960년까지 실질적인 대종교의 교주로서 교인들을 이끌었다. 그는 대종교 수장으로서 삼일신고의 수행원리에 따라 오랫동안 수행하면서 한편으로 수행 방법을 체계화해야 한다는 사명감을 가졌다. 대종교의 수행법은 상고시대부터 전승되어 왔으나 체계화된 수행 방법에 대한 기록이 남겨지지 않았다. 삼일신고는 수행원리에 대하여 설명하지만 구체적인 수행방법에 대한 설명은 하지 않는다. 윤세복은 삼일신고의 원리에 따라 체계적으로 수행법에 대해 분석했으나 망국 종교의 수장으로서 교무에 바빠 정리를 하지 못하고 있었다. 그러다가 일제의 무고한 검거에 의해 영어의 몸이 되어 갖은 고문을 당하면서 종문의 위기 상황을 인식하고 삼법회통(三法會通)을 저술했다. 삼법회통은 세 가지 수행 방법인 지감법과 조식법과 금촉법을 모두 행하여 참 성품에 통한다는 뜻이다. 삼법회통의 체계는 한국에서 전승되어 오던 신교(神敎)의 수행 방법들과 자신의 경험을 토대로 삼일신고의 원리에 입각한 것이다. 이러한 삼법회통의 수행방법은 지금까지 전해져온 수행법들을 성품과 명과 정기의 세 참을 닦는 수행법들로 체계화한 데에 그 독창성이 있다.

본고 2장에서는 배달나라에 고유한 도가 존재했다는 사실을 간략하게 정리하고 3장에서는 그 도를 이어받아 삼법회통을 저술한 윤세복의 교화를 중시한 성품에 대하여 살펴본다. 제4장에서는 삼법회통의 저술 배경과 과정에 대해 고찰하고 5장에서는 삼법회통에 대하여 논하며 그 독창적

의의에 대해 생각해 본다.

2. 고유의 도

우리나라 고유의 도는 저 멀리 단군 이전 시대까지 거슬러 올라간다. 중국 요하 지역에서 발굴된 홍산문화나 대문구문화는 고도로 발달한 문화이다. 요하 지역에서 발굴되는 빗살무늬 토기와 적석총 등의 유물과 유적들이 동이계와 동일하고 중국 황하 유역에서 발굴되는 것들과는 다르므로 요하지역의 고대 문명은 동이계 문명이라 간주되고 있다. 거기에서 아사달 문양이 새겨진 토기가 발굴되었고, 반가부좌를 하고 있는 여신상과 남신상이 발굴되어, 이미 그 당시부터 제천과 함께 수도하는 도가 존재해 있음을 알 수 있다.

아사달은 아침의 땅이란 의미를 가진다. 아사는 아침이란 뜻이며 달은 땅 또는 산의 뜻이다. 중국 베이징 북쪽에 있는 대문구 문화 지대에서는 기원전 2500~2000년에 구워진 팽이형 토기들이 발굴된다. 이 토기들 중 몇 개의 윗부분에는 아사달의 의미를 가지는 그림() 새겨져 있다. 그림에서 ○은 태양이고 은 바다 또는 구름이며 은 산이다. 그러므로 아사달 그림() 태양이 아침에 산 위로 솟아오르는 모양을 상형한 것이다. 이 모양은 한자의 아침 단(旦)과 뫼 산(山)의 옛글자들을 합한 모양이어서 처음의 한자도 우리 조상이 만들어 사용하기 시작한 증거가 되기도 한다.[2] 홍산문화 우하량 유적 여신상[3]과 동시기 요서 지역 오한기 홍

2 신용하, 「고조선 아사달 문양이 새겨진 산동 대문구문화 유물」, 『한국학보』 102집, 일지사, 1쪽, 2001 봄; 신용하의 인류 5대 문명, 『고조선 문명(古朝鮮文明)』, https://m.blog.naver.com/ohyh45/221800153134.

3 임찬경, 「여신상을 통한 홍산문화 건설 주체 비정」, 『국학연구』 15집, 국학연구소, 20쪽, 2011.

륭구 유적에서 발굴된 남신상의 앉은 자세는 반가부좌의 수행자의 모습이다. 남신상은 백회혈 표시를 가지고 있고 입을 동그랗게 오므리고 있어서 영가 수행의 자세라고 설명된다.[4]

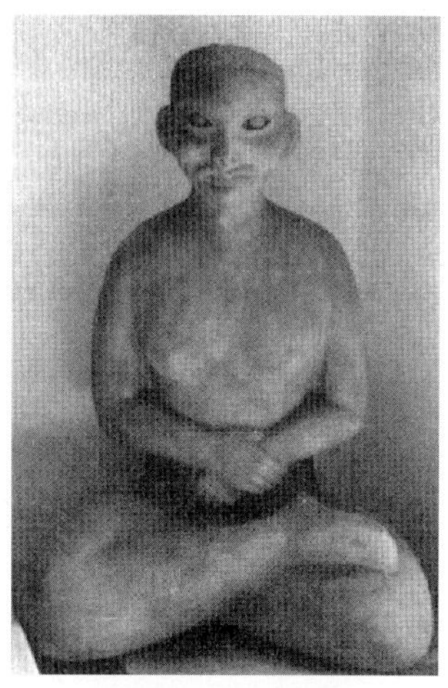

우하량 유적 여신상

반가부좌

백회표식

영가수행

흥륭구 남신상에 나타난 선도수행 형상

이러한 고유의 도로 인하여 상고시대에 이웃나라들이 우리나라를 군자지국이나 예의지국으로 불렀다. 삼국사기에는 평양은 신인(神人) 왕검의 택지였다고 했고[5] 중국인들도 단군을 장백산(백두산) 신인이라고 한 바와

4 조채영, 「한국선도의 지감 · 조식 · 금촉 수행 전통으로 바라본 '선교'의 제천수행」, 『선도문화』 31권, 국학연구원, 198 – 201쪽, 2021.

5 김부식, 『삼국사기』 고구려본기 권5, 동천왕 21년.

같이[6] 단군 왕검은 도를 닦은 선인으로 알려졌다. 그 도를 행하는 종교인 신교(神教)는 부여의 대천교(大天教), 신라의 숭천교, 고구려의 경천교, 고려의 왕검교로 불리며 전승되어왔다고 한다.[7]

이러한 높은 문명을 이룬 배달나라의 국세는 적어도 삼국시대까지 이어져서 고구려 관련 지명과 유적들이 북경 지역에 다수 남아 있고[8] 대륙 백제의 증거들도 많다. 장개석이 김구 주석에게 '자기 고향인 양쯔강 이남 절강성이 옛 백제 땅이었다'라고 한 말은 유명하다. 신라시대 삼국사기의 기록에 의하면, 최치원은 다음의 예문에서 밝힌 바와 같이 우리나라에 고유의 도가 있었다고 한다.

> 우리나라에 현묘한 도가 있으니 풍류라고 한다. 그 교의 근원은 역사책들에 상세히 기록되어 있다. 그 교는 실로 유교, 불교, 도교의 3교를 내포하고 있은즉 모든 사람을 접하여 교화시킨다. 집에 들어와서는 부모에 효도하고 밖에 나가서는 나라에 충성을 다하라는 것은 공자의 뜻과 같다. 자연 그대로 맡기며 말없이 행동하라는 가르침은 노자의 가르침의 요지이다. 악행을 하지 않으며 모든 선행을 받들어 행하라는 것은 석가모니의 교화와 같다.

풍류도는 고려시대까지도 밝게 전승되어서 이규보(1168~1241)는 그의 작품에서 다음과 같이 중국에는 없는 고유의 화랑도가 한국에 존재한다고 기록했다:[9]

---

6 대종교, 『종보』 제2집, 대종교, 15쪽, 1957 재판 (1910 초판).

7 김교헌, 『신단실기』, 이민수 옮김, 한뿌리, 51쪽, 1994 : 명나라 왕엄주가 지은 속완위여편(續宛委餘編) 인용.

8 김호림, 『고구려가 왜 북경에 있을까』, 글누림, 2012.

9 서영대, 「한국 선도의 역사적 흐름」, 『선도문화』 5권, 국학연구원, 15쪽, 2008, 재인용: 『동국 이규보집』 9, 길진시.

선풍은 멀리 주, 한나라 때도 들을 수 없었고 가까이는 송, 당에서도 아직 찾아보기가 어렵다. 이 나라에는 네 화랑이 진정 옥과 같아서 만고에 전하는 그 명성 생황처럼 울린다.

그래서 고려시대에도 신라와 같이 용모와 재주가 뛰어난 청소년을 뽑아서 선랑 또는 국선이라고 했다[10]. 그러나 고려 묘청의 난 이후에 사대사상이 주류를 이루어 우리 사서들이 유실되고 기록에 왜곡이 있게 되었다. 세조 때도 명나라의 세력에 눌리어 고대 사료를 불태웠다. 그리하여 신교는 제도권 밖에서 전승되며 사료와 수행 방법이 보존되었다.[11] 이조 중엽에 저술된 청학집은 환인을 동방 선파(仙派)의 교조로 삼고 환웅과 단군으로 그 도통이 이어짐을 서술했다. 또한 단군의 후예가 큰 나라 9개, 작은 나라 12개로 번성했고 그 도가 전해져서 17세기 당시의 신교(神敎)로 전해졌음과 그 당시의 도인들의 계파도 기록하고 있다. 규원사화는 고도의 문명사회를 이루었던 홍산문화를 설명하는 사료 서적으로 간주된다. 민영현은 한국의 선교(仙敎)는 홍익인간의 이념을 내세워 개인의 기복이나 불멸불사에 치중하는 중국의 도교와는 다르다고 설명한 바 있다.[12]

그 계보는 구한말까지 이어져 많은 도인이 이름을 남겼다[13]. 그중에서도 백봉 도인은 우리의 역사책들과 고유의 경전을 전수받아 유구한 우리나라의 주체적 역사와 문화, 종교에 대해 논술했으며 고유의 도를 나철에

---

10 안호상, 『겨레 역사 6천년』 깁더판, 기린원, 281쪽, 1992.

11 박성수, 조준희, 강병수, 정경희, 김동환, 『한국선도의 역사와 문화』, 선도문화연구원 편, 2006.

12 민영현, 「중국도가와 도교 그리고 한국 仙의 사상에 관한 비교 연구」, 『선도문화』 제1집, 162쪽, 2006.

13 김정빈, 『단』, 정신세계사, 1985; 정재승, 『민족비전 정신수련법』, 정신세계사, 1998.

게 전수했다[14].

3. 교화를 중시한 윤세복

윤세복은 그의 일생을 교화와 교육에 힘쓰는 성품을 보인다. 경상남도 밀양에서 1881년 3월 29일 부농의 아들로 태어난 그는 22세까지 주로 전통적인 한학을 공부했다. 청나라와 일본이 우리 조선 영토 내에서 전쟁이 벌어지자 그는 나라가 언제 망할지 모른다는 위기의식을 가지면서 신학문에 관심을 가졌다. 그리하여 그는 1903년부터 6년 동안 고향의 소학교들에서 교편을 잡기도 하고 토지조사국 측량과에 입학하여 3년간 측량기술을 습득하고 측량 일도 하였다. 소학교에서의 교사 생활은 그가 교육에 관심을 가지고 교육과 저술을 중시하게 되는 성품을 가지게 한 듯하다.

한일합방이 되자 망국의 비분을 가슴에 안고 나라를 구하는 방법을 숙고하던 중 나철이 단군교(1년 후 대종교로 개명) 문을 열어 독립을 위해 노력한다는 소식을 들었다. 자주적인 성향이 강했던 윤세복은 유교나 불교, 기독교보다는 단군교를 택하였다. 1910년 12월 23, 25, 27일의 사흘간 나철에게 역사, 종교, 시국에 대한 교훈을 감명 깊게 듣고 본명 세린을 세복으로 고치고 단애(檀崖)라는 호를 받으며 대종교에 입교했다.[15]

이듬해에 참교(參敎)라는 교질(敎秩)을 받고 시교사(施敎師)로 임명되어 당시 경상도 사람들이 다수 이주하던 만주 서간도 환인현 지역의 포교 임

14 대종교, 『종보』 제1집, 대종교, 1-3쪽, 1957 재판 (1909 초판); 대종교, 『대종교중광육십년사』, 대종교총본사, 1971. (이하 『중광60년사』)

15 박환, 『나 철, 김교헌, 윤세복』, 동아일보사, 149쪽, 1992.

무를 띠고 파견되었다. 그는 가산을 정리해서 동창학교를 건립하여 교장을 이원식에게 맡기고 자신은 학생들을 가르쳤다. 교육 과목은 체육, 역사, 국어를 중시하였으며 학생들의 민족의식을 고취시켰다. 당시 대부분 넉넉하지 못했던 학생들의 기숙비, 피복비를 지원했고 심지어 가족들의 생계비까지 보조해 주었다.[16]

1923년 겨울 제2대 도사교 김교헌은 사망하면서 윤세복을 도사교로 지명하여 윤세복은 1924년 초에 제3대 도사교에 취임했다. 그는 1926년 시작된 6년의 포교금지령 기간을 제외하고 꾸준하게 년 4회씩 계간으로 교보를 간행했다. 1939년에는 대대적으로 교적 간행을 착수했다. 교적간행회를 설립하고 안희제, 강철구 등의 노력과 교우들의 성금을 모아 1940년에 홍범규제, 삼일신고, 신단실기, 종례초략, 오대종지강연, 종문지남[17] 등을 수 백부 내지 수 천부씩 간행했다. 불행하게도 임오교변 때 총본사에 비치된 서적들은 모두 일제에게 강탈당했고 서울에서 1942년에 4000부 간행된 한얼노래집은 다행하게도 물불 이극로 대형의 집에 숨겨져 있어서 해방 후 사용할 수 있었다.[18] 윤세복의 기록을 중시하는 성품은 다음의 교적간행회 발족 취지에서 알 수 있다.

> 교화를 보급케 함에는 반드시 문자의 힘을 사용할 것이다. 이제 대종교 부흥기에 당하여 이구동성으로 종경(倧經) 요구가 날로 높은 터이다. 이 요구를 수응함이 무엇보다도 대종교 발전상 급선무일 것이다. …

---

16 김종성, 「단애 윤세복의 생애와 업적」, 『대종교 중광의 인물과 사상』, 국학연구소, 61쪽, 1999.

17 홍범규제: 대종교 규범, 신단실기: 김교헌이 저술한 국사, 종례초략: 대종교 의례집, 오대종지강연: 서일이 작성한 대종교의 5 종지에 대한 강연문, 종문지남: 대종교 해설서.

18 『중광60년사』, 447－456쪽.

아래의 사진은 1942년 개천절 경하식 후에 '천진전(天眞殿) 건립 주비위원회의'를 마치고 촬영한 사진이다. 이 사진에서 아래 줄 가운데에 수행과 교화를 중시한 도인 풍의 윤세복의 모습을 볼 수 있다.

1942년 사진

좌로부터 오근태, 김영숙, 윤세복, 위 좌로부터 김정완, 나정문, 이연건, 윤필환, 채구포, 안희제, 김진호

윤세복은 임오교변 당시 목단강 액하감옥에서도 몇 권의 책을 저술했다. 같이 영어 생활을 했던 이용태(1960년 대종교 삼일원장 역임) 도형의 아들 이영재(1998년 대종교 총전교 역임) 가 사식으로 도시락을 넣어드려 공양했다. 이때 윤세복과 이용태 등이 종이와 연필을 원하여 왜경의 눈을 피해 어렵게 넣어주면 글을 써서 작게 말아서 안 보이게 도시락 틈에 넣어 내보내 주었다.[19] 이렇게 저작된 글들은 후에 대종교의 중요한 경전이 되고

19 이용태, 『단암이용태선생문고』, 박달재수련원, 2쪽, 1997.

기록물이 되었다.

'옥고'라는 제목 하에 서언과 본문 6편 36장으로 된 시조체의 복당서정과, 삼일신고를 한글로 번역하고 시조체의 찬문(贊文)을 붙인 〈세 한얼말〉, 지감 · 조식 · 금촉의 세 수행법을 체계적으로 정리한 삼법회통 등이 그러한 글들이다. 복당서정의 제3편 '운명신의 마술'에서 그의 대종교에 대한 신앙과 불굴의 의지를 엿볼 수 있는데 그 일부 내용의 의역은 다음과 같다:

3. 동서고금 현인 달인 인도 정의 실천할 제
   백절불굴 그 정신과 죽음을 불사하는 그 기백은
   아무런 마술이라도 이기고야 마느니
4. 행복으로 유인한들 처음뜻을 고치겠나
   재앙으로 위협한들 곧은 절개 굽힐소냐
   헌헌한 대장부 앞에 운명신도 절하지
5. 운명신만 원망말고 욕심버린 사람되어
   현인 달인 부뤄말고 제 할 책임 다하여라
   그러면 우리 한배검 도우심을 얻으리
6. 한배검의 도우심은 오직 빛과 사랑이라
   마음 평코 기 고르며 몸이 또한 건강하니
   못할 일 바이 없고서 한울 복을 누린다

이러한 굳센 의지와 종교적인 믿음이 사람들을 규합하고 지도하여 탄압의 시대를 견뎌내게 하는 밑바탕이었다. 그러나 굳은 의지와 단순한 믿음만으로 길고 추운 감옥생활을 견딜 수는 없었다. 일제는 조선의 지사들을 죽이는 데에 목적이 있었기 때문에 수감자들을 혹독하게 다루었다. 특히 윤세복에게는 탈출을 방지하기 위해 일본인들이 다리에 무거운 쇠뭉치를 달아놓았다. 이러한 모진 위기를 넘기기 위하여 그를 비롯한 동지들은 매 순간을 오직 하느님에게 의지하는 신앙생활을 했다. 그리고 민족 고래로 전수되어온 전통 수행법인 지감법(止感法), 조식법(調息法), 금촉법(禁觸法)의 삼법 수행을 통해서 정신을 모으고 몸의 기운을 북돋아 악조건을 견디고 해방을 맞이할 수 있었던 것이다.[20]

해방 후 1946년 2월에 환국해서 서울에서 대종교 총본사를 다시 정비할 때 윤세복은 교육을 중시했다. 종단 내의 교리 강좌를 수시로 열었고 1946년 7월에 〈하기 국학강좌〉를 개설하여 국어, 국사와 기타 과목들을 교육했다. 그 강사진으로는 국내 최고로 다음과 같다:

국어: 이극로, 이병기

국사: 이선근, 박노철

기타: 조성환, 조완구, 조소앙, 신익희, 안호상, 이범석, 정열모, 정인보, 백남규, 안재홍

이후에도 동년 8월부터 1개월간 2차 야간 국학강좌를, 1949년 6.30일부터 1개월간 하기 국학대 강좌를 개최했다.[21]

그 당시 대종교 경전은 모두 한문이어서 일반인의 접근이 어려웠다. 그는 삼일신고를 한글로 번역하여 그 번역본을 1946년 환국 기념호 교보에 실었다[22]. 계속해서 한글 번역 사업을 통해 1948년에 삼일신고, 신리대전, 신사기, 회삼경 등의 4대 경전들의 한글판을 간행하게 되었다. 윤세복은 1949년에는 중흥회를 조직하여 역해종경사부합편, 한검바른길 첫걸음, 한검바른길 복판장을 간행하고 1952년에는 종문지남 등 11책을 탈고

20 『중광60년사』, 456쪽.

21 『중광60년사』, 608－609쪽.

22 대종교, 『교보』 기념호 149호, 대종교, 21쪽, 1946. (이하 『교보』)

했다.

이극로와 안호상의 한글운동의 영향을 받아서 대종교는 서류 등을 한글화시키고자 하여 1949년에 총전교 고문기관인 경의원은 일체 공문에 한글사용을 제안했고[23] 모든 경전을 한글화하고자 노력하여 한글 대종교 경전[24]이 1969년에 출간되는 결실을 맺었다.

한편으로 윤세복은 교인들을 독려해서 대학을 설립하게 했다. 전강(대종교 교육 담당)인 정열모와 장형에게 학원 설립을 적극 권장해서 국학대학(고려대학과 병합), 홍익대학교, 단국대학교, 신흥대학(경희대학교 전신) 등이 이때 설립되었다.[25]

1950년대 후반에 윤세복은 병이 심해져 거동도 불편했으나 종사취재고(倧史取材稿)의 편집을 주관하면서 수 십 명의 교인들과 함께 3년의 작업 끝에 전 15권을 1957년 출간하였다. 종사취재고는 대종교의 발원, 교의, 교리, 역사 등을 집대성한, 50만 자에 달하는 자료집이다. 이 책의 1권은 윤세복이 편술한 대종교의 교리와 역사를 조목 별로 열거하면서 문헌학적으로 고증한 자료이다. 삼국유사, 제왕운기, 고기(古記) 등 무수한 참고문헌을 인용하면서 우리 민족 고래로부터 전해오는 전통 신앙을 역사적으로 입증하고자 노력하였다. 그가 쓴 일기도 남아 있어 1950년대 후반의 그의 일상을 엿볼 수가 있다.

---

23 『교보』 162호, 1쪽, 1949.

24 대종교, 『대종교경전』(한글), 대종교총본사, 1969.

25 김명길, 「대종교100년사」, 『월간대종교보』 1987.3월, 4쪽, 1987.

4. 삼법회통 저술

삼법회통 머리말은 삼법회통 저술의 상황에 대해 많은 것을 알려주고 있다. 머리말의 시작 부분은 다음과 같다:

> 나는 도사교의 자리에 오른 뒤로 〈삼일신고〉의 진리훈을 읽을 때마다 반드시 삼법회통을 저술할 생각을 가졌으나 교무로 말미암아 겨를을 얻지 못하여 뜻을 두고 이루지 못함이 이에 거의 20년이 되었다.

윤세복 종사가 도사교가 되어 종단의 상황을 봤을 때 종단 내에 공부 방법이 정립되지 않았음이 종단의 가장 큰 결핍이라는 생각이 들었을 것이다. 왜냐하면 대종교 주 경전인 삼일신고의 가르침대로 성통공완(性通功完)해서 하느님을 뵈어야 하는데 그 공부 방법이 정립되지 않았기 때문이다. 물론 착함을 행하고 덕을 쌓으면 하느님을 뵙지만 그러기 위해서는 내 성품에 통하고 명을 이해해야 쉽고 근본적으로 할 수가 있다, 그리고 성품을 알고 통해야 나 자신이 무엇인지, 진리가 무엇인지를 알 수가 있다. 그래서 윤세복은 재임 기간에 수행법이 반드시 정립되어야 한다는 사명을 가지게 되었을 것이다. 나철 대종사는 중광하며 기본 교리 연구에 치중하여 신리대전을 저술했고 김교헌은 역사에 더 관심이 많아서 주체적인 역사를 정립했다. 제3대 도사교에 이르러 공부 방법의 정립이 고려된 것이다.

윤세복은 삼일신고의 지감, 조식, 금촉을 읽으면서 세 가지 수행 방법을 착안했다. 삼법을 처음 기록으로 남긴 사람은 북로군정서 서장을 역임한 서일 종사이다. 그는 수행과 전쟁을 병행하여 청산리 전투를 승리로 이끌었고 회삼경과 진리도설 등을 저술했다. 서일은 삼일신고의 진리를

그림으로 설명하는 진리도설에서 다음과 같이 지감법, 조식법, 금촉법에 대해서 설명했다:[26]

> 밝은 이의 정성으로 닦음에는 기뻐도 얼굴에 빛을 나타내지 않으며, 성내어도 기운을 부리지 않으며, 두려워도 겁내지 않으며, 슬퍼도 몸을 탈내지 않으며, 탐하여도 염치를 상하지 않으며, 싫어도 뜻을 게을리 하지 않나니 이는 지감의 법(止感之法)이니라.
> 풀과 나무에는 산소가 많아 시원하며, 송장은 더러운 썩은 냄새가 나며, 전기는 급하여 쭈그러지고, 빗기운은 더디어 머무르며, 추우면 모진 병이 생기고, 더우면 답답증이 생기나니 이 여섯 가지는 가히 하나라도 없든지 또한 너무 갖춰지면 안되는지라, 지나치면 사람으로 하여금 기운을 흐르게 하여 도리어 그 해로움을 받게 되므로 슬기로운 눈은 이것을 잘 보아 능히 삼가 절제하나니 이는 조식의 법(調息之法)이니라.
> 교묘한 말을 귀에 들이지 않음은 그 몸에 총명함을 가려질까 염려함이요, 아첨하는 빛을 눈에 가까이하지 않음은 나의 밝음을 막을까 두려워함이요, 입에 시원한 맛을 잘 들이지 않음은 그 병을 조심함이요, 코로 비린내를 맡지 않음은 그 더러움을 막음이요, 음탕한 욕심을 절제함은 그 몸을 사랑하는 바요, 살 닿음을 꺼려함은 그 몸을 보호하는 바이니 이는 금촉의 법(禁觸之法)이니라.

이 설명은 일상생활을 할 때 생활수행하는 삼법에 해당되고 내부를 바라보는 수행은 삼법회통의 수행이다. 윤세복이 서일의 삼법에 대해 언급하지 않고 자신이 진리훈을 읽을 때마다 삼법회통을 저술할 생각을 가졌다 했고 그 삼법은 서일의 생활수행과는 달리 내부 수행이고 또 삼법을 병행하는 회통의 방법도 곁들여 있으므로 삼법회통은 윤세복이 독자적으

26 서일, 「진리도설」, 『대종교경전』, 730쪽.

로 착안했다고 간주해야 한다.

윤세복은 교무 일이 바빠서 20여 년 동안 그 뜻을 이룰 수가 없었다. 나라가 망해서 이역에서 독립운동과 함께 종단을 이끄는 일은 힘든 일이고 마음도 바빴음을 짐작할 수 있다. 그보다 근본적으로 공부 방법을 정립하는 작업은 어려운 작업이다. 윤세복이 대종교 의례들을 종합한 종례초략과 대종교를 소개하는 종문지남 등과 같은 책은 출판했으나 수행에 대해서는 쉽게 정리하지 못했다. 수행법 해설은 자신의 경험과 전래해온 수행법과 삼일신고의 내용을 종합적으로 고려해야 한다. 더구나 윤세복은 자신이 큰 깨달음을 얻지 못했다고 여겼고 또한 수행법을 전수받은 바도 없었다. 나철과 서일이 수행을 했으나 윤세복은 나철을 몇 차례 만났고 서일은 만나보지도 못했다. 어쩌면 더 수행해서 진전이 있으면 그때 삼법수행에 대해 정립할 것이라고 생각하며 수행법 저술을 미루었을 수도 있다.

복당서정에서 토로한 바와 같이 일제는 감옥에서 병약한 대종교의 최고지도자를 죽이기 위해서 혹독한 고문을 자행했고 엄동설한에 난방도 안 하고 밥을 조금밖에 배식하지 않았다:[27]

3. 속리(俗吏)에게 손을빌어 검거되고 구속되니
   영안거쳐 목단강에 유치장의 신세일세
   취조서 일천삼백장 전후취조 백열 번
4. 한사람의 죄악으로 연루자가 스물인데
   아홉사람 병에죽고 다섯사람 놓아갔다.
   지금껏 일년삼개월 법원기소 못정해
5. 하루두끼 죽 두 완(碗)씩 뼈가죽이 서로붙고

27 『중광60년사』, 548쪽.

설창(雪窓)빙판 삼동내니 새우잠에 허리굽어
휴력(休力)이 불급하므로 법정공판 못볼듯

6. 이몸이 옥사한뒤 유해를 송출커든
원컨대 동지들아 그 당시 화장하야
목단강 흐르는물에 남은재를 던져주

감옥에서 무지막지한 고문과 구타를 당하면서 동지들이 죽어가는 광경을 목격하며 윤세복은 동지들에게 한없이 미안한 마음이 들었고 자신도 생사를 넘나들었다. 그가 만주국이 성립된 이후 지하 투쟁을 하지 않고 공인된 종교로 허가받아 이러한 화를 입었기 때문이다. 그러나 종교적 신앙심으로 수행하는 가운데 동지들끼리 서로 의지하며 옥살이를 견뎠다. 특히, 동지인 이현익이 50일 동안 자기 밥을 주어서 윤세복은 기력을 회복할 수 있었다. 그는 이현익에게 매우 미안해하고 또한 감동하여 '지난날에 듣지 못했고 앞으로도 보기 어려우리니 겨우 이 한사람이 있을 뿐이라고 나는 감히 단언한다.'라고 했다. 한편으로, 기력이 회복되었지만 언제 또 건강이 악화될 지 모르고 해방되어 출감하는 날도 기약이 없었기 때문에 종문이 위태롭고 신교의 도맥이 끊길 것을 염려했다. 그리하여 윤세복은 삼법회통을 정리해야겠다는 생각을 하기에 이르렀다.

'오직 마(魔)를 변화시키는 [化魔] 방침을 가리킴에 그쳤고 진리의 실상을 엿보지는 못했다'라고 함과 '취하고 버림과 깎고 보충하는 일은 뒷날에 올 동지의 큰 손길을 기다릴 뿐이다.'라는 머리말 문구들을 보면, 윤세복은 스스로의 수행에서 큰 깨달음의 순간을 갖지 못한 듯 보인다. 큰 깨달음이 없었다 해도 그의 수행에 대한 설명에 오류가 있다고 할 수는 없다. 그 이유는 다음과 같다.

첫째, 삼일신고의 원리에 입각해서 세 가지 참[三眞]인 성품[性]과 명(命)

과 정기[精]를 각각 닦기 위해 수행의 세 가지 방법을 정립한 것이다. 삼법회통의 원래 제목에 수진(修眞)삼법회통에서 알 수 있듯이 수행은 세 가지 참을 닦는 것이다. 다른 경전들과 달리 원리론에서 보는 바와 같이 삼일신고는 논리정연하다. 삼일신고의 삼일원리[28]에 따르는 삼법회통도 논리적으로 저술되어 저자가 말한 것처럼 삼묘설(三妙設)[29]을 사용한 것이다.

둘째, 대종교에 수집된 여러 수행 문헌들을 참조했다. 대종교는 1953년에 발간된 교보에 그동안 수집된 책들의 목록을 수록했다. 그 목록에 참동계, 북창단결(용호비결), 청학집, 오계집, 정감록, 규원사화 등의 선가류의 책들이 포함되었고[30] 정감록은 같은 해에 신철호에 의해 번역되었다[31]. 이용태는 종사취재고의 7권을 편집하며 머리말에 '이조 오백년 동안 신비파(神祕派: 선교(仙敎)) 인물들의 양심결(養心訣: 마음 닦는 글) 수행록을 집대성한다'라고 하며 위의 문헌들을 포함한 9 권의 문헌 제목을 수록했다.[32] 일제 강점기의 여러 종교 단체 가운데 대종교는 당시 전통 지식인들이 다수 봉교하여 양반교로도 불렸다. 특히, 제2대 도사교 김교헌은 이조 말기에 조정의 문헌비고 찬집위원을 역임하여 문헌에 대해 해박한 지식을 지니고 있었다. 그래서 이조 말기까지 전승되어 오던 우리나라의 역사와 사상과 고유의 수행 방법에 대한 자료들이 대종교에 수집되었다. 천부경[33]과 참전계경[34]도 이른 시기인 1910년대에 대종교로 입수되

28 최윤수, 「삼일신고와 참전계경에서의 삼일원리」, 『국학연구』 제4집, 한국대종사상연구회, 185쪽, 1998.

29 서일, 「회삼경」, 『대종교경전』, 551쪽.

30 『교보』 179호, 4쪽, 1953.

31 『교보』 177호, 12쪽, 1953.

32 대종교, 『종사취재고』 7권, 대종교총본사, 1998.

33 최윤수, 「대종교의 천부경 수용과 해의」, 『국학연구』 24집, 국학연구소, 110쪽, 2020.

34 『韋庵張志淵 書簡集』 II (韋庵張志淵書簡集編纂委員會 編著, 韋庵張志淵先生紀念事業會,

어 교인들이 중시해왔다. 윤세복은 유불선의 여러 종단 수행법도 참고했다. 저 멀리 최치원이 고유의 도는 삼교를 포함한다고 했고 나철이 중광가[35]에서 유불선 삼교와 기독교와 이슬람교 등의 모든 종교의 뿌리는 대종교라고 읊은 것처럼 대종교인들은 대종교가 종교들의 시원이고 수행법도 다른 종교들로 분파되었다고 생각한다. 삼법회통 방법론에 보면 각 수행법이 다른 종파로 전승되었다고 명시하고 있다. 그러나 긴 세월동안에 걸쳐 다른 종교들의 침투에 의해서 고유의 도가 위축되어 수행법이 전승되지 않게 되었다. 이에 윤세복이 분파된 수행법을 삼법회통으로 다시 모은 것이다. 이용태는 삼일원장 재직 시기인 1962년에 사비를 들여 본인이 편집한 삼설일록과 과 백포 서일 종사가 지은 구변도설 등의 도설들을 부록으로 삽입하여 한 책으로 인쇄했다. 이용태는 이 책을 대종교 교보에 소개하면서 우리의 수행법이 여러 종파로 흩어져 있음과 종단 내에 명문화된 수행법이 전승되지 않았음을 매우 유감스럽다고 피력했다.[36]

> 수진비록(삼법회통)을 소개함
>
> … 그 수양방법의 전통은 유구한 세월을 경과하였으나 주로 구전심수(口傳心授)되었고 혹은 명문화한 방법은 병란과 재액에 소멸되어 후세에 전승됨이 없음은 유감천만이오 또 타 교문으로 유입하여서 불법의 참선 중심도 되고 도교의 연단비전도 되고 유가의 극기 공정으로 발전되고 심지어는 무격의 기도술로도 이용되고 풍류랑(風流郎)의 가무제도로 변장되어서 신교의 진면목이 황륜됨은 통탄스런 일이로다. …

474쪽, 2004: 1911년 석농 류근이 위암 장지연에게 보낸 편지에 《단군교팔리》라는 명칭으로 처음 언급되었다. 당시 유근과 장지연은 대종교의 주요 인물들로서, 유근은 대종교총본사의 사무 책임을, 장지연은 경남일보 사장을 맡고 있었다.

35 나철, 『홍암 신형 조천기』, 김교헌 편집, 대종교총본사, 61쪽, 2002.

36 『교보』 210호, 34쪽, 1962.

셋째, 윤세복은 나철이나 서일과 같이 수행 경지에 오른 사람들을 지켜보며 수행에 대한 지식이 있었다. 대종사 나철은 대종교 중광 후 약 1년 동안 모든 사회활동을 멈추고 수도에만 전념하여 세 차례의 묵계를 받아 밀계를 남겼고 1916년 순교할 때 숨을 스스로 멈추는 수행 방법을 사용하여 순교했다. 서일 종사도 독립운동을 지휘하면서 한편으로는 진중에서 수도하며 수전 병행의 생활을 했다. 그러므로 두 선배를 비롯한 여러 선배들과 동지들의 수행을 지켜보면서 수행에 대한 지식을 쌓았을 것이고 교인들과 수행에 관하여 토론했을 것이다. 토론에 대한 기록은 보이지 않지만 이용태가 1962년 교보에 삼법회통을 소개하는 글[37]에 보면 자신이 편집한 삼설일록(三設一錄)과 함께 삼법회통을 간행할 것을 윤세복에게 제안한 것으로 보아 교인들 사이에 수행법에 관한 토론이 있었다고 보아야 한다:

... 원문 순 한문이기로 환국 후에 국문으로 번역하고 내 소견의 삼설일록이라는 부록을 첨부하여 종사 재세시에 간행을 제안하였으나 사업의 선후와 경비의 불비로 간행에 미급하시고 귀천하신지 어언삼사년을 경과함으로 ...

삼설일록도 삼법수행에 대해 정리한 자료로 삼법회통보다 더 자세하게 삼법을 설명한다.[38]

넷째, 자신이 수행하면서 마음이 청정해지는 경험을 했다. 그래서 머리말에서 '몸은 비록 감옥에 갇혀 있으나 마음은 오히려 현실세계를 떠난 듯이 편안하구나'라는 말을 할 수 있었다. 윤세복과 함께 액하감옥에서

37 『교보』 210호, 35쪽, 1962.

38 『단암이용태선생문고』, 앞 책, 874쪽.

수형생활을 하며 그를 지켜 보아온 이용태가 1962년 교보에 삼법회통을 소개하는 글에도 윤세복의 수행 경지가 높음을 인정하고 있다:

> ... 이 수진비록(삼법회통)은 단애 종사(윤세복)께서 임오교변으로 만주 목단강 액하감옥에서 필사의 고초를 겪으시는 중 기력이 점점 쇠약되어 남은 날이 얼마 되지 않음을 인정하시고 평소에 수양 성도(成道)하신 체험방법인 삼법회통을 저작하시와 종문 귀감으로 신도의 갈 길을 개척하신 보서각경(寶書覺經)이다. ...

본인이 수행을 하지 않고서 수행법에 대해 기록할 수는 없다. 일상 지식은 간접 경험으로 자료들을 모아 편집할 수도 있으나 교인들을 이끌고 교인들을 가르치는 도사교로서는 수행에 대한 경험에 바탕하여 수행법을 논할 수 있다. 수행하여 지경이 넓어지는 것은 돈오의 경우도 있고 가랑비에 옷 젖는 줄 모르듯이 자기도 모르는 사이에 서서히 변화되어 경지가 올라가는 경우가 있다. 윤세복의 경우는 조금씩 수행에 진전을 이루어 높은 경지까지 오른 도인이었고 이용태는 수행법을 윤세복에게서 지도받았다고 했다.[39]

다섯째, 삼법회통은 수행을 세 가지 방법으로 체계화한다는 점에 의의가 있어서 수행의 세부적인 과정에 대한 설명 없이 큰 얼개를 설명하여 오류 사항이 없다.

윤세복이 조천한 후에 교인들은 삼법회통의 수행법에 동의하며 귀중하게 여겨서 1969년에 삼법회통을 경전으로 편입하여 한글 경전을 편찬했다.[40]

---

39 『단암이용태선생문고』, 앞 책, 875쪽.

40 『중광60년사』, 727쪽.

5. 삼법을 병행하여 회통

윤세복은 머리말에서 삼법회통의 구성을 삼묘설(三妙說)을 사용하고 글자 수는 삼회수(三會數)를 사용한다고 했다. 그래서 글의 구성을 삼법명, 삼법약설, 삼법회통의 3 개 장에 각 장을 3 개 절로 나누었고 지감법, 조식법, 금촉법, 원리론, 방법론, 공효론과 같이 세 글자 단어들을 사용하고 있다 (부록 삼법회통 참조). 본고에서는 용어와 원리 설명을 위해 원리론을 먼저 논하고 삼법의 각 방법과 회통과 그 공효의 순서로 논의한다.

1) 원리론

원리론은 '교화주는 한웅'이라고 하며 시작한다. 만물을 교화하는 하느님의 이름이 한웅이고 한웅이 삼법수행도 가르쳤다고 간접적으로 말하고 있다. '한'은 '크다'와 하나 등의 여러 뜻이 있고 대종교는 하느님을 한얼님이라 한다. 하느님은 조화, 교화, 치화하는 삼신으로 작용하고 각 신의 이름을 한임, 한웅, 한검이라 한다.[41] 한웅은 교화를 하는 큰 스승의 의미를 가지며 교화신의 이름이 된다. 안호상은 환웅이 인간세상에 내려와 홍익인간하는 교화를 베풀었고 삼국유사에 차차웅의 뜻이 무당 즉 스승이라고 한 기록을 참조하여 웅은 스승의 뜻을 가진다고 해석했다.[42] '환웅이 곰과 호랑이에게 쑥과 마늘만 먹으면서 동굴에서 100일만 있으면 사람이 될 것이라고 말하여 곰이 21일 만에 사람이 되었다'는 신화는 환웅이 인간들에게 수행의 교화를 베푼 것을 상징한다.

다음으로, 사람과 만물이 다 같이 '세 참'인 성품과 명과 정기를 받아서

---

41 『대종교경전』, 453－456쪽,

42 안호상, 『민족사상과 정통종교의 연구』, 민족문화출판사, 184－188쪽, 1996.

만물이 다 서로 질적으로 동일함을 말한다. 다만 사람 이외의 생물, 무생물들은 그 양을 치우쳐서 조금 받고 사람은 온전하게 받는다. '이치는 둘이 없이 하나로 꿰뚫음 같고 참은 오직 하나라 공공적이다 (理無二而如貫眞惟一而可公)' 라는 말은 이치는 서로의 관계를 맺어주어 일체화하고 참은 모두에게 드러나 다 같이 수긍한다는 의미이다. 이는 서일 종사가 진리도설에서 말한 '둘이 없음을 참함이라 이르고 하나가 아님을 가달짐(허망)이라 한다'의 구절과 상통한다.[43] 사람은 '세 참'을 온전히 받아서 수행해서 하나됨을 꿰뚫을 수 있음과 수행은 천지 만물이 다 같이 '세 참'을 받아 일체화되고 있음을 깨우치는 것이라는 의미를 포함한다. 꿰뚫다[中]는 말은 천부경에 나오는 용어이므로 뒤의 삼극과 함께 윤세복이 그 당시 천부경을 중시했음을 보인다.

윤세복은 성품에 선악이 있고 명에 맑고 흐림이 있고 정기에 후함과 박함이 있다 했다. 이는 사람이 태어나 후천적으로 마음과 기와 몸의 세 허망이 각각 습관화하여 굳어지는 사람 성품과 사람 명과 사람 정기에 해당된다. 삼일신고에 의하면 하느님으로부터 받는 참 성품과 참 명과 참 정기의 세 참은 각각 순수하게 착하고 밝고 후한 것이고 마음에 착함과 악함이 있고 기에 맑음과 흐림이 있고 몸에 후함과 박함이 있을 뿐이다.[44]

이후 삼묘(三妙: ○□△) 이전까지의 원리 설명은 삼일신고의 진리훈과 같다. 사람이 태어나면 생존을 위해 땅에 집착하게 되고 마음과 몸과 기의 세 허망이 뿌리내리기 시작한다. 세 허망도 그곳에 영혼이 사는 집이므로 중요한 것이다. 다만, 사람이 죽으면 흩어지므로 일시적인 것이고 허망한 것이라 한다. 이에 반해 세 참은 영원한 것으로 그에 돌이키면 하

43 서일, 「진리도설」, 『대종교경전』, 앞 책, 700쪽.

44 최윤수, 「한국철학의 가능성으로서의 대종교」, 『국학연구』 제25집, 국학연구소, 117쪽, 2021.

느님과 하나가 된다. 참과 허망이 맞서서 감정과 숨쉼과 감각의 세 길이 생긴다.

이러한 참과 허망과 길은 다음 그림 〈진리도〉와 같이 모두 연결되어 있어서 행동할 때 모두 작동한다.[45] 사람이 사물을 보는 경우를 생각해 보자. 본다는 것은 몸의 눈으로 보아 정기가 소모되며 시각의 감각이 생긴다. 몸이 작용하면 마음도 또한 작용하여 보는 대상이 '아름답다'라거나 '모양이 정상이다'라는 등의 생각을 하게 된다. 마음이 움직이면 반드시 성품도 그 마음에 응하여 반응하며 선악을 알려준다. 명이 있어 숨은 쉬고 있고 기도 몸을 돌고 있다. 마음에는 착함과 악함이 있고, 기에는 맑음과 흐림이 있고 몸에는 후함과 박함이 있다, 결과적으로 모든 요소들이 다 동원되어 행동이 이루어진다. 세 참을 사람에게 준 한얼(하느님)도 연결되어 사람의 행동을 다 보고 들으며 감응한다.

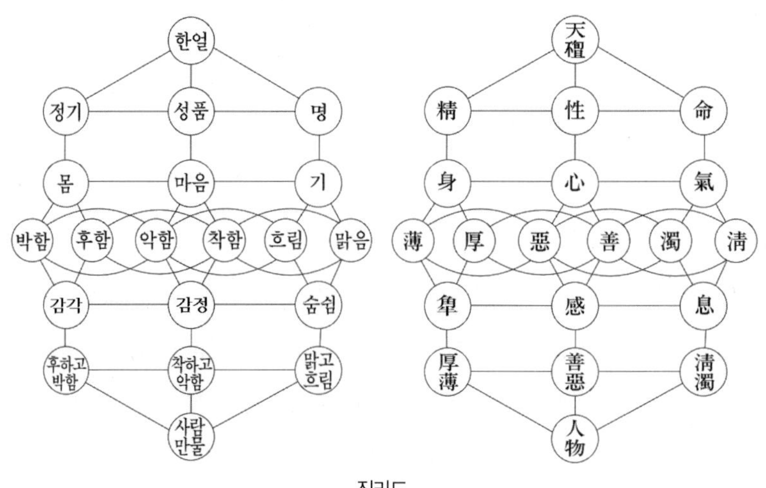

진리도

이렇게 행동에 요소들이 다 관여할 때, 뭇 사람들은 당장 보이는 마음

45 『대종교경전』, 55－73쪽.

과 기와 몸에 집착하고 감정과 숨쉼과 감각에서 헤매며 다섯 괴로움에 떨어져 근심을 견디지 못하고 애달파 하는 것이다. 이를 그치기 위해서는 지감, 조식, 금촉의 삼법을 수행하여 정기를 보전하고 명을 알고 성품에 통하여 마침내 하느님을 뵙는 길을 걸어야 한다.

윤세복은 정기를 보전하는 금촉법과 명을 알고자 하는 조식법과 성품에 통하고자 하는 지감법의 세 종류의 수행법으로 수행의 체계를 확립했다. 이러한 삼법은 '세 참'에 돌이키는 수행법으로 유불선의 모든 수행법을 다 포함하고 있다. 유불선 모두 궁극적으로 성품에 통함을 목표로 한다. 그 방법론에서 도교는 정기신(精氣神)의 삼보(三寶)를 차례로 충실하게 하는 조식법을 위주로 수행하여 성품과 명을 닦는다(性命雙修).[46] 불교는 성품 깨우침에 치중하는 지감법을 위주로 수행하고 유교는 극기(克己)하며 금촉법을 위주로 수행한다. 수행의 최종 목표는 성통공완해서 하느님을 뵙고 영원한 쾌락을 얻는 것이고 성통공완은 성품에 통하고 주어진 명에 따라 공적을 완수함이다. 그러므로 대종교의 수행 목표는 성품에 통하고 계속해서 사회에서 하느님의 명대로 살아가며 환웅천왕이 제시한 홍익인간 이화세계를 실현하는 것이다. 수행이 잘 되면 이른 나이든 늦은 나이든 성품에 통할 수가 있다. 그런 후 여생 동안에 혼자서 즐기는 것이 아니라 자기의 명대로 할 일을 완수해야 한다. 윤세복은 공효론에서 성품에 통한 후에 하느님 공화(功化)를 돕고 자비심을 내어 세상을 구제하라고 한다.

> ... 하느님 공화(功化)를 돕되 "세 묘함"(ㅇ ㅁ △)을 쓰면 가히 뼈를 가꾸어 몸이 늙지 않을 것이다. 자비하고 불쌍히 여기는 마음을 내어, 고할 곳 없는 이를 위하여 티끌세상을 구제하되, ...

46 『한국선도의 역사와 문화』, 앞 책, 640－641쪽.

원리론의 두번째 부분인 원방각의 '세 묘함'[三妙]에 대한 설명은 다음의 회삼경의 내용과 같다[47]:

> ○동그라미와 □네모와 △세뿔을 일러「세 묘함[三妙]」이라 하는데, 진리를 구태여 형상으로 나타내어 종지를 열었나니, 성품은 ○동그라미와 같아 한울을 본뜬 것으로서 밖이 비고 안도 훤함을 가리킴이며, 목숨은 □네모와 같아 땅을 본뜬 것으로서 동서남북을 분간함이며, 정기는 △세뿔과 같아 사람을 본뜬 것으로서 위에는 머리요 아래는 두발임을 보인 것이다.

성품은 사물의 속성으로 만물이 하느님으로부터 성품을 옹글게 받든 치우쳐 받든 성품은 같다. 그래서 성품을 옹글게 받은 사람은 만물의 성품을 다 이해할 수 있고 다 통할 수가 있다. 사람은 나무의 성품과도 통할 수 있고 개의 성품과도 통할 수 있고 우주의 성품과도 통할 수 있고 다른 사람의 성품과도 통할 수 있어서 세상을 다 인식하고 다 이해할 수 있다. 이렇게 성품은 만물에 통하니 성품의 모양은 원 즉 ○ 동그라미이다. 동그라미의 각 점은 다른 점과 동일한 위치에 있어서 구분이 없고 다 같은 입장에 있어 만물에 통하는 성품과 그 모양이 같다. 이렇게 참 성품은 원만하다. 그러나 습관이 굳어져 후천적으로 형성되는 사람성품은 모날 수가 있다.

명은 각 사물의 시간적 존재이다. 즉, 누구는 언제 태어나서 어떻게 살면서 무슨무슨 일을 하고 언제 간다는 게 명이다. 명은 시간적으로 주어지는데 시간은 과거냐 미래냐로 구별된다. 과거는 돌아갈 수도 없고 돌이킬 수도 없고 미래는 아직 안 온 시간이다. 시간에 구별이 있는 것처럼

---

47 『대종교경전』, 551쪽.

명은 사람마다 다르고 사물마다 다르게 구별되어 주어진다. 남자로 태어나느냐 여자로 태어나느냐, 과거냐 미래냐, 개냐 사람이냐, 그 일을 하느냐 마느냐, 옳으냐 그르냐, 한 남자 또는 여자를 차지하느냐 못 하느냐, 그리고 나는 뭐하고 너는 뭐하고 하는 등과 같이 구별이 된다. 누가 어떤 자리를 차지하면 다른 사람은 그 자리를 차지하지 못한다. 사람이 개 노릇은 못하고 개는 사람 노릇을 못한다. 그래서 명의 형상이 모나는 ㅁ 네모 즉 방(方)이다. 네모는 둘의 형상으로 양쪽 선으로 나뉘어져 있고 꼭지점들도 있어서 원과는 다르게 구별의 모습을 가지고 있다. 모든 점이 다 동일한 입장에 있는 동그라미와 다르게 네모에는 서로 구별되는 선이 있고 꼭지점이 있다.

정기는 공간적 존재로 정기를 가지는 만물은 공간적인 자리를 차지한다. 공간 즉 어떠한 장소는 그곳을 떠나도 나중에 다시 찾아올 수 있다. 시간처럼 한 번 지나가면 다시 오지 않는 것이 아니다. 세상이라는 공간에는 각자의 정기를 갖는 사물들이 공존해 있는 곳이다. 세상에는 나도 있고 너도 있고 그도 있고 나무도 있고 하늘도 있고 땅도 있다. 즉 만물이 공존한다. 이렇게 정기는 여럿이 다르면서도 조화를 이루며 공존한다. 그러므로 그 형상이 △ 세모 즉 각(角)이다. 세모에는 네모와 같이 맞섬이 없다. 한쪽 모서리를 잡고 마주보는 곳을 보면 그 모서리와 연결된 다른 두 개의 모서리가 보이니 맞서는 것이 아니라 서로 의지하며 공존하는 모습이다.

윤세복은 1924년 교의회에서 기존의 대종교기를 아래 그림과 같은 천기(天旗)로 바꾸고 1935년에 천기의 제정 원리를 발표했다.[48] 흰 천 위에

---

48 『중광60년사』, 427쪽.

빨강색의 세모(角, △)가 있고 노랑색의 네모(方, □)가 그 주위를 감싸고, 파랑색의 동그라미(圓, ○)가 네모를 감싼다. 원방각(○□△)은 하느님의 원리인 몸은 하나이되 작용은 셋인 삼일원리에 기반하여 삼신 하느님의 세 작용인 조화, 교화, 치화와 천지인과 성품과 명(命)과 정기의 세 가지 참을 표상한다. 네 가지 색상은 각각 다른 상징성을 가진다. 파랑색은 우주, 하늘, 성품, 덕(德), 어짊 등을 상징한다. 노랑색은 땅, 명, 슬기, 지혜 등을 상징한다. 빨강색은 사람, 정기(精氣), 힘 등을 상징한다. 흰색은 백의(白衣)민족, 홍익인간, 포용, 밝음, 무한함, 평화 등을 상징한다.

대종교기(천기)

원리론의 마지막 부분은 다음과 같다.[49]

> 하늘과 땅과 사람을 일러서 삼극[三極]이라 하는데, 많고 많은 만물을 맡은지라, 허망(가달)됨을 돌이켜 참함에 나아가기를 바라노니, 세법을 모두 통하게 하라.

하늘과 땅과 사람의 천지인 삼극은 천부경의 내용과 같다. 윤세복은 당시까지 천부경을 경전으로 편입하지는 않았지만 천부경을 중시해서 1940

49 『대종교경전』, 17쪽.

년에 발행한 종문지남[50]에 천부경을 실은 바 있다. 사람이 천지와 함께 만물을 맡아서 관리를 하니 자랑스럽기도 하고 책임감이 따른다. 사람이 만물을 잘 관리하기 위해서라도 허망을 돌이켜 참함에 나아가야 하고 그러기 위해서 삼법에 모두 통해야 함을 당부한다.

2) 지감법

삼법회통의 지감법(止感法)에 대한 설명은 다음과 같다.

> 제1절 감정길[感途]
> 감정길은 여섯 경계를 그쳐야 하나니, 기쁨과 두려움과 슬픔과 성냄과 탐함과 싫어함이 그것이다. (삼법명)
>
> 제1절 지감법
> 안으로 보기를 오래 하여 정신을 기르면 채색구름이 모였다가 때때로 갬과 같아, 현궁(玄宮 · 두 눈썹 사이)이 변하여 자성(紫城 · 한얼님 마을)이 되어 지극히 복되고 가장 빛나는 곳이 되는 것이다. 여섯 가지 감정을 그쳐 정욕을 잊어버리면 온갖 마귀를 변화시켜 그 자취를 감추게 할 것이요, 착함도 악함도 없으면 그것을 일러 평온이라 하나니, 마침내 본성을 통달하여 공적이 이루어질 것이다. (삼법약설)
>
> 지감은 어떻게 하는 것인가? 마음이 평온해질 수 있는 것인데, 고통 마귀가 틈을 엿보아 바깥 물건을 좇아 뜻 속으로 옮겨 들어오되, 안으로 현궁을 오래 보느라면 마음이 깨끗해지며 사특한 생각이 없어지나니, 불교의참선이 이에 비길 수 있음을 어찌 의심하리요, 마음을 밝혀 성품을 봄에 깨닫게 하는 종파가 나뉘었을 따름이다. (삼법회통 방법론)

윤세복은 지감을 기쁨, 두려움, 슬픔, 성냄, 탐냄, 싫어함 등의 여섯

---

50 윤세복, 『종문지남』, 대종교, 1940.

감정을 그침으로 글자 그대로 해석하고 이 지감(止感)의 상태에서 현궁을 보는 것을 지감법이라 정의했다. 이는 서일이 감정의 절제로 설명한 지감법 (4장의 인용문 참조) 과 다르게 내부 수행을 중시한 정의이다.

감정은 성품과 마음이 부딪칠 때 일어나므로 감정이 그침은 마음의 작용을 멈춤과 같다. 마음의 작용을 그친 상태에서 의식은 마음을 움직이지 않게 하고 오직 성품에 통하고자 하는 일념으로 현궁을 바라본다. 현궁은 상단전이라고도 하고 인도에서는 차크라의 하나라고 해서 영안(靈眼)이 있다고 하는 곳이다. 이 현궁을 오래 보고 있으면 착함도 악함도 없이 되며 마음이 깨끗해지고 사특한 생각이 없어지고 마귀도 자취를 감추어 성품을 볼 수 있게 되며 이때의 깨끗한 마음 상태가 현궁에 채색구름으로 나타난다. 삼일신고의 내용처럼 하느님의 성품이 머릿골에 내려와 있으니 정신을 길러 성품에 통하면 머릿골은 하늘나라가 되고 현궁은 자성(紫城) 즉 하느님 마을이 된다.[51] 불교의 참선이 이에 비기므로 지감법이 불교의 참선으로 나뉘어 간 것이라 설명한다.

마음은 보이는 세계인 땅의 세계에 존재하는 사물들에 의해 만들어진 것이다. 사람이 태어날 때부터 마음은 세상을 보고 들으면서 세상의 사물들을 인식하므로 마음은 사물과 사물들의 상대적인 역할을 기억할 뿐 마음에는 절대적인 기준이 없다.[52] 그래서 '세상살이 마음먹기에 달려있다'라는 말도 있다. 이러한 상대적인 마음은 늘 사물에 의해 좌우되고 착함과 악함이 있으니 수행에서는 이 마음이 움직이지 않도록 하고 성품을 바

---

51 『대종교경전』, 803쪽.

52 빨강머리를 예로 들어보기로 한다. 처음 빨강머리의 여성들이 거리에 나타났을 때 사람들은 기괴하게 생각했지만 점차 빨강물이든 노랑물이든 물들인 머리가 많아져감에 따라 사람들은 거기에 익숙해져갔다. 거기에다가 남성들도 머리에 물을 들이고 다니기 시작하니까 이제는 검은 머리가 그대로인 여성을 보면 오히려 이상하게 생각하면서 '왜 물을 안 들였지' 하고 속으로 반문한다. 이것이 우리의 마음이 빨갛게 노랗게 물든 결과이다.

라보는 것이다.

감정을 끊고 마음을 비우기 위해서 하는 가장 효과적인 방법이 눈을 감고 현궁을 바라보기를 오래하는 것이다. 처음 수행하고자 눈을 감고 앉아 있으면 영화 필름 돌아가듯이 머릿속에 한없는 생각의 파노라마가 지나가 잠시 후에는 그 생각에 묻혀 자기가 어디에 앉아 있는지도 모를 정도의 망아 지경에 빠져버린다. 과거의 일이 길 앞에 빼곡하게 늘어서 있어 마치 길이 없는 가시덤불 숲속 앞에 놓인 것처럼 된 상황이다. 수행 중에 잡념이 많을 때는 경전의 좋은 글귀를 상기하면서 물리치고자 노력한다. 공부하는 마음이 급하거나 공부에 진전이 없어 답답할 경우에는 공부를 잊어버리고 쉬어야 한다. 한동안 쉬어 마음이 진정되면 다시 수행을 한다. 그렇지 않고 억지로 계속 수행하면 그 답답함이 날로 쌓이고 달로 쌓여 마음이 조급해지고 쉽사리 성내는 성질로 바뀌게 된다. 열심히 수행하는 시일이 어느 정도 흐르면 잡념의 숲이 걷히면 어느 정도 길이 트인다. 그러나 이후에도 마음은 옛 기억들에 의한 슬픔이나 노여움 등의 여섯 가지 감정으로 괴롭힘을 당한다. 또 시일이 지나면 어느 순간에 이러한 상태가 구름 걷히듯 말끔하게 걷힌다. 이때부터 무념무상의 수행이 시작된다. 무념무상이라 해도 무의식에서 비롯되는 각종 유혹이 고개를 든다. 윤세복은 이를 마귀라 표현했고 지감하고 정욕을 잊어버리면 그 마귀를 변화시켜 자취를 감추게 한다고 한다.

정신을 집중하기 위해서 하나의 문제에 대해 의문을 던지고 그것을 풀고자 하면서 성품이나 없음 또는 한울 등의 념표(念標)[53]를 잡기도 한다. 념표는 풀고자 하는 진리에 대한 목표를 가지는 것이다. 념표에 대한 의

53 『대종교경전』, 347쪽.

심은 생각해서 푸는 것이 아니고 궁금증만 가지면서 깨우침이 오기까지 정신집중하여 푼다. 념표에 대한 의심이 크면 클수록 그것을 풀고자 하는 뜻이 커지고 정신집중도 잘된다.

3) 조식법

삼법회통의 조식법(調息法)에 대한 설명은 다음과 같다.

> 제2절 숨쉼길[息途]
>
> 숨쉼은 기(氣)의 화평함을 주장하나니, 반드시 향내와 썩은 내와 추위와 더위와 마름과 젖음을 고루 해야 한다. (삼법명)
>
> 제2절 조식법(調息法)
>
> 새벽빛이 훤하여 책상 머리가 고요하고 창이 밝거든 호흡을 길게 하여 들이쉬는 숨과 내쉬는 숨의 도수를 같이 하라. 처음에 앞가슴이 툭 열리면 기해(氣海 · 배꼽 밑)가 시원해질 것이요, 또 음호(陰戶 · 아랫배)가 트이고 급히 쌍환(雙環 · 요도와 항문 둘레)으로 구르리라. 미려(尾閭 · 꽁무니)와 옥침(玉枕 · 머리 뒤통수 뼈)이 차례로 열리며, 천궁(天宮 · 한울집 · 머릿골)에 나아가면 숨쉬는 문이 트일 것이다. 혹은 순하고 혹은 거스름을 이름하되 회도(會度)라 하나니, 탐하지도 말고 자랑하지도 말아야만 공적 마침을 기약할 수 있으리라. (삼법약설)
>
> 조식은 어떻게 하는 것인가? 마땅히 기운이 평온하게 되는 것인데, 시간을 늘여 호흡하면 그 효험이 신기하여 숨쉰 기운이 배꼽 아래로 내려가 몸을 두루 돌게 할 수 있는 것이다. 신선 닦는 이들의 도인(導引)이란 것이 그 또한 이 속에 있나니 기운을 기르고 성품을 단련함이야말로 우리 종문의 한 지파인 것이다. (삼법회통 방법론)

윤세복은 조식법을 정의하기 이전에 기를 화평하게 하는 숨쉼길을 설명한다. 숨쉼에 너무 온도가 높거나 낮지 않아야 하고 너무 건조하거나 습하지도 않고 향내나 썩은 내도 치우치지 않고 고루해야 숨쉬기가 화평해진다. 그다음, 윤세복은 들숨과 날숨의 길이를 같게 하여 시간을 늘여 호흡하되 배꼽 아래까지 숨을 내려 쉬는 것이라고 조식법을 정의한다. 정렴이 저술한 용호비결에서는 결가부좌하여 허리를 세우고 고개를 약간 숙여 눈을 가늘게 뜨고 눈길이 코끝을 지나 전방을 보며 기가 단전에 모이도록 정신을 집중하라고 했으나 윤세복은 이러한 자세를 고정하지 않고 숨쉬는 요령만을 설명했다.

새벽에 독경하는 금촉법을 행한 후 조식하면 정신이 맑고 경전말씀도 새겨져서 정신집중이 잘 되므로 이때 조식법을 행하면 보다 효과적이다. 이후 하루 중에 마음이 평안할 때 아무 때나 조식을 해도 될 것이다.

조식법을 오래 해서 효과가 있으면 기해, 음호, 쌍환, 미려, 옥침, 천궁의 순서로 열린다고 한다. 그 위치는 그림과 같이 소주천의 경로에 해당한다. 몸을 두루 돌게 하는 회도는 한번 호흡하는 기가 몸을 한 바퀴 돎을 말한다. 들이쉬는 숨기운이 아래로 내려 들어가 앞을 거쳐 뒤로 굴러 내쉬는 것을 순하다 하고 들이쉬는 숨기운이 위로 올라 들어가 뒤를 거쳐 앞으로 굴러 내쉬는 것을 거스름이라 한다.[54]

54 『대종교경전』(한글), 앞 책, 259쪽.

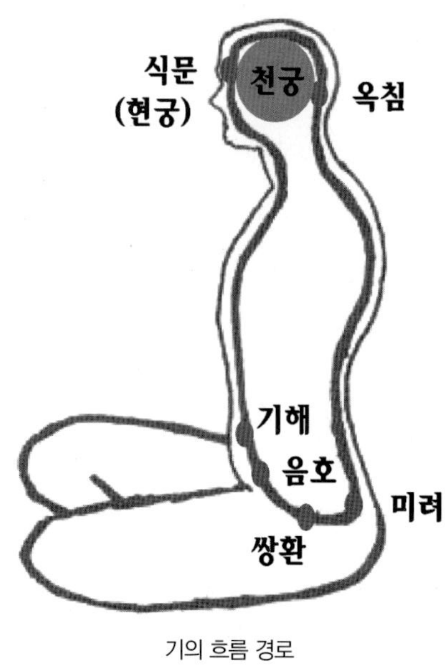

기의 흐름 경로

보통 어른의 경우에는 한 번 숨을 쉴 때 갈비뼈가 주로 움직이고 횡경막은 1.5cm 정도 움직여 약 500ml의 공기를 들이쉬고 내쉰다. 이럴 경우 허파의 윗부분만 사용하므로 아래 깊은 부분에는 묵은 공기가 고여 있다. 허파의 공기가 완전히 바뀌지 않기 때문에 허파의 밑 부분에는 묵은 공기, 오염된 공기 그리고 병균도 남아 있게 된다. 호흡을 길게 아래까지 하면서 조식을 제대로 하면 횡경막이 6~8cm 움직여 보통사람들보다 훨씬 많은 양의 공기 (보통 호흡량의 4~5 배라고도 함)를 호흡한다. 이러한 깊은 호흡은 허파의 공기를 완전히 새로운 공기로 바꾸어 우리 인체 곳곳에 필요한 산소를 충분히 공급하고 필요없는 이산화탄소를 뱉어내어 세포를 활성화시킨다.

보통 사람들은 짧게 움직이던 횡경막이 경직되어 있거나 무기력해져 있다. 조식을 처음 시작하는 사람이 갑자기 호흡을 아랫배로 끌어내리면

배에 무리한 힘이 들어가고 그것이 습관화되면 횡경막 부근의 근육에 무리가 오므로 초보자는 조심해야 한다. 호흡량이 많아지고 같은 시간에 숨을 쉰다면 코를 통과하는 공기의 속도가 빨라진다. 이때 콧물이 많으면 보통 때는 아무 이상이 없다가도 복식호흡할 때에는 콧물이 말라붙어 콧구멍이 더욱 좁아져서 숨이 가빠진다. 그런 때는 앉은 자세를 풀고 독경을 하거나 다른 방법으로 마음 비우는 공부를 해야 한다. 콧속은 항상 깨끗하게 유지해야 한다. 코가 막힌 사람은 수련하기 전에 코를 식염수나 맑은 물로 씻어 뚫어준다. 눈이 빨개진다든가 숨이 가쁘면 숨쉬기를 고쳐야 한다.

윤세복은 '수행 중에 욕심부리지 말고 조금 진전이 있다 해도 자랑하지 않고 꾸준히 공부하는 것이 중요하며 그래야 마침내 큰 진전을 이루는 공적을 얻게 된다'하면서 조식법을 꾸준히 큰 진전이 있을 때까지 하라고 주의를 주면서 도교가 우리의 조식 수행법을 가져가 발전시켰으므로 우리 종문 대종교의 지파라고 한다. 제 2장에서 설명한 홍산문화의 신상들의 수행 자세에서 확인되는 것처럼 고유의 도는 상고시대부터 존재해왔다.

4) 금촉법

삼법회통의 금촉법(禁觸法)에 대한 설명은 다음과 같다.

> 제3절 감각길[觸途]
>
> 금촉법은 소리와 빛을 경계하고 냄새와 맛을 잊어버리며 음욕과 살닿음을 끊는 것이다. (삼법명)
>
> 제3절 금촉법
>
> 날마다 이른 새벽에 하느님께 절한 뒤,「깨닫는 말씀」을 외고 잠잠히 기도를 올리며

배달향을 피우고서 삼일신고를 읽으라. 참정기를 보전하고 반드시 찬물에 멱 감으며, 옷깃을 바로 하고 귀와 눈을 경계하며 비린 것과 술을 끊고 정욕을 금하라. 생각에 사특함이 없으면 형체를 가히 잊을 것이요, 옥전(玉殿 · 한울집)으로 올라가 보배론 빛을 입고서 마음이 절로 즐거우며 몸이 또한 편안해지리라. (삼법약설)

금촉은 어떻게 하는 것인가? 몸이 편안해짐을 위하는 것인데, 향불을 피우고 신고를 읽으면 가달 도적이 엿보지 못하므로 차츰 명상 속으로 들어가 몸을 가지되 얽매임이 없는지라, 유교의「극기」(克己)란 것도 이에서 지날 것이 없으며, 몸을 닦고 성품을 따르니 윤리의 교가 여기에 의함인 것이다. (삼법회통 방법론)

금촉은 보고 듣고, 냄새 맡고 맛보고, 음욕과 살닿음 등의 여섯 감각을 끊음이므로 금촉을 하려면 눈도 감고 귀도 막고 말도 안 하고 움직이지 않아야 한다. 그러나 현실생활에서는 최소한 생계를 유지하기 위해서라도 보고 듣고 말하고 하면서 활동해야 한다. 그래서 서일은 감각적 즐거움을 즐기지 않음으로써 감각의 남용을 막아 몸을 보호하는 것이라는 의미로 금촉법을 설명했다. 윤세복은 이에서 한발 더 나아가 감각의 남용을 막고 독경까지 하는 것을 금촉법이라 한 것이고 이점이 독창적인 점이다.

감각은 몸과 바깥세상과의 접촉이며 감각을 즐기는 것은 몸의 정기를 소모시킨다. 예를 들면 맛있는 음식을 먹고 나서 그 맛을 잊지 못해 계속 그 음식을 먹고 싶어 한다. 또 음욕을 즐기면 황음하기도 한다. 이러한 것은 맛에 얽매이거나 음욕을 즐겨서 정기를 소모시키는 것이다. 사람은 보거나 듣는 등의 여섯 감각은 사용하되 감각의 즐거움을 탐닉하지 말고 감각의 남용을 막아야 한다. 독경은 정신을 집중시키고 감각을 다른 곳으로 사용하지 않기 때문에 금촉법의 한 부분이 된다. 독경은 흐르는 맑은 물에 손을 씻는 것처럼 마음을 씻는다. 손을 씻는 것은 금방이지만 마음의 잘못된 습관은 고치기 어려워 오래 걸린다. 그래서 처음 수행하는 사람은 독경하면서 좋은 뜻을 깨우치고 마음을 깨끗이 한다. 독경은 수시로 하면 되지만 윤세복이 권하는 것처럼 새벽에 일어나자마자 하느님께 절을 하고 「깨닫는 말씀」[55]을 외고 기도를 올린 후 독경하면 마음이 다잡아지고 정신이 맑아 집중이 잘 되어 효과가 크다.

금촉법의 좋은 점은 몇 가지가 있다. 우선 독경은 쉽고 재미가 있다. 깊이 생각할 필요 없이 경전을 날마다 읽기만 해도 되고 경전을 외우다시피 하면 경전을 읽거나 외우는 것이 재미있게 된다. 그리하여 경전은 오랜 친구와 같이 되고 경전의 글귀를 읽을 때는 오랫동안 사귄 친구를 만나는 듯한 느낌이 들게 된다.

다음으로 금촉법은 정신을 모아주며 인생의 좋은 길잡이 역할을 한다. 독경에 재미가 있으면 그 글을 외우는 데 정신이 집중되어 집중력이 길러진다. 경전의 좋은 글들은 의식적으로 또 무의식적으로 정신에게 성품이 무엇인가를 말해주므로 글의 내용이 자기 암시되어 욕심과 잡념이 없어지게 한다. 비록 독경하는 사람이 어린이이어서 그 뜻을 부분적으로 안다고 해도 어린이가 독경하는 것은 대단히 좋은 것이다. 좋은 글을 외우는 동안 정신을 집중할 뿐 아니라 장성하여 어른이 되어서는 그 글이 떠올라서 자기도 모르게 이해가 된다. 현대의 교육은 이해력을 소중하게 여겨 좋은 글을 외우게 하는 데에는 무관심하다. 그래서 어렸을 때부터 읽어오는 교과서들의 글귀들이 직접적으로 생활에 응용되는 경우가 드물다. 이런 때에 경전을 익히고 수행의 기법을 배우면 일생의 좋은 밑천을 얻는 것이다.

수행을 오래 한 사람도 독경하면서 수행의 해답을 들어서 크게 깨달을

---

55 대종교 주문: 세검 한몸이신 우리 한배검이시여, 가마이 위에 계시사 한으로 듣고 보시며 늘 나려 주소서.

수가 있다. 평소에는 보통으로 알고 들으면서 지나치다가도 어떤 순간에 어떤 문구를 읽고 들을 때 또는 남이 말하는 것을 들을 때 특별하게 깨달을 수가 있다.

세 번째로 좋은 글을 읽는 소리는 우리 몸의 세포와 영혼을 진동시켜 활력을 준다. 인체의 각 기관은 그 기능이 매우 신비롭다. 귀도 마찬가지인데 그 복잡하고 효율적인 구조도 감탄스럽고 신기한 것은 자기 자신이 낸 소리를 감쇄시켜 작게 듣는다는 점이다. 그래서 우리가 목으로 소리를 내면 그 소리는 우리가 듣는 것 이상으로 상당히 크다. 소리는 거리가 멀어지면 거리의 제곱에 반비례하게 작아지는데 자기자신이 소리를 내니 그 소리는 아주 큰 것이다. 또 자기 목소리의 진동은 온몸의 세포가 받아서 세포들도 역시 진동하게 된다. 종을 치면 종이 떨리고 울리면서 소리가 나는 것과 같다. 산에 올라가 소리를 내면 저쪽 산으로부터 반사되는 메아리가 들려오고 큰 건물 안에서 소리를 내면 실내가 웅웅거리며 울린다. 마찬가지로 우리가 소리를 내면 우리 몸 자체는 울리는데 건물 내부가 울리는 것보다 훨씬 크게 울린다. 그러니 우리 자신이 내는 소리는 우리 몸에 큰 영향을 준다. 사람의 몸은 어린이일 경우 80%가 물로 구성되어 있고 나이가 들수록 물의 양이 줄어 늙은이가 되면 60%로 내려간다. 이러한 물은 소리의 파동에 대단히 민감하게 반응한다. 물이 많은 인간의 몸도 소리에 절대적인 영향을 받는다. 물뿐만 아니라 다른 물질들도 소리의 파동에 의해 진동하며 소리를 전달하므로 소리의 영향을 크게 받는다. 그래서 사람은 자기가 경건한 마음으로 경전을 외우거나 들으면 몸의 세포들은 좋은 영향을 받고 정기가 보전된다.

금촉법이 잘 되면 정기가 보강되어 큰 힘이 난다. 〈삼일신고 읽는 법〉에 보면 정신통일하여 삼일신고 읽기를 삼만 번 하면 재앙과 액운이 차츰 사라지고 더 읽으면 점차 신묘한 능력이 생김을 설명한다.[56] 산중에서 산차주 등을 외워 몸이 강건해지고 큰 힘이 생긴다는 사례도 있다.[57] 윤세복은 독경하며 생각에 사특함이 없으면 정기가 누설되지 않고 보전되며 몸의 형체를 초월해서 잊게 되어 마침내 하늘나라에 올라가 거기서 나오는 보배로운 빛을 쬐고 마음이 즐거우며 몸도 편안해진다 라고 하며 공효를 언급하고 유교의 극기는 금촉 수행법과 같아서 몸을 닦고 성품을 따르는 윤리가 성립된다고 한다.

5) 회통(會通)

윤세복은 삼법은 모두 병행하며 수행하여 회통(會通)하라고 다음과 같이 여러 차례 강조한다:

> 세법은 같이 명념해야 하는 것으로서 반드시 계속 수행하되 다 같이 병행해야 한다. 몸은 후하고자 하며 기운은 맑고자 하고 마음은 비고자 하며 뜻은 정성되고자 하라. (삼법약설 지감법)

> 참함과 가달됨이 서로 이어 길이 마침내 지어지는데, 세 법을 행하고자 하면 방법은 달라도 같이 베푸는 것이다. 서로 도와 아울러 나아가면 백에 하나도 어긋남이 없을 것이다. 고요한 방에 단정히 앉아, 마귀를 감화시키고 사특함을 물리치라. 들숨이 맑고 새로우면 명과 정기가 이지러짐이 없나니, 힘써 한결같은 마음으로 지키되 반드시 일정한 때를 정하라. 한 곬으로 도를 닦아 잠시도 떠나지 않아야 한다. 한 방울 물이 바위를 뚫나니, 해가 오래 걸려도 싫증내지 말라. 만일 신비함을 보거든 조심하여 스스로 지킬 것이니, 모습은 마른나무와 같고 싱거운 음식, 소박

---

56 『대종교경전』, 74쪽.

57 김정빈, 『단』, 정신세계사, 138쪽, 1984.

한 웃으로 말은 적게 하고 잘 웃으며, 바보 같고 천치 같아 구함도 없고 얻음도 없으면 공적마침을 가히 알 것이다. (삼법회통 방법론)

가달됨을 돌이켜 참함에 나아가기를 바라노니, 세법을 회통(會通)하게 하라. (공효론)

성품과 명과 정기의 세 참은 셋이 하나가 되어 삼일을 이룬다. 성품은 개체의 속성이고 명은 시간적인 존재이며 정기는 공간적인 존재이기 때문에 존재자는 세 참을 온전하게 갖추든, 치우치게 갖추든 다 갖추게 된다. 삼법은 성품과 명과 정기의 세 참을 닦는 것이고 세 참은 같이 붙어 있어 삼일을 이루므로 삼법은 병행해야 한다.

각 사람은 성질도 다르고 성품기운도 다 다르게 갖고 태어나므로 수행의 길도 다 다르게 간다. 그래서 삼법은 병행하되 일반적으로 균등하게 시간을 나누어 수행할 수 없고 대개는 한 가지 법을 위주로 수행한다. 처음 수행하는 사람은 독경하며 금촉법을 위주로 수행하므로 조식법이나 지감법을 같은 시간만큼 병행하지는 못한다. 조식법을 배우는 단계에서는 숨의 들어오고 나가는 것을 지켜보는 데 주력한다. 지감법을 수행할 때에는 정신을 통일하여 성품을 바라보는 데에 주력한다.

금촉법은 눈으로 보이는 글자를 읽거나 독경 소리를 들음이 있으며 자기의 마음이나 두뇌의 기억들을 생각해 내는 방법이므로 보이는 세계에서 수련하는 것이다. 조식법도 완전하게 물질적인 것은 아니지만 감지할 수 있는 기를 모으고 운용하는 수련법이다. 지감법은 보이거나 생각할 수 있는 것이 아니라 자기 내부에 있는 성품을 바라보는 것이다. 사람이 태어나서 자라고 일상생활할 때는 끊임없이 생각하고 마음이 움직이고 의식은 어떤 대상을 향하고 있다. 그런데 그러한 의식과 마음과 생각을 그치고 조용히 앉아서 무념무상하는 지감법을 행하기는 어렵다. 그러므로 지감법은 보다 전문적인 방법이라 할 수 있으며 지감법을 수행하기 위해서는 근기가 있어야 한다. 근기를 기르기 위해서는 금촉하여 자기의 감각의 길을 다스리고 조식하여 숨을 고르게 하며 기를 안정시키면서 경전문구를 마음에 새기며 성품이 있음을 철석같이 확신해야 한다.

금촉법을 수행할 때 감각을 금하지만 감정도 일어나지 않아야 하며 숨이 차게 운동하면서 외우지는 않으므로 숨을 고르게 쉬게 된다. 그 경전의 뜻을 전혀 모르고 외우지는 않으므로 경전을 읽으면서 정기를 보전하면서 동시에 명이나 성품을 조금이라도 알게 된다. 조식법을 수행할 때도 숨쉬기에 정신을 집중해야 되기 때문에 지감과 금촉의 상태에 있는 것이다. 무념무상하며 지감법을 행할 때도 조식과 금촉은 기본적으로 진행된다. 성품과 명과 정기는 셋이 하나를 이루는 삼일이기 때문에 삼법 중의 한쪽을 위주로 하는 수행을 해도 그 수행은 지감, 조식, 금촉의 상태에서 진행된다.

윤세복이 말한 것처럼 일정 시간에 수행을 하는 것이 좋다. 특히 처음 수행은 일정한 기간을 정하고 하루의 일과를 정하여 그 일정을 어김없이 지키면서 수행할 것을 권한다. 예를 들어 3 · 7 일 즉 21일 동안 일정한 의식 절차에 의해 독경을 위주로 하는 3 · 7 일 수행은 아주 좋은 기도이다. 격식이란 혼자 있을 때나 혼자서 하는 일에는 필요 없는 것이지만 초발심자는 수행에 대해 생소하여 명상에 전념하기 힘들다. 그러므로 마음을 가라앉히고 세속에서 뿌리박힌 잡념과 욕심을 잊기 위해 의식을 따름이 좋다. 조상들은 21일 기도의 효과를 경험적으로 알고 있어서 이 기도를 많이 하여 왔다. 사람은 21일 이상 새로운 사상을 그 뇌리에 주입시켜야만 기존의 관념이 새것으로 대체된다는 연구 결과가 있다. 그래서 사람을 정신적으로 무장시키기 위해서는 21일 이상 훈련 또는 주입 교육을 시킨다고 한다.

6) 공효론

삼법회통의 마지막 부분은 삼법회통을 함으로써 얻게 되는 공효에 대한 것이다:

> 저 대중들아! 하느님의 도를 믿어 세 법을 행하면 다섯 괴로움을 떠나, 마침내 밝은이가 되어 "세 보배"(통하고 알고 보전함)를 얻고 하느님 기틀을 부려 빛이 두루 비칠 것이오. 하느님 공화(功化)를 돕되 "세 묘함"(○□△)을 쓰면 가히 뼈를 가꾸어 몸이 늙지 않을 것이다. 자비하고 불쌍히 여기는 마음을 내어, 고할 곳 없는 이를 위하여 티끌세상을 구제하되, 널리 건지면 하늘집에 들어가 하느님을 모시고서 쾌락을 누리며 만고에 뻗칠 것이오. 백억 년이 일년 같고 뭇누리가 영원히 보존될 것이다. (삼법회통 공효론)

수행을 오래 하여 보전, 앎, 통함의 세 보배를 얻고 하느님의 공화(功化)를 도와서 마침내 하늘집에 들어가 하느님을 뵙고 영원한 쾌락을 얻는 것이 궁극적인 수행의 공효이다. 세 묘함인 원방각(○□△)의 의미를 알아서 쓰면 가히 뼈를 바꾸어 몸이 늙지 않는다는 환골탈퇴할 수 있다는 뜻이다. 세 묘함을 쓰는 방법은 서일이 전한 구변도설[58]에 원방각의 9번 변하는 도설이 설명되어 있는데 그 묘법에 해당되는 듯하다,

보통 사람들은 이러한 궁극적인 공효를 얻지는 못한다. 대부분의 사람들이 생활전선에서 매일매일 살아나가는 데에 바빠서 수행 여력이 있는

58 『대종교경전』, 755쪽.

사람이 많지 않다. 다행히 발심하여 수행을 시작해도 좋은 스승을 만나기가 어렵다. 스승 없이 혼자 수행해도 되지만 선각자가 인도해주면 바른길로 빠르게 갈 수 있다. 좋은 스승을 만나 수많은 세월을 배우고 수행해도 깨닫기가 어렵다. 이러한 이유로 큰 공효를 얻는 사람은 극히 드물다. 그래도 정성을 다해서 수행하면 여러 종류의 작은 공효라도 거둘 수 있다. 비록 수행의 기간이 짧다거나 공부가 부족하여 소기의 공효를 얻지 못하여도 아니함보다 백배 천배 낫다. 경전에서도 '가다가 다시 돌아오고 깼다가 다시 잔다고 해도 아니 가고 아니 깸보다 낫다'라고 했다.[59] 수행하여 표시 나는 공과를 얻는 경지까지 가지 못한다고 해도 수행한 만큼 자기에게 덕이 된다. 한 시간의 수행을 하면 한 시간만큼의 응답이 돌아오고 1분의 수행을 하면 1분에 해당되는 만큼의 응답이 돌아온다. 1분 동안이라도 마음을 비우고 성품을 돌아보고자 하면 그만큼 자기의 마음이 순화되고 스트레스도 완화된다. 그래서 시중에서 사람들이 명상이나 요가 등의 수련 단체에 다닌다.

조식법을 행하면 혈기의 순환이 원만해지고 몸이 건강해진다. 금촉법을 행하면서 한 구절의 경전을 읽으면 비록 그 구절을 잠시 잊는다고 하더라도 언젠가 상황이 그 구절에 맞는 때가 되면 다시 생각나게 된다. 오묘한 진리의 말씀을 들어두면 일시적인 과오로 인하여 큰 시련을 당할 때에 그 말씀이 빛이 되어 자기를 인도할 것이다. 경전의 말씀을 듣고 익힌 바가 있으면 비록 지옥에 떨어져 있다 해도 그 말씀을 떠올리며 뉘우치고 참에 돌이킬 수 있다. 이것이 진리를 배워둔 것의 효과이고 수행의 힘이다. 지감법을 행하면 무념무상하므로 감정을 그치고 마음의 욕심을 버려

59 『대종교경전』, 220쪽.

서 스트레스가 해소되며 성품을 돌아보므로 착함에 대한 확신이 커진다.

윤세복은 '자비한 마음을 내어 티끌세상을 구제하는 공적이 있어야 하느님을 뵐 수 있다'라고 하여 내부 수행에서만 그치지 말고 인민들과 더불어 잘살아야 함을 주장하며 글을 마친다. 이는 대종교의 이념인 홍익인간 이화세계와 부합한다.

6. 맺음말

윤세복은 생사를 넘나드는 고문과 옥고 속에서 도의 맥이 끊길 것을 우려하며 삼일신고 진리에 입각하여 수행법을 체계화하고 삼법회통을 저술했다. 이렇게 저술된 삼법회통은 흙탕물에서 피어나는 아름다운 연꽃과 같으며 고문의 형극 속에서 맺어진 값진 결과라 할 수 있다.

수행법에 대한 서술이 자세하지는 않지만 성품과 명과 정기의 세 참을 닦는 기본적인 수행법의 기틀을 마련했다는데 삼법회통의 독창성이 있다. 나아가 윤세복은 홍익인간 이화세계의 이념에 부합되게 자비한 마음으로 세상을 구제하라고 역설했다. 이로써 윤세복은 겨레의 얼을 지켰을 뿐 아니라 세계의 얼을 지켰다고 할 수 있다. 성품에 통하고 영원한 진리를 깨우치기 위해서 하는 공부법을 체계적으로 설명했고 인민과 더불어 살아라고 했기 때문이다.

현대의 제도권 교육에서는 내부 수행에 대해 가르치지 않고 있고 민간단체들이 주로 스트레스 해소의 방편으로 명상법을 가르치거나 원활한 기혈순환을 위한 조식법을 수련하고 있다. 진리를 궁구하기 위해서 수련하는 사람도 있지만 바쁜 생활 속에서 몸의 건강을 위해 수련하는 사람들이 많다. 이들 수련 단체들에서 삼법회통의 원리와 수행법으로 수행하는 단체들이 여러 곳이 있고 대개의 수련법들은 삼법의 하나에 속한다 할 것이므로 삼법회통의 참됨이 증명되는 바이고 또한 삼법회통의 수행법은 한국의 수행 문화에 큰 영향을 미쳤다 할 수 있다.

최근, 권위주의적인 사고방식을 가지고 자국의 이익이나 영광만을 위해서 국가 간에 전쟁도 불사하는 나라들이 있어서 세계적으로 큰 걱정거리가 되고 있다. 한편으로 많은 국지적인 분쟁이 종교가 다르거나 자기 종단이나 종파의 교리를 전파를 위해서 기인되고 있다.

이러한 때 타고난 성품을 돌아보고 통하고자 하는 윤세복의 삼법회통의 수행법은 사람들의 마음을 비우고 욕심을 제어하게 하는 매우 좋은 수행서가 될 것이다. 권위주의적 사고방식이나 종교적 분쟁은 함께 평화적으로 살고자 하는 우리의 참 성품에도 어긋나고 종교의 본연의 가르침에도 위배됨을 알아야 한다.

제5장

대종교와 임오교변

대종교와 임오교변

정영훈(한국학중앙연구원 명예교수)

1. 머리말

1942년에 대종교에게 닥쳤던 임오교변은 대종교가 중광 이후 겪은 숱한 수난의 역사 중에서도 가장 처참한 교난이었고, 일제치하의 한국 종교사 전체를 두고 보더라도 박해의 규모와 인명피해의 규모가 가장 큰 사건이었다. 대종교는 도사교 윤세복 이하 25인의 교단 지도자가 전원 체포되어 그중에 10명의 간부가 옥사하고, 교문이 폐쇄되는 피해를 입었다. 체포된 25인 중 교무에의 관여도가 작거나 연로한 교인 9인은 석방되었지만, 남은 사람 16명에게는 무자비한 고문과 학대가 가해졌다. 16명 중 7인은 기소되기 전에 사망하였고, 기소된 9인 중에도 최종판결 이전에 2인이 더 사망하였다. 최종 판결때까지 살아남은 이는 7인인데, 그중 1명은 석방되기 전에 옥사하여, 전체 옥사자 수가 10인이 되었다. 판결받은 7인의 형량은 무거웠다. 도사교 윤세복에게는 무기가 언도되었고, 15년이 1명, 8년이 3명, 7년과 5년이 각각 1명씩이었다. 살아남은 6인은 소련군의 참전으로 옥문이 열린 1945년 8월에야 감옥에서 나올 수 있었다.

이 논문은 대종교 임오교변의 진행과정과 양상 및 의의를 정리하기 위해 집필되었다. 논문에서는 먼저 대종교가 중광되는 과정과 중광이후의 수난사를 살피고자 한다. 여기에서는 일본에 의한 대종교 탄압사의 연장선 상에서 임오교변이 발생하였음을 더듬고자 한다. 논문에서는 임오교변이 발생한 시점부터 재판이 진행되고 투옥된 이들이 옥에서 풀려나기까지의 과정도 정리할 것이다. 재판에서의 쟁점과 피고들의 혐의점 등도 분석하고자 한다. 논문에서는 임오교변이 가지는 의의도 여러 방면에서 살피고자 한다. 대종교단이 경험한 시련 중 가장 피해가 큰 것이었고, 대종교의 항일민족운동 단체로의 성격을 드러내준 사건이라는 것, 대종교단이 나철 이후 견지해온 대일 공인교섭전략은 처음부터 불가능한 것이었음을 보여준 사건이라는 점, 일제하의 종교탄압사 속에서 가장 희생자가 많은 사건이라는 점, 일제의 민족말살 전략의 일환으로 감행된 사건이라는 점, 일본제국주의의 비인도적 · 반문명적 성격을 잘 보여준 사건이라는 점 등 여러 측면에서 임오교변이 갖는 의의를 짚어보고자 한다.

임오교변은 여러 의미에서 좀더 주목해주어야 하는 사건이라 할 수 있다. 그러나 학계의 관심과 연구는 매우 빈약한 실정이다. 그것은 물론 이 주제를 제기해주어야 하는 핵심관계자가 대종교단인데, 대종교단의 현재 위상이 미약한 사정과도 관련이 있다 하겠다. 그런데 오늘날 대종교의 교세가 약화된 데에는 이 임오교변의 영향도 크다고 할 수 있다. 대종교단은 임오교변으로 인하여 가히 궤멸적인 피해를 입었다. 도사교 이하

교단의 주요 간부들 모두가 투옥되고 옥사하며, 교문이 폐쇄되기까지 한 1942년의 대종교 탄압사건은 근대 종교사에서 다른 유사사례를 찾아보기 어렵다. 그동안 지켜오던 자기 역사에 대한 자료도 모두 일제에 의해 탈취되었다. 물론 공산화된 만주를 피하여 만주를 버리고 다시 환국한 것도 대종교단에게는 뼈아픈 선택이었고, 전쟁과정에서 주요 지도자들이 납북되고 사망한 것이라든지, 냉전주도 세력이 득세하고 서구중심적 · 탈민족적 사고와 학술이 확산된 것 등도 대종교에는 불리하게 작동했다. 그러나 일제 말기에 일본의 탄압으로 임오교변이라는 심한 타격을 입은 것은 대종교의 침체이유로서 꼭 꼽아주어야 하는 요인이다. 이 글에서는 임오교변에 대한 학계 일반의 이해를 높이는데 기여하고자 한다.

2. 대종교의 중광

대종교는 1909년 1월 나철(1863-1916)을 중심으로 한 10여명의 애국지사들이 경성에 모여 단군이 창교한 한민족 고유의 종교를 부활시킬 것을 선언함으로써 시작되었다. 그들은 자신의 종교가 새로 만든 것이 아니라 고대에 존재하던 것을 다시 부활시킨 것이라는 의미에서 개교나 창교 아닌 중광이라는 용어로 자신들의 출발을 규정하였다. 대종교 중광의 배경과 성격을 이해함에 있어서는 두가지가 중요한 것 같다. 곧, 첫 도사교 나철의 항일운동 경력과 단군교포명이다.

나철은 일제 침략으로 국권이 상실될 우려가 커지면서 국권을 유지하기 위한 행동에 나섰다. 그는 처음에는 일본의 조야를 상대로 한국의 독립보장을 촉구하는 민간 차원의 외교활동을 전개하였고, 수차의 거듭된

설득노력이 실패하자 을사년에 국권을 일본에 넘긴 5 대신(을사오적)을 처단하기 위한 행동에 나섰었다. 그러나 이런 노력들은 모두가 실패로 돌아갔고, 그는 이미 망국이 불가피한 상황에서 다른 근본적인 해결책을 찾아야 했다. 그가 생각한 근본적이며 가능한 방책은 조선 민족에게 고유했던 종교를 되살려서 민족정신의 구심점으로 삼고 민족을 결속시켜 훗날의 독립을 기약하는 것이었다. 마침 그에게 그같은 방략을 제시해준 집단이 있었으니, 곧 1904년에 백두산에서 단군교를 포명한 백봉의 단군교단이었다. 백봉측은 나철에게 고유종교가 살아나야만 민족의 부활이 가능하다는 점을 강조하면서 나철에게 포교의 주역이 될 것을 촉구하였고, 그 같은 요구를 나철이 받아들여 대종교를 중광하기에 이른 것이다. 처음의 이름은 백봉이 포명하였던 명칭인 단군교를 그대로 계승했다가, 1년반뒤 망국이 가시화된 시점에 대종교라는 이름으로 개명하였는데, '大倧'이란 삼신일체의 천신 한배검에 대한 고유의 명칭이었다.

대종교는 단군이 개창한 한민족의 고유종교를 자처하면서 한민족의 생존 · 독립 · 발전이라는 목표에 우선적 관심을 둔 민족종교이면서도, 인간 보편의 종교적 요구에 응답하는 보편종교로의 성격을 함께 갖고있었다. 민족 고유의 종교이자 민족적 자주독립을 추구하는 민족종교로의 성격은, 1904년 10월3일에 백두산의 백봉 교단이 발표했다는 [단군교포명서]에 잘 나타나 있다. [단군교포명서]에서는 자신들의 연원(조상)과 고유종교를 망실하고서도 나라가 잘 되기를 바랄 수는 없다고 단정하고 있다.[1]

1 "오호라 汪洋한 千派萬流의 水도 其源을 塞하면 渴고하고 鬱蒼한 千枝萬葉의 木도 其根을 絶하면 枯催하나니 況千子萬孫의 人族이 其祖를 忘하고 어찌 繁昌하기를 望하며 安泰하기를 期하리오. ..." ([단군교포명서], 대종교총본사편, 『대종교중광60년사』, 2017, 52쪽. 이하 논문에서 제시된 자료출처의 쪽수는 2017년 3월에 대종교총본사가 발간한 수정판 『대종교중광60년사』를 기준으로 함.

그리고 우리나라의 역대 제국이 '大皇祖' 단군을 숭봉할 때는 발전했으나, 고유종교는 잃고 유 · 불 등 외래종교에 빠지면서부터 나라가 쇠망하였다고 지적한다. 그리고 조선의 현실은 공맹정주의 외래종교에 빠져 '망본배원'하고 고유 종교를 망각한 상태로 비판되며, 망국의 위기는 그같은 현실로부터 초래된 것으로 진단된다.[2] [포명서]에서는 우리민족 ('我兄弟姉妹')은 모두가 '단군대황조'의 자손이고, 단군교는 사천년 우리나라에 고유한 종교이며, 이 종교가 흥해야만 나라와 민족이 번창할 수 있다고 주장한다.[3]

대종교가 가지는 민족종교로의 성격은 기본 경전인 [삼일신고]가 단군시대에 만들어진 것으로 상정한다든지, 그 종교가 한국사 속에 전승되어 왔다고 보고, 그 종교의 의의를 한국사속의 흥망성쇠와 연결지어 설명하는 데서도 분명해진다. 그같은 인식은 한민족의 역사적 정체성과 자긍심을 강조하면서, 일본의 식민지배를 거부하고 '단국의 부활', 곧 배달민족의 독립국가를 다시 세우는 일을 우선 과제로 추구하게 된다.

이같은 민족종교로의 메시지에 많은 독립운동 지도자들이 감명받고 대종교인이 되었으며, 무장투쟁과 학술연구 · 언론계몽 등 여러 방면에서 민족운동을 이끌었다. 특히 [대한독립선언](무오독립선언, 1919.2)과 뒤이은 대한민국임시정부 수립(1919.4)에는 대종교인들의 참여와 역할이 지대하

2 "國朝 諸儒가 大皇祖 神聖의 蹟은 說하되 孔孟程朱의 書에 偏滯하야 大皇祖하신 教는 研究치 못하였으며 孔孟程朱는 在座後先한 것 같이 想하되 大皇祖 神聖을 洋洋在上하신 줄은 부지하니 自國을 建造하신 聖祖를 不崇하며 自身을 生育하신 聖神을 不敬하며 自家를 修守케하신 聖教를 不奉하고 他의 祖를 是崇하며 他의 神을 是敬하며 他의 教를 是奉하니 어찌 如此히 理에 逆하고 常에 乘하는 事가 有하리오" (53 – 54쪽)

3 "凡我同胞兄弟姉妹는 皆我 大皇祖 百世本支의 子孫이오 本教는 乃四千年 我國 固有한 宗教라 ... 是教가 興하면 天地가 更新하며 山川이 復煥하며 人類가 蕃昌하고 是教가 衰하면 卑高가 易位하며 動靜이 失處하며 品物이 不生하나니 是以로 古今의 消長과 歷代의 存廢가 本教에 關함이 若合符節한지라." (54쪽)

였고, 항일운동사상 최대의 승전이었던 청산리대첩(1920.10)은 대종교인들이 주역인 북로군정서(대한군정서)에 의해 치루어졌다.[4] 대종교는 단군민족주의를 선도하였고,[5] 자주독립과 통일 향한 참여와 헌신을 촉구함으로써 항일독립운동의 에너지원이 되었다. 대종교의 종교활동은 그 자체 항일민족운동이라는 성격을 갖고 있었던 것이다.

고유종교를 통한 민족독립이라는 취지는 종교민족주의라는 말로 지칭할 수 있지만,[6] 그러나 대종교는 인간 일반의 종교적 요구에 응답하는 보

4 임시정부에서 각원급 이상의 요직에서 활약하던 대종교인만 꼽아보아도 박은식 · 신규식 · 이동령 · 이시영 · 조성환 · 조완구 · 윤세용 · 현천묵 · 박찬익 · 황학수 등을 들 수 있으며, 이외에도 유명 · 무명의 숱한 애국지사들이 대종교를 통하여 자신의 민족의식을 심화시키고 광복투쟁의 일선에서 싸웠다. 대종교는 국학의 성립에도 큰 영향을 주었으니, 신채호나 박은식 · 주시경 · 신규식 · 조소앙 · 안재홍 · 김두봉 · 이극로 · 정인보 · 김교헌 · 서일 · 정열모 · 권덕규 · 윤세복 · 최남선 · 장도빈 · 안호상 등과 같은 국학파의 주요 사상가들은 대종교의 신도였거나 대종교단과 밀접히 교유하면서 자신의 학문세계를 심화시켰던 인사들이다. 청산리대첩(1920.10)을 주도한 북로군정서는 대종교인들로 구성된 군사단체였는데, 그 총재는 대종교 삼종사 중 한명으로 꼽히는 서일이고, 총사령관은 대종교인 김좌진이었다. 대종교는 민족운동에 사상적 · 인적 · 재정적 자원을 제공하고 후원한 주역의 하나였다.

5 대종교의 중광은 한말에 활성화되던 단군민족주의가 종교적 방면에서 표출된 것이라 할 수 있다. 단군민족주의란 스스로의 집단정체성을 '단군의 자손'으로 인식하고 그같은 정체성인식에 기초하여 민족적 통합과 자주독립.발전을 추구하던 일련의 사조와 운동을 가리키는 말이다. 단군민족주의의 선구는 13세기 이래 전승돼오던 '東國史檀君淵源論'인데, 이는 한반도와 만주 일원에서 전개된 왕조와 종족 모두를 '東國'(삼한 · 동방 · 해동 · 동이...)이라는 단일 이름으로 지칭하고, 그 역사적 연원을 단군의 건국에서 찾던 역사인식흐름을 가리키는 말로서, 중세기에는 사대모화사상에 밀려서 위축되었었지만, 한말에 오면서 민족주의가 대중화하는 분위기 속에 활성화하여 한민족의 민족의식 성장을 이끌었다. 단군민족주의는 학술방면과 종교방면, 단군숭앙운동, 정치사 · 사상사 · 교육사 등 여러 방면에서 중요한 흐름으로 전개되면서, 한국사를 민족 · 자주 · 통일 · 복지 · 민주 · 정의의 방향으로 이끈 주역이 되었는데, 단기연호나 개천절 국경일 · 홍익인간교육이념 등은 이 단군민족주의가 발굴하여 민족의식제고와 국민통합을 위한 상징장치로서 보급한 사례들이다. 대종교는 한말이후 활성화된 단군민족주의의 산물이면서, 이후 그를 보급하고 강화한 주역이었다. 이에 대해서는 다음 자료를 참고할 것. 정영훈, 「대종교와 단군민족주의」, 『단군학연구』 10호, 단군학회, 2004 ; 「한국사 속에서의 단군민족주의와 그 의의」, 『동아시아의 지역과 인간』 (윤내현교수 정년기념논문집), 지식산업사, 2005 ; 「단군과 근대한국 민족운동」, 『한국의 정치와 경제』 8집, 한국학중앙연구원, 1995 ; 「한민족의 정체성과 단군민족주의」, 『민족문화논총』 55집, 영남대민족문화연구소, 2013.

6 종교민족주의란 말은 연구자에 따라 다양한 의미로 쓰일 수 있지만, 여기에서는 종교를 통하여 자주독립이나 통일 같은 민족적 과제에 접근하고자 하는 사상을 가리키는 말로 사용한다. 종교민족주의에도 여러 유형이 존재할 수 있지만, 그 전형적인 것은 특정의 종교를 민족에 고유한 것으로 간주하여 그의 보존 · 진흥을 통하여 민족의식을 북돋우고 통합을 달성하며, 대외적 국면에서의 저항동력 조성과 대내적 국면에서의 정치사회개혁을 도모하는 사고일 것이다. 이같은 종교민족주의 개념은 기왕에 한말 신채호나 주시경의 민족주의노선을 설명하는 말로 사용

편종교로의 성격도 갖고있었다. 종교로의 대종교의 궁극적 목적은 흔히 '三眞歸一'로 (세 참함으로 하나에 돌아간다) 요약되며, '返妄卽眞'-'性通功完' 하여 영원한 쾌락을 얻는(永得快樂) 것이라 부연된다. 그리고 그에 도달하기 위해서는 止感·調息·禁觸의 3가지 수양법을 지켜야 하는 것으로 제시된다.[7] 보편종교로의 대종교는 천신-한얼을 신앙대상으로 하며, 이 최고신은 天-神-主-帝 등으로도 지칭된다. [삼일신고]·[신사기]를 비롯한 대종교의 경전들에서는 단군이라는 말은 나오지 않고, 다만 앞에 말한 종교적 칭호들만이 사용되고 있다. 이들 경전은 보편적인 창조주-천-신과 인간-구원-진리에 대하여 말하고 있으며, 민족의 범위를 넘어서서 보편적 인간의 완성과 구원을 목표로 하고 있다. 특히 경전 [신사기]에는 천지창조과정과 인류탄생과정이 적혀있는데, 이때 탄생되는 '九族'은 모든 피부색을 가진 인류 전체였으며 나반과 아만이라는 태초의 두 남녀를 시조로 하는 것으로 설정되어 있다.[8] 이같은 보편종교로의 성격은 대종교단이 일제당국을 상대로 대종교에 대한 공인을 교섭할 때 제시하던 대종교상이기도 하였다.

돼온 역사민족주의나 어문민족주의의 개념과 비교할 수 있을 것이다. 어문민족주의나 역사민족주의·종교민족주의는 민족적 정체성의 핵심을 무엇으로 보는지에 따른 차이로, 각각 언어나 역사의식·종교를 중시하는 입장들인 것이다. 대종교의 입장은 종교민족주의의 전형적 사례라 할 수 있을 것이다. 정영훈, 「한말의 국수보전론적 국학운동」, 『한국의 정치와 경제』 제4집, 한국학중앙연구원, 1993; 「홍암 나철의 종교민족주의」, 『정신문화연구』 88호, 2002 참조.

7 『대종교요감』 (대종교총본사, 1983, 160쪽)에서는 "개인으로는 범인을 바꾸어 철인이 되게 하는 법이요 사회로는 부조리한 사회를 정화하여 천국으로 되게 하는 것"이라 설명하고 있다. 지감법은 마음(心)공부이고 조식법은 氣공부이며, 금촉법은 몸(身)공부에 비유된다. 대종교의 이들 이론은 상당히 어려운 바 있는데, 경전 [회삼경]에서는 "불교의 明心(見性法)은 대종교의 지감법이고, 신선도교의 養氣(煉性法)는 대종교의 조식법이며, 유교의 修身(率性法)은 대종교의 금촉법"이라고 설명한다.

8 [神事記], 造化記, 『解釋宗經四部合編』, 대종교총본사, 79-83쪽.

3. 대종교 수난의 역사

대종교는 민족운동의 정신적 지주를 요구하던 시대상황과 교단 지도자들의 열정적 포교에 힘입어 상당한 교세확장을 거두었다. 중광 1년만에 2만여 교인을 얻었으며, (94쪽) 만주지역으로 옮긴 1920-1930년대에는 어려운 조건속에서도 교세확장을 이루어 30만-40만명의 교인을 자처할 (228.387쪽) 정도가 되었다.[9] 그러나 중광 이후 대종교에게는 포교하고 종교활동 하기에 유리한 시절은 한번도 없었다고 해도 과언이 아닐 것이다. 여기에서는 1909년 중광이후 1942년 임오교변에 이르는 기간동안 대종교에 가해졌던 시련을 정리해보기로 하자.

대종교가 겪은 첫 번째의 위기는 중광한지 1년 반만에 발생한 교단분열이다. 대종교는 중광한지 1년 반만인 1910년 7월에, 처음 중광할 때 표방한 '단군교'라는 교명을 '대종교'로 변경하는 결단을 하게 된다. 민족의식을 고취하는 애국단체로의 인상을 주는 '단군교'라는 명칭보다는 보편적 종교로의 이미지를 주는 대종교라는 명칭이 일제의 주목을 피하고 포교하는 데 유리할 것이라는 판단이 있었다.[10] 그런데 이같은 교명교체가 부

---

9 『대종교중광60년사』에서는 홍암대종사의 입만 포교와 무원종사의 도만 포교를 통하여 1920년 경신참변 직전까지 9년간 교세가 크게 일어나서, 동삼성과 연해주, 중국 본토 및 국내 각지에 이르기까지 무려 40만 교중을 통산하게 되었다고 적고 있다. (228쪽)

10 대종교에서는 교명변경의 이유를, 일제가 "천신대도를 지상에 널리 선포하여 홍익인세의 대이념을 실현"하려는 것이 대종교의 교의임을 이해하지 못하고, 다만 "단군국조를 숭앙하는 민족의식을 고취하는 애국단체로만" 간주하여 감시와 탄압을 가할 것이 우려되었다는 점과, '대종'은 단군만이 아니라 조화 · 교화 · 치화의 삼신을 모두 병칭한 고대용어로서 교명으로 더 적합하다는 점, 그리고 대종교의 전통을 (폐교당함이 없이) 유지하는 것은 대황조와 동포에게 져야 할 최우선적 사명이라는 점 등을 들었다. 『대종교중광60년사』에서는, 나철이 우선적으로 고심한 것은, "대종교 중광은 神意와 神命에 의한 口傳心授의 佈道 開敎인 바, 만약 대교의 전통이 또 다시 일제의 흉계아래 단절된다면 무슨 면목으로 대황조께 속죄할 것이며 만천하 동포 앞에 무엇으로 이 막중한 죄책을 사과할 것인가"하는 것이었다 한다.(94-95쪽) 나철이 교명 변경에 대해 단군교포명을 주도한 백봉의 동의를 받은 것은 아니었지만, 명칭변경이 교단유지에 유리하다면 불가피하게 결단할 수 있는게 아닌가 하는 논리인 것이다. 대종교단의 존립을 우선시하는 생각은 그의 정교분리론과 일제를 상대로 한 공인교섭의 배경에 있는 사고라 할 수 있고, '國

당하다는 명분을 내세워서 정훈모 등 불만세력이 단군교 교명 고수를 내세우며 분립해 나간 것이다. 분립해 나간 정훈모의 단군교단은 대종교에 대한 경쟁심리 속에 대종교의 활동을 방해하였다.[11]

총본사를 만주 북간도 화룡현 청파호 백두산 북록으로 옮긴 1914년 5월의 결정은 또 하나의 시련의 시작이었다. 총본사를 이전한 것은 일제의 탄압을 예상한 결정이었다. 굳이 만주로 이전해간 것은, 만주는 대종교로서는 고조선과 고구려의 고토이자 대종교의 발상지로서 연고가 있는 곳이었고, 현지에 이주해서 자리잡은 한인 동포들의 규모도 적지않다는 점이 고려되었겠지만, 대종교로서는 낯선 환경에 적응해야 하는 부담을 안게 되었다. 현실적으로 만주는 중국 땅이었고, 중국은 만주를 한민족의 구강으로 생각하는 대종교가 만주에서 세력을 확대하는 것을 경계하고 제지하고자 했다.[12] 동북지역에 세력을 쌓고자 하는 지역군벌도 대종교를 못마땅해했고, 일본 역시 장차 자기들이 차지할 지역으로 눈독드리면서, 수시로 압록강 · 두만강을 넘어 월경해서 만주지역에 자리잡고 국

雖亡而道可存'이라는 인식과도 연결되는 것 같다. 물론 대종교단은 교명을 변경하고서도 일제 당국으로부터 탄압 받는 것을 모면하지 못하였다. 일제는 대종교의 본질을 조선민족의 독립과 배달국가의 재건을 목적으로 한 정치단체로 규정하여 포교를 불허했고, 감시를 계속하다가 임오교변을 자행했던 것이다.

11 정훈모의 단군교는 1914년 7월 시점의 교인수를 경성부에만 10,850명이고 전국적으로 22만여 명에 달한 것으로 보고하였는데, 아마도 본부를 만주로 옮긴 대종교의 신도를 상당수 빼앗아갔을 것으로 보인다. 단군교에 대해서는 다음의 자료를 참고할 것. 삿사미츠아키, 『한말 일제시대 단군신앙운동의 전개 : 대종교와 단군교의 활동을 중심으로』, 서울대 종교학과 박사학위논문, 2003.

12 1910 – 20년대 만주지역에서 대종교의 활동을 제지한 주체는 일본이고, 중국측은 일본의 사주나 압력으로 대종교탄압에 나선 것으로 설명하는 이들이 많지만, 중국 역시 대종교가 만주에서 성장하는 것을 경계하고 억압한 당사자였다고 봐야 한다. 중국이 대종교를 경계한 배경에는, 대종교인들이 갖고있던 부여구강론이나 고조선고토론이 못마땅했다는 점과, 대종교가 커지면 일본이 만주에 개입하는 빌미가 될 수 있다는 우려가 작용하였다. 이런 배경에 1915년 중 · 일간에 체결된 '21개조약' 속에 대종교활동을 단속하는 내용이 포함되었고, 그 직후 대종교에 대한 금지령이 내려졌다. 최봉룡, 「일제하 재만 한인의 종교운동 : 1910 – 20년대 북간도를 중심으로」, 『종교연구』 31, 2003 참조.

내를 노리는 독립운동 단체를 공격하였다. 대종교의 만주행은 일본을 피하고자 택한 결정이지만 그곳에도 우호적 환경은 없었던 것이다. 물론 이주해 있는 교민을 대상으로 한 포교에 성과를 거두어서 상당한 교세확장을 이룬 것은 사실이다.

1915년에는 조선총독부가 포교규칙을 발표하여 국내에서의 대종교의 포교를 불허하는 결정을 내렸다. 국내에서는 포교활동이 어려워지는 상황이 된 것이다.[13] 대종교에서는 자신의 정체성을 神教라 강변하면서 시교권을 요구했지만, 일제는 허용하지 않았다. 일제 당국으로부터 포교권을 얻어내지 못한 것은 나철이 그동안 일제로부터 포교권을 인정받기 위해 취했던 일련의 조치들, 곧 교명변경과 정교분리 지침 같은 조치들이 효과가 없었음을 말해주는 것이었다. 거기에 더하여 1916년 8월에는 최고책임자 나철이 자결함으로써 교단 리더십의 계속성과 관련하여 중대한 위기가 초래되었다.[14] 교주 나철의 자결은, 총독부를 상대로한 시교권교섭이 실패한 데 대한 자책의 의미와, 일제의 포교불허에 대한 항의의 뜻이 큰 것으로 보인다. 물론 김교헌(1968-1923)이 2대 교주로 취임하고 교단은 김교헌을 중심으로 결속하여 상당한 교세확장을 성취하기도 했지만, 위기는 계속되었다.

---

13 1915년 10월1일 총독부는 총독부령 83호로 포교규칙을 발표하여 종교에 대한 통제를 강화하였는데, 그에 의하면 신도 · 불교 · 기독교만을 공인종교로 인정하고 나머지 종교에 대해서는 유사종교단체로 간주하여 경무국의 엄격한 관리대상으로 지정하였다. 이는 대종교의 포교를 실질적으로 불허하는 것으로서, 이같은 사태를 당하여 나철은 대종교를 神道의 하나로 신고하여 공인을 받으려 하였는데, 일제당국은 대종교는 신도가 아니라 규정하여 공인신청을 불허하였다. (111 – 112쪽)

14 홍암이 자결(1916.8)한 것은, 대종교와 한배검 및 천하동포에 대한 책무를 다하지 못한 것을 반성하고 세상과 교인들 및 일제당국에 대해 각성을 촉구하는 데에 뜻이 있었지만, 포교권 확보를 위하여 교명변경과 정교분리 같은 어려운 조치를 결행했음에도 불구하고 일제로부터 포교권을 얻어내지 못한 것에 대한 자책의 의미도 있었다고 본다. 아무튼 대종교는 국내에서의 포교권을 상실함으로써 큰 타격을 받았고, 교주의 자결로 또 하나의 위기를 맞게되었다.

1920년에 발생한 간도참변도 대종교단에겐 큰 위기이자 시련기였다. 일제는 봉오동 · 청산리싸움에서의 대패를 복수하고 항일 독립군을 배후를 제거하기 위해, 1920년 10월부터 이듬해 4월까지 6개월간 간도 일원에서 한인들을 대대적으로 학살하고 거주시설 등을 초토화하였는데, 이 사건을 경신참변 또는 간도학살이라 부른다. 이때 학살된 교민 수가 1만 여명에 달하는 것으로 알려지는데,[15] 학살된 한인의 상당수는 대종교인이었고 대종교가 포교대상으로 삼고있는 이들이었다.[16]

마적(토비)의 습격으로 인한 피해도 대종교사 속에는 자주 눈에 띈다. 가령 1921년 8월 백포 서일(1881-1921)이 자결한 것은 토비의 내습으로 다수의 청년 병사들이 피살되고 둔병촌이 약탈 · 파괴된 것을 비관한 결과로 알려진다. 서일은 나철 및 김교헌과 함께 대종교의 3종사로 불리는 인물로, 교리연구에도 밝고 군사에도 뛰어나, 청산리대첩의 주역인 북로군정서의 총재를 역임했고, 화를 당하던 시기에는 일본군을 피하여 밀산현 당벽진으로 이동해서 둔전중이었다.(246-251쪽) 밀산 당벽진 지역은 변방이다 보니 중국관헌이나 일본군의 경비가 소홀한 관계로 비적이 자주 횡행하던 지역이었는데, 대종교사는 대종교금지령으로 밀산에 피난해있던 총본사가 1934년 초여름에도 토비의 습격을 받아 비장하고 있던 중요 교적자료들을 약탈당하는 등 큰 피해를 입었던 것으로 적고 있다.(288쪽)

15 경신참변은 1920년 6월~10월 사이에 봉오동과 청산리 등지에서 한국독립군부대에게 참패한 일본군이 간도 일대를 누비면서 한인을 학살하고 가옥 등 생활시설을 초토화시킨 사건을 가리키는 것으로, 패전에 대한 복수의 의미와 독립군의 배후지를 제거하기 위한 목적이 있었다. 일본군은 한인이라면 남녀노소를 불문하고 잔혹하게 학살하고 마을을 불태웠는데, 1920년 10월부터 이듬해 4월까지 6개월간 계속된 만행에서 학살된 한인의 수는 1만명 안팎에 달하는 것으로 추정된다. 종교를 가리지 않고 학살이 자행되었지만, 대종교는 우선적인 박해대상이었으며, 그러나 그에 대한 실태보고는 따로 존재하지 않는다.

16 『대종교중광60년사』에서는 일군의 소위 경신토벌 기간동안 동포들에 대한 살인 · 방화 · 약탈의 참변이 자심했는데, 특히 대종교도의 피해가 우심해서, 교우의 태반이 避禍離散했고 교당은 폐허되지 않은 곳이 없었다고 적고 있다. (232쪽)

1923년 11월에는 2대교주 김교헌이 도사교직에 오른지 8년만에 사망하는 불행을 겪는다.[17] 김교헌 도사교 시기에는 교세가 상당히 확장된 시기로 알려지나,[18] 1920년 이후에는 만주에 일본군이 진출하고 치안도 불안해지면서 총본사가 동북만주의 화룡 · 영안 · 밀산 등지를 유리전전하며 고전한 것으로 알려진다.(232쪽) 김교헌의 사망 후 윤세복이 3대 교주로 취임하여 교단을 이끌게 된다.

대종교에 시련을 안겨준 가장 큰 적은 일본제국주의였다. 일제가 한반도를 영유하고 한민족을 영구히 수탈하기 위해서는 한민족의 민족적 각성을 저지해야 했다. 그런데 한민족의 민족정신을 환기시키고 민족에 대한 헌신을 꾸준히 고취하는 단체가 있었으니 바로 대종교였다. 대종교의 위험성을 알기에 일제는 대종교의 국내 포교를 불허했고, 만주의 군벌을 움직여서 대종교에 대한 포교금지령을 내렸다. 자신들의 괴뢰국가인 만주국을 세우자 처음 얼마간은 국가적 위신을 과시하기 위해 대종교의 활동을 용인하였지만, 대종교의 확장세가 눈에 띄자 이제는 폐쇄하기 위한 시기를 노려왔다. 그리고 국내에서 민족말살 기획의 일환으로 조선어학회사건을 일으키자, 이참에 대종교단도 폐쇄하기로 뜻을 세우게 된다. 그 실행일은 1942년 12월 26일. 만주와 국내에서 대종교 지도자들에 대한 일제 검거가 시작되니, 바로 임오교변의 시작이다.

17 『대종교중광60년사』는 2대종사 김교헌의 사망 배경에 대해, 경신토벌로 대교인이 크게 살해되고 교당이 폐허로 되어 참담한 심경을 겪던 중에, 예관 신규식이 자결한 소식이 전해진 데다, 독실한 교우인 한기욱 일가가 토비에게 참화를 당한 비보를 접하고 '因火發病'하였다고 적고 있다. (232－233쪽)

18 『대종교중광60년사』에서는 김교헌 사망 직전인 1923년의 교세통계를, 동서남북 4도 본사를 비롯하여 10개 지사와 80개처의 시교당에 400여명의 교직자와 50여명의 순교원 및 시교원이 활동하였고, 동삼성과 연해주, 중국 본토와 국외 각지의 교인수가 40만을 통산하게 되었다고 적고 있다. (228쪽) 일본군의 박해와 치안불안이 우심한 가운데 총본사가 이곳저곳으로 옮겨다니는 와중에도 상당한 교세신장이 이룩된 것을 알 수 있다.

4. 임오교변 직전의 대종교

일제는 경신토벌(1921)로 간도지역 한인사회를 숙정한 뒤에도 한인의 독립운동이 줄어들지 않자 중국 군벌정권을 압박하여 한인 독립운동가들을 단속하기 위한 공작에 나섰는데, 그중 큰 피해를 준 것이 삼시협정이다. 삼시협정은 조선총독부 경무국장 미쓰이(三矢宮松)와 봉천군벌 대표 (봉천성 경무처장 于珍) 사이에 맺어진(1925.6.11) 것으로, 만주에서 활약하는 독립군에 대한 단속의무를 중국 동북군벌에게 부과하고, 독립군을 체포하여 일본측에 넘기면 일본이 그에 대한 금전적 보상을 하는 것을 주내용으로 하고 있었다. 협정의 모양새는 일단은 일제의 압력에 동북 군벌이 양보하여 협조해준 것으로 보이지만, 동북군벌 역시 만주를 배타적으로 장악하기 위해 만주에서 활동하는 한인 독립군을 단속하고 견제하려는 심리가 컸던만큼, 한인 독립군을 단속한다는 점에서는 일본군과 만주군벌 두 당사자의 이해가 일치했으리라 생각된다. 아무튼 이 삼시협정은 만주지역의 한민족 독립운동에 심대한 타격을 주었는데, 특히 대종교단과 대종교인들이 입은 피해가 컸다. 삼시협정에는 "대종교는 중요간부인 서일이 대한독립군의 수령으로서 그 교도를 이끌고 일본에 항전하였으니 종교를 가장한 항일단체이므로, 중국에서 영토책임상 이를 해산시켜야 한다"는 부대조항이 있었고,(289쪽) 이 협정의 연장선 상에서 길림독군 겸 성장인 장작상은 1926년 12월에 협정이행의 명목으로 대종교에 대한 포교금지령을 발포하게 된다.[19]

19 이숙화는 만주 당국이 대종교에 대해 금지령까지 내리게 된 데는, 만주에 근거지를 둔 대종교단과 신민부가 협의하여 연합충의결사대를 결성했다가 일제에 발각된 사건이 영향을 미쳤다고 보았다. 대종교단은 1926년에 들어 순종의 인산일을 기하여 1919년의 삼일운동에 준하는 봉기를 모의했다가 발각되었다 한다. 대종교가 항일독립운동의 중심이라는 것을 알고있는 일제는 대종교를 폐쇄하기 위한 기회를 노려왔는데, 연합충의결사대사건을 계기로 만주당국을 강하게

대종교단은 포교금지령을 해제하기 위해 혼신의 노력을 경주하는 일방, 1928년 1월에는 중국의 영향력이 미치지 않는 소 · 만 국경지역의 밀산현 당벽진으로 총본사를 옮기는 결정을 하게 된다. 교단은 일단 만주 군벌을 상대로 하여 대종교포교금지령을 해제줄 것을 요구하였다. 그러나 만주 군벌을 대상으로 한 1년여의 해금교섭은 실패하였고, 교단은 남경의 중앙 정부를 움직이는 것으로 전략을 바꾸었다. 그리하여 1929년 봄 중국정부에 신망이 높은 박찬익을 남경으로 파견하여 다각도로 남경정부를 설득한 결과, 포교금지령 해제에 성공하고 해금 공함을 접수하는데 까지 이르렀다.(285-287쪽)

그러나 시국이 다시 전변하여 중앙정부로부터 어렵게 받아낸 해금령은 무용한 것이 되고 말았으니, 일본군이 만주사변(1931.9)을 일으켜 만주 전역을 장악하고 이듬해 3월에는 괴뢰국인 만주국이 들어선 것이다. 대종교는 다시 정국을 관망하면서 후면기로 들어가게 된다. 대종교사는 밀산으로 피신한 1928년부터 만주국 당국으로부터 대종교포교권을 확보한 1933년까지의 6년간은 소만국경 지역에 숨어서 간판만 겨우 유지한 시기로 기록한다.

대종교단이 다시 움직이기 시작한 것은 1933년 후반부터였다. 교단은 일제를 상대로 하여 포교권 교섭을 하는 것에 주저하였지만, 홍암이 남긴 '國雖亡이나 道可存'이라는 유지를 좇아 교단을 지켜내는 것이 중요하다고 보아 1933년 후반부터 선교사업을 재개하는 일방, 1934년초에는 관동군과 조선총독부 특파원을 상대로 시교권을 교섭하여 제한적인 양해를

압박하여 금지령을 내리게 했다는 이야기이다. (이숙화, 「환국직전의 대종교 : 임오교변을 중심으로」, 〈대종교 환국 71주년 기념학술회의〉 (2017.8.14.) 발표논문 참조) 이박사의 견해는 삼시협정이 체결된 1년 반 뒤에 대종교단에 대해 더 강력한 포교금지령이 다시 내려지게 된 배경을 설명해주는 것 같다.

득하기에 이르렀다.(289-290쪽) 대종교단이 일제를 설득한 논리는, 대종교는 조선민족의 독립을 추구하는 반일 · 정치단체가 아니라, 인간을 홍익키 위하여 삼진귀일의 진리를 밝히고 화중성철하기 위한 종문이라는 것이었으며, 그같은 취지를 담은 [선도문]을 발표하기도 하였다. 1934년 3월 하얼빈선도회 명의로 발표한 [선도문]에서는 대종교의 취지에 대해 조선의 독립이나 단국의 부활 같은 내용은 전혀 전혀 거론치 않고, 순수종교로의 면모만을 제시하면서 만천하 동포의 입교를 권유하고 있다.[20]

물론 일제 당국이 내준 시교권은 전면적 포교자유를 허락한 것은 아니었다. 기왕에 설치됐던 시교단 십수개처와 교적간행에 대해서만 승인해 주었던 것이다. 그러나 이런 정도의 허용에서도 교단은 숨을 쉴 수 있었으며, 승인을 득한 후 대종교단은 당국의 감시와 통제를 받으면서 교세를 확장하기 위한 활동을 전개하였다. 마침 1933년 겨울, 백산상회 등을 통하여 독립운동에 크게 헌신하던 안희제가 국내로부터 만주로 와서 교단과의 협의 속에 발해농장을 개척하고 교단사무에도 참여하면서 교단이 활기를 띠게 된다. 1934년 여름에는 총본사를 영안현 발해진 발해농장 안으로 이전하고, 교당 조직을 정비하였으며, 1926년 말 이후 중단된 교보도 속간하였다. 1939년 8월에는 신경정부와 교섭하여 교적간행의 승인을 득한 후 안희제 등의 주도하에 서적간행회를 발족시켰고, (291-296쪽) 자금 등을 확보한 1941년부터 각종 경전과 포교자료 제작에 들어가 1만

20 [선도문]의 내용은 다음과 같다. 민족적 의의나 연관성에 대한 언급은 자제되고 비정치적 순수종교로의 의의만을 부각시키고 있다. "종교는 인류평화의 사명이오 개인정신의 양식이다. 우리 대종교는 곧 大道의 본원이오 진리의 보고이며 또 인간행복의 지침이다. 우리 대교는 신인단군께서 사천년 전에 인간을 홍익키 위하사 삼진귀일의 진리를 밝히시고 화중성철하는 종문을 열으신지라, 우리 인생은 마땅히 止調禁의 삼법으로써 心氣身 삼망을 돌이켜 性命精 삼진에 나아갈지니 이것은 곧 우리 인간이 천국화하는 究竟이라. 아! 세계 攪亂을 미워하고 인류평화를 사랑하거든 우리 종문으로 들어오라. 현재의 고민을 벗고 영원한 행복을 누리랴거든 眞倧大道를 믿으라. 아! 우리 最敬最愛하는 만천하 동포들이여! 대종교하얼빈선도회" (290 – 291쪽)

여책을 제작하는 일방, 대종학원을 신설하여 교육사업을 전개하고, 천진전 건립을 추진하였다. 그러나 대종교가 이같이 활기를 띠는 것을 보면서 일제당국은 대종교가 더 이상 발전하도록 방치해서는 안된다고 판단한 것 같다.

일제는 대종교가 자기들의 조선지배와 만주로의 팽창의도에 방해된다고 보아 경계하면서, 대종교를 허가해주고서도 밀정을 심는 등 교단의 동향을 감시해 왔다. 그러다가 대종교의 활동이 활발해지고 교세확장추세가 뚜렷해지자 더는 두고 볼 수 없다는 결론을 내렸으며, 그 시점을 찾고 있었다. 교단의 포교활동을 허가할 때는 교단을 회유하여 식민지배에 이용할 의도가 있었지만, 그러나 교단은 최소한의 격식적 차원에서만 황국신민의 의례를 따를 뿐 대종교 본래의 지향은 전혀 포기하지 않는다는 것이 확인되었다. 마침 국내에서도 식민지배와 수탈을 영구화하기 위한 민족말살정책이 본격화하고, 조선어연구자들을 일제히 검속하여 탄압하는 조선어학회사건이 전개되자, 조선어학회와 함께 조선인의 민족정체성과 자긍심을 고취해온 또 다른 주역인 대종교단도 함께 말살하기 위한 행동에 나서게 되었다.[21]

21 국내에서의 조선어학회사건과 만주에서의 대종교 대상 검속사건은 분명히 통합적 기획과 지휘에 의한 사건이었다고 생각된다. 그러나 두 지역에서의 검거사건을 누가 (어느 기관이) 기획·주도했는지는 아직 알려지지 않는다. 당국은 침투시킨 밀정을 통하여 임직원별로 범죄혐의와 소재지 등 기본정보를 파악하고 있었을 것이다. 검거대상과 검거일시 등에 대한 최종시나리오는 조선어학회 사건 이후 결정되었을 것이다. 체포 일시가 정해지자 일사불란하게 검거작업이 작동되었는데, 만주와 국내에 흩어져 있는 이들에 대한 검거작업이 일시에 진행된 것은 두 지역을 통괄하는 기관의 조정이 있었을 가능성을 보여준다. 참고로, 체포된 25인 중 24인이 11월 19일에 체포되었고, 1인(이현익)만이 다음해 4월3일 체포되었다. 11월19일 체포된 24인은 만주 각지에서 체포된 이가 20인, 국내에서 체포된 이가 4인이다. 국내에서 체포된 이들을 보면, 안희제는 경남 의령에서, 이용태는 충북 제천에서, 성하식은 경북 김천에서, 권영준은 함북 성진에서 각각 체포되었다. (300쪽)

5. 임오교변의 경과와 박해내역

일제당국의 대종교 파괴공작은, 폭동을 선동하는 것과는 거리가 먼 격문 하나를 조선독립을 위한 봉기를 촉구하는 선언서로 조작하는 일로부터 시작되었다. 일제는 조선어학회의 주동자로 체포되어 수사받고 있던 대종교인 이극로가 만주에 있는 윤세복 도사교에게 보낸 서신 중에 [널리 펴는 말]이라는 제목의 문건이 포함된 것을 발견하고, 이극로가 쓴 그 문건을 조선독립을 위한 대중봉기를 촉구하는 격문으로 조작하였다. 이 문건은 당시 대종교단에서 추진하던 천진전 건립과 대종학원 건설을 위한 모금운동에 교인들이 적극 참여할 것을 촉구하는 제안문 성격의 글이었는데,[22] 일제는 문건 속에 나오는 "일어나라 움직이라"는 구절을 "봉기하자 폭동하자"로 날조하고, 문건의 제목도 [조선독립선언서]로 바꾸었다. 그리고 대종교 지도부를 일제 검거하기 시작했던 것이다.(298쪽)

1942년 11월19일 (양력 12월26일)을 기하여 만주와 조선 일대에서 일시에 잡아들인 교단 지도자는 도사교 윤세복을 비롯한 25인에 달한다. 일제 경찰은 체포된 25인 중 4인은 즉일 석방하고, 5인에 대해서는 수사후 교

22 문제가 된 [널리 펴는 말]의 주요 부분을 소개하면 다음과 같다. [널리펴는 말 / 이극로] "천운은 빙빙 돌아가는 것이라. 한번 가고 다시 아니 오는 법이 없다. 날마다 낮이 가면 밤이 오고 밤이 가면 낮이 오며 또 춘하추동 사철은 해마다 돌아온다. 이와 같이 영원토록 돌아가고 돌아오는 법이 곧 한얼님의 떳떳한 이치다. ... 동방에는 밝은 빛이 비치었다. 이는 곧 대종교가 다시 밝아진 것이다. 한동안 밤이 되어 지나던 대종교가 먼동이 튼지도 30여년이 되었다. 아침 햇빛이 땅위를 비치어 어둠을 물리치는 것과 같이 대종의 큰 빛이 캄캄한 우리의 앞길을 비치어준다. ... 종교는 믿는 마음으로만 되는 것이 아니다. 일정한 형식을 갖추어야 되며 또 형식은 존엄을 보존할만한 체면을 잃지 아니하여야 된다. ... 그런데 우리는 체변을 유지할만한 천전과 교당도 가지지 못하였으며 또는 교회의 일군을 길러낼 만한 교육기관도 없다. 이는 우리에게 그만한 힘이 없는 것도 아니오, 성력이 아주 부족한 것도 아니다. 그동안에 모든 사정이 우리의 정성과 힘을 다 발휘할 기회를 얻지못하였던 까닭이다. ... 그런데 이제는 때가 왔다. 우리는 모든 힘을 발휘하여 대교의 만년대계를 세우고 나아가야 한다. ... 반석위에 천전과 교당을 짓자! 기름진 만주벌판에 대종학원을 세워서 억센 일군을 길러내자! 우리에게는 오직 희망과 광명이 있을 뿐이다. 일어나라 움직이라! 한배검이 도우신다. 개천 4399년 9월5일." 조준희, 「이극로의 '미지의 한국'과 '널리 펴는 말'」, 『한국민족운동사연구』 88호, 2016.9.

무에 책임이 없었다거나 연로자라는 이유로 석방하였지만, 나머지 16명에 대해서는 가혹한 고문과 악형을 가하여 학대하였다. 수사와 수감과정에 사망자만 10인에 달하였으며,[23] 요행히 죽지않고 재판에 회부되어 판결까지 받은 인원은 도사교 윤세복(무기)를 비롯한 7인에 불과하였다. 그리고 유죄판결자 7인 중 1인은 옥사하고, 해방후 소련군에 의해 감옥문이 열리면서 살아서 출옥한 사람은 6인이었다.[24]

1942년 11월 만주와 국내 각지에서 검거된 대종교인들에 대한 수사와 재판은, 영안현 경무과에 설치된 특별취조본부에 구치되어 갖은 악형이 동반된 4개월간의 1부 취조신문에 이어, 목단강 경무처와 액하감옥에 옮겨져 3개월간 목단강 경무처 특무과의 제2부 취조를, 그리고 목단강 고등검찰청에 다시 넘겨져 3개월간의 제3부 취조를 마쳤고, 1944년 4월 목단강 고등법원에서의 사실심리공판을 거쳐, 44년 5월 검찰의 구형이 있었고, 44년 6월에 심판관의 판결언도가 내려지는 순서로 진행되었다. 일제가 대종교 지도자들을 체포할 때 적용한 죄목은 '잠행징치반도법' 위반 혐의였다. 그리고 재판시에는 '치안유지법'을 적용하여 유죄로 판결하였

---

23 임오교변으로 옥사한 사람은, 사교 오근태(63세), 정교 안희제(59세), 정교 강철구(53세), 정교 김서종(51세), 정교 이창언(68세), 정교 이재유(68세), 정교 나정련(62세), 정교 나정문(54세), 상교 이정(49세), 상교 권상익(44세) 등 10인이다. 옥사자 10인 중 이재유는 도형 5년을 선고받고 수감중 사망하였고, 오근태.나정문 2인은 기소 직후 재판 판결 전에 사망했으며, 나머지 7인은 수사중 고문으로 사망하였다. 또 김서종 · 이창언 · 이재유 · 나정련 · 이정 · 권상익 등 6인은 옥중에서 사망하였고, 나정문 · 오근태 · 안희제 · 강철구 등 4인은 병보석으로 석방된 다음날(3인)부터 1개월 사이에(1인) 사망하였다. 수감자들에 대한 취조가 얼마나 혹독하고 비인도적이었던지를 짐작하게 하는 대목이다. 사망자를 연령별로 보면, 40대가 2명, 50대가 4명, 60대가 3명씩이다. 나이와 상관 없이 학대가 심했다는 얘기인데, 대종교단에서는 이들 옥사자 10인을 '임오순교10현'이라 추숭하고 기념하고 있다.

24 판결시까지 살아남은 7인에 대한 혐의와 형량은 다음과 같다. 윤세복, 치안유지법 제1조위반, 무기 도형 / 김영숙, 치안유지법 제2조 위반, 도형 15년 / 윤정현, 치안유지법 제2조 위반, 도형 8년 / 이용태, 치안유지법 제2조 위반, 도형 8년 / 최 관, 치안유지법 제2조 위반, 도형 8년 / 이현익, 치안유지법 제2조 위반, 도형 7년 / 이재유, 치안유지법 제2조 위반, 도형 5년. 유죄판결 받은 7인 중에 이재유는 옥사하였고, 해방후 요행히 출옥한 사람은 도사교 윤세복 등 6명이었다. (322쪽)

다.[25] (316쪽)

1944년 2월19일자로 목단강 고등검찰청 검찰관이 법원에 제출한 기소장에서는 대종교단을, 조선민족의 독립을 목적으로 하는 [종교를 가장한 정치운동단체]로 규정하고, 특히 대종교가 추구하는 배달국재건이란, 만주제국의 영토 전부를 탈취하고, 만주국과 '일심일덕의 기조상에 있는 대일본제국'의 영토의 일부인 조선을 일본의 통치권에서 이탈시켜 독립국으로 만드는 것으로 단정하고 있다. (324-325쪽) 대종교단의 성격을 그같이 규정하면, 대종교단의 교무를 담당했던 교역자들의 종교활동은 모두가 국체변혁을 목적으로 반란행위에 종사한 것이 된다.

실제로 기소장은 피고들의 대종교활동을 모두 유죄의 사례로 적시하고 있는데, 그중에서 무기징역을 언도받은 도사교 윤세복에 대한 기소문만을 예로 들어 보면 다음과 같다.[26]

도사교 윤세복(1881-1960)에 대한 기소문은 다른 피고에 비해 내용이 가장 길고 자세한데, 그것은 그가 대종교단의 책임자로서 사건의 중심에 있

---

25 '잠행징치반도법'은 국헌을 문란시키고 국가존립 기초를 위태롭게 할 목적으로 결사를 조직한 자를 처벌하기 위해 만든 법으로 일본의 치안유지법에 해당한 법령이다. 만주국 출범 초기인 1932년11월 공포하였으며, 반체제사범이나 불령선인을 즉결처분(臨陳格殺)할 수 있는 권한을 군과 경찰의 책임자들에게 부여하고 있다. '치안유지법'은 반체제세력에 대한 처벌과 검열의 수위를 한층 더 높인 것으로 1941년 12월 공포되었다. (윤휘탁, 『일제하 만주국 연구』, 일조각, 1996, 116쪽) 임오교변의 피고인들에게는 '잠행징치반도법'이 시행된 후 대종교활동을 한 것을 유죄로 간주하였으며, 판결시에는 전체적으로 치안유지법위반을 적용하였다.

26 일제의 기소문이나 판결문 등은 현재 원문으로는 전해지지 않고, 목단강고등검찰청 검찰관 中村義夫 명의로 목단강 고등법원에 제출된 1944년 2월21일자 기소장의 번역문만이 『대종교중광60년사』(323 – 336쪽) 에 수록되어 있는데, 이 번역문은 비록 부분적인 윤문은 있을 수 있겠지만 원문 내용과 기본적인 차이는 없다고 생각되므로 임오교변 연구의 1차 자료로 유의미하다고 판단한다. 연구자들 중에는 대종교 관련자료가 불충분함을 아쉬워하는 이들이 많은데, 대종교단은 그를 지키며 전승해올 수 있는 여건을 갖지 못했었다. 임오교변시 교단이 갖고있던 모든 문서는 압수되었고, 수차에 걸친 마적단 습격 등으로 탈취 · 소각된 것도 적지 않은 것으로 알려진다. 임오교변 관련 재판기록들도 교단의 입장에서는 매우 중요한 역사자료일텐데, 그러나 교단의 교직자들이 모두 투옥되고 탄압하는 분위기가 엄중한 상황에서 그를 챙기려 나설 사람이 없었을 것이다.

는 인물이기 때문일 것이다. 기소문에서는 조선 경남 밀양의 상류농가에서 태어난 이래 반일·민족의식을 갖게 된 과정과, 1909년 말 나철로부터 대종교의 취지와 교리에 대해 듣고 입교하여 대종교 교세확장과 독립운동에 관여한 내역부터 적시한다. 그리고 김교헌이 사망한 후 대종교 3세 교주에 취임한 사실과, 그 이후 대종교 포교가 금지되자 밀산 당벽진으로 총본사를 이주하고, 잠행징치반도법이 시행된 이후에도 대종교 교주의 지위를 유지하였다는 점도 지적하였다. 만주국 건국후 만주국을 일본의 괴뢰국가라고 하여 일본세력하에 대종교의 존립이 위기에 당면할 것을 알고, 대종교의 궁극목적을 숨기고 대종교를 조선 고대 신도인 순수종교단체이며 대종교도는 황국민으로서 일본제국에 충성을 다하겠다고 위장한 다음, 재만 일본기관으로부터 포교허가를 얻고 새로이 교세확장을 도모하여 고유목적을 달성할 것을 결의했음을 적시한 후, 4가지 항목으로 죄상을 적시하고 있다.

기소장이 적시하고 있는 죄목은 (1) 하얼빈 일본 총영사관을 상대로 대종교공인운동을 전개하고 포교허가를 받았으며, 하얼빈에 선도회를 설치하고 지방포교에 힘썼음, (2) 총본사를 영안현 동경성으로 이전하고 대종교 운영활동에 관한 제반사무를 관리했으며 교도 천여명을 획득했음, (3) 만주국 정부에 대하여 대종교 공인운동을 개시하고 관계 관서를 역방하여 공인에 대해 설명함, (4) 총본사에서 개최된 직원회에 출석하여 대종교 교적간행회 설립문제를 협의·결정하고, 다수 교도로부터 기부금을 징수하였으며, 삼일신고·신단실기·종례초략·오대종지강연·종문지남 등 책자를 발간하여 배포하고, 총본사의 임시협의회에 출석하여 천전과 학교건축 등에 관한 사항을 협의·결정하였으며, 중요간부를 개선하고, 만주국 정부와 조선총독부에 새롭게 허가를 신청하는 것을 협의·결정하였

다는 점 등이다.(325-328쪽)

윤세복에 대한 기소문에서는, 그가 교주로서 교무를 수행한 모두를 유죄사실로 적시하고 있다. 그리고 특기할 것은, 그가 만주국과 일본기관에 대종교에 대한 공인을 요구하면서, 대종교의 목적을 조선고대의 신도를 승계한 순수종교로 주장한 것이나, 대종교는 일본제국의 황국민으로서 충성을 다하려 한다고 말한 것 등은 모두 거짓말이라고 단정하고 있다는 점이다.

다른 피고인들에 대한 기소문 내용도 대동소이한 데, 반일사상을 갖게 된 배경과 대종교에 입교한 과정을 소개한 후, 찬리 · 전리 · 전강 · 경의원참의 등 교단의 각종 교직을 수행한 것과, 총본사의 각종 회의에 참석하여 결정에 참여한 것, 대종교를 포교하는 강연을 한 것, 특히 교적간행회에 참여한 것이나 기부금을 납부한 것, 전도를 통하여 교인을 확보한 것과 기부금을 모집한 것 등을 유죄사실로 적시하고 있다. 기소장은 피고 9인의 제반활동과 혐의를 개별적으로 기술한 뒤에, 피고 모두의 혐의를 요약하고 있는데 그에 의하면, 윤세복은 국체변혁을 목적으로 한 단체의 지도자 임무에 종사하였고, 김영숙은 그 단체의 주요 사무를 장리하였으며, 윤정현 · 오근태 · 나정문 · 이재유와 이용태 · 최관 · 이현익 등에 대해서는 대종교단에 참가하여 단체의 목적수행을 위한 행위를 하였다고 요약한다.(336쪽)

수사와 재판과정에서의 핵심 쟁점은 대종교가 민족운동단체인가, 순수종교단체인가 하는 대종교의 성격에 대한 것이었다. 『대종교중광60년사』가 요약한 일제 검찰의 주장은 다음과 같다.

> "대종교는 조선고유의 神道 중심인 단군문화를 다시 발전한다는 표방하에 조선민

중에게 조선정신을 배양하고 민족자결의 의식을 선전하는 교화단체인 만큼 조선 독립이 그 최종목적이오 따라서 반도와 만주를 탈취하여 배달국 재건의 음모를 가졌으니 이것이 종교를 가장한 정치운동이 아닌가" (321쪽)

그같은 일제 당국의 규정에 대한 대종교측의 반론 요지는 다음과 같다.

"대종교의 교원은 신강태백이오 교의는 홍익인간이오 교리는 삼진귀일이오 교정은 진흥문운이오 구경은 화성천국이다. 그런데 조선독립은 국민운동에 속할 것이오 배달국재건은 곧 천국건설이니 대종교인의 이념이다." (321쪽)

대종교측은, 대종교가 조선민족의 민족의식을 제고하고 결속을 도모하여 궁극적으로 일본을 축출하고 독립을 달성하는 것이라는 일제 당국의 주장을 부인하고, 대종교는 순수한 종교단체이며, 대종교가 추구하는 배달국재건은 현실국가를 건설하겠다는 것이 아니라 종교적 차원의 천국을 지향하는 것을 표현한 것이라는 취지로 반론하였다. 물론 일제의 조종을 받는 만주국 법원은 대종교의 그같은 주장을 수용하지 않고 기소장의 내용대로 전체 피고에 대해 유죄를 선고하고, 무기에서 5년까지의 실형을 판결하였다.

6. 임오교변과 대종교

여기에서는 임오교변이 대종교 역사 및 민족운동사 속에서 가지는 의의를 몇가지로 정리해보기로 하겠다.

첫째로, 임오교변이 대종교 역사에서 가지는 가장 중요한 의의는 아무

래도 그것이 중광이후 대종교가 직면했던 시련과 위기중에 가장 큰 것이었다는 점에서 찾아야 할 것이다. 위에서 살폈듯이 대종교단은 중광이후 한시도 편안한 환경 속에서 종교활동을 전개한 적이 없었다. 교단분열도 있었고, 일제를 피하여 낯선 땅 만주로 이동해야 하기도 했다. 국내에서는 시교권이 불허되어 종교활동을 할 수가 없었다. 간도참변때 일제의 손에 해를 당한 한인중에는 대종교인이 많았고 수십개의 교당이 불에 타는 피해를 입기도 했다. 일제의 압력속에 만주의 동북군벌은 대종교에 대한 포교금지령을 내리기도 했다. 만주국이 들어선후 잠시 대종교 포교가 허용되었지만, 드디어 임오교변이라는 최대의 시련이 터진 것이다. 임오교변은 대종교에 가해진 시련들 중에서도 가장 큰 것이었다. 그 이전에 제기된 시련들 중에도 교단을 옮기고 도피해야 하는 정도의 시련은 있었지만, 교주이하 지도층 전체가 투옥되고 옥사당하며 교문까지 폐쇄되는 정도의 위기는 아니었다.

임오교변에서의 가장 큰 손실은 교단의 핵심 인력 10인이 사망하였다는 점일 것이다. 교단이 생산하고 지켜온 서류들도 모두 압수당했다. 사망한 이들은 여러 어려움 속에서도 대종교단을 지켜온 사람들이다. 하나같이 교단의 지도자로서만이 아니라 민족의 지도자로서 역량과 열정을 갖춘 이들이었다.[27] 백산 안희제 같은 이가 임오년에 해를 당하지 않고

27 옥사자 10인 중 민족운동 선상에서 가장 많이 알려진 이는 백산 안희제(1885 – 1943)일 것이다. 안희제는 1914년에 백산상회(백산무역주식회사)를 설립하여 독립운동의 자금을 조성하면서 운동가들의 연락망 역할을 수행하게 했던 인물로 유명하다. 1926년에는 시대일보를 인수하여 중외일보로 바꾸고 그 사장이 되는 등 언론계에서도 활약했고, 1933년에는 만주로 건너가 발해농장을 설립하여 만주로 이주한 조선 농민들을 정착시켜 독립운동의 인적 · 물적 기반으로 삼고자 했다. 윤세복의 대종교가 1933년 말이후 활동을 활발히 하면서 교세를 늘렸던 것은 안희제의 활동력과 리더십에 힘입은 바 컸다. 그는 1909년경 항일민족운동을 위한 비밀결사로 대동청년당을 결성할 때부터 윤세복과 교분이 깊었던 것으로 알려지며, 1911년부터 대종교를 신봉하였다. 1936년 이후에는 윤세복 도사교가 이끄는 대종교총본사의 교무에 참여하여 경의원 부의장과 총본사 전강, 교적간행회장, 천진전건축주비회 총무부장 등의 직책을 수행하면서 교단을

환국한 대종교를 이끌었다면 대종교에 얼마나 많은 기회가 있었을 것인가? 임오년에 옥사한 40대의 젊은 패기와 50대와 60대의 경륜들도 아깝기만 하다. 오늘날 대종교가 침체된 원인의 하나는 임오교변에서 찾아져야 한다고 본다. 임오교변에서 대종교는 무엇보다 중요한 인재를 잃었고 자기의 역사 자료를 탈취당했다. 요행히 살아서 감옥문을 나온 이들도 자기 몸하나 지키기 어려운 환경 속에서 고생하다가 나왔기에 해방후 혼란기에 활발한 활동을 하기에는 지장이 있었다.[28]

둘째로 임오교변은 민족독립운동 단체로의 대종교의 성격과 본질을 분명히 해준 사건이었다는 점에서 중요하다. 홍암 이후의 대종교의 행보 속에는 적극적 투쟁론자의 입장에서 보면 오해의 소지나 불만족스러운 부분이 없지 않았던 게 사실이다. 특히 일제를 대상으로 한 대종교단의 공인교섭은 일제의 식민통치를 인정하고 그 권력이 강요하는 황민화의례를 수용하는 것을 전제로 하는 것이었다. 대종교가 초기부터 천명한 정교분리 원칙은 항일독립운동이나 시국 쟁점들과 거리를 두고 종교 본연의 사업에만 충실하라는 것으로, 무장투쟁론이나 절대독립론의 입장에서 보면 분명히 불만족스런 노선이다.[29] 일제에 대한 공인교섭은 친일 인사들의 지원에 힘입은 것도 사실이다. 이같은 점들은 민족운동단체로의 성격을 희석하고 있으며, 그를 두고 심지어 투항이나 친일이라고까지 비판하

이끌었다. 1942년 임오교변 직전에 고향인 의령으로 내려가 요양하던 중 11월19일에 현지에서 체포되어 목단강 경무서에 구금되었다. 9개월간의 가혹한 고문과 형옥으로 생명이 위태로운 지경이 되자 의병 보석이 되었지만 그러나 석방된 다음 날인 1943년 8월3일에 사망하였다. 김동환, 「백산 안희제와 대종교」, 『국학연구』 5집, 국학연구소 ; 『대종교중광60년사』 (2017), 307－308쪽 참조.

28 해방후 교단이 발간한 『대종교중광60년사』 서문에서 이시영은, "이 열 분이 조난되지 않았다면 우리의 일에 얼마나 큰 도움이 되었을 것인가?"고 한탄하였는데, (348쪽) 임오교변의 인적 손실이 대종교사업이나 민족사업에 타격이 되었음을 안타까와 한 것이다.

29 나철의 정교분리론에 대해서는, 정영훈, 「홍암 나철의 종교민족주의」, 『정신문화연구』 통권 88호, 2002, 247－252쪽 참조.

는 이들도 없지 않다.

그러나 임오교변의 기소장 내용과 일제권력에 의한 대규모의 박해와 희생 내역은 대종교의 본질과 성격에 대한 그같은 비판적 · 유보적 견해들을 교정해주고 있다. 일제는 대종교단이 행했던 숱한 정교분리 천명과 정치운동 · 시국운동 · 항일민족운동에는 관여하지 않는다는 선언에도 불구하고, 대종교를 종교를 가장한 민족운동단체로 보았고 배달나라의 부활을 추구하는 종교라 결론지었던 것이다. 교단지도자들을 대상으로 해서 혹독한 고문과 학대를 가했던 것은 대종교와 지도부가 행해온 활동이 일제의 침략의도를 그 정반대편에서 도전하고 허물고 있었기 때문이다. 임오교변에서의 박해의 크기는 대종교의 민족운동 단체로의 성격의 크기에 비례하는 것이었다. 대종교는 그 포교활동 자체가 민족운동이었던 것이다.[30]

셋째로, 임오교변은 또, 홍암 이래 대종교가 일제를 상대로 하여 전개한 공인교섭 노선이 잘못된 것이었음을 보여준 사건이었다는 점에서도 의의를 논할 수 있다고 본다. 결론을 두고 보면 일제를 상대로 대종교가 포교를 허용받으리라 기대한 것은 원천적으로 잘못된 것이었다 할 수 있다. 대종교단은 대종교가 갖고있는 순수 보편종교로의 측면을 앞세우고 적극적 독립운동(정치운동)을 자제하면서 일제의 정책에 일정하게 협조해

30 '대종교단'의 독립운동과 '대종교인'의 독립운동은 일단 구분이 필요하다고 본다. 대종교단은 중광이래 홍암 나철이 수차 강조해온 정교분리 지침에 따라 정치(항일독립운동)에는 직접 연관되지 않은 것처럼 모양새를 유지하고자 하였다. 그리고 일제를 상대로 하여 대종교단이 시교권을 얻고자 협상할 때는 비정치적 순수종교단체라는 성격규정을 앞세웠다. 흔히 대종교의 독립운동이라는 표제하에 논의되어온 중광단 – 정의단 – 북로군정서 활동이나 무오독립선언 · 청산리대첩 같은 것은, 교단이 전면에 나서서 주도한 것이 아니었다. 정교분리라는 지침과 어긋나기 때문이다. 그러나 이들 대종교인들이 주도한 단체나 운동들은 교단과 은밀히 또는 밀접히 소통하면서 전개되었다고 봐야 한다. 특히 정신적 · 인적 · 재정적 차원의 뒷받침이 컸을텐데, 대종교인들의 독립운동 과정에 교단이 어떻게 관여하고 지원했는지에 대해서는 추후 연구가 필요한 대목이다.

주면 일제로부터 포교허가를 얻어내는 것이 가능할 것으로 생각하였다. 일제가 내세운 5족협화나 왕도낙토 · 아시아공동체 같은 구호에는 일정한 진정성이 동반돼 있다고 보았고, 대종교가 참여하거나 협조할 수도 있을 것이라 생각하였다. 그러나 일제는 대종교단의 의도와 위험성을 충분히 간파할만큼 영악하였다. 그리고 그들이 그럴싸하게 내세운 슬로건들은 지배와 동원의 수단으로서만 의미있는 것이었고 식민지배와 통제에 효용성이 없으면 언제든지 저버릴 수 있는 것이었다. 대종교가 더는 자기들 뜻대로 회유되지 않고 그대로 두면 위험만 키우게 될 것이라는 판단이 들자, 일제는 단호히 대종교단을 파괴하는 행동에 나섰다.[31]

따지고 보면 홍암이 제기한 [國雖亡道可存]이라는 유시도 너무 순진한? 것이었는지 모른다. 고유의 도(문화·종교·민족혼·국수)를 지키고 보호해 줄 국가가 없어지면 고유문화나 종교는 존립할 수 없는 것이 현실이었던

31 일제는 대종교의 지향을 간파하고 있었고, 대종교에 대한 일제의 기본입장은 감시하고 금압하는 것이었다. 1916년의 포교금지조치는 그런 판단의 결과였다. 대종교단은 일제를 상대로 하여 '至誠해결'(112쪽)의 자세로 설득하였지만 일제는 끝내 포교를 불허했던 것이다. '문화통치'를 표방한 1920년대에 와서 남도본사의 활동을 어느정도 용인하였지만, 그러나 만주사변을 일으킨 1931년 이후에는 다시 전면 금지로 전환되었다. 대종교단이 회유되지 않는다는 것이 확인되었고, 대종교의 활동을 방치하면 한민족의 민족의식이 고취되어 식민통치를 근저에서부터 허물 것이라 보았기 때문일 것이다. 1934년에 만주국이 대종교 포교활동을 부분적으로 허용한 것은, 신생국 만주국의 특수사정이 작용한 것으로 보인다. 당국으로서는 자신들이 천명해온 5족협화 · 왕도낙토 같은 구호나 종교자유가 보장되는 근대국가를 자처해온 명분에서 보아 금지하기만 할 수는 없었을 것으로 보인다. 거기에 적당히 이용해먹다가 여의치않으면 언제든 금지시키면 될거라는 판단도 있었고, 대종교가 자기들의 논리나 정책에 순화될 것이라는 기대도 있었을 것이다. 그러나 밀정을 통하여 파악한 정보에 의하면 대종교단은 한민족의 자주독립을 지향하는 단체라는 본질을 버리지 않았고, 교세가 확장되어가는 동향도 확인되었다. 대종교에 대한 회유가 불가능하고, 제국을 위협하는 위험요인이 커지고 있다는 상황판단이 내려지자, 일제는 즉각 대종교단을 파괴하는 행동에 나섰다. 그같은 결정에는, 자신들이 벌인 침략전쟁이 수세국면에 들어가면서 자신감이나 여유가 위축된 것도 먼 배경으로 작용한 것 같으며, 조선어학회를 폐쇄하는 공작이 진행되고 있는 국내의 동향도 직접적 배경이 되었을 것으로 생각된다. 국내에서 조선어학회사건을 주도한 기획자와 만주국에서 대종교단에 대한 탄압을 주도한 자 사이에는 모종의 연결이 있었고, 특히 대종교를 제국의 안위를 위협하는 항일 민족운동단체로 보는 인식이 공유돼 있었다고 생각된다. 대종교단에 대한 일제검거는 1942년 12월 26일 신속하게 결행되었고, 교단을 파괴하는 데에 목적이 있었던 만큼 검거자에 대한 가혹한 고문과 학대가 시작되었다. 대종교단은 일제의 그같은 정책전환을 모르고 있다가 불시에 박해에 직면하였다.

것이다. [국수망도가존]의 명제는 민족을 말살시키고자 획책하는 민족의 적이자 대종교의 적인 일본제국주의를 상대함에 있어서는 적용할 수 없는 전략이었다.[32] 고유종교를 중심으로 민족의식을 북돋우고 미래를 도모하자는 취지하에 전개된 대종교의 민족운동 노선은 분명히 실력양성론의 범주속에 포함되는 것이었다. 그러나 일제는 그런 평화적이며 점진적인 온건노선마저 용납하지 않는 옹졸하고 편협한 권력이었다.[33] 고유의 도를 지키려는 노력 자체가 적극적인 독립운동이자 저항운동이었고 식민체제를 흔들고 있다는 것을 일제는 알고 있었던 것이다, 대종교가 임오교변을 당한 것을 안타까와 하는 사람들은 일제에 타협하여 종교활동을 허용받고자 한 전략이 많은 지도자들을 죽게하였다고 비판하였으며, 차라리 일제 권력이 미치지 않는 변방으로 숨어 일제통치기를 버텼어야 했다고 자탄하였다. 물론 대종교단의 결정을 논평함에 있어서는, 그같은 선택을 내린 쪽의 순진성에 대한 비판보다, 만행을 자행한 일제의 비인도성

---

32 윤세복은 일제를 상대로 공인교섭에 나서게 된 동기를, 홍암이 남긴 '國雖亡道可存'이라는 유훈을 따른 것이라고 말한 바 있다.(289쪽) 이 말은 "국가는 망하더라도 도는 존립할 수 있다"로 번역되는데, 여기에서 '道'는 국혼 · 고유문화 · 주체성, 그리고 그런 가치를 담지하는 존재로의 대종교를 가리키는 말일 것이다. 이 명제에는 국가는 망하더라도 도는 유지될 수 있다, 고유의 도를 유지하면 국가는 언제든 살려낼 수 있다, 고유의 도를 유지하는 것이 가장 중요하다, 고유의 도(대종교)를 유지하기 위해서는 어떤 타협이나 비용도 감당해야 한다… 그런 생각들이 내포되어 있다 할 수 있다. 홍암 역시 그같은 인식하에 일제를 상대로 하여 시교권을 확보하려 하였었고, 윤세복 역시 그런 문제의식 위에서 만주국과 일제를 상대로 한 공인교섭에 나섰다. 국가를 회복하는 일은 뒤로 미루고, 대종교단과 종교활동을 지켜내는 것이 급선무이다, 어떤 타협을 해서라도 대종교 교단은 유지해야 하고 종교활동을 할 수 있게 해야 한다… 그런 사고인 것이다. 거기에는 일제의 식민지배를 용인해야 하는 위험성이 동반되어 있었다. 물론 일제가 대종교를 정치적 목적이나 기능은 배제된 순수한 종교로만 봐줄지의 문제도 별개이다.

33 일제를 상대로 무력투쟁에 나서는 것보다 민족의식과 경제적 · 문화적 역량을 키우는 일이 우선이라고 보는 실력양성론은 독립전쟁론자들이나 계급혁명론자들에게는 소극적이며 비겁한 노선으로 보였을 것이다. 그러나 민족적 자주성과 독립에 대한 의지가 동반되어 있다면 그것은 적극적 독립운동의 한 표현으로 평가돼야 한다. 대륙침략에 본격 나선 1930년대 이후의 일제는 이같은 비폭력적 운동그룹까지도 용납하지 못하는 편협하고 옹졸한 권력이 되어있었다. 수양동우회사건(1937)은 평화적 실력양성운동까지도 용납할 수 없는 일제의 다급한 속내를 잘 드러내준 사건이었다 할 수 있다. 일제의 조급성과 폭력성은 중일전쟁과 태평양전쟁으로 전선을 확장시키면서 더욱 심해지는데, 1942년에는 드디어 대종교와 조선어학회가 탄압의 대상이 되었다.

과 기만성을 먼저 지적해야 하며, 교단의 결정은 대종교와 민족에 대한 순수한 열정에서 출발한 것이었다는 점이 고려되어야 할 것이다.

7. 일제의 민족말살 기획과 임오교변

네 번째로, 일제가 대종교단에 대해 자행한 임오교변은 한민족을 대상으로 기획한 민족말살정책의 일환이었다는 점이다. 중일전쟁(1937)에 태평양전쟁(1941)까지 벌이면서 수세국면에 처하게 된 일제는 한민족에 대한 통제와 수탈을 영구히 하고자 민족말살정책을 본격적으로 펼치게 된다. 이 정책은 기본적으로 한민족의 민족적 정체성과 민족의식을 말살시켜서 일본에 동화시키기 위한 것으로, 내선일체와 일선동조론, 황국신민화 등의 구호를 내걸고, 한국인의 고유한 말과 글을 금지시키고 역사교육을 폐지하며, 창씨개명을 강요하여 민족의식을 파괴하는 것을 주내용으로 하고 있다. 이 민족말살 기획의 일환으로 자행된 것이 조선어학회사건과 대종교탄압이었다. 고유의 말과 글, 그리고 종교를 연구하고 보급하는 단체와 활동을 폐쇄하여 민족적 정체성과 자긍심을 원천적으로 차단하기 위함이었다. 일제는 1942년 10월에 조선어학회 회원들에 대한 일제검거에 나섰고, 두 달 뒤에는 대종교인에 대한 검거를 시작하였다.

이 두 단체는 한민족의 고유문화를 지키고 그를 통하여 민족정신과 자주독립의지를 제고하려는 취지를 공유하고 있었고, 특히 조선어학회의 회원중에는 이극로 간사장을 비롯하여 대종교인들이 중심멤버로 활약하고 있었다.[34] 일제는 두 단체 모두를 일제의 조선지배를 거부하고 조선민

34 조선어학회는 조선의 말과 글을 학문적으로 연구하고 보전 · 보급하기 위해 1908년 주시경을

족의 독립을 도모하는 독립운동단체로 규정하였다. 두 사건 모두 체포된 인사들에게 가혹한 고문과 학대가 가해졌고, 많은 인명피해가 발생하였다. 그러나 두 단체에 대한 일제당국의 처우를 비교하면 대종교에 대한 응대가 훨씬 더 가혹하였음을 확인할 수 있다. 대종교의 경우 조선어학회사건의 경우보다 선고형량이 무거웠고, 옥사자의 규모도 컸던 것이다. 가령 최고형 형량을 비교해보면, 어학회사건의 최고형은 간사장 이극로에게 내려진 6년이었지만, 대종교의 도사교 윤세복에게는 무기형이 선고되었다. 어학회사건의 경우 2명의 옥사자가 (한징·이윤재) 나왔지만, 대종교의 임오교변에서는 옥사자가 10인이나 되었다.[35] 대종교에 대한 처우가 더 혹독했던 것은 대종교는 단순한 학술연구나 계몽운동에 그치지 않고 무력투쟁을 배후에서 추동하기까지 하였기 때문일 것이다.

중심으로 설립된 국어연구학회의 후신으로, 배달말글몬음(1911)이나 한글모(1913), 조선어연구회(1921) 등으로 이름을 바꾸었다가 1931년 조선어학회로 다시 이름을 바꾸었고, 해방후 1949년 다시 이름을 바꾸어 한글학회가 되었다. 일제 초기에는 심한 감시로 인하여 활동이 위축되어 있었는데, 삼일운동후 소위 문화정치의 일환으로 억압의 강도가 완화되면서 활기를 띠었다. 한글맞춤법통일안과 표준어사정, 외래어표기법 등을 제정하는 등 조선어의 말과 글을 연구 · 정리 · 보급하는 활동에서 성과를 냈고, 1929.10월에는 조선어사전편찬회를 구성하여 편찬작업을 시작하였다. 1942년 4월에는 드디어 그간 편찬된 원고를 인쇄소에 넘겨서 인쇄작업에 착수하기에 이르렀는데, 조선어학회의 이같은 성과는 민족말살공작을 강화해가고 있던 일제당국으로서는 용인될 수 없는 것이었다. 단속의 시기를 노리던 일제 경찰은 드디어 1942년 10월부터 회원 모두를 검거하여 탄압하기 시작하였는데, 그것이 조선어학회 사건이다.

35 조선어학회사건 때 검거된 회원 수는 간사장 이극로를 비롯한 핵심회원 33명에 이른다. 죄목은 치안유지법상 내란죄였다. 검거자에 대해서는 가혹한 고문이 가해졌고, 고문을 못이겨 이윤재와 한징 등 2인이 옥사하기까지 하였다. 경찰서 조사를 거쳐 검사에 의해 기소된 이는 16인이고, 12인은 기소유예 되었다. 1944년 12월부터 1945년 1월까지 진행된 재판에서는 이극로 6년, 최현배 4년, 이희승 2년 6월, 정인승 · 정태진 2년 등 핵심 멤버들에 대해 실형을 선고하였고, 김법린 · 이중화 · 이우식 · 김양수 · 김도연 · 이인 등에게는 징역2년에 집유3년을 각각 선고하였다. 투옥된 이들 중 이극로 · 최현배 · 이희승 · 정인승 등 4인은 일제가 항복한 다음 날에야 옥에서 풀려날 수 있었다. 조선어학회사건으로 투옥됐던 이들 중에는 대종교인들이 많았는데, 총책임자(간사장)인 이극로와 최현배 · 정인승 등이 대종교인이었고, 특히 고문으로 옥사한 이윤재 · 한징 등 2인도 대종교인이었다. 조선어학회사건 검거자중 대종교인에 대한 고문이 심했고 형량이 많았다는 것은 대종교에 대한 일제 당국의 경계가 컸다는 것을 말해준다. 특히 이극로는 만주의 대종교 총본사와 자주 소통하고 있었으며, 이극로가 대종교중흥 운동에 참여할 것을 촉구하는 취지로 써서 윤세복에게 보낸 [널리 펴는 글]은 1942년 11월의 대종교탄압사건(임오교변)의 빌미가 되기도 했었다.

다섯째로, 대종교가 겪은 임오교변은 일제시기 종교사를 통하여 종교단체가 민족적 저항을 이유로 식민권력으로부터 박해받은 사건중 그 피해규모가 가장 혹독했던 사건이었다. 일제 강점기를 통하여 대중적 조직을 갖고있는 단체는 종교단체가 유일하다시피 했고, 따라서 일제는 종교단체가 반일 저항운동의 중심이 되지않도록 감시하고 통제해왔다. 일상적 활동이 아닌 것은 사전에 허락을 받도록 강제되어 있었고, 정교분리를 앞세워서 종교단체는 순수종교활동만 할 수 있고, 식민당국의 시책에 반대하는 일은 금지되었다.[36] 한편 종교단체는 민족구성원의 고민과 관심사에 해답을 주어야 하므로 현실문제에도 관여하기 마련이며, 권력과 갈등하는 경우도 자주 발생한다. 현실권력은 정교분리를 자주 말하는데, 그 본래의 의미는 자기들의 권력에 도전하지말고 복종하라는 뜻 이상의 아무것도 아니다. 그러나 종교단체쪽에서 보면, 민족구성원의 아픔과 관심사로부터 먼 종교는 세력을 키우기 어렵다. 심지어 종교를 이용하여 민족적 과제를 도모하려는 사례도 많이 찾아지며, 초기 기독교인들 중에는 민족운동에 도움을 얻고자 기독교에 가입한 이들이 많았었다.

종교가 민족적 이슈를 가지고 식민권력과 충돌한 대표적인 사건이 삼일운동일 것이다. 삼일운동은 천도교와 기독교 · 불교계의 지도자들이 민족대표가 되어 독립을 선언했고, 참여한 33인이 모두가 투옥되어 옥고를 치렀었다. 그러나 삼일운동을 주도한 종교인들에 대한 형량은, 최대가

36 식민치하에서 활동하는 모든 종교단체는 일제에 대해 충성을 서약해야 했고, 권력이 요구하는 황국신민 의례를 수용해야 했으며, 식민정책에 협조해야 했다. 그를 거부하면 종교단체를 유지할 수 없었다. 감시의 눈을 가리고 억압을 완화하기 위해 식민 당국과 좋은 관계를 유지하는 것도 필요했을 것이다. 일제 치하에서 종교단체들이 취했던 그런 행보를 두고 '친일'이라 규정하는 것은 가혹한 것일 것이다. 물론 식민정책에의 협조나 충성의 정도를 두고 논쟁은 있을 수 있을 것이다. 대종교단이 행한 협조나 '충성'의 정도는 일제하에서 권력의 공인하에 포교활동을 전개했던 다른 종교단체들과 비교할 때 가장 낮은 수준의 소극적인 것이었을 것이다. 대종교단에 대한 박해의 원인은 그것이었다.

3년형이었고, 그나마 2년 전후를 복역한 뒤에 가출옥하였으므로, 형량과 피해규모에서 임오교변과 비교되지 않는다. 일제권력과 종교가 충돌한 대표적 사건의 하나인 기독교의 신사참배 거부사건도, 투옥된 사람 수는 많았지만 옥사한 사람은 주기철 목사 등 수인에 불과한 것으로 알려진다.[37] 신사참배반대운동의 경우, 그 성격과 관련하여 임오교변과는 차이 나는 측면이 있는데, 가령 신사참배거부운동의 경우 항일운동의 성격은 분명하지만, 민족운동이나 민족독립운동으로까지 의미부여를 할 수 있는지에 대해서는 논란이 있다. 종교적 신념을 지키기 위해 일제권력과 싸운 것이지, 민족의 독립이나 해방을 위한 투쟁으로 인식한 것 같진 않기 때문이다. 그러나 임오교변의 순교자들에 대해서는 이 부분에 관한 한 별다른 논란은 없을 것 같다. 곧, 임오교변의 순교자들은 종교적 진리를 위해 산 사람들이면서 동시에 민족적 부활을 위해 싸운 사람들인 것이다.

여섯째로 들 것은, 임교교변은 일본제국주의의 비인도적 · 반문명적 · 기만적 속성과 본질을 잘 확인할 수 있게 해준 사건이었다는 점이다. 일제는 타국을 침략하고 탄압하기 위한 명분을 만들기 위해 기만과 조작행

37 기독교인들의 신사참배 거부사건은 1924년부터 발생하였지만, 일제의 강요가 심해진 1935년부터 집단적인 저항이 본격화하였다. 기독교인들은 신사참배는 성경이 금지하는 우상숭배라 간주하여 반발하였는데, 특히 평양의 기독교계 학교와 교회에서 신사참배를 거부하는 저항사건이 연이어 발생하였고, 그에 대해 총독부는 학교를 폐교하는 등의 조치로 대응하였다. 반대운동은 1938년 경에는 전국의 기독교학교로 확산되어 많은 학교가 폐교되었는데, 그같은 일제의 강경조치에 다수의 교회와 학교는 굴복하여 신사참배를 받아들이게 된다. 일제는 신사참배는 종교가 아니라 황국신민이 지켜야 하는 국민의례라 강변하였는데, 그같은 논리를 수용한 것이다. 그러나 강력한 반발을 지속하던 인사들은 구속되어 옥사하는 사건으로까지 전개되는데, 주기철목사(1897－1944.4)가 대표적인 인물이다. 신사참배에 반대하다 박해받은 규모가 어느 정도인지에 대해서는 통일된 견해가 없는데, 학자에 따라서는 투옥된 이가 2000여명에 이르고 200여 교회가 폐쇄되었으며, 순교자만도 50여명에 이른다고 보기도 한다. (『민족문화대백과사전』 [신사참배거부운동] 항 참조) 신사참배반대운동은 종교적 신념을 지키고자 일본권력에 반항한 것인 바, 항일운동으로의 성격은 분명하지만, 항일민족운동이나 민족독립운동으로까지 볼 수 있는지에 대해서는 논쟁이 있다. 신사참배반대자 중 사망자인 주기철목사 외에 투옥경력이 있는 주남선 · 한상동 · 손양원 목사 등이 독립유공자로 추서되었다.

위를 불사해왔다. 일제의 군대와 경찰이 가는 곳에는 대규모의 살상과 파괴가 동반되었다. 일제는 조선에 대해 독립을 보장할 것을 약속하고서도 조정을 협박하고 국토를 무력으로 강점하여 식민지로 만들었다. 식민지배에 저항하거나 그럴 소지가 있는 사람들에 대해서는 무자비한 학살과 탄압을 마다하지 않았다. 임오교변에서도 그같은 행태를 보여주었다. 그들은 체포의 명분을 만들기 위하여 문건을 조작하였고, 교단 지도자들이 마지막까지 일제검거 계획을 알지못하도록 철저히 위장하였다. 그리고 체포된 교인들에 대해서는 인권을 존중한다거나 하는 법치주의는 없었고 인도적 윤리는 고려되지 않았다. 투옥된 사람 21인 중 10인을 옥사시킨 폭력성과 비인도성은 일본제국주의의 속성을 그대로 보여주는 것이었다. 체포된 인사들에게는 낙형 · 거물형 · 전기형 · 수형 · 곤봉구타 · 형극궤자형 · 간지형 등 인간에게 고통을 줄 수 있는 악독한 방법이 모두 동원되었다.[38] 임오교변은 일본제국주의의 비인도성과 불법성, 그리고 기만적이고 폭력적이며 반문명적인 본질을 여실히 보여주는 사건이다. 그러나 오늘날 일본의 우익은 자기들이 자행한 그같은 과오를 인정하지 않는다.

8. 맺음말

대종교는 한민족 고유의 종교를 부활시켜서, 작게는 배달 민족의 민족의식을 고취하여 민족적 자주독립과 통합을 도모하고, 크게는 인류를 어둠과 고통으로부터 구해내려는 기획으로 '중광'되었다. 그러나 일제가 한

---

38 이용태, [영안현 유치감에서], 『애국지사 이용태선생문고』, 동화서관, 1977, 126쪽; 『대종교중광60년사』에 실린 이용태의 [구금고황]에도 구금되어 있는 대종교 지도자들에 대해 일제가 자행한 '악랄한 만행'이 잘 증언되어 있다. (317－320쪽)

국을 식민지로 점유하고 민족운동을 탄압하는 상황 하에서 배달민족국가 건설(재건)이라는 목표는 전면에 내세우기 어려운 것이었다. 그 목표는 일제의 무력과 맞싸워서 승리해야만 추구할 수 있는 것이었기 때문이다. 그리하여 대종교는 배달국가건설이라는 목표는 숨기고 종교적 차원의 행복과 천국건설 정도의 지향만을 앞에 내세워서 포교권을 얻어내고자 하였다. 일제는 자기체제의 우월성과 포용성을 과시하고 대종교를 회유하여 식민통치에 이용하려는 의도하에 대종교의 활동을 부분적으로 허용하였다. 그러나 중국과 미국을 상대로 하여 벌인 제국주의 침략전쟁이 수세적 국면으로 진입하자, 대종교에 대한 정책은 전환되었다. 국내에서는 만주사변후 남도본사의 활동이 금지되었고, 만주에서는 1942년 말 임오교변을 일으켜 대종교단을 폐쇄하였다.

임오교변에서 일제당국은 대종교를 '종교를 가장한 정치단체'로 규정하였다. 겉으로는 비정치적 외양을 취하였지만, 실제로는 조선의 독립달성을 목적으로 하여 조선정신과 민족의식을 배양해 왔다는 것이고, 일본의 일부인 한반도와 만주를 탈취하여 한민족의 독립국가를 세우려 했다는 것이다. 국내에서 대종교단보다 두 달 먼저 폐쇄조치에 들어간 조선어학회 역시 학술을 가장한 독립운동 단체로 규정됐었다. 일제로서는 조선을 영구히 식민지로 차지하기 위해서는 조선인의 자주독립의지와 그를 추동하는 민족정체성 및 민족의식이 사라져야 하는데, 조선어학회와 대종교는 조선민족의 고유적 정체성과 민족의식을 고취하여 궁극적으로 일제로부터의 독립의지를 유도하는 반국가 활동을 전개하고 있었다고 판단하였다. 두 단체가 명시적으로 항일투쟁을 표방하는 것은 아니었지만, 식민당국으로서는 식민지배를 근저에서부터 흔드는 반국가적 활동을 하는 단체로 판단되었고, 따라서 가혹한 탄압을 결정하기에 이른 것이다.

이 논문은 1942년 일제가 대종교를 대대적으로 탄압했던 사건인 임오교변에 대해 그 배경과 전개과정 및 피해상황을 정리하고 이 사건이 대종교사와 민족운동사 속에서 가지는 의의를 더듬어 본 것이다. 임오교변은 여러 측면에서 중요한 의의를 가진 사건이다. 논문에서는 특히 6가지 측면에서 논의하였는데, 곧 (1)대종교가 중광한 이후 직면하였던 여러 시련 중 가장 큰 시련이었다는 점과, (2)민족독립운동 단체로의 대종교의 성격을 분명히 보여준 사건이었다는 점, (3)대종교단이 일제를 상대로 하여 전개한 공인교섭이 잘못된 것이었음을 보여준 사건이라는 점, (4)일제가 한민족을 영구히 지배하기 위해 기획한 민족말살정책의 일환이었다는 점, (5)일제시기 종교사를 통하여 종교단체가 식민권력으로부터 박해받은 사건 중 가장 피해규모가 큰 사건이었다는 점, (6)일본제국주의의 비인도적 · 반문명적 · 기만적 성격을 잘 확인시켜준 사건이었다는 점 등이다.

일제는 대종교의 지도자 25인을 체포하여 갖은 고문과 학대를 가해서 10명을 옥사시키는 만행을 저질렀다. 요행히 판결시까지 생존한 7명에게는 무기에서 5년까지의 징역을 선고하였다. 그 중에서 살아서 옥문을 나설 수 있었던 사람은 6명뿐이었다. 소련군이 전쟁에 참전하면서 옥문이 열린 덕이었다. 출옥한 이들은 요양의 시간을 가질 겨를이 없이 교문을 다시 열고 대종교의 이상을 실현하는 길에 나섰다. 그러나 대종교의 시련은 임오교변으로 끝나지 않았다. 폐쇄된 시교당 조직을 부활시키고 교인들을 다시 규합하느라 영일이 없는 상황에서, 다시 교단활동이 어려운 환경이 초래되었다. 소련군과 공산당이 만주를 장악하게 되면서 대종교에 대한 방해와 위협이 심해진 것이다. 만주의 새로운 주인이 된 공산당으로부터, “대종교는 공산정책에 비협조적 단체이며 교주이하 중진들은 반동분자이니 처단해야 한다”는 협박이 거듭되면서 (371쪽) 일제시대와 다름없는 새로운 난관이 대두되었다.

그같은 새로운 정세 속에 교단은 30년 이상 힘든 여건을 이겨내며 개척해온 만주를 버리고 환국하는 결정을 내리게 된다. 그러나 대종교의 환국은 금의환향이지 않았다. 해방후의 조국 상황은 대종교단에 결코 우호적이지 않았던 것이다. 분단과 좌우익갈등, 그리고 남북전쟁과 이승만독재로 이어진 정세는 대종교를 방해하고 그 발전을 제지하는 요인으로 작용하였다. 대종교는 정서상으로 좌우대립과 남북분단을 거부하는 통일민족주의를 지지하였지만, 한반도의 정세는 민족주의가 배척되고 냉전이 강화되며 분단이 고착되는 상황으로 전개되었다. 분단은 대종교인의 역량을 남북으로 분산시켰다. 남북의 냉전정권은 정권수립과정에는 대종교인들을 끌어들여 이용하였지만, 정권이 안정되자 곧바로 권력주변에서 배제하였다. 남쪽에서는 이범석 · 이시영 · 안호상 · 정인보 · 명제세 같은 대종교인들이 정부건설에 참여했지만 이승만의 권위주의독재가 공고해지자 축출되었고, 북쪽에서도 김두봉 · 이극로 같은 대종교인들이 정권수립에 기여했지만 김일성체제가 완성되자 권력주변에서 제거되었다. 남북을 장악한 극단주의자들이 벌인 남북전쟁은 또한번 대종교에 시련을 안겨주었다. 안재홍 · 조완구 · 정인보 · 윤기섭 · 명제세 · 정열모 같은 저명한 대종교인들이 납북되었고, 이시영 · 박찬익 · 조성환 · 황학수 · 김영숙 같은 원로들이 전쟁 전후의 혼란 와중에서 사망하였다. 대종교단의 원로 지도자들이 정권에서 소외되고 분단과 전쟁의 와중에 사거한 것은 대종교단의 불운을 심화시켰다.

그런데 대종교에게 더 불리한 환경조건으로 작용한 것은 냉전체제가 심화하고 미 · 소의 영향력이 강화되면서 민족주의가 배격되고 대종교에 비우호적인 사조와 종교가 남북의 지식계와 문화계를 지배하게 된 점이다. 중세기를 통해서는 사대모화사상이 대종교적 고유정체성을 배척하였는데, 중세기의 사대모화사상이 이제는 그 사대의 대상을 달리하여 번창하였다. 가령 남쪽에서는 숭배의 대상을 미국과 서구문물로 바꾸고 민족과 고유정체성을 배척하였다. 그리고 북쪽에서는 공산주의를 유일한 진보적 이데올로기로 간주하고 소련을 사상적 조국으로 중시하는 비주체적 사유가 지배하면서 대종교를 반동적 사상으로 간주하여 배격한 것이다.

오늘날의 대종교가 처한 현실은 분명히 침체나 위축상황이라 불러야 마땅한 것 같다. 이는 근 · 현대사 속에 대종교가 차지하였던 위상과 교세를 염두에 두면 매우 이해하기 어려운 지점이다. 한때 대다수의 민족지도자들을 포용하면서 항일 민족운동을 주도했던 대종교가, 만주와 국내 · 연해주 · 중국에 이르는 광범한 지역에 교단조직을 갖고 40만명의 교인을 표방했던 대종교단이, 그리고 해방후 60년대 말까지만 해도 교인수 60만명에 6대 종교로 지칭되는 등[39] 인지도가 크고 교세 또한 작지 않았던 대종교가, 오늘날 왜 이렇게까지 위축되었는지의 원인을 살피는 것은 대종교단의 과제이기도 하지만, 한국학계가 던져야 하는 흥미로운 그러면서 심각한 질문인 것 같다. 물론 대종교의 침체를 결과한 직접적 원인의 하나는 임오교변에서 찾아야 하겠지만, 그러나 모든 책임과 원인을 외적 상황탓으로만 돌리는 것은 불성실한 자세일 것이다. 대종교단 스스로가 반성하고 점검해야 할 대목도 틀림없이 있을 것이다. 주변환경과 시대조건

39 〈조선일보〉 1959년 11월15일자 종교별 신도수 기사에서는, 기독교 158만, 유교 500만, 불교 41만, 대종교63만, 천도교 53만명으로 보도하였고, (〈교보〉 204호, 34쪽) 1961년 발간된 〈교보〉 207호 머리말에서도 대종교의 교인수를 60만명으로 지칭하였다. 〈대종교신문〉 1969년 4월호는 교당 수를 62처로, 교직원 수를 372명으로, 신도수를 215935명으로 소개하고 있다. 최윤수는 이 시기에 대종교 교인수가 많이 추계된 배경으로, 교단측의 시교당설립과 포교노력도 작용하였지만, 단군전봉안에 대한 사회적 여론이 높았던 점 등을 든 바 있다. (최윤수, 「대종교 환국의 종교적 의의」, 〈대종교 환국 제71주기 기념학술회의 자료집〉, 2017.8.14., 125쪽) 대종교는 1990년대까지만 해도 6대 종교 또는 7대 종교로 지칭되었었다.

에 대한 통찰력있는 분석과 함께 자신의 문제에 대한 진지한 성찰이 동행할 때, 대종교는 밝은 미래를 찾아낼 수 있을 것이다. 그러나 이 논문에서는 그런 논의로까지는 나아가지 않는다. 여기에서는 대종교 역사상 가장 큰 시련이자 일제치하 한국종교사 속에서 식민권력이 자행한 박해사건 중 가장 규모가 큰 사건이었던 1942년의 대종교 임오교변에 대해 그 배경과 과정 및 의의를 정리하는 데서 머물기로 한다.

> "산 사람은 누구이며 죽은 사람은 누구냐. 뜻이 살아야 산 것이니 몸의 존부는 오히려 제2에 속하는 바이다. 이 열 분은 살았다. 누구든지 이 열 분의 눈에 산 사람이 아닌 것 같이 보이지마라." (이시영, [임오십현순교실록 서문], 『대종교중광60년사』(수정판), 2017, 348쪽)

부록

임오십현순교실록서(壬午敎變殉敎實錄序)

성재(省齋) 이시영(李始榮)

* 성재 이시영은 대종교의 원로로서 대한민국임시정부의 중요한 기둥 역할을 한 인물이다. 해방 이후에는 대종교지도자로서 교단 중흥에 적극 앞장서는가 하면, 부통령을 맡아 대한민국 정치 발전의 초석을 다지기도 했다. 이 글은 대종교에서 임오십현순교실록의 원고를 마무리 당시, 십현들의 순교 의의를 기리는 짧은 서문이다. 이시영이 남긴 마지막 글이라는 점에서도 의미가 크다.(편집자 주)

우리 국교(國敎)를 다시 세우려 하던 그 때, 기운 나라는 벌써 걷잡을 수 없었다. 지성(至誠)을 품고 지한(至恨)을 안아 마침내 일사(一死)로써 교(敎)의 종풍(宗風)을 보이신 '한스승(홍암대종사, 나철을 말함-편집자 주)'의 뒤를 이어, 내외에 홍포(弘布)됨이 자못 컸었으나 그럴수록 적의 박해가 더욱 심하더니, 저즘께 북만에서는 무리에도 무리를 더하여 옥중(獄中)에서 신고(身故)하신 이만 열 분이라,

이 열 분으로 말하면 다 종문(倧門)의 신사(信士)로써 이역 풍상을 갖추 겪고 '한 곬'만을 향하여 나아가다가 교를 붙들고 몸을 바쳤으니, 오늘날 그들의 의로운 자취를 기록하여 전함은 한갓 서자(逝者)를 위하여 말 수 없는 일일 뿐이 아니다.

인물을 아낌은 고금이 없으나, 오늘에 있어서는 참으로 묘연(渺然)함을 탄식하지 아니할 수 없다. 이 열 분이 그 조난(遭難)이 아니었던들 우리의 일에 얼마나 큰 도움이 되었을 것인가. 그러나 사람의 정신이란 죽어 없어지는 것이 아니다. 열 분의 변하지 아니하고 굴하지 않는 그 '매움[烈]'의 끼쳐 줌이 결코 적은 것이 아니다. 뒤에 남아 있는 우리는 그 끼침으

로 하여금 아무쪼록 더 빛나게, 더 장엄하게 할 책임이 있다.

또 생각하면 산 사람은 누구며, 죽은 사람은 누구냐. 뜻이 살아야 산 것이니, 몸의 존부(存否)는 오히려 제2에 속하는 바다. 이 열 분은 살았다. 누구든지 이 열 분의 눈에 산 사람 아닌 것같이 보이지 말라.

1948년 9월 15일 성재 이 시 영

십현약력(十賢略歷)

일산(一山) 김두종(金斗鍾)

* 이 글은 임오교변으로 순교한 10인의 이력을 간략한 것이다. 이 글을 정리한 일산 김두종은 교토부립의학전문학교(京都府立醫學專門學校)에서 의학을 전공한 인물로, 중국으로 건너가 내과의사로 활동하면서 대종교 항일투쟁을 암암리에 뒷받침하였다. 또한 임오십현의 한 사람인 설도(雪島) 김서종(金書鍾)의 친동생으로, 해방 이후 대종교의 중진으로 활동하면서 초대 서울대부속병원장을 역임한 인물이다. 본래의 글에서는 대종교의 연호인 개천(開天)의 연도를 사용하였으나, 독자들의 편의를 위하여 서기로 바꾸었다. 또한 결정적인 연도의 오류는 수정하였고, 월일의 표시는 모두 음력임을 밝혀 둔다.(편집자 주)

1. 사교(司敎) 오죽포(吳竹圃) 도형(道兄)

도형의 성은 오씨요 휘는 근태(根泰)요 초휘는 제동(濟東)이요 자는 성범(聖範)이요 별호는 죽포(竹圃)니 해주 후인(后人)이라.

1882년 10월 23일에 강원도 화천면 풍산리 본댁에서 탄생하시다.

1891년 10세 봄에 한문사숙에 입학하여 10년간 수업하였고

1902년 21세 봄부터 10여 년 간 본적지에서 농사를 일구며 사숙교원으로 종사하였고

1914년 대종교에 입교하시다.

1917년 10월에 만주 봉천성 장백현에 이주하셨고

1918년(37세) 8월에 현립제이정몽학교(縣立第二正蒙學校) 교원으로 피임되어 1년간 근무하셨으며

1918년 11월 1일에 영계 및 참교를 지수(祗受)하셨고

1919년(38세) 7월에 무송현으로 이전하여 흥업단에 가입하여 3년간 종사하셨다.

1924년 43세 정월에 단애 종사를 배종(陪從)하야 길림성 영안현으로 이전하셨고 지교로 승질되며 경각 봉선으로 피임되어 2년간 근무하시고

1926년 45세 봄에 총본사 전범으로 피임되시며 또 백포 종사 유해봉장 예원으로서 화룡현 청호에 출장하셨다가 급히 동(同)화룡현 교구를 1년간 관리 하셨고

1927년 46세 봄에 순교원으로서 왕청, 혼춘 양현(兩縣) 교구를 8년간 관리하셨으며

1935년 54세 봄에 당시 총본사 소재지인 동경성으로 이전하여 상교로 승질되시고 이후 8년간에 총본사전범 전강 전리를 승임하셨으며 또 홍범규제 수정위원과 경의원 조직위원이 되시었고 교적간행회의 발기 또 주금(株金) 모집에 다대한 현로(賢勞)가 계셨으며

1942년 61세 정월 16일에 정교 가(加) 대형 호(號)로 승질되셨고

동년 10월 3일에 천전건축주비회총무원이 되셨다.

동년 11월 19일에 영안현 와룡둔 고가자에서 일경에게 검속되어 영안현서를 거쳐서 목단강경무처에 구금된 지 15개월인

1944년 정월 4일에 인병(因病) 보석되어 그 익일에 도가선 시하촌 우택에서 귀천하시니 행수가 63세이라.

1946년 8월 15일에 사교의 교질로 추승(追陞)되셨고 경인(庚寅) 개헌으로 도형의 교호(教號)를 가(加)하였다.

그 유해는 시하역록에 봉장하였고 그 유족은 1자 중환과 2손 세창 세걸이 재만중이다.

2. 정교(正教) 안백산(安白山) 대형(大兄)

대형의 성은 안씨요 휘는 희제(熙濟)요 백산(白山)은 그의 별호이다.

1885년 8월 4일에 경상남도 의령군 부림면 입산리 본댁에서 탄생하시다.

1905년(21세) 봄에 경성보성전문학교에 입학하셨다가

1606년(22세) 봄에 양정의숙 경제과로 전학하시어

1908년(24세) 봄에 동교를 졸업하시고 급히 교남(嶠南) 각지를 유세하여 다수의 학교를 설립케 하셨는데, 그 중에도 동래군의 구명학교(龜明學校)와 의령군의 의신(宜新), 창남(刱南) 등 학교는 모두 대형의 창건하신 바이다.

1909년(25세)에 구명학교장이 되어 2년간 근무하시고

1911년(27세) 봄에 북간도와 연해주를 거쳐 아경(俄京, 모스크바)까지 3년간 유력(遊歷)하시다가 부산항에 환래(還來)하여 백산상회(白山商會)를 창설하셨다. 이 백산상회는 당시 전선적(全鮮的)으로 초유(初有)한 대규모의 상사인데 외면으로는 무역상을 가장하였으나 내부로는 교남 명사(名士)인 애국동지를 망라한 항일운동의 모체요 연락기관이었다. 그로 인하여 부산상업회의소 부회장과 부산상업학교 이사를 역임하시고 경성 중외일보 사장으로 2년간 종무하셨다.

1911년(27세) 10월 3일에 대종교를 신봉하시고

1914년(30세) 3월 15일에 영계를 지수(祗受)하시며

1933년(49세) 겨울에 도만(渡滿)하여 발해 고도(古都)인 영안현(寧安縣) 동경성(東京城)에서 발해농장을 건설하시고 발해학교장으로 피임되어 1년간 근무하셨다.

대형의 30세 이후 20년 동안은 실로 사회생활의 분투기였다.

1935년(51세) 정월 15일에 참교(參敎)로 피선되셨고

1936년(52세) 6월 23일에 지교(知敎)로 승질(陞秩)되어 경의원 부원장으로 피임하셨으며

1941년(57세) 정월 15일에 상교(尙敎)로 승질되어 총본사 전강(典講)으로 전임하셨고 또 교적간행회장(敎籍刊行會長)으로 2년간 근무하시며

1942년(58세) 10월 3일에 천전건축주비회(天殿建築籌備會) 총무부장을 피임하셨다.

동년 11월 19일에 경상남도 의령향 등에서 신병 요양 중 일경에게 검속되어 영안현서를 거쳐 목단강 경무처에 구금된 지 9개월 만에 인병 보석되어 그 익일 곧

1943년(서기 1943) 8월 3일에 목단강 영제의원에서 귀천하시니 향수(享壽)가 59세라.

1946년 8월 15일에 정교 가(加) 대형 호로 추승(追陞)되셨다.

그 유해는 본적지에 봉장하였고 5자 상록(相祿), 상훈(相勳), 상만(相萬), 상두(相斗), 상문(相文)이 극가(克家)러라.

3. 정교(正敎) 강해산(姜海山) 대형(大兄)

대형의 성은 강씨요 휘는 철구(銕求)요 별호는 해산(海山)이니 호석(湖石) 강우(姜虞) 도형(道兄)의 차남이다.

1891년 2월 9일에 충청남도 부여군 장암면(場岩面) 장하리(長蝦里) 본댁에서 탄생하시다.

1910년(20세) 3월에 강경공립보통학교를 졸업하시고 3월 15일에 대종교를 신봉하셨고

1914년(24세) 가을에 토지조사국 기수로 임명되어 2년간 근무하셨으며

1917년(27세) 가을에 도만하여 철령육영학교(鐵嶺育英學校)에서 1년간 수업하셨고

1918년(28세) 가을에 연길현(延吉縣) 동불사(銅佛寺)로 이주하여 3년간 계몽에 종사하셨으며

1922년(32세) 겨울에 북로군정서 및 상해임시정부 공채사건(公債事件)으로써 피검되어 함흥감옥에서 5년 체형(體刑)을 당하셨고

1933년(43세) 봄에 동불사민회장(銅佛寺民會長)으로 피임되어 5년간 근무하셨다.

1935년 이후에 영계, 참교, 지교, 상교의 질(秩)을 차제(次第) 승선(陞選)되어 경의원 참의와 경각(經閣) 봉선(奉宣)과 총본사 전강을 역임하셨으며, 또 신경정부(新京政府) 교섭원과 교적간행회 총무로 피임되어 다대한 현로(賢勞)가 있었고

1942년(52세) 10월 3일에 천전건축주비회의 발기에 노력하셨다.

동년 11월 19에 동불사 자택에서 일경에게 검속되어 영안현서를 거쳐 목단강 경무처에 구금된 지 9개월 만에 인병(因病) 보석되었으나 1개월 미만으로

1943년 9월 23일에 동불사 자택에서 귀천하시니 향년이 53세라.

1946년 8월 15일에 정교의 교질과 함께 대형의 교호로 추승되었다.

그 유해는 현주지인 동불사에 봉장하였고 4남 윤모(允模), 기모(己模), 성모(成模), 경모(庚模)와 2녀 원모(元模), 경순(慶順)이 극가(克家)러라,

4. 정교(正教) 김설도(金雪島) 대형(大兄)

대형의 성은 김씨요 휘는 서종(書鍾)이요 일명은 학두(學斗)요 설도(雪島)는 그 별호이다.

1893년 6월 13일에 경상북도 함안군 칠원면(漆原面) 구성리(九城里)에서 효자 구천(龜川) 처사공(處士公)의 장남으로 탄생하셨다.

1915년(23세) 3월에 경성 보성전문학교 법과를 졸업하시고 이미 재학시부터 교남학생친목회장을 역임하셨으며

동년 3월 15일에 대종교를 신봉하시고

1917년(25세) 4월에 경성 양원여학교(養源女學校) 교무주임으로 취임하여 3년간 근무하셨고 또 영남 각지의 동지를 규합하여 영우저축회(嶺友貯蓄會)를 창설하셨으며

1932년(40세) 2월에 북만 빈강성(濱江省) 오상현(五常縣)에서 소산자(小山子) 농장을 경영하는 한편 하얼빈시에서 주식회사 북만농구공사(北滿農具公司)를 창설하여 사장에 취임하셨다.

1916년(24세) 4월 23일에 영계와 참교를 병수(竝受)하셨으며

동년 8월 15일에 홍암대종사를 배봉(陪奉)하고 삼성사에서 예의를 건행(虔行)하신 후 잉(仍)히 대종사께서 순명조천(殉命朝天)하시매 동시(同侍) 5인[김두봉(金枓奉), 엄주천(嚴柱天), 안영중(安英中), 나주영(羅宙永), 나정수(羅正綏)] 등이 음읍송종(飮泣送終)할 새, 고복(皐復)과 장의(葬儀)는 유명(遺命)을 일준(一遵)하셨다.

동년 9월 15일에 지교로 승질되셨고

1934년(42세) 3월 2일에 하얼빈선도회(哈爾賓宣道會 총무원으로 취임하셨으며

1936년(44세) 6월 23일 경의원 참의로 피임되시고

1942년(50세) 정월 16일에 상교로 승질하셨으며

동년 3월 3일에 총본사 전강과 천전건축주비회 부위원장으로 피선하셨다

동년 11월 19일에 일경(日警)에 검속(檢束)되어 영안현서를 거쳐 액하감옥(掖河監獄)에 구금된 지 9개월인

1943년(51세) 8월 27일에 액하옥중에서 인병(因病) 귀천(歸天)하시니

1946년 8월 15일에 정교와 더불어 대형의 교호로 추승되셨다.

그 유해는 본적지에 봉장하였고 2자 태봉(泰鳳), 태린(泰麟)과 2녀가 극가(克家)러라.

5. 정교(正敎) 이백향(李白香) 대형(大兄)

대형의 성은 이씨요 휘는 창언(昌彦)이요 별호는 백향이니 그 선(先)은 청해(靑海)라.

1877년 12월 6일에 함경북도 경성군(鏡城郡) 주북면(朱北面) 직동(直洞)에서 탄생하셨다.

1885년(9세) 2부터 13년 간 한학을 수업하시고

1905년(29세) 정월부터 11년 간 계몽에 종사하시다.

1916년(40세) 정월 15일에 대종교를 신봉하시고 급히 시교원(施敎員)으로 20년 간 동무하여 수천 명의 교우를 인도하셨으며 인하여 영계, 참교, 지교, 상교로 차제 승질되시고, 신일시교당(信一施敎堂) 전무(典務), 성일시교당(成一施敎堂) 전무와 경의원 참의를 역임하셨다.

1942년(66세) 11월 19일에 일경에게 검속되어 영안현서를 거쳐 목단강 경무처에서 구금된 지 15개월인

1944년(68세) 정월 9일에 인병 귀천하시니

1946년 8월 15일에 정교의 교질 및 대형의 교호로 추승되셨다.

그 유해는 영안현 구가촌(舊家村) 복가둔(卜家屯) 동산에 자좌(子坐)로 봉장하였고 2자 주철(周哲), 주성(周星)과 1녀 금실(金室)과 1손 소영(昭永)이 극가러라.

6. 정교(正教) 이백람(李白嵐) 대형(大兄)

대형의 성은 이씨요 휘는 재유(在囿)요 별호는 백람이니 전주후인(全州後人)이라.

1878년 함경남도 홍원군 삼호면 풍산리에서 탄생하셨으나 생일은 미상이다.

1885(8세) 봄부터 십오년간 한학을 수업하시고

1901년(24세) 봄부터 10년 간 사숙교원(私塾教員)으로 근무하셨으며

1910년(33세) 겨울에 봉천성(奉天省) 무송현(撫松縣) 서대령(西大嶺)에 이주하여 9년 간 농업을 전무(專務)하시다가

1919년(42세) 6월에 흥업단(興業團)에 가입하여 3년 간 종사하셨다.

1921년(44세) 11월 1일에 대종교를 신봉하시고

1922년(45세) 8월 10일에 영계 및 참교를 병수하셨으며

1934년(57세) 이후에 지교와 상교로 차제 승질 되시고, 북일도시교원(北一島施教員)과 경의원 참의를 역임하셨으며, 또 교적간행회와 천전

건축주비회의 발기에 노력하셨다.

1942년(65세) 11월 19일에 일경에게 검속되어 영안현서를 거쳐 액하감옥에 구금된 지 1년 반인

1944년(67세) 5월 경에 5년형의 언도를 받은 후 인병 보석되셨다가, 재차 길림(吉林)으로 전감(轉監)되셨더니

1945년(68세) 2월 경에 옥중 귀천하시니

1946년 8월 15일에 정교의 교질 및 대형의 교호로 추승되셨다.

그 유해는 함흥군 선영하에 봉장하였고 유족은 오직 손자 1인이 길림성 돈화현에 현주(現住) 중이다.

7. 정교(正敎) 나염재(羅念齋) 대형(大兄)

대형의 성은 나씨요 휘는 정련(正練)이요 초휘는 정경(正經)이오 별호는 염재니, 홍암대종사의 장남이라.

1882년 9월 15일에 전라남도 보성군 벌교읍 칠동리 금곡 본댁에서 탄생하시다.

1890년(9세) 봄부터 7년 간에 한학을 수업하시고

1897년(16세) 집안일에 종사하셨으며

1905년(24세)에 경성 재동(齋洞)으로 이주하여 대종사를 배봉(陪奉)하시다가

1909년(28세) 정월 15일 종도(倧道) 중광(重光)할 때에 대종교를 신봉하시고

1911년(30세) 4월 1일에 영계 및 참교를 병수하셨으며

1914년(33세)에 동만(東滿) 연길현 의란구(依蘭溝)로 이주하여 3년간 계몽하셨고

1916년(35세) 9월 15일에 지교로 승질되시고

1920년(39세) 10월에 당지 구룡학교장(九龍學校長)으로 피임되어 2년간 시무(視務)하셨으며

1941년(60세) 7월에 당시 총본사 소재지인 영안현 동경성으로 이주하셨다.

동년 8월 1일에 경의원 참의로 피임되셨으며

1942년(61세) 10월 1일에 상교로 승질되셨다.

동년 11월 19일에 일경에게 구속되어 영안현서를 거쳐 액하감옥에 구금된 지 9개월인

1943년(62세) 8월 18일에 액하옥에서 인병 귀천하시니

1946년 8월 15일에 정교의 교질 및 대형의 교호로 추승되었다.

그 유해는 동경성 동문외(東門外)에 봉장하였고 3자 종래(鍾來), 종권(鍾權), 종순(鍾淳)과 2녀 종숙(鍾淑), 종애(鍾愛) 1손 을룡(乙龍)이 극가러라.

8. 정교(正教) 나일도(羅一島) 대형(大兄)

대형의 성은 나씨요 휘는 정문(正紋)이요 별호는 일도니 홍암대종사의 차남이라.

1891년 11월 28일에 전라남도 보성군 벌교읍 칠동리 금곡 본댁에서 탄생하시다.

1898년(8세) 봄부터 8년간 한학을 수업하시고

1909년(19세) 정월 십오일 종도 중광할 때에 대종교를 신봉하시고

동년 3월에 경성선린상업학교를 졸업하셨으며

1910년(20세) 3월에 원산농공은행(元山農工銀行) 사무원으로 전임되어 2년간 시무하셨고

1912년(22세) 4월에 성진척식은행(城津拓植銀行) 사무원으로 전임되어 6년간 근무하셨다.

1914년(24세) 5월 13일에 영계 및 참교로 피선되셨으며

1916년(26세) 12월 27일에 지교로 승질되었고

1941년(51세) 6월에 당시 총본사 소재지인 동경성으로 이주하여 2년간에 총본사의 찬범(贊範), 찬강(贊講), 찬리(贊理)를 역임하셨으며, 또 교적간행회 총무를 피임하시고 천전건축주비회의 발기에 노력하셨으며

1942년(52세) 10월 1일에 상교로 승질하셨다.

동년 11월 19일에 일경에게 검속되어 영안현서를 거쳐 목단강경무처에서 구금된 지 15개월인

1944년(54세) 정월 6일에 인병 보석하였으나, 익일(翌日)인 동월 7일에 동경성 나종권(羅鍾權) 친질가(親姪家)에서 귀천하시니

1946년 8월 15일에 정교의 교질 및 대형의 교호로 추승되었다.

그 유해는 당지(當地) 동문외 묘지에서 화장하여 목단강류에 살포하였으니 유명(遺命)을 따름이요 일생을 독신생활로서 유족은 없고 친질 종권이 입양사후(入養死後)하다

9. 상교(尙敎) 이정(李楨) 선생(先生)

선생의 성은 이씨요 휘는 정이니 본 전주인이라.

1895년 11월 1일에 함경북도 경원군 안농면 양동에서 탄생하셨다.

1908년 3월부터 3년간 한학을 수업하시고

1914년(20세) 3월에 왕청현 사립 명동소학교(明洞小學校)를 졸업하시고

동년 7월 8일에 대종교를 신봉하시고

1917년(23세) 4월에 연길현 사립 광성사범학교(光成師範學校)를 졸업하시고

1918년(24세) 11월 26일 영계 및 참교를 병수하셨으며

1920년(26세) 3월에 북로군정서사관양성소 속성과를 수업하셨으며

1921년(27세) 7월에 왕청현 사립 융동소학교(隆東小學校) 교원으로 피임되어 8년간 근무하셨고

1930년(36세) 4월에 왕청현 공립 제10소학교 교장으로 취임하여 6년간 시무 하셨으며

1936년(42세) 5월에 영안현 신안진(新安鎭) 농무계(農務契) 사무원으로 피임되어 2년간 근무하셨고

1938년(44세) 3월부터 신안진 수도계원(水道係員)으로 2년간 종사하셨다.

1942년(48세) 10월 1일에 지교로 승질되셨다.

동년 11월 19일에 일경에게 검속되어 영안현서를 거쳐 액하감옥에서 구금된 지 8개월인

1943년(49세) 7월 30일에 액하옥에서 인병 귀천하시니

1946년 8월 15일에 상교로 추승되셨다

그 유해는 영안현 신안진 영가둔(寧家屯) 서산(西山)에 봉장하였고 5자

철원(哲源), 순원(淳源), 낙원(樂源), 성원(成源), 동원(東源), 3녀 윤옥(允玉), 정옥(貞玉), 인옥(仁玉)이 극가러라.

10. 상교(尙敎) 권상익(權相益) 선생(先生)

선생의 성은 권씨요 휘는 상익이니 본관은 안동인이라.

1900년 11월 5일에 함경북도 성진부(城津府)에서 탄생하시다.

1913년(14세) 3월에 성진 공립보통학교를 졸업하시고

동년 5월에 북만(北滿) 밀산현(密山縣) 당벽진(當壁鎭)으로 이주하여 농사에 종사하시다.

동년 10월 3일에 대종교를 신봉하시고

1924년(25세) 3월 20일에 영계를 지수(祗受)하셨으며

1929년(30세) 봄 이후로 참교와 지교의 질을 차제 승선되셨고, 또 대일시교당(大一施教堂) 찬무와 전무를 역임하여 10수년 간 근무하셨다

1942년(43세) 11월 19일에 일경에게 검속되어 영안현서를 거쳐 목단강 경무처에서 구금된 지 6개월인

1943년(44세) 5월 5일에 인병 귀천하시니

1946년8월 15일에 상교로 추승되셨다

그 유해는 밀산현 삼사통(三俟通) 중평촌(仲坪村) 기슭에 봉장하였고 3자 동순(東淳), 석순(錫淳), 종순(鍾淳)과 3녀 월선(月仙), 옥순(玉順), 선희(善姬)가 극가러라.

기소역문(起訴譯文)

천봉(天峯) 강성모(姜聖模)

* 이 글은 1944년 2월 19일 목단강고등검찰청의 검찰관인 나까무라 요시오(中村義夫)의 기소장을 번역한 글이다. 나까무라는 당시 대종교 교주인 윤세복을 비롯하여 대종교 간부 9명에 대해 공소를 제기한 인물이다. 한편 이 기소장을 번역한 천봉 강성모는 만주 동경성 시절부터 윤세복을 시봉한 인물로, 해방 후에는 대종교 부전교(副典教)와 삼일원장(三一園長) 등을 역임했다. 안타깝게도 이 기소장의 원문은 현재 전하지 않고 있다.(편집자 주)

기소장(起訴狀)

좌기(左記) 피고(被告)사건에 대하여 공소(公訴)를 제기하오며 귀원(貴院)의 공판 수속에 의한 심판(審判)을 하시옵기 자(玆)에 공소를 제기함.

강덕(康德) 11년 2월 19일

목단강고등검찰청(牧丹江高等檢察廳)

검찰관(檢察官) 나까무라 요시오(中村義夫)

목단강고등법원(牧丹江高等法院) 어중(御中)

치안유지법위반(대종교 관계)

윤세복(尹世復), 김영숙(金永肅), 윤정현(尹珽鉉), 오근태(吳根泰), 이용태(李容兌), 최관(崔冠), 나정문(羅正紋), 이현익(李顯翼), 이재유(李在囿)

대종교(大倧教)는 그 전 이름을 단군교(檀君教)라 칭하고 명치(明治)42년 음 정월 15일 조선 경성부(京城府)에서 나철(羅喆)이 자고(自古)로 조선민족 간의 신앙에 있어서, 조선민족의 시조이며 국조(國祖)라고 전승하여 단군(檀君)을 숭봉하며 이에 귀일(歸一)함으로써 조선민족 정신의 순화통일(醇化統一)과 조선민족 의식의 앙양을 도모함과 동시에 조선민족 결합의 강화에 의하여 독립국가로서 조선의 존속(存續)을 목표로 하고, 다수 동지와 함께 결성하여 스스로 제1세 교주(教主)라고 한 단체로서,

그 교리(教理)라는 것은 유일무이(唯一無二)의 천신(天神)이 우주만물을 창조하고 다시 지금(강덕 10년)으로부터 사천사백 년 전 태고에 천신이 인간으로 화하여 만선국경(滿鮮國境) 백두산(白頭山)에 강하한 이래 125년간 만선(滿鮮)에 널려 있는 삼천단부(三千團部)의 부민(部民)을 교화시킨 후 배달국(倍達國)을 수립하고 그 나라 임금 단군(檀君)이 될 새, 그 영역(領域)은 동 창해(滄海·일본해), 서 사막(沙漠·흥안총성), 남 영해(瀛海·동지나해), 북 흑수(黑水·흑룡강)에 이르렀으며 93년간 인민을 통치한 후 승천하였고, 또 단군은 오훈(五訓)으로써 인민을 가르치며 곡(穀) · 명(命) · 병(病) · 형(刑) · 선악(善惡)의 오사(五事)로써 인민을 다스려서 질서 있고 또 평화로운 이상국가를 실현하므로 인민은 천신을 숭경(崇敬)하며 단군에 열복(悅服)하여 안락평온의 생활을 하여 왔으므로 그 후예들이 조선민족이라면 단군은 조선민족의 시조이며 국조이며 또 교조(教祖)이라 하여 단군의 소위 오훈(五訓)은 천훈(天訓) · 신훈(神訓) · 천궁훈(天宮訓) · 세계훈(世界訓) · 진리훈(眞理訓)으로 이루었으며 진리훈에는 인물이 신(神)의 창조로 성(性) · 명(命) · 정(精) 삼진(三眞)을 받았고 또 한 번 지상(地上)에 태어날 제 심(心) · 기(氣) · 신(身) 삼망(三妄)을 얻어서 감(感) · 식(息) · 촉(觸) 삼도(三途)를 짓게 되므로 이것을 지(止) · 조(調) · 금(禁) 삼법(三法)으로써 수양하면 삼진(三眞)에 귀

일(歸一)하여 신(神)에 화합을 얻는다고 하며, 또 단군교도 실천강령(實踐綱領)이라고 하여 오대종지(五大宗旨) 경봉천신(敬奉天神) · 성수영성(誠修靈性) · 애합종족(愛合種族) · 정구이복(靜求利福) · 근무산업(勤務產業)을 만들어서 조선민족은 단군을 신앙하여 신으로부터 받은 삼진(三眞)의 영성(靈性)을 닦아서 신에 화하도록 힘쓰는 동시에 이상국가인 배달국을 지상에 재건할 것이라고 하여 오던 중 동43년 7월에 나철은 단군교를 대종교(大倧教)라 개칭하고 그 후 동년 8월 한일합병(韓日合倂)으로 조선민족이 독립국가를 상실함에 따라 대종교는 단군을 신앙함으로부터 조선민족 정신을 배양하며 조선민족의 결합을 도모하고 조선독립 의식을 앙양하며,

따라서 조선독립의 소지(素地)를 만들어 궁극(窮極)에서 조선으로 하여금 일본제국 통치권의 지배를 이탈시켜 독립국으로 하고, 또 그 독립형태를 이상국가인 배달국의 지상에 재건을 목적으로 한 단체이었으며, 제1세 교주 나철은 대정(大正) 5년 음 8월 15일 조선에서 사망하고, 그 후계자 제2세 김헌(金獻)은 동만총성영안현(東滿總省寧安縣)에서 사망한 후 윤세복(尹世復)이 동인(同人)의 유명(遺命)에 의하여 제3세 교주로 되었으며, 아국(我國·만주) 건국 후 동교의 소위 배달국 재건에 대한 조선민족의 독립은 배달국의 영역을 영토로 하고 따라서 아제국(我帝國)의 영토 전부를 탈취하며, 또 일덕일심(一德一心)의 기조상(基調上)에 처한 대일본제국 영토의 일부인 조선으로 하여금 동국의 통치권에서 이탈시켜 독립국으로 할 것을 목적으로 한 단체로 되어 있는 것이다.

제1 피고인 윤세복(尹世復)

조선 경상남도 밀양군 밀양읍내 1동(一洞) 성북리(城北里) 상류(上流) 농

가에서 출생하였고, 7세로부터 23세까지 한학을 습득하고 명치 36년으로부터 동 41년까지 밀양읍 사립신창학교(私立新昌學校)와 경상북도 대구부(大邱府) 협성학교(協成學校) 교원으로 봉직한 후, 동 42년 3월에 대구부 토지조사국 측량기수로 종사하여 왔다.

동 37년, 38년의 일로전역(日露戰役) 후에 한국은 대일본제국의 보호국으로 되어 국내에는 일한합병을 희망하는 친일파와 차(此)를 대항하는 반일파의 항쟁을 양출(釀出), 국정이 혼돈할 뿐만 아니라 국민의 신앙에 있어서도 재래 유(儒), 불(佛)의 신앙과 및 신래(新來) 기독교의 끼친 영향이 컸으므로, 기간(其間) 조선고유의 신앙에서 재생하려는 풍조도 농후하야 복잡무질서한 시기에 제회(際會)하매 우국(憂國)의 정을 금할 수 없었고, 조선민족에 의한 조선독립국가의 존속을 힘써 기념(祈念)하는 때이다.

동 43년 8월에 일한합병의 실현을 보자 이것을 일본이 조선에 대한 침략이라고 독단하고는 망국조선의 회복을 원망(願望)함에 따라 독립 회복에 협력할 동지를 획득하려고 하던 중, 마침 동년 음(陰) 12월 말 경에 경성부 간동(諫洞) 대종교의 교리에 관한 해설을 받고 동교(同敎)의 전기 목적을 지실(知悉)하면서 동단체의 목적달성에 협력하기로 결의하고 즉시 차에 가입하야 동 44년 음 정월 29일에 동교의 참교(參敎)가 되고 또 시교사(施敎師)에 임명되어 나철(羅喆)로부터 만주에 대한 포교의 의뢰를 수(受)하고 동년 음 2월에 도만(渡滿)하여 현(現) 안동성(安東省) 환인현(桓仁縣)에 이르러 포교한 다음, 대정(大正) 3년 음 정월에 지교(知敎)로, 동 5년 음 4월에 상교(尙敎)로 승진(昇進)하고, 동년 8월 이후 5개년 간 통화성(通化省) 일대에 긍(亘)하야 순회시교(巡廻施敎)한 결과, 교도(敎徒) 약 7천명을 획득하는 등 전(專)혀 교세의 확대 강화에 활동 종사하여 왔고, 또 대정 8년 3월 1일에 조선에서 독립만세사건이 발발하자 만주에 있는 조선민족도 차에 호응하여 각지에 독립운동을 전개함에 이르렀으므로, 피고인은 동년 7월경에 현 통화성(通化省) 무송현(撫松縣)을 중심으로 하야 다수의 대종교도를 규합하고 조선독립을 목적으로 한 무장단체인 흥업단(興業團)을 조직하야 본단 간부로서 동 11년 정월 경까지 항일독립운동에 정신(挺身)하는 등, 극고도의 반일민족사상을 구회(拘懷)하야 항일 실천 활동에 종사하여 왔으며 전기와 여(如)히 대종교 제2세 교주 김헌(金獻)은 대정 12년 음 11월 18일에 사망하자 그 유명(遺命)에 의하여 동 13년 음 정월 22일에 대종교총본사의 소재지인 현 동만총성(東滿總省) 영안현(寧安縣)에서 제3세 교주에 취임하였고, 기후(其後) 원길림성장(元吉林省長) 장작상(張作相)으로부터 포교의 금지를 당하여 드디어 소화(昭和) 2년 음 2월에 현 동안성(東安省) 밀산현(密山縣) 당벽진(當壁鎭)으로 피주(避住)하여 총본사를 동지(同地)에 이전하고 대동(大同) 원년 9월 12일 잠행징치반도법(暫行懲治叛徒法) 시행 후도 전기 목적을 유(有)한 대종교 교주 지위에 유(留)하였으며,

제1세 교주 나철은 재세시(在世時)에 재삼(再三) 조선총독부에 대하여 포교의 허가를 수(受)하려다가 실패하였기 때문에, 기후 제2세 교주 김헌은 조선에서의 포교를 단념하고 취체(取締) 엄중치 않은 만주에서 교세확장과 노력부식(勢力扶殖)에 힘써 왔으므로, 한동안 교도 10수만을 초과하였으며 소위 독립만세사건 후 일시 창궐을 극하던 만주 내에 조선독립운동의 침체와 병(幷)히 대종교의 교세도 역시 위미(萎靡)의 일도(一途)에 이르렀고, 아국(我國) 건국 후 치안확립과 함께 피고인은 아국을 일본제국의 괴뢰국가라고 하야 일본세력 하에서 항일단체인 대종교의 존립이 중대한 위기에 당면할 것으로 알고, 차에 대한 타개책을 고려한 결과 대종교의 궁극목적을 비부(秘附)하야 대종교는 조선 고대신도(古代神道)인 순수종교단체이며 대종교도는 황국민(皇國民)으로서 일본제국에 충성을 진(盡)하겠

다고 의장(擬裝)한 다음 재만(在滿) 일본기관으로부터 포교의 허가를 수(受)하야 새로이 교세의 확장 신장을 도모하며 궁극목적의 달성에 공(供)함을 결의함에 이르렀다.

1. 강덕 원년 초 경에 스스로 하얼빈시에 와서 동지(同地) 재만(在滿)의 대종교도 김영숙(金永肅), 김서종(金書鍾), 기타 선계(鮮系) 유력자와 공모하여 그 원조를 얻어 하얼빈 일본총령사관에 대한 대종교공인 운동을 전개하고 동년 9월에 동 영사관으로부터 포교의 허가를 수하였고 또 동년 3월에 하얼빈에 포교기관인 선도회(宣道會)를 설치하야 동지방 포교에 힘썼으며
2. 강덕 원년 음 6월 중순 경에 총본사를 현 동만총성 영안현 동경성(東京城)에 이전하고 기시(其時)로부터 강덕 9년 12월까지 동지에서 교주로서 대종교의 운영활동에 관한 제반사무를 관리하고 기간(其間) 스스로 교도 1천여 명을 획득하였으며
3. 동 6년 7월 경에 아국(我國) 정부에 대하야 대종교의 공인운동을 개시하고 교도 강철구(姜鐵求) 등에게 명하야 신경(新京)에 보내어 관계관서(關係官署)를 역방(歷訪)한 다음 공인의 요해(了解)를 구하였으며
4. 동 6년 음 8월 27일 총본사에서 개최되었던 직원회에 출석하여 대종교 서적간행회(書籍刊行會)의 설립에 관한 협의결정을 한 후, 다수 교도로부터 기부금을 징수하는 등 착착 준비에 힘쓰고 있었으며
   1) 동 7년 6월에 대종교의 교리인 삼일신고(三一神誥) 2천 부와 단군사적(檀君史績)을 기재한 신단실기(神壇實記) 1천 부를 발행하야 당시 다수 교도에게 반포하고
   2) 동년 8월 경에 대종교의 의식을 기재한 종례초략(倧禮抄略) 2천 부를 발행하야 당시 약 5백 부를 다수 교도에게 반포하고

3) 동년 9월에 원대종교(元大倧教)의 중요 간부인 서일(徐一)의 저술로서 대종교의 궁극목적이 배달국의 재건에 있다는 것을 암시한 오대종지강연(五大宗旨講演) 4천 부를 발행하야 당시 약 1천 부를 다수 교도에게 반포하고

4) 동년 10월 경에 자작(自作)인 대종교에 관한 일반해설서 종문지남(倧門指南) 2천 부를 발행하야 당시 약 5백 부를 다수 교도에게 반포하다.

5. 대동아전쟁 발발 후 다시 교세확장의 촉진을 결의하고 강덕 9년 음 3월 16일에 총본사에서 개최되었던 임시협의회에 출석하야 대종교의 천전(天殿), 학교 건축 등에 관한 사항을 협의결정하고, 또 동년 음 10월 3일에 총본사에서 개최되었던 협의회에 출석하여 전기 건축에 관한 사항 및 동교(同教) 중요 간부인 전리(典理), 전강(典講), 전범(典範) 개선(改選)에 관한 사항과 아국(我國) 정부와 조선총독부에 대한 새로운 정식 허가신청에 관한 사항 등을 협의결정하였음.

제2 피고인 김영숙(金永肅)

조선 충청남도 결성군(結城郡) 이동(梨洞)의 한학자(漢學者)의 가정에서 출생하야 7세로부터 20세까지 한학을 수업하고 명치 39년 21세 때에 경성 중앙학교에 입학하야 동 44년 4월에 동교를 졸업하고 일시 경성부 승동소학교(勝洞小學校) 교원으로 있다가 일한합병 성립 후 망국의 비애를 통탄하고 조선총독부 치하에서 생활함을 깨끗이 여기지 않고 조선민족의 장래 발전 지역이 만주라 하야 도만(渡滿)한 다음 재만(在滿) 조선민족 청소년에 대하여 조선역사를 통한 민족정신을 배양하고 장래 조선민족의

발전 또는 독립공헌(獨立貢獻)에 힘쓸 것을 결의하였으며,

동 44년 8월에 원봉천성(元奉天省) 환인현에 가서 당시 대종교의 시교사인 피고인 윤세복이 경영하는 동창소학교 교원으로 있다가 기후(其後) 대정 13년 초 경까지 현 간도성(間島省) 화룡현(和龍縣) 삼도구(三道溝) 청일소학교(淸一小學校) 현 동만총성(東滿總省) 동녕현(東寧縣) 송화소학교(松花小學校) 동성(同省) 영안현 여명학교(黎明學校) 등의 교원을 역임하고 대정 13년 초 경으로부터 하얼빈에 이주하야 농장 경영에 종사하였으며 강덕 7년 실패 후는 일정한 직업에 종사하지 않았다.

대정 3년 음 10월 3일에 전기 환인현에서 피고인 윤세복의 감화로부터 대종교는 전기 목적을 유(有)한 단체인 것을 양지(諒知)한 다음 동 단체의 목적 달성에 협력하기로 결의하고 차에 가입하야 입교 후 대정 4년 2월에 현 간도성 화룡현 삼도구 대종교총본사에 가서 제1세 교주 나철의 밑에서 총본사의 학리부장(學理部長) 겸 서무부장(庶務部長)에 취임하고 또 시교사 대리(代理)가 되었으며 동년 3월에 지교(知敎)로 동 5년 9월에 상교(尙敎)로 승진한 다음 대정 11년 음 4월에 제2세 교주 김헌이 현 동만총성 영안현에 총본사를 이전하자 종리부령(倧理部令)이 되어 교주를 보좌하였고 동 20년 음 11월 18일에 교주 김헌이 사망한 후 당분간 제3세 교주 윤세복을 보좌하야 전과 동양(同樣)의 임무를 담당하다가 급히 교직(敎職)을 떠났으며 아국(我國) 건국 후에 대종교는 전기와 여(如)히 목적을 위한 단체임을 지실(知悉)하면서 대동 원년 9월 12일에 잠행징치반도법을 시행한 후에도 동교의 교도 지위에 있었다.

1. 강덕 원년 초 경에 교주 윤세복이 하얼빈에 와서 일본 측 기관에 대하야 대종교의 공인운동을 전개하자 차에 협력 보좌하고 동년 3월 경에 동지(同地)의 대종교도 김서종(金書鍾) 외 수 명과 함께 포교 기

관인 선도회를 조직하야 그 서무를 담당하고 당시 선도회의 주최로 하얼빈 일본거류민회 강당에서 개최되었던 강연회에 출석하여 대종교연혁에 관한 강연을 행하고 또 하얼빈방송국을 통하야 오족협화(五族協和)와 종교의 힘이란 제목 하에 대종교에 관한 강연을 행하였으며

2. 동 2년 음 6월 경에 현 동만총성 영안현 동경성 총본사에서 개최되었던 교인대회(教人大會)에 출석하야 경의원(經議院) 설립에 관한 사항을 협의 결정한 다음 동원(同院) 참의(參議)에 피임되었으며
3. 동 6년 3월 경에 총본사 소속인 교적간행회(教籍刊行會)의 발기인이 되었고 동 7년 초 경에 하얼빈선도회에서 김서종 등과 우(右) 간행비용으로 금 2백원을 갹출할 것을 협의 결정하고 또 동년 5월 경에 교적(教籍) 중 종문지남(倧門指南)을 조선문으로 번역하야 차를 총본사에 부송(附送)하였고 동년 10월 경에 총본사에서 종문지남(倧門指南) 2천 부를 발행하는데 편집 겸 발행인이 되었으며
4. 동 9년 음 3월 16일에 총본사에서 개최되었던 임시협의회에 출석하여 천전(天殿), 학교 등 건축에 관한 사항을 협의 결정하고 갱(更)히 동년 음 10월 3일에 총본사에서 개최되었던 협의회에 출석하여 전기 건축에 관한 사항 등을 협의 결정한 다음 우(右) 결정에 의하야 천전건축주비회(天殿建築籌備會) 위원장 및 총본사 전리(典理)에 취임하였음.

제3 피고인 윤정현(尹珽鉉)

조선 경기도 파주군 전내면(前內面) 하류(下流) 농가의 출생으로 명치 41년 21세 때에 부친과 함께 현 간도성 화룡현 대납자(大拉子)에 이주하야

동 43년부터 대정 6년까지 동지(同地) 동신소학교(東新小學校) 교원으로 봉직 후 강덕 6년까지 현 동만총성 호림현(虎林縣), 동성(同省) 목릉현(穆稜縣) 등 각지에 전주(轉住)하야 농업, 세탁업(洗濯業) 등에 종사하였고

동년 5월부터 목릉현 흥원촌(興源村)에서 대서업(代書業)을 경영하여 오다,

명치 42년 5월 경에 본적지 함경북도 경흥군(慶興郡) 웅기읍(雄其邑) 관곡동(寬谷洞)에 귀성(歸省)하였을 때에 대종교 전명(前名) 단군교 교도 박찬송(朴燦松)의 감화로부터 단군교에 입교하였고 동 43년 7월 경에 현 간도성 화룡현 삼도구에서 대종교 제1세 교주 나철을 방문하야,

대종교의 해설을 듣고 동년 8월에 참교(參敎)로 대정 3년 5월에 지교(知敎)로 승진과 함께 시교사에 임명되어 포교에 종사 중 대종교 교적(敎籍)인 삼일신고, 신단실기, 오대종지강연 등을 번역함에 이르러 대종교는 전기와 여(如)한 목적을 유(有)한 단체인 것을 양지하였으며 갱(更)히 동 6년에 상교(尙敎)로 승진하고 대정 8년 3월 1일에 조선에서 독립만세사건이 발발 후에 조선이 독립국가되기를 열망하고 동 9년 7월에 대종교 간부 서일 등이 결성한 조선독립군 북만군정서(北滿軍政署)에 가입하야 출납처장(出納處長)에 피임되어 독립운동에 정진 하였고 해(該) 운동이 실패 후에도 대종교와의 관계를 의연히 계속하였으며 대정 13년 음 정월 24일에 윤세복이 현 동만총성 영안현 총본사에서 제3세 교주에 취임하자 해(該) 취임식에 참석하였고 아국(我國) 건설 후에 대종교는 전기와 여(如)한 목적을 유(有)한 단체인 것을 지실(知悉)하면서 잠행징치반도법을 시행한 후에도 동교의 교도 지위에 유(留)하였다.

1. 강덕 7년 2월 경에 동만총성 영안현 동경성에서 대종교총본사 전강(典講)에 취임하야 교질시선(敎秩試選), 교적출판(敎籍出版), 교리연구

(教理硏究) 등에 관한 사항을 담당하였으며

2. 동 8년 9월에 교주의 자문기관인 경의원장에 취임하였고 동 9년 6월에 정교(正敎)로 승진하였으며
3. 동 7년 중 대종교 교적자금(敎籍資金)으로 금 10원과 동 9년 7월 경에 천전건축자금(天殿建築資金)으로 금 20원을 총본사에 기부하였으며
4. 동 9년 음 3월 16일에 총본사에서 개최되었던 임시협의회에 출석하야 천전, 학교 건축에 관한 사항을 협의 결정하고 갱(更)히 동년 음 10월 3일에 총본사에서 개최되었던 협의회에 출석하여 전리(典理), 전강(典講), 전범(典範), 개선에 관한 사항과 아국(我國) 정부와 조선총독부에 대한 포교 정식 허가신청에 관한 사항 등을 협의 결정하였음.

제4 피고인 오근태(吳根泰)

조선 강원도 화천군(華川郡) 화천면(華川面) 풍산리(豊山里) 중류(中流) 농가의 출생으로 10세부터 19세까지 한학을 수업하고 기후(其後) 농업에 종사하다가 대정 6년 10월 경에 현 통화성(通化省) 장백현(長白縣)에 이주하야 동 7년 8월 경까지 현립제이정몽학교(縣立第二正蒙學校) 교원으로 봉직하였고 차에 선(先)하야 대정 3년 10월에 경성부에서 대종교 시교원(施敎員) 주림(朱琳)의 감화로부터 동교에 입교하였으며 동 8년 3월 1일에 조선에서 독립만세사건이 발생하자 조선이 독립되기를 열망하야

동년 7월 경에 원(元)봉천성 무송현에서 대종교시교사 윤세복 등이 조직한 조선독립을 목적으로 한 무장단체인 흥업단에 가입하야 인사부장(人事部長)에 취임되어 동 9년 8월 경까지 독립운동에 활동한 후 무송현에서 가정교사로 종사하였고 동 7년 12월 경에 대종교 제2세 교주 김헌으로

부터 동교 참교(參教)를 수(受)하고 동 13년 11월 경에 현 동만총성 영안현 총본사에 가서 익(翌) 14년 7월까지 제3세 교주 윤세복의 밑에서 찬리(贊理)에 임명되어 총본사에서 일상 윤교주를 비롯하여 간부의 언동에 접하였으며 교적(教籍) 신단실기, 신단민사, 삼일신고, 회삼경(會三經), 신리대전(神理大全) 등을 번역함에 접하였으므로 대종교는 전기 목적을 유(有)한 단체임을 지실하였고 갱(更)히 아국(我國) 건국 후에 대종교는 전기 목적을 유한 단체임을 양지하면서 잠행징치반도법 시행 후에도 동교의 교도 지위에 유(留)하였으며 강덕 2년 봄에 현 동만총성 영안현 동경성에 이주하야 동소 총본사에서 전범으로 동 4년 4월에 전리로 취임되고 동 9년 3월에 정교로 승진하였다.

1. 강덕 2년 봄부터 동 9년 가을까지 총본사에서 교주 윤세복을 보좌하야 동교의 운영과 활동에 관한 사항을 집행하였으며
2. 동 2년에 동경성에서 이재경(李在璟) 외 수 명의 교도를 획득하였으며
3. 동년 8월 15일부터 동 8년 음 11월 16일까지 총본사에서 개최되었던 직원회에 수 차 출석하여 직원개선에 관한 사항을 협의 결정하였으며
4. 동 7년부터 동경성 및 각지에서 교도 다수를 역방(歷訪)하야 교적간행에 관한 자금과 천전 건축에 관한 자금을 모집하였으며
5. 동 9년 음 3월 16일에 총본사에서 개최되었던 임시협의회에 출석하야 천전, 학교 건축에 관한 사항을 협의 결정하고 갱(更)히 동년 음 10월 3일에 총본사에서 개최하였던 협의회에 출석하여 천전, 학교 건축에 관한 사항 및 전리, 전범, 전강개선에 관한 사항과 아국(我國) 정부와 조선총독부에 포교 정식 허가신청에 관한 사항을 협의 결정하였음.

제5 피고인 이용태(李容兌)

조선 충청북도 충주군 산척면(山尺面) 중류(中流) 농가의 출생으로 7세로부터 19세까지 한학을 수득(修得)하고 명치 45년 25세 때에 동도(同道) 제천군 봉양면(鳳陽面) 서기에 임명되고 대정 13년에 동면장(同面長)에 취임하야 3년 간 재직하였으며 기후(其後) 소화 9년에 동군(同郡) 백운면장(白雲面長)에 취임하였다.

소화 4년 4월 경에 누차 경성에 가서 대종교남도본사를 찾아서 신가(神歌), 개천가(開天歌), 각사(覺辭), 단군교포명서(檀君敎佈明書) 등을 얻었으며 또 경성부에서 삼일신고, 신단실기를 구입하야 차등(此等) 교적을 번역함과 함께 대종교도가 만세사건 후에 만주에서 독립운동에 다수 참가하였다는 것을 문지(聞知)하고 강덕 6년 4월 경에 만주여행 중 누차 현 동만총성 영안현 동경성 대종교총본사에서 제3세 교주 윤세복을 방문하야 대종교에 관한 해설을 듣고 대종교는 전기 목적을 유(有)한 단체임을 양지하면서 즉시 입교하야 동년 11월 경에 백운면장을 사직하고 총본사에 와서 강덕 7년 정월에 참교(參敎)가 되어 찬범(贊範)에 취임하고 동년 4월에 지교(知敎)로 승진하여 경의원 참의에 취임하였다.

1. 강덕 6년 11월 경부터 익(翌) 7년 8월 경까지 그리고 동 8년 5월 경부터 9월 경까지 총본사에서 윤교주와 기거를 공(共)히 하고 교주를 보좌하야 동교의 운영활동에 관한 사항을 집행하였으며
2. 강덕 7년 음 3월 15일부터 동 8년 음 4월 16일까지 수 회에 긍(亘)하야 총본사에서 개최되었던 직원회에 출석하야 직원개선에 관한 사항을 협의 결정하였으며
3. 강덕 7년 중 각지에 출장하야 다수 교도로부터 교적간행에 대한 자

금을 모집하였으며

4. 동년 봄에 동경성에서 교도 수 명을 획득하였음.

제6 피고인 최관(崔冠)

조선 함경북도 종성군(鍾城郡) 용계면(龍溪面) 연산동(硯山洞) 하류(下流) 농가의 출생으로 명치 43년 겨울 8세 때에 일가와 함께 도만(渡滿)하여 대정 3년에 현 간도성 혼춘현(琿春縣) 남별리(南別里) 사립춘동소학교(私立春東小學校)에 입학하야 3년 간 수업하고 동 6년에 대종교 경영인 동성(同省) 왕청현 명동고등소학교(明東高等小學校)에 입학하야 동교에서 대종교 간부 서일로부터 대종교의 교리, 목적 등에 관한 교육을 받았으며 서일의 감화와, 동 8년 3월 1일에 조선에서 발발한 독립만세사건 후 현 간도성 내에 발생한 조선독립운동의 자극을 받아 항일 사상을 구회(抅懷)하야 동 9년 3월부터 소화 2년까지 동성(同省) 왕청현 하 각지의 소학교 교원을 역임 중 아동에게 대하야 항일교육을 베풀었으며 기후(其後) 강덕 원년 초 경까지 현 동만총성 영안현 해림(海林)에서 농업에 종사하였고 동년 3월에 동현(同縣) 동경성에서 대종교 제3세 교주 윤세복의 감화를 받은 다음 대종교는 전기 목적을 유(有)한 단체임을 양지하면서 즉시 가입하였다.

1. 강덕 원년 3월 경부터 동 9년 말까지 총본사에서 윤교주를 보좌하야 동교의 운영 및 활동에 관한 사항을 집행하였으며
2. 동 2년 8월 15일부터 동 8년 음 11월 16일까지 전후 수 회에 긍(亘)하야 총본사에서 개최되었던 직원회에 출석하야 각종 사항 등을 협의 결정하였으며
3. 동 9년 음 3월 16일에 총본사에서 개최되었던 임시협의회에 출석하

야 천전, 학교 건축에 관한 사항을 협의 결정하고 갱(更)히 동년 음 10월 3일에 총본사에서 개최되었던 협의회에 출석하야 천전, 학교 건축에 관한 사항 및 전리, 전범, 전강 개선에 관한 사항과 아국(我國) 정부와 조선총독부에 대한 포교 허가신청에 관한 사항 등을 협의 결정하였음.

제7 피고인 나정문(羅正紋)

조선 전라남도 보성군(寶城郡) 벌교읍(筏橋邑) 칠동리(七洞里)에서 출생한 대종교 제1세 교주 나철의 차남으로 8세로부터 한학을 수업하고 명치 39년 15세 때에 경성부 선린상업학교에 입학하야 대정 2년 22세 때에 동교를 졸업한 후 원산 함경농장은행(咸鏡農場銀行)에 봉직 이래 조선 각지에서 금광채굴업(金鑛採掘業), 잡화상(雜貨商)에 종사하였으며 명치 42년 음 2월 경에 경성에서 부(父) 나철의 교훈을 받아 단군교에 입교하였으며 기후(其後) 삼일신고 등의 교적을 번역하고 대종교는 전기 목적을 유(有)한 단체임을 지실하며 갱(更)히 아국(我國) 건국 후에 동교는 전기 목적을 유(有)한 단체임을 양지하면서 잠행징치반도법 시행 후에도 동교 교도 지위에 있을 뿐만 아니라 강덕 8년 8월 경에 도만(渡滿) 후 현 동만총성 영안현 동경성에 이주하야 동지(同地) 대종교총본사에 제3세 교주 윤세복을 방문하고 동인(同人)의 감화를 받아 동교의 확대 발전에 기여할 것을 서약한 다음 동년 11월에 찬리(贊理)로 임명되었고 동 9년 봄에 교적간행회 총무에 동년 11월에 찬강(贊講)으로 각각 취임하였다.

1. 강덕 8년 11월부터 동 9년 11월까지 찬리(贊理)로서 전리(典理) 오근태를 보좌하야 대종교의 운영 및 활동에 관한 사무를 집행하였으며

2. 동 8년 9월 6일과 11월 16일 2회에 긍(亘)하여 총본사에서 개최하였던 직원회에 출석하야 직원개선에 관한 사항을 협의 결정하였으며
3. 동 9년 음 3월 16일에 총본사에서 개최하였던 임시협의회에 출석하야 천전, 학교 건축에 관한 사항 등을 협의 결정하고 갱(更)히 동년 음 10월 3일에 총본사에서 개최되었던 협의회에 출석하야 여전(如前) 사항을 협의 결정하였음.

제8 피고인 이현익(李顯翼)

조선 함경남도 단천군(端川郡) 남두일면(南斗日面) 이상리(梨上里) 농가 출생으로 명치 38년 16세 때에 부친과 함께 도만(渡滿)하야 24세까지 원(元) 봉천성 무송현에서 한문을 수득(修得)하고 대정 4년 2월부터 한약상을 경영하였으며 기후(其後) 동 12년 2월부터 현 간도성 용정(龍井) 등지에서 여관업을 경영하였고 강덕 원년 음 3월에 현 동만총성 영안현 동경성에 이주하였다. 대정 12년 28세 때에 현 길림성 돈화현(敦化縣)에서 대종교 시교원(施教員) 주모(朱某)의 권유에 의하야 일시 동교에 입교하고 기후(其後) 기독교를 신앙하여 오다가 강덕 원년 음 3월에 동경성에서 대종교 제3세 교주 윤세복의 감화로부터 대종교는 전기 목적을 유(有)한 단체인 것을 양지하면서 동년 12월에 지교(知教)로 동 9년 9월에 상교(尙教)로 승진되고 또 동 7년 3월에 교적간행회 위원으로 동 8년 3월에 찬리(贊理)로 각각 취임하였다.

1. 강덕 원년 음 3월 15일부터 동 8년 음 11월 16일까지 전후 수 회에 긍(亘)하여 총본사에서 개최되었던 직원회에 출석하야 직원개선에 관한 사항을 협의 결정하였으며

2. 동 9년 9월에 길림성 돈화현에 가서 교도 김철주(金鐵柱)외 수 명으로부터 천전건축비 1백 수십 원을 모집하였으며

3. 동년 음 10월 3일에 총본사에서 개최되었던 협의회에 출석하야 천전, 학교 건축에 관한 사항을 협의 결정하였음.

제9 피고인 이재유(李在囿)

조선 함경남도 홍원군(洪原郡) 삼호면(三湖面) 중호리(中湖里) 중류(中流) 농가의 출생으로 8세부터 사숙(私塾) 교사(敎司)에 봉직하여 오다가 일한합병이 성립되자 차(此)에 불만하야 명치 44년 말 경에 도만(渡滿)한 다음 원(元)봉천성 무송현에서 농업에 종사하였으며 대정 8년 3월 1일에 독립만세 사건이 조선에서 발생되자 만주 내에 조선민족도 차에 호응하야 각지에 독립운동을 전개함에 이르렀다.

피고인은 동년 6월 경에 무송현에서 성립된 독립단체 흥업단에 가입하야 지방주비원(地方籌備員)이 되었으며 동 11년 7월까지 독립운동에 정신(挺身)하여 오다가 기후(其後) 동년 11월 경에 무송현에서 대종교 시교사 윤세복의 감화를 받고 대종교는 전기 목적을 유(有)한 단체인 것을 양지하면서 잠행징치반도법 시행 후에도 동교의 교도 지위에 있을 뿐만 아니라 강덕 3년에 참교(參敎)로 동 6년에 지교(知敎)로 승진하였다.

1. 강덕 2년 10월 경에 현 동만총성 영안현 동경성 대종교 총본사에서 파견된 오근태에게 대하야 동교 교당(敎堂) 건축자금으로 금 20원을 제공하였고

2. 동 9년 8월 경에 전기 동일파견(同一派遣) 된 이현익에게 대하야 천전건축자금으로 금 50원을 기부하였고

3. 동년 음 10월 3일에 총본사에서 개최되었던 협의회에 출석하야 천전, 학교 건축에 관한 사항 등을 협의 결정하였음.

등의 각각 제반활동에 종사하여 왔고 피고인 윤세복은 국체변혁(國體變革)을 목적으로 한 단체 지도자인 임무에 종사하였으며 김영숙은 우(右) 단체의 요무(要務)를 장리(掌理)하였고 윤정현, 오근태, 나정문, 이재유는 우 단체 목적 수행을 위한 행위를 하여 왔으며, 이용태, 최관, 이현익은 우 단체에 참가하여 해(該) 단체 목적 수행을 위한 행위를 하여 왔다.

우등본함(右謄本咸)

강덕 11년 2월 21일

목단강 고등법원

서기관 오자와 토쿠히로(織澤德弘) 인(印)

구금고황(拘禁苦況)

단암(檀菴) 이용태(李容兌)

* 단암 이용태는 충청북도 제천 출신의 항일투사로, 대종교 임오교변의 당사자이다. 1939년 4월 만주 동경성 대종교총본사에 들어가 주요 직책을 맡아 시무하였다. 1942년 대종교간부 일제검거 때에 간부 24명과 함께 잡혀 징역 8년을 선고받고 목단강 액하감옥(掖河監獄)에 복역하던 중 해방과 함께 출옥하였다. 이 글은 이용태 자신이 임오교변으로 수감되었을 당시 체험하고 목도한 고형(苦刑)을 적은 것이다.(편집자 주)

임오교변(壬午教變)은 처음에 만주(滿洲) 영안현(寧安縣) 특무과(特務科)에서 기안(起案)되었으므로 만선각지(滿鮮各地)에서 한때에 검거된 교형제(教兄弟) 20여인이 영안현(寧安縣) 공서(公署)의 구내(構內)에 특설(特設)한 구류소(拘留所)로 함께 모이는데 적정(敵偵) 조병현(趙秉炫)이 일일이 간증(看證)하였다.

구류소의 구조(構造)는 한 채 5칸의 토옥(土獄)인데 좌우로는 두텁게 벽돌담이 높게 쌓였고 앞뒤에 이중(二重)으로 토벽(土壁)과 목책(木柵)을 세웠다. 칸마다 목책으로 막은 복판에는 허리를 굽히어 출입하는 문이 있으나 낮·밤할 것 없이 굵은 자물쇠를 채우고 그 곁에 밥을 받는 작은 창구(窓口)가 있다.

그 실내(室內)에 길고 높은 연돌(煙突)을 놓아서 갈자리[蘆席] 한 잎을 펴고 그 전변(前邊)에는 두터운 널을 칸에 맞도록 두었으니 제물에 걸상이 되고 목침(木枕) 노릇도 한다. 연돌 앞에는 넓이가 평반(坪半)쯤 되는 바닥에 벽돌을 세워 깔았으며 한편에 오줌누는 양철통을 두었다. 뒷벽위로 복판에는 작은 철창(鐵窓)이 있고 천장에 전등을 장치하였다. 한방에 네 사람씩 이름 지어 있게 하고 한노(悍奴) 8명-모두 왜놈-이 번갈아 들면서 몽둥이와 죽편(竹鞭)을 끌고 문밖에 오락가락 잔학무도(殘虐無道)한 저희들 소위 감방규칙(監房規則)을 우리에게 실행하려고 그야말로 불면불휴(不眠不休)코 최후발악(最後發惡)을 다 하였다.

그 당시 소조(所措)를 대강 적어본다면 아래와 같다. 첫째로 벙어리가 되어 말이 없어야 하며 또 어기어기 돌아앉아 서로 낯을 못 대하고, 누울 대는 얼기설기 머리와 발을 맞춘다. 앉으면 앉은 대로 해를 보내고, 누우면 누운 대로 밤을 지낸다. 밤 열 시 잘 때던지 아침 일곱 시 일어날 때에 한번 호령이 떨어지면 3분시 이내에 모두 정돈되어야 한다.

이불과 요는 사람마다 따로 있는데 앉을 때는 반드시 제자리에 걷어 두고 아무리 추워도 이불을 몸에 두르거나 요로 무릎을 덮지 못한다. 연돌(煙突)은 하루 한 번씩 불을 때는데 땔 때마다 쥐구멍으로 연기가 너무 많이 피어서 눈물을 흘리게 되고, 또 구들은 더울 때보다 추울 때가 많다. 하루 두끼씩 먹는 조밥은 끼마다 작은 공기로 수북하게 한 공기씩인데 돌이 많고 또 채탕(菜湯)이 한 공기씩이요 혹 소금만 주기도 하고, 그도 없을 때가 있으며 한 끼에 숭늉 한 공기씩 마신다.

돈 있는 사람들은 소위 사식(私食)을 받아 흰밥에 고기반찬을 한자리에 따로 먹는다. 이것을 볼 때에 인류(人類) 진화(進化)를 꾀하려면 반드시 사회혁명(社會革命)을 먼저 할 것이라 하였다. 또 각수(各囚) 본가(本家)에서 병과(餠果)·어육(魚肉)·혜장 등 식물을 자주 차입(差入)하지만 본인(本人)은 겨우 맛이나 볼 정도이었다. 날마다 조기(早起)시에 수십분 동안의 실내체조(室內體操)와 오후 한 두 시간씩 꿇어앉아 명상[冥想-회개(悔改)한다는 의미]함은 비록 심신수련(心身修練)의 중요한 과제라고는 하나 기한(飢寒)과 질병(疾病)에 시달린 노쇠자(老衰者)로는 도리어 고역(苦役)될 뿐이다.

매일 점심때에 한 번씩 변소 출입이 있는데 반드시 긴 밧줄로 왼팔을 단단히 묶고 일노(一奴)가 두 사람을 끌고 윤차(輪次) 왕래하며 각실(各室)의 오줌통은 제가끔 청소한다. 일주간에 한번이나 낯을 씻게 하되 3·4인이 한통물에 같이 씻게 하고 혹 눈[雪]도 퍼다 준다. 이상에 적은 것이 곧 죄수(罪囚)로서 지킬 감방규칙이오 날로 되풀이하는 일상행사(日常行事)이다.

그런데 우리는 날마다 위규범칙(違規犯則)만 하게 되어 갖은 악형(惡刑)을 돌려받아 규통(叫痛)하는 소리가 밤낮 끊일 새 없었다. 간수(看守)하는 왜노(倭奴)에게 악형(惡刑)을 받는 것이 몸에 고통보다 마음에 치욕(恥辱)됨을 깊이 깨닫는 우리가 어찌하여 그 치욕을 날마다 받게 되는가? 그 수형(受刑)하는 벌목(罰目) 몇 가지를 들면

1. 체조할 때 동작을 왜 남과 같이 못하느냐?
2. 밥먹을 때 밥과 국을 왜 남을 주느냐? 또 왜 받아먹느냐?
3. 앉았을 때에 왜 졸고 코를 고느냐? 왜 머리를 돌리어 서로 웃느냐? 왜 서로 눈을 흘기느냐?
4. 명상(冥想) 할 때에 두 무릎을 바로 꿇어야 할 것인데 왜 한 다리를 뻗었느냐?
5. 잠을 잘 때에 왜 몸부림을 치느냐? 왜 잠꼬대를 하느냐?
6. 설사(泄瀉)할 때에 왜 바지에나 오줌통에 똥을 싸느냐? 하는 등등인데 하나도 고의범(故意犯)으로 볼 것은 아니다.

이제 제6항만을 설명하여 보자. 실내 온도가 항상 체온(體溫)을 보유(保有)할 수 없고 음식의 질(質)과 양(量)이 또한 장위(腸胃)를 조양(調養)치 못하니 복통(腹痛)하고 설사(泄瀉)함은 생리상(生理上)으로 누구나 면치 못할 환증(患症)이어늘 이것을 이해치 않는 간수놈들은 이미 규칙된 시간외에

아무리 애걸(哀乞)하여도 변소출입을 불허하니 그래 인간적(人間的)으로 이 범과(犯科)를 능히 피할 사람이 있을까? 온몸에 땀이 날만큼 참다가 똥을 싼 사람을 다시 기진력진(氣盡力盡)하도록 무수히 난타(亂打)하고는 2·3일씩 밥을 굶긴다.

이것은 그놈들이 조선인(朝鮮人) 사상자(思想者)라면 그저 때려 보자 죽여 보자는 것밖에 아무 뜻도 없는 것이다. 이것이 하루나 이틀이 아니라 소위 제일심(第一審)의 취조가 끝나는 넉 달 동안이며 그 동안에 날마다 2·3인 내지 4·5인씩의 개별로 최조할 때에 고문(拷問)하는 각종각양(各種各樣)의 악형은 전부 다 기록할 수 없거니와 우리 일행(一行) 중에 장로(長老)이신 아현대형(亞峴大兄-權寧濬)은 당년 72세로서 체력(體力)이 강왕(康旺)하고 기백(氣魄)이 강의(剛毅)하여 취조(取調)중 불굴(不屈)은 일반이 예측하던 바 몇 날 동안 취조 끝에 감시노(監視奴)가 취조자(取調者)의 지시에 의하여 혹독한 벌을 특시(特施)하되 대형(大兄)을 감방(監房) 공간(空間)에 '차렷'자세로 서게 하고 백묵으로써 두발밖에 금을 그어 가로대 "일주간을 꼭 이대로 서서 지내야 한다. 만일 요동(搖動)을 하던지 함부로 앉거나 누우면 곧 타살(打殺)하리라"하고 왜노(倭奴) 두 놈이 번갈아 감시하더니 약 2주야부터는 다리가 자연 떨리고 발이 조금 옮기게 되매 곤봉(棍棒)으로 난타(亂打)하여 유혈(流血)이 임리(淋漓)하고 골절(骨節)맞는 소리가 감방(監房)의 공기(空氣)를 밤낮 긴장하게 하였다. 그러나 대형(大兄)은 간혹 "이놈들이 참으로 사람을 죽이려한다"는 말씀뿐이었다. 그렇게 5주야가 되자 정말 기력이 쇠진(衰盡)하여 자연 혼도(昏倒)하는지라 두놈이 번갈아 밤새도록 난타(亂打)하는데 대형은 정신을 차려 자진(自盡)을 꾀하되 그 두골(頭骨)을 목책(木柵)에 타쇄(打碎)코저 하더니 체번(遞番)한 다른 놈이 특무과(特務科)에 고급(告急)하여 의사를 보내 진찰하고 해벌(解罰) 구명(救命)되었다.

이 사실을 생각하며 대강 적는 오늘에도 몸에 소름이 끼치고 붓대가 떨리거늘 하물며 목도(目睹) 체험(體驗)하던 그 당시에 우리의 심경이 어떠하였을까? 졸렬(拙劣)한 붓으로써 구금(拘禁)중 모든 고황(苦況)을 역력히 상술(上述)치 못하나 다만 이 몇 줄 글월로도 혹시 십현(十賢)의 최후(最後) 참경(慘景)을 상상(想像)할 수 있을는지요. 이 설움과 이 분통을 뼈에 새겨야 할 우리 형제 자매들이시여! 자손만대에 다시는 이런 치욕이 없도록 민족 또 국가사업에 분투수성(奮鬪輸誠)하기를 심원혈축(心願血祝)하는 바입니다.

삼법회통(三法會通)

단애(檀崖) 윤세복(尹世復)

* 이 글은 대종교 3세 교주를 지낸 단애 윤세복이 임오교변 당시 액하감옥 수감 중에 완성한 저술이다. 길지 않은 글로, 대종교 인간론과 수행론의 정수(精髓)인 『삼일신고(三一神誥)』「진리훈(眞理訓)」을 토대로 연역한 것이다. 특히 감옥에서 고형(苦刑)을 겪으며 직접 체험 정리한 글이란 점에서 의미가 크다. 또한 이 글을 감옥 밖으로 반출한 인물은, 임오교변으로 수감 중이던 이용태(李容兌)의 2자 이영재(李榮載, 해방 이후 대종교총전교 역임)였다. 이영재는 당시 수감된 대종교지도자들의 사식(私食) 시중 문제로 감옥 안을 드나들면서, 윤세복이 전해 주는 관련 원고를 그때그때 도시락 밑에 몰래 숨겨 가져나왔다. 여기에 실은 번역문은 1969년 대종교총본사에서 발간된 『대종교경전』의 한글번역문을 옮긴 것이며, 당시 한글번역을 주관한 인물은 노산(鷺山) 이은상(李殷相)이다. 더불어 1944년 윤세복의 원문(原文)도 본문의 각 장 뒤에 실었다.(편집자 주)

자서

나는 도사교(都司敎, 대종교의 교주-편집자 주)의 자리에 오른 뒤로 『삼일신고(三一神誥)』의 「진리훈(眞理訓)」을 읽을 때마다 반드시 삼법회통을 저술할 생각을 가졌으나 교무로 말미암아 겨를을 얻지 못하여 뜻을 두고 이루지 못함이 이에 거의 20년이 되었다.

오늘날 천신대도(天神大道)가 자칫 폐색될 때를 당하여 몸은 비록 감옥에 갇혀 있으나 마음은 오히려 현실 세계를 떠난 듯 편안하구나. 다만 병마에 시달리기 한 해가 넘으니 스스로 살지 못할 것으로 알았는데 이제 얼마간 나은 듯하다.

친구인 근재(槿齋) 이현익(李顯翼) 군은 내가 굶주려 괴로워함을 보고 딱하게 여겨서 건강을 회복케 하고자 밥을 미루어주기 거의 50일이 되는데 날마다 처음과 같은지라. 그 어렵고 딱한 형편을 살피건대 한갓 인정과 의리에서가 아니고, 모험과 희생적인 행동이고, 또 고심과 열성적인 일이다. 이 세상에 혹시 이와 같이 벗을 구원하는 사람이 있을 것인가? 지난날에 듣지 못했고 앞으로도 보기 어려우리니, 겨우 이 한 사람이 있을 뿐이라고 나는 감히 단언한다.

이제 어진 친구의 착한 도움을 받았음에 스스로 기운을 내어 삼법회통을 저술함으로써 오랜 염원을 펴야 하지 아니할 것인가 생각하고 곧 십여 일 동안 생각을 가다듬어 감히 삼법명과 삼법약설과 삼법회통을 각각 세 조목으로 나누어 저술하니 모두가 3장 9절이라. 글의 체제는 삼묘설(三妙說)을, 글자 수는 삼회수(三會數)를 썼으나 오직 화마(化魔)의 방침을 가리킴에 그쳤고 도(道)를 이루는 진리의 실상을 엿보기에는 미치지 못하였다.

수진삼법회통이라 이름함은 한배검을 받들어 믿고 한배검을 믿는 가운데서 수도의 길을 찾는 사람들에게 조금이나마 지침이 되기를 바람이나 취하고 버림과 깎고 보충하는 일은 뒷날에 올 동지의 큰 손길을 기다릴 뿐이다.

중광한 지 36년 갑신(1944년) 윤4월 29일
불초 한다물[桓復]은 목단강형무서 제일사(第一舍) 독삼방(獨三房)에서
목욕재계하고 삼가 씀

1. 삼법명

1) 느낌길

느낌길은 여섯 경계를 그쳐야 하나니, 기쁨과 두려움과 슬픔과 성냄과 탐함과 싫어함이 그것이다.

2) 숨쉼길

숨쉼은 기운의 화평함을 주장하나니, 반드시 향내와 썩은 내와 추위와 더위와 번개와 젖음을 고루해야 한다.

3) 부딪침길

부딪침을 금하는 법은 소리와 빛을 경계하고, 냄새와 맛을 잊어버리며 음탕함과 살닿음을 끊는 것이다.

[原文]

三法銘

感途可止六境 喜懼哀怒貪厭 息主氣和 必調芬斕 寒熱震濕 禁觸法 戒聲色 忘臭味 絕淫抵

2. 삼법약설

1) 느낌을 그치는 법

세 법은 같이 명념해야 하는 것으로써 반드시 계속 수행하되 다 같이 병행해야 한다. 몸은 후하고자 하며 기운은 맑고자 하고 마음은 비고자 하며 뜻은 정성되고자 하라. 안으로 보기를 오래 하여 정신을 기르면 채색구름이 모였다가 때때로 갬과 같아, 현궁(玄宮, 두 눈썹 사이)이 변하여 자성(紫城, 한얼님 마을)이 되어 지극히 복되고 가장 빛나는 곳이 되는 것이다. 여섯가지 느낌을 그쳐 정욕을 잊어버리면 온갖 마귀를 변화시켜 그 자취를 감추게 할 것이요, 착함도 악함도 없으면 그것을 일러 평온이라 하나니, 마침내 본성을 통달하여 공적이 이루어질 것이다.

2) 숨쉼을 고루 하는 법

새벽빛이 훤하여 책상머리가 고요하고 창이 밝거든 호흡을 길게 하여 들이쉬는 숨과 내쉬는 숨의 도수를 같이 하라. 처음에 앞가슴이 툭 열리면 기운바다[氣海, 배꼽 밑]가 시원해질 것이요, 또 음호(陰戶, 아랫배)가 트이고 급히 쌍환(雙環, 요도와 항문 둘레)으로 구르리라. 미려(尾閭, 꽁무니)와 옥침(玉枕, 머리 뒤통수 뼈)이 차례로 열리며, 천궁(天宮, 한울집·머릿골)에 나아가면 숨쉬는 문이 트일 것이다. 혹은 순하고 혹은 거스름을 이름하되 회도(會度)라 하나니, 탐하지도 말고 자랑하지도 말아야만 공적 마침을 기약할 수 있으리라.

3) 부딪침을 금하는 법

날마다 이른 새벽에 한배검께 절한 뒤, 「깨닫는 말씀」을 외고 잠잠히 원도를 올리며 배달향을 피우고서 『삼일신고』를 읽으라. 참정기를 보전하고 반드시 찬물에 멱감으며, 옷깃을 바로 하고 귀와 눈을 경계하며 비린 것과 술을 끊고 정욕을 금하라. 생각에 사특함이 없으면 형체를 가히 잊을 것이요, 옥전(玉殿, 한울집)으로 올라가 보배로운 빛을 입고서 마음이 절로 즐거우며 몸이 또한 편안해지리라.

[原文]

三法略說

(止感法) 三法可以同銘 必繼修而竝行 身欲厚而氣淸 心欲虛而意誠 內視久而養精 彩雲集而時晴 玄宮變而紫城 大吉祥而光明 止六感而忘情 化百魔而潛形 無善惡而心平 性乃通而功成

(調息法) 曙色將白 几靜窓明 行深呼吸 出入同度 初闢胸關 氣海壯觀 且通陰戶 急轉雙環 尾閭玉枕 次第開鑰 旣朝天宮 息門乃坼 或順或逆 是名會度 勿貪勿矜 完功可圖

(禁觸法) 每朝晨 拜天祖 念覺辭 行默禱 燒栴香 讀神誥 保眞精 必冷浴 整衣冠 戒耳目 斷葷酒 禁情慾 思無邪 形可忘 登玉殿 披寶光 心自樂 身且康

3. 삼법회통

1) 원리론

교화주는 한웅이시다. 성품과 목숨과 정기를 일러 '세 참함'이라 이르나니, 사람과 만물이 그것을 받되 반드시 같이하는 것이라. 이치는 둘이 없어 꿰뚫음 같고 참함은 오직 하나라 실로 공변될 것이다. 만물은 혹시 치우치게 받아 옹글지 못하나, 사람은 옹글게 받아 적중함을 얻는 것이다. 같이 받기는 하되 어긋남이 있으니 참 이치의 무궁함을 깨달을 것이다.

성품에 어찌 그 착하고 악함이 없으랴! 마치 달이 푸른 허공에 달려 둥두렷이 밝아 두루 비치지마는 그 빛이 엷고 짙음이 있음과 같다. 목숨이 어찌 그 맑고 흐림이 없으랴! 마치 물이 흑룡강에 들어가되, 쏟히고 뿌리고 하는 곳에는 눈꽃이 날고, 돌고 괸 곳에는 먹즙이 엉김과 같다. 정기에 어찌 그 후하고 박함이 없으랴! 마치 봄동산에 비가 내려 온갖 풀들이 봄바람에 즐거이 피어나지마는 저마다 자람이 한결같지 않음과 같다.

으뜸 다음 아래를 일러 '세 품수[三品]'라 하는 데 제가끔 그 품수의 밝은 이가 있으며, 통하고 알고 보전함을 일러 '세 보배[三寶]'라 하는데 반드시 참함으로 돌아가 한검[倧]이 되며, 마음과 기운과 몸을 일러 '세 가달됨[三妄]'이라 하는데 아득한 땅에 태어나 뿌리를 박는 것이다.

마음은 성품에 의지하되 착하고 악하여 복과 화의 좋고 궂음을 부르며, 기운은 목숨에 의지하되 맑고 흐려 장수하고 일찍 죽음을 늙은이와 어린 아이에게 비유할 수 있으며, 몸은 정기에 의지하되 후하고 박하여 귀하고 천함을 금과 구리쇠로써 논할 수 있다.

느낌과 숨쉼과 부딪침을 일러 '세 길[三途]'이라 하는데, 참함과 가달됨이 서로 충돌하여 길이 제가끔 여섯으로 나뉘나니 마땅히 삼가고 몸을 조심해 가지라. 뭇사람들은 가달된 길로 가서 열 여덟 경계에 제맘대로 달리다가, 그로 말미암아 다섯 괴로움에 떨어져, 근심을 견디지 못하고 애닯아 하는 것이다.

그침과 고루함과 금함을 일러 '세 법[三法]'이라 하는데, 밝은이는 마침내 수행하여 공적을 이루나니, 여섯 느낌을 그쳐 마음이 평온하면 참성품을 통하여 가히 한울집에 나아갈 것이요, 여섯 숨쉼을 고루 하여 기운이 화평하면 참목숨을 알아 가히 한얼님의 내리시는 뜻을 얻을 것이요, 여섯 부딪침을 금하여 몸이 편안하면 참정기를 보전하여 가히 천지를 울릴 것이다.

○(동그라미)와 □(네모)와 △(세뿔)을 일러 '세 묘함[三妙]'이라 하는데, 진리를 구태여 형상으로 나타내어 종지를 열었나니, 성품은 ○(동그라미)와 같아 한울을 본뜬 것으로서 밖이 비고 안도 훤함을 가리킴이며, 목숨은 □(네모)와 같아 땅을 본뜬 것으로서 동서남북을 분간함이며, 정기는 △(세뿔)과 같아 사람을 본뜬 것으로서 위에는 머리요 아래는 두발임을 보인 것이다.

한울과 땅과 사람을 일러서 '세 극[三極]'이라 하는데, 많고 많은 만물을 맡은지라, 가달됨을 돌이켜 참함에 나아가기를 바라노니, 세 법을 모두 통하게 하라.

2) 방법론

느낌을 그치는 것은 어떻게 하는 것인가? 마음이 평온해질 수 있는 것인데, 고통 마귀가 틈을 엿보아 바깥 물건을 좇아 뜻 속으로 옮겨 들어오되, 안으로 현궁(玄宮)을 오래 보느라면 마음이 깨끗해지며 사특한 생각이 없어지나니, 불교의 '참선(參禪)'이 이에 비길 수 있음을 어찌 의심하리요, 마음을 밝혀 성품을 봄에 깨닫게 하는 종파가 나뉘었을 따름이다.

숨쉼을 고루 하는 것은 어떻게 하는 것인가? 마땅히 기운이 평온하게 되는 것인데, 시간을 늘여 호흡하면 그 효험이 신기하여 숨쉰 기운이 배꼽 아래로 내려가 몸을 두루 돌게 할 수 있는 것이다. 신선 닦는 이들의 '도인(導引)' 이란 것이 그 또한 이 속에 있나니 기운을 기르고 성품을 단련함이야말로 한검도의 한 지파인 것이다.

부딪침을 금하는 것은 어떻게 하는 것인가? 몸이 편안해짐을 위하는 것인데, 향불을 피우고 신고를 읽으면 가달 도적이 엿보지 못하므로 차츰 명상 속으로 들어가 몸을 가지되 얽매임이 없는지라, 유교의 '극기(克己)' 란 것도 이에서 지날 것이 없으며, 몸을 닦고 성품을 따르니 윤리의 교가 여기에 의함인 것이다.

참함과 가달됨이 서로 이어 길이 마침내 지어지는데, 세 법을 행하고자 하면 방법은 달라도 같이 베푸는 것이라, 서로 도와 아울러 나아가면 백에 하나도 어긋남이 없을 것이다. 고요한 방에 단정히 앉아, 마귀를 감화시키고 사특함을 물리치라. 들이쉬는 숨이 맑고 새로우면 목숨과 정기가 이지럼짐이 없나니, 힘써 항심(恒心)을 지키되 반드시 정한 때가 있으라. 한 굢으로 도를 닦아 잠시도 떠나지 않아야 한다.

한방울 물이 바위를 뚫나니, 해가 오래 걸려도 싫증내지 말라. 만일 신비함을 보거든 조심하여 스스로 지킬 것이니, 모습은 마른 나무와 같고 싱거운 음식 소박한 옷으로 말은 적게 하고 잘 웃으며, 바보 같고 천치 같아 구함도 없고 얻음도 없으면 공적마침을 가히 알 것이다.

3) 공효론

저 대중들아! 한검의 도를 믿어 세 법을 행하면 다섯 괴로움을 떠나, 마침내 밝은이가 되어 '세 보배(통하고 알고 보전함)'를 얻고 한얼님 기틀을 부려 빛이 두루 비칠 것이오. 한얼님 공화(功化)를 돕되 '세 묘함(○□△)'을 쓰면 가히 뼈를 가꾸어 몸이 늙지 않을 것이다.

자비하고 불쌍히 여기는 마음을 내어, 고할 곳 없는 이를 위하여 티끌 세상을 구제하되, 널리 건지면 한울집에 들어가 한배검을 모시고서 쾌락을 누리며 만고에 뻗칠 것이오. 백억 년이 일 년 같고 뭇누리가 영원히 보존될 것이다.

[原文]

修眞三法會通

(原理論) 敎化主是桓雄 性命精曰三眞 人物受之必同 理無二而如貫 眞惟一而可公 物或偏而不完 人乃全而得中 旣同受而有差 覺眞理之無窮 性何無其善惡 如月懸於蒼穹 一輪明而遍照 異光彩之淡濃 命何無其淸濁 如水注乎黑龍 雪花飛而瀉濺 墨汁凝而凝融 精何無其厚薄 如雨降于春峰 卉殊芳而不一 皆自樂於東風 上中下曰三品 有各等之哲工 通知保曰三寶 必返眞而爲倧 心氣身曰三妄 着迷地而根蒙 心依性而善

惡 招福禍之吉凶 氣依命而淸濁 喻壽妖於叟童 身依精而厚薄 論貴賤而金銅 感息觸曰三途 眞與妄而相衝 途分境而各六 當謹飾而措躬 衆由忘而行途 十八境而任走 因之墮其五苦 憂不堪而忡忡 止調禁曰三法 哲乃修而成功 止六感而心平 通性可朝天宮 調六息而氣和 知命可得降衷 禁六觸而身康 保精可鳴洪鐘 圓方角曰三妙 眞强相而開宗 性如圓而象天 指外虛而內空 命如方而象地 辨其南北西東 精如角而象人 上是頭而下踪 天地人曰三極 主萬物之林葱 冀返妄而卽眞 三法可以會通

(方法論) 止感何如 心平可期 苦魔相覷 逐物意移 內視玄宮 心淨無思 佛門參禪 倣此何疑 明心見性 覺宗多岐 調息何如 氣和乃宜 延時呼吸 奏効神奇 氣降丹田 會度可推 仙客導引 亦在乎斯 養氣煉性 倧派一支 禁觸何如 身康自爲 焚香讀誥 妄賊無窺 轉入冥想 措身不羈 儒家克己 莫過于玆 修身率性 倫敎是依 眞妄相聯 途乃作之 欲行三法 異術同施 互助竝進 百無一差 靜室端坐 化魔却邪 吸氣淸新 命精毋虧 務守恒心 必有定時 一意修道 須臾不離 滴水穿石 年久莫辭 若見神秘 戰兢自持 形如枯木 淡食素衣 寡言善笑 似呆似痴 無求無得 功完可知

(功效論) 惟大衆 信倧道 行三法 離五苦 乃成哲 得三寶 發神機 光遍照 贊功化 用三妙 可換骨 身不老 生悲愍 爲無告 救塵海 能普渡 入天宮 侍皇祖 享快樂 亘萬古 百億劫 如一度 群世界 悠久保

대종교인(大倧教人)과
독립운동연원(獨立運動淵源)

근재(槿齋) 이현익(李顯翼)

* 이 글은 대종교 항일투사이자 임오교변의 당사자였던 근재 이현익의 글이다. 이 기록은 해방 이후인 1962년, 이현익이 직접 경험한 체험담을 토대로 해방 이후 대종교 항일투사들과의 대화와 자문 속에 엮어진 것이다. 대부분의 기록이 인멸 또는 압수된 대종교의 입장에서는 금과옥조라 아니할 수 없다. 또한 기존의 연구서나 문서에는 기록되지 않은 귀중한 자취들이 발견됨을 볼 때, 한국독립운동사의 측면에서도 결코 도외시 할 수 없는 소중한 자료다.(편집자 주)

1. 서언

2. 대종교인과 독립운동실기(獨立運動實記)

3. 대종교인의 독립운동개요(獨立運動槪要)

1. 서언

필자가 세상에서 알지 못하는 이 사실을 공개함은 대종교를 위칭(僞稱) 종교유사단체(宗教類似團體)라, 불령선인집단(不逞鮮人集團)이라 하야 종교로 승인할 수 없었기 때문이다.

일제하 대종교는 국내에서 저항타 못하여 천신교(天神教) 발상지인 백두천산하(白頭天山下) 청파호(青波湖)에 총본사(總本司)를 이전하고 동서남북으로 4도본사(四道本司)를 설하고 서로는 상해(上海)에 서도본사(西道本司), 북으로는 노령(露領)까지, 동에는 동만(東滿)까지 시교(施教)하여 당년(當年) 삼십만 교도(教徒)를 획득하고 규범에 정교분립(政教分立)이라 하였으며,

교령(敎令)으로 정치 간섭 말라는 포고가 대종교 억압에 항거하는 방침을 삼고 신앙자유를 일제 측에 제소(提訴)하였던 것이다.

그리하여 서백포(徐白圃) 선생도 교직(敎職)을 사면(辭免)하시고 군정서 총재로 취임하셨고, 동도본사(東道本司)도 정무(停務)한 후 자연적 백두산을 중심으로 수무촌철(手無寸鐵)이던 대종교인 대부대(大部隊) 무장독립운동군(武裝獨立運動軍)이 웅거하게 되어 침입하는 왜적을 섬멸한 것은 아무리 생각해도 신비(神秘)라고 밖에는 해석이 안 된다.

일분철(一分鐵) 없는 백수공권(白手空拳)으로 삼팔식(三八式) 신무장(新武裝)한 우리 대군(大軍)을 처음 보는 대교인(大敎人)들은 남녀노유(男女老幼)할 것 없이 당일 다 죽어도 한이 없을 듯 흥분하여 자기소지(自己所持)하고 있는 대로 정성껏 받친 것이 청산파일대승첩(青山破日大勝捷)이요, 안무송(安撫松) 독립혈사상(獨立血史上) 전사(戰死), 병사(病死), 아사(餓死), 분사(憤死), 피살(被殺), 행방불명 등이 사실(事實)인 것이며, 정든 고향과 부모처자를 버리고 이역천리에서 피뿌린 순국영령 명월야(明月夜)에 구슬픈 두견새 울음만 처량한 비밀을 전할 뿐이었다. 이러한 국가와 민족을 위하여 정신과 육체를 다 받친 대종교도는 모두 다 대철(大哲) 나홍암신사(羅弘巖神師)의 밀유(密諭)에 의한 위대한 힘이었다.

一, 독립운동의 중로양령거두(中露兩領巨頭)는 총망라하여 대종교를 신봉하였고,

二, 국내에는 비밀결사를 조직하여 자주국민 교육자 양성을 주력하였고,

三, 국내외 일련적(一聯的) 정신단결을 결성하였고,

四, 종교, 역사, 교육, 경제, 국어 등 자주적 정신계통을 세웠고,

그리하여 경제계 총책임은 백산(白山) 안희제(安熙濟) 선생이며, 교육계

총책임자는 무원(茂園) 김교헌(金敎獻, 金獻) 종사(宗師) 외 석농(石儂) 류근(柳瑾) 선생, 단재(丹齋) 신채호(申采浩) 선생, 백암(白菴) 박은식(朴殷植) 선생, 한힌샘 주시경(周時經) 선생 이러한 일류 학자와 역사에 최고권위자를 총망라하여 《신단실기(神壇實記)》,《신단민사(神檀民史)》,《단조사고(檀祖事攷)》,《강역고(疆域考)》,《조선상고사(朝鮮上古史)》,《한국통사(韓國通史)》,《몽배금태조전(夢拜金太祖傳)》,《사지통속고(史誌通俗考)》 등 각종 국사 저술과 비밀교육자 양성에 심혈을 경주하였으니, 그때 비밀결사원을 예거(例擧)하면 일해(一海) 이세정(李世禎), 수당(水堂) 맹주천(孟柱天), 일석(一石) 백남규(白南奎), 보본(普本) 엄주천(嚴柱天), 위당(爲堂) 정인보(鄭寅普) 외 삼십여 명이며 백두산을 중심으로 민족운동의 최고지도자로서 김무원(金茂園), 서백포(徐白圃), 윤단애(尹檀崖), 강호석(姜湖石), 백은계(白隱溪, 白純), 이소완(李篠浣, 李憶 또는 李倬), 윤화전(尹華田, 尹復榮), 김오석(金吾石, 金赫), 김동삼(金東三, 日松), 이성재(李省齋, 李始榮), 이채우(李埰雨, 호 湖隱)) 이런 분은 경술년 전후 해외로 망명하여 국교 · 국사 · 국문 교육에 전력하여 민족운동에 봉화되었고, 홍범도(洪範圖) · 김소림(金嘯林, 金虎) · 김좌진(金佐鎭, 호 白冶) · 정신(鄭信, 호 一雨) · 김희산(金希山, 金承學) · 김중파(金中波, 金鎭浩) 외 수백여 명이 남북만(南北滿)에서 동지 규합에 선봉이 되었으며, 기미 운동에 일제히 가담하여 군사교육, 외교에 주동하였고, 신예관(申睨觀, 申圭植) · 조청사(曹晴簑, 曺成煥) · 박남파(朴南坡, 朴贊翊) · 박은식 · 조완구(趙琬九, 호 藕泉) · 김구(金九, 호 白凡, 본디 천주교인) · 추당(秋堂) 김창환(金昌煥) · 이진산(李振山) 외 수십 명은 중국 외교에 주력함과 동시에 임정수립에 성공하였다.

대종교인의 40여년 래 이와 같은 독립운동에 대한 중대 사실을 국내 인사로서는 그 관찰이 불급(不及)하는 듯한 감이 없지 아니하며, 또 논공행상이 전도되는 듯한 우려에서 진정한 사실을 공개하고 의혹을 해소하는 의미에서 하명하시면 고증하려니와, 우선 급한 마음으로 제목도 불완전한 졸문(拙文)으로 대종교의 정체(正體)와 그 인물의 업적을 나타내려는 심정에서 붓을 잡은 것이다.

그 간 전문(傳聞)한 바에 의하면 일설(一說)은 경력서 제출, 혹 일설은 증빙서 제공 운운이라 하니, 이상 양설(兩說)에 필자로서는 모두 이해가 안 되는 바이다. 왜냐하면 대종교의 신중한 비밀은 생명과도 안 바꾸는, 그 당사자가 아니면 신문도 사진도 역사도 없는 사실을 알 사람도 없을 뿐, 하물며 증빙서가 어디서 나올까? 또 경력서도 진정한 애국지사라 할진대 내가 독립운동을 많이 했노라고 쓸 것 같지 아니하다.

예를 들면 민필호(閔弼鎬)·이범석(李範奭) 이러한 분들은 세인(世人)이 증명하는 일생 독립운동에 헌신한 분인데 무엇을 의심하여 이력서를 제출(提出)할까? 이 실기(實記)에 있는 분이 만일 생존한 자가 있다면 국록(國祿)이나 표창 받기 위하여 이력서를 가지고 줄달음칠 분은 없으리라고 단언하여 두는 바이다.

그러면 이제부터 국가에서 독립운동자의 신성불가침한 기록을 세상에 남기려는 뜻일 줄 알며, 또한 그리하여야 당연 또 당연하리라고 본다. 비유컨대 독립운동의 중앙 금고는 백두산 중심의 만주 복판이 될 것인데 그 중심 금고를 활짝 열고 다소의 문서도 작성하고 자본(資本)도 계산하여야 각처 연쇄점(連鎖店)까지 동시 총결산이 될 것이오, 또한 이 실기도 중앙 금고 열쇠가 될까하여 제공하는 바이니, 더 오래되면 열쇠도 없을까 염려되기 때문이다.

다음 대종교가 민족운동총본영이라 함은 배달민족 전통적 고유 신교(神敎)로 아세아 동쪽에 최초 광명이 되었던 것이 고려 말부터 700년간 회명

(晦明)하였다가 오십년 전 중광(重光, 부흥)함이오, 창설은 아니다. 그리하여 본시 단군 이래 교정일치(제정일치)하였던 것으로, 다시 말하면 도의(道義)와 정치(政治)를 병행(倂行)한 것이 대교(大敎) 독립운동 정신이오, 동방군자국이라 휘호(徽號)함도 그 까닭이라.

그러한 정신으로 윤단애(尹檀崖) · 안백산(安白山) 두 분의 예를 들면, 신성모(申性模) · 이극로(李克魯) · 안호상(安浩相) 이러한 신임할 분들을 임정(臨政) 당시(當時) 상해(上海)로 파견하여 구라파 유학을 시킨 것이다. 그리하여 신(申)은 영국 최고 함장으로 세계 용맹을 날리고 30년간 자기 함장실에 단군 천진(天眞)을 봉안(奉安)하고 조석(朝夕) 참배하여 독립을 빌었으며, 이(李)는 백림대학(伯林大學)에 조선어과를 설하고, 전세계에 우리 국어 · 국문과 우리 문화를 최초로 선전한 것이며, 귀국하여서는 전국 명사를 망라하여 어학회를 조직하고 한글큰사전 편찬, 10여 년 간 갖은 형극의 길을 걸어오다가 임오교변(壬午敎變) 2개월 전인 10월경에 국내에서 한글어학회가 선두(先頭)로 전원이 검거되어 함남(咸南) 홍원감옥(洪原監獄)에서 수감 4년만에 해방되었고, 대종교는 당년 12월에 간부 전원이 검거되어 만주 목단강 감옥에서 순국십현(殉國十賢) 외 무기형(無期刑)을 받고, 또 4년만에 해방되니, 한글어학회 사건이 곧[卽] 대교(大敎) 교변(敎變)이요, 대교 임오교변이 곧 독립운동실기가 되는 것이다.

그 당시 어학회는 국어통일로 사상통일을 시켜 민족단결을 기한 것이고, 대종교는 국가민족의 전통을 계승하여 민족혼을 새로이 하는 강력한 힘을 가졌던 것이다. 그리하여 전국 지사(志士)는 대종교에 귀의한 것이며, 진정한 독립운동자는 무조건 대종교를 신봉하였다. 그러므로 어학회도 대교(大敎) 비밀간행물을 종종간행하였고 모험은성(冒險殷誠)을 다 바쳐왔던 것과 은밀한 연락이 내왕한 것도 그야말로 대교의 비사(秘史)가 된다.

또 한 가지 예를 들면 백범 김구 선생은 대종교를 방문할 때 천진전(天眞殿)에 참배(參拜) 드리고 윤단애 선생을 배견(拜見)하신 후 처음 말씀이 "나도 대종교인이올시다. 우리가 한배검 자손인 이상 다 이 교화에 살아온 것 아닙니까?" 하면서 "그러나 완전한 교인 행세를 하지 못하는 이유는 선비(先妣)께서 천주교 신자로 소시신교(少時信敎)하시라는 명을 받은지라 개종할 수는 없으나 정신만은 대종교인이외다. 버리지 마소서."라 하고 이시영 선생 외 3·4명의 원로가 동좌 환담하시었고, 대교에서 개천절, 어천절(御天節), 중광절(重光節), 가경절(嘉慶節) 4대경절(四大慶節)이면 임정 요인을 동반하여 내참(來參)하시고, 적지 않은 성금까지 헌납하셨다. 그러함으로써 준(準) 대교원로(大敎元老)로 아는 동시에 선생의 충효를 늘 경모하며 숭봉하여 온 것이다.

육당(六堂) 최남선(崔南善) 선생은 만철(滿鐵) 위촉으로 북지순회(北支巡廻) 강연기회(講演機會)에 발해고도 동경성(東京城)을 시찰케 되었다. 그때에 대종교당에 선착(先着)하여 단군 천진전에 참배한 후 윤단애 선생께 진배악수(進拜握手)하시고 두 무릎을 꿇고 말없는 순간 두 눈에 손수건만 번갈아 젖어졌다. 너무 감개한 표정으로 말문을 열어 "해외에서 큰 책임을 지시고 계신 선생님을 이처럼 뵈옵고 보니 평소에 하고 싶던 많은 말씀은 다 간 데 없고 그저 황감할 뿐입니다. 저도 일찍 김무원(金茂園) 종사(宗師)와 류석농(柳石儂) 선생의 전통적 훈도(薰陶)를 받은 대종교 숭봉자이오나 외면(外面)에는 불교신자로 행세하면서 단군론(檀君論)을 세상에 문헌으로 밝히려는 일편단심에서 전생애와 역량을 다 바치려고 희생적 모욕적 이용을 당(當)하면서 또한 어떠한 의심을 받더라도 목적한 바 성공되는 날저의 사명(使命)을 다한 줄 압니다. 금일 선생님께 기탄없이 평생 소회를 고백하여 후일의 편달을 기다리오며 끝으로 드릴 말씀은 떠날 때 다시 못 뵈옵고 가겠습니다." 하였다. 그러면 이 모두 선종사의 훈도로 큰 기대를 가졌던 것은 솔직한 고백일 것이다. 그러나 개인의 운명인지! 민족의 불행인지! 여기에 논평할 것도 아니지만 좌우간 몇 분의 최후가 겨레의 앞에 원망 없는 길로 가셨는가가 궁금할 뿐이다. [그 당시 기행문 제목은 송막연운본록(松漠燕雲本錄)이다.]

그 다음 본록(本錄)에 오르신 분은 대종교 지도자로서 끝까지 희생함과 시종여일한 성력(誠力)을 바친 분과 비밀운동에 참가한 분으로서 필자가 아는 사실만 기억된 부분을 기록하여 대종교의 지나온 정신무장(精神武裝)을 우선 세상에 알려 드리는 바이며, 추후로 수다(數多)한 선열과 상세한 내용을 첨부하려 하오니 보시는 여러분은 서량(恕諒)하심을 바랍니다.

개천4419년(서기 1962년) 7월

대종교 전교(典敎) 재건국민운동본부중앙위원

이현익 근식(謹識)

2. 대종교인과 독립운동실기

독립운동의 유래는 을사(1905) 늑약 이후로 발단되어 남북한 각지에 의거(義擧)가 폭발하며 의병이 봉기하여 민족정신 환기(喚起)에 고심하던 중, 때마침 천우신조(天佑神助)로 홍암(弘巖) 나철(羅喆) 신사(神師)로 하여금 단군교를 중광(重光)시켜 노예적 구사상(舊思想) · 구세력(舊勢力)을 탈각(脫殼)하고 전민족적 혁명에의 길로 전환되었다. 그리하여 노예적 사편(史片)을 자주적 사면(史面)으로, 유 · 불교(儒佛敎) 정신을 배달교(倍達敎) 정신으로, 한문어(漢文語)를 국문어(國文語)로 혁신하여 국어·국문·국사·국교(國教)를 회복하였고, 만천하 동포가 대종교(단군교)에 귀일케 되니, 실로 중·로(中露) 양령(兩領)에 단군문화가 독립운동 봉화대(烽火台)가 되고 백두천산은 독립운동 사령탑이 되고 나홍암신사(羅弘巖神師)는 민족운동의 총사령격(總司令格)이시었다.

간단한 예를 들면 김무원(金茂園)·서백포(徐白圃)·윤단애(尹檀崖)·이성재(李省齋)·신예관(申睨觀)·조청사(曺晴蓑)·박남파(朴南坡)·박백암(朴白庵)·이동녕(李東寧)·홍범도(洪範圖)·김동삼(金東三)·김소림(金嘯林)·이탁(李倬)·이장녕(李章寧)·이백람(李白嵐)·오근태(吳根泰)·오기호(吳基鎬, 吳赫)·윤세용(尹世茸)·신단재(申丹齋)·김승학(金承學)·박해사(朴海蓑)·김동평(金東平)·김창환(金昌煥)·윤복영(尹復榮)·정신(鄭信)·이상룡(李相龍)·김규식(金奎植)·김좌진(金佐鎭)·김혁(金赫)·김진호(金鎭浩) 여러 지사들은 당시 홍암신사(弘巖神師)와 결탁하고 백두산을 중심으로 중로양령(中露兩領)에 산거(散居)하는 동포를 국교정신(國教精神)으로 결합하는 동시에 민족전통을 계승하고 풍찬노숙으로 생명과 재산을 오로지 이 나라 이 민족에게 다 바친 분들이시다.

그리하여 당시 2천만 동포는 분연 궐기하여 민족자존의 정권(正權)을 찾으려 하지 않았던들 어찌 기미운동이 세계 경종을 울렸으리요. 또한 중국 외교에 중점을 둔 대종교 원로로 신예관(申睨觀)·박남파(朴南坡)·조청사(曺晴蓑)·이광(李光) 제씨(諸氏)는 간도·길림·봉천 경유(經由)로 남경(南京)·북경(北京), 상해(上海) 등지에서 활약하며, 손문(孫文)·장중정(蔣中正)의 후원을 종시일관(終始一貫)하게 획득하여 임시정부도 솔선(率先) 승인하였다.

그러자 배달민족의 발상지인 천산(天山) 남북지구(南北地區) 교도(教徒)

중, 북에는 서백포(徐白圃) 종사의 지도로 북로군정서(北路軍政署)가 조직되고 남에는 김소림(金嘯林) 선생 및 윤단애(尹檀崖) 종사의 지휘로 흥업단(興業團)을 결성하여 내수외공(內守外攻)의 자매기관(姉妹機關)으로 되고, 북로군정서 사관(士官) 설립에 밀접한 역할은 김소림 선생이 노령(露領)의 홍범도 장군과 같이 하신 것이다. 당시 대종교로서는 자주적 정신의 철저성 없이는 교인이 될 수 없고, 교인이 아니면 이 단체에 가입할 수 없었다. 그러므로 질서정연하며 시종일관하게 살신성인한 천하 막강의 북로군정서와 함평(咸平) 국경선에 신출귀몰하는 독립군의 위용(威勇)을 날린 흥업단과 광정단이 생겼다.

이 단체 근거지는 천산 서남 슬록(膝麓)인 무송현(撫松縣)이었고, 북로군정서 근거지로는 천산 동북록(東北麓)인 왕청현(汪淸縣)이며, 대종교총본사는 천산 아래 화룡현(和龍縣)에 있다가 최후에는 영고탑(寧古塔)으로 이전하였다. 북로군정서는 사관훈련에 전력하였고, 흥업단은 주경농군(晝耕農軍), 야행전사(夜行戰士)로 국내 혼란을 도모하였다. 북로군정서에 국내 중요(重要) 연락은 약(畧)하고 당시 소년동지(少年同志)로 생존한 엄주천(嚴柱天) 한 분만 기록하며, 흥업단 연무소(鍊武所)에는 김성호(金盛鎬) · 강승경(姜承卿)씨가 북로군정서 파견으로 교관이 되었고, 흥업단 본부에서 파견한 군정서 참모와 군인은 김혁 · 박장빈(朴章彬) · 이옥규(李沃珪) · 최시언(崔時彦) · 한승제(韓承濟) 외 수십 명이며, 국내에는 현재 생존한 분만 우선 대표적으로 기록하면 아래와 같다. 엄주천 · 김교준(金敎準) · 정인보(拉北) · 명제세(明濟世, 拉北) · 이세정(李世楨) · 맹주천(孟柱天) · 이원태(李圓始) · 신명균(申明均) 외 수십 명 등 제씨(諸氏)들의 활약으로 부산 · 대구 · 안동 · 개성 등지의 정치 · 경제 · 문화 각 방면으로 천신대도의 교화정책은 만년기반을 세웠던 것이다.

그 후 1년이 못 되어 천여(千餘) 무장군(武裝軍)을 장비(裝備)하여 세계 이목을 놀라게 한 청산리전(靑山里戰)을 일으켰다. 그것이 승첩한 그 후 근 10만 명의 일군(日軍)이 무자비한 양민학살을 감행(敢行)하며 진격하므로 일시 후퇴치 않을 수 없었다. 그리하여 흥업단 구역인 안도현(安圖縣)에 진주(進駐)하고 국내 유격전을 모의하던 중, 일정(日政) 교섭을 받은 자칭 대원수(大元帥)라는 장작림(張作霖)은 영안진수사(寧安鎭守使)였던 무송(撫松) 주둔 조지향(趙芝香) 여단장(旅團長)과 유기관(劉機關) 연대장에게 명하여 안도(安圖) 한국독립군 진압(鎭壓)이라는 훈령이 도착한 기밀을 알게 되었다. 이때에 흥업단은 동삼성 청향(淸鄕) 독판(督辦)이던 조조배(曺祖倍) 현감독(縣監督)과 조지향(趙芝香) 여단장(旅團長)을 긴밀히 교섭하여 안도 출병을 중지시키는 데 성공하였다.

이 사실은 당시에 필자가 흥업단 외교 책임자이었던 까닭에 너무 고심한 감명(感銘)이라 망각되지 않는 바이다. 무송 · 안도 밀림 삼백여 리 비적(匪賊) 소굴에 흥업단에서는 결사대를 파견하여 군정서 사령부에 연락하였다. 그리하여 아군(我軍)은 부득이 중로(中露) 국경에 재후퇴하고 말았다. 이것이 시베리아 독립군의 비참한 사변이 발생한 것이 대지성좌(大地星座)에 그것이다. 약(畧)하고 그 후신은 신민부(新民府)로 개칭 혹은 한족연합회(韓族聯合會)라 칭하였으며, 흥업단은 광정단(光正團)으로 개편하였다가 다시 정의부(正義府)가 되고 일부 단원은 무송지구에서 근 천리 지역인 북만(北滿) 돈화(敦化)에 이주(移住)하니 지리적으로 신민부 구역이 되었다.

때는 갑자년(1924), 당시 돈화에 망명한 각 단체 대표로 군정서 대표 나중소(羅仲紹, 호 拋石) 외 수십 명, 광복단 대표 김계산(金桂山) 외 수십 명, 의군부(義軍府) 대표 마백동(馬白東) 외 약간 인, 국민회(國民會) 대표 구춘선(具春善) 외 약간 인, 독군부(督軍府) 대표 최진동(崔振東), 길림성(吉林省)에 수감중(囚監中)인 윤세복 등 망명객을 통합하여 신민부에 편입하고, 안으로는 지방총판(地方總辦)이오, 밖로는 고려동향회(高麗同鄕會)를 조직하고 자치행정을 실시하며, 국내 유격전을 전개하여 정의부 유격대장 김경근(金景根)과 협동전선을 취하였으며, 왜정침투(倭政浸透)를 분쇄하였다.

이승림(李承林)은 돈화에 지방총판 및 고려동향회장(高麗同鄕會長)으로서 외교책임을 겸하게 되었다. 당시에도 길림 주재 동삼성 청향 독판인 조조배 옹(翁)과 영안현 주재 동변도진수사(東邊道鎭守使) 조지향 양옹(兩翁)의 한국지사(韓國志士) 극력 보호라는 밀령(密令)이 군부(軍部)와 현청(縣廳)에 시달한 혜택으로 무송 · 안도 · 돈화 · 화전(樺甸) · 반석(盤石)에 흩어져 있는 많은 독립군의 생명을 구출한 숨은 은덕을 갚을 길 없이 사라짐을 슬퍼할 뿐이다. 조(趙) 진수사는 만주국이 된 후에 하얼빈 자택에서 자결하였고, 영실(令室)도 순절(殉節)하였다. 조(曺) 독판은 길림성 자택에서 노경(老境)에 비분병사(悲憤病死)하였다. 우리 광복운동에 만주에서 중국인으로 끝까지 정신 원조한 분은 아마 이 두 분이 아닌가 한다.

그 다음 만주 독립운동의 천연 혜택은 무송 밀림과 왕청 밀림이며, 무송 마을을 설립하기 전에 별유천지(別有天地)인 탕하(湯河)가 천하에 이름이 퍼져서 함남(咸南) 의병대장 홍범도 장군은 김호익(金虎翼, 호 嘯林) 참모장과 부하 백여 명을 대동하고, 장백부(長白府)를 경유 백산남록(白山南麓)을 월(越)하여 탕하에 입거(入居)하고, 호익 선생은 김호(金虎)라 개명하며 부하를 통솔하여 산렵(山獵)을 빙자하고 장백산 지대를 종횡 정복(征服)하며 유격전을 계획하였고, 홍장군은 2 · 3인의 수행원을 대동 후 이도강(二道江) 추장(酋長)인 한통령(韓統領)을 방문하고 그 노령행(露領行) 여비(旅費)를 교섭한 결과, 당시 길림 통화(通貨)인 관첩(官帖)이라는 지폐(紙幣) 백조(百吊)를 수(受)하니 여비 부족으로 필자의 선고(先考)인 이근식(李根植)씨 외 1인은 탕하로 회환(回還)하고, 홍씨 일행 2인만이 간도 경유로 노령에 입거하였으니, 무기교섭 목적은 여의치 않았다. 서서히 지구전에 유의하게 되자 소림 선생은 서신 연락과 내왕(來往) 회의를 하면서 만주 및 국내 동지 결합과 국경시설 파괴 등의 담당을 약속하였다. 홍장군은 노령에서 '레닌'의 보호하에 동지 결합과 무기 획득에 전책(全責)을 부(負)하였다.

전기(前記)한 탕하 입주시(入住時)는 청조(清朝) 광서(光緖) 정미년(1907)이오, 무송 설읍(設邑)은 경술년(1910)이며, 기유년(1909)에는 대종교(전신은 단군교)가 중광(重光)되어 만천하에 포교하니 중로양령의 독립투사는 모두 대종교에 봉교하였던 것이다. 그러자 윤단애 · 이석대(李錫大) · 조맹선(趙盟善) · 김동삼(金東三) · 이장녕(李章寧) · 김동평(金東平) · 성호(成虎) · 김남호(金南浩) · 이탁 · 이헌(李憲) · 이재유(李在囿) · 김성규(金星奎) · 박영호(朴泳鎬) 외 수백 명이 집합하여 각종 결사(結社)를 하니, 당시는 무송산읍(撫松山邑)이 번창하고 우편시설이 완전하여 서신왕복에는 대단히 편의한 정도이었다.

윤단애 선생을 위시한 전기 제씨는 육영사업에 전력을 경주하여 무송하북(河北)에 백산학교(白山學校)를 설치하고, 통화(通化) 합니하(哈泥河)에 신흥사관학교(新興士官學校)가 설립되어 반사반도(半師半徒)의 겸역(兼役)으로 국어(國語), 국교(國教) 및 국사(國史) 과목(課目)에 대한 2세 교육을 실시하였다. 그로 말미암아 민족자주 정신이 분발하여 백절불굴의 항일투쟁이 계속되었다.

이극로(李克魯) · 윤필한(尹弼漢) · 이순필(李淳弼) · 신성모(申性模) 제씨가 모두 이곳에서 반사반도의 중역(重役)을 담당하여 여름철에는 천산봉심(天山奉審)과 밀림지대 사격연습도 하였다. 당시 구한국 병정 출신 이순필씨는 모험가로 유명하여 노령 연락원으로 내왕하던 일이 아직 기억에 새롭다. 철옹성 같은 천험독로(天險獨路)의 근거지이나 산중 도시였다.[인삼·녹용·패모(貝母)·세신(細辛)·버섯의 무진장 보고(寶庫)] 중국 상인의 집합·내왕이 빈번한 까닭에 일정(日政)의 정탐에 주목받게 되어 결국 을묘년(乙卯年) 봄에 일정의 사주(使嗾)로 외교가(外交家) 김성규(金星奎)를 비롯하여 윤단애·윤필한(尹弼漢, 단애 선생 장남)·이백람(李白嵐)·박상호(朴尙鎬)·성호(成虎)·김남호(金南浩) 외 삼십여 명이 피검(被檢) 투옥되어 3년 옥고에 순국 1명(성명 망각)까지 났으니, 이 사건이 독립운동자로서 해외 집단 투옥의 효시일 것이다.

그러므로 당시 무송옥사(撫松獄事)가 독립운동에 관건이 되다시피 중요시하였다. 이 분들 구출에는 남·북경 및 상해에 주재하시는 외교대가(外交大家)들이 총동원하여 당현(當縣) 지사(知事) 유승당(由升堂)에게 중국 저명인사와 고관대작의 사찰(私札)이 환지(還至)하였다. 필자 기억에는 북경은 조청사(曺晴蓑) 선생, 상해에는 신예관 선생의 활동이 컸었다.

유승당 지사는 우리 동포를 소국인이니 고려니 하고 무시하던 차, 졸연(猝然) 남·북경 고관 명사의 사찰 내용이 엄중한 데 눈이 둥그레졌다. 그러나 당시 형편은 장작림 명령이 없이는 석방불능이었으므로, 소년지사 엄주천(嚴柱天)은 신예관 선생을 모시고, 일로봉천(一路奉天)에 도착하여 중앙정부 훈령을 장작림 정권에 교부(交付)하고 한중순치(韓中脣齒) 관계와 한국지사 감금의 부당성을 역설하여 석방케 하였다.

김동삼 선생과 이탁 외 수십 명 지사와 이현익(李顯翼, 일명 承林)은 무송에서 수년 간 직접 석방운동을 한 결과로 다행히 윤단애 선생 외 수십 명은 본현(本縣)에서 석방되고 중시 안 되는 의병(義兵) 십여 명만 일정국(日政局)에 압송되어 국제적 체면을 다소나마 세웠다.

당시 이 사건의 인수(引受) 장소는 평북(平北) 자성(慈城) 중강진(中江鎭) 새밭 등 헌병대였다. 일헌(日憲)은 인수하고 본즉 중요 인물은 빼어 놓고 부하들만 인도되었으므로 별로 취조도 없이 오히려 중국 관헌에게 피체(被逮) 고생한 것을 가위(假慰)하며 진수성찬으로 후대하고 여비까지 지급하여 귀가안업(歸家安業)하라고 일주야(一晝夜)만에 무죄백방(無罪白放)하였다. 이 분들은 다시 압록강을 건너 산길을 2주일만에 무송으로 회환하였다.

그 후 무송현은 산중 산업도시로 크게 발전하여 각종 약재와 피물(皮物) · 버섯 · 목재 등의 수출 무역 시장이 되어 영구항(營口港) 중국 거상(巨商)의 비밀요새지로 유명하였다. 그러자 중국인 마적단은 무송에 총집중하였다. 형세가 위급함으로 장작림은 혼성여(混成旅)라는 흑룡강 주둔 단일여단(單一旅團)과 기관련(機關聯) 1연대를 무송으로 이동시키고, 순방대(巡防隊) 1연대, 자위단(自衛團), 보위단(保衛團), 경찰대 등 병력을 무송에 집결시켜 치안에 만전을 다하였다.

비록 산중 소도시라도 군정(軍政) 양계(兩界) 책임자들은 모두 능숙한 군략가와 정치가를 선정하여 선참후계(先斬後戒)의 특권을 부여하였다. 그러므로 진실로 '별유천지비인간'이라 상점마다 산대기(山貸機)이니 막비은행(莫非銀行)이오, 오영문(五營門)에 이등현(二等縣)이라. 대도회(大都會)를 능가할 권위를 가지고 그야말로 이곳이 당시 소중경(小重慶)이었다. 이러한 천혜의 책원지에서 우리 흥업단과 광정단은 당국자들과 호흡을 상통하게 되어 몽강(濛江) · 무송 · 안도 3개현에 우리 국민학교 20여 개소를 설립하고, 때로는 연합대운동회를 무송현 하북(河北) 산하(山下) 백사장에서 개최하고 대송문(大松門)을 가설(架設)하여 우리 태극기와 중국 오색기를 교차하여 독립국 기세를 자랑하며 군경 보호하에 천여 군중과 또 어린 학생들의 민족정신 및 독립사상을 분기시키는 동시에 중국 학생을 초청하여 우의를 돈독)케 하며, 시범적으로 쌍방 호감을 가졌고, 우리 행정기관은 한교공소(韓僑公所)라 칭하는 바 영사(領事) 대우를 한다고까지 당국자들은 자찬하였다.

그러므로 우리 개천절 · 어천절 · 국치기념 등 행사 시는 중국 경관이 출동하여 그들의 보호하에 한중 국기를 게양하고 성대히 거행하였다. 십여 성상 동안 이러한 훈련을 본 중국인의 애국심이 분발하여 한중 양민족 융화까지 각별하였다. 국내에서는 독립운동자금을 조달하기 위하여 오십년 전 한국 최초로 발족한 대규모의 주식회사 부산 백산상회(白山商會)의 경영 권위자인 백산 안희제 선생은 기미운동 직후로 무송에 의료기구 · 약품 일체를 비밀수송하여 본단(本團) 치료사업에 만전을 기하였다. 이러한 실력 구비의 독립운동단체는 오직 무송뿐 일 것이다. 또 이 병원은 송림병원이니 한중 양국인의 의료기관이며, 외교통신 · 재정기관을 겸한 실업기관으로 본 중국인 상계(商界)에서도 신망 높았다.

그러므로 무송에서는 교육가 · 실업가만 존재하는 줄 알고 독립군 근거지로는 표면화되지 않았기 때문에 흥업단 지방 사무원도 그 근거를 모르고 복종하여 왔다. 당시 상해 법조계 송죽양행(松竹洋行)은 임정 통신처요, 무송 송림병원은 흥업단 통신소로 자매적 연락을 하며, 국내외 협조와 노령 무기구입 등 만반태세 완비 중에도 세상 이목에 노출치 않은 신기한 정치는 오직 윤단애 선생의 지략과 김소림 선생의 신중한 전술에 의한 것이다.

당시 대종교총본사는 북간도에서, 홍범도 장군은 노령에서, 김소림 선생은 무송에서, 이시영 선생은 통화에서, 천산(天山)을 중심으로 수천 리 주위에 정립(鼎立)하여 각기 기반을 닦았으니, 실로 대종교 중광으로 인한 천신대도(天神大道)의 광명인 것이다. 이로 말미암아 우리 배달민족의 잠든 혼이 신생(新生)되어 이천만 동포가 강철같이 단결하여 총궐기한 것이 삼일운동인 것이다. 이러한 큰 힘을 얻게 되어, 임시정부가 설립되고 중국 협력을 위시하여 각국 외교가 활발히 시작되었다.

이는 진실로 홍암 나철 신사(神師)의 충국애족(忠國愛族)에 불타는 지성으로 을사년(1905) 10월에 백두산에서 수도하시던 백봉신사(白峯神師)의 비전(秘傳) 《삼일신고(三一神誥)》가 출현하게 되자 해내외에 민족정기가 일시에 왕성하여 북로군정서의 위력이 천하를 진동하였고, 흥업단 활약이 독립운동의 지주가 되었다. 왜적은 유일한 식민지 정책으로 한국을 병합하고 보니 의외로 대종교가 중광하여 전세계를 경동(驚動)시킨 삼일운동과 북로군정서 · 흥업단 · 신흥사관 · 임정 등의 일일치열(日日熾熱)하는 항일정신에 공포감을 느끼게 되자 최후 발악으로 경신(庚申, 1920년) 대토벌이라는 배달민족 학살을 감행하였다.

당시 참상을 일일이 열거할 수 없으나 기억에 남은 몇 가지를 소개하면, 북로군정서 지역인 북간도 산간부락마다 대종교인의 거주부락인 줄만 알면 옥내(屋內)에 집합시킨 후 쇄문방화(鎖門放火)하고, 혹 옥외로 도피하는 사람은 총창(銃槍)으로 찔러 화염 속에 넣으며, 혹시는 조조(早朝) 외출 전에 급습하여 부녀자들에게 취사하라 명하고 청년을 소집하여 야외에 대호(大壕)를 파고 자기들만 식사 끝난 후면 부락민 전부를 호내(壕內)에 강제로 몰아넣고 노인들로 이를 생매장하라 하였다. 이것을 차마 못하여 불응시엔 총창으로 무찔러 학살하는 신인공로(神人共怒)의 악독한 일을 자행하였다.

여기에 특기할 것은 이러한 왜노의 악행을 숨김없이 보도하려는 당시 종군기자 장덕준(張德俊, 장덕수 선생의 백씨) 선생은 일정의 증오를 받으며 수행하다가 북간도 용정시 모(某) 여관에 숙박 중, 평일의 종군을 염기(厭忌)하던 왜노(倭奴)가 졸연 야간행군한다고 여관에 통지하니 부득이 야행 종군하자 증아산(憎兒山) 북쪽으로 향한 후 일거(一去) 무소식이었다. 이 사실은 불문가지의 일이요, 당시 장덕준 선생도 출발 직전 불길의 예감도 불무(不無)하였지만, 동포애의 의협심에서 모험한 것이요, 그 후 신문사 측과 유족들의 질문이 많았으나 모두 동문서답으로 종군기자까지 암살하여 무자비한 학살을 은폐하려 하였다. 이 사실은 동아(東亞), 조선일보(朝鮮日報) 등에 게재었고, 필자 역시 통분함을 불금하나 오랜 일이라 선망후실(先亡後失)로 더 말하지 않는다.

이 장선생 참해사건(慘害事件)은 세상이 잘 알고, 대종교우(大倧教友)의 수천 학살은 세인이 왜 모를까? 아마 이 점은 장선생이 비참히 쓰러진 수천 생명을 대신하여 살신성인한 까닭일 것이며, 이것이 '한배검'이 주시는 주검의 꽃이 우리 겨레에게 향기를 드리운 줄로 생각한다.

이 밖에도 세상 부지(不知)의 학살사건이 허다하지만 일정의 억압에 그들에게 귀화된 소치(所致)일 것이며, 유언비어로 돌렸고, 또 일정의 악선전과 학살에 겁을 먹은 사람은 모른 척하고 도리어 독립운동을 증시한 까닭이다. 만일 당시에 근묵불염(近墨不染)하신 분이 있다면 나는 진실로 존경하고 싶다.

만약 국내에도 당시 대종교 정신이 함양되었던들 아무리 일정의 감언에도 불효(不撓)하였을 것이요, 총검 협박하에서도 차라리 죽을지언정 불굴하였을 것은 명약관화의 사실이다. 만주지역을 무대로 독립운동을 일으키게 될 때, 제1차 경술(1910년) 수난기의 실례로 이시영 선생이 통화(通化) 합니하(哈泥河)에서 신흥사관학교를 설립할 무렵 일방으로 학생모집, 일방으로 이민정책을 실시하게 되니, 남만 일대에는 졸연 백의동포 천하가 되어 버렸다. 이것이 독립운동의 전초전이 될 줄을 안 왜노(倭奴)는 초조광분(焦燥狂奔)하여 극단의 교활한 간계(奸計)로 한국인을 매수하여 독립군으로 가장시키고 "우리의 구강(舊疆)인 만주부터 탈환하는 것이 독립운동의 최대 목적이니 총궐기하라"는 선전문을 소지시켜 음주명정(飮酒酩酊)하고 중인(中人) 시가(市街)로 배회하게 하다가 중국 관헌에게 피체되었다. 당시는 거금(距今) 50년 전이라 순진한 중국인들은 졸연간(猝然間) 한국인이 이주하자 의아하던 중, 여사(如斯)한 흉계가 탄로되니 고려반중국(高麗反中國)이라는 오해를 품고 남만 일대에 한인축출령이 선포되어 3일내에 국외로 축출하되 물품매매 및 숙박을 허용하는 자는 총살형에 처한다 라는 고시가 내렸다.

이로부터 우리 동포는 청천벽력으로 도로(道路)에 방황하며 혹은 중인(中人) 행세로 경과(經過)하였으나, 종말에는 아사지경(餓死之境)을 면할 수 없었다. 이러한 중에도 중인(中人) 숭고한 인애정신(仁愛精神)의 미거(美擧)가 있었다. 당시 유하현(柳河縣) 영춘원(永春院) 양주소(釀酒所) 송장궤(宋掌櫃)는 수천 동포가 노상에서 아사지경에 이른 현장을 목격하고 자가(自家) 4대문을 개방하여 수용시킨 후, 대과수십좌(大鍋數十座)에 고속(庫粟)으로 취반(炊飯)하여 아사를 구출하고 관헌의 제지(制止)를 거부하며 만인구출(萬人救出)하고, 대형(代刑)을 자처하겠노라 하였다. 이 얼마나 위대한 의감(義感)인가. 이런 찰나에 조청사 · 이동녕(李東寧) 제선생(諸先生)은 중인(中人)을 가장하고 '한린차(車)'라는 급행마차로 주야행진하여 봉천성장 장작림을 방문하고 능숙한 웅변으로 왜노의 이간책을 분쇄하고 사경(死境)의 동포를 구출하였다.

그 다음 제2수난기는 일본의 전중내각(田中內閣)이 소화(昭和, 일본의 천황)에게 올린 소위 「만몽적극정책주장서(滿蒙積極政策奏狀書)」이다. 이 비밀문서가 중국 유학생들에게 입수하게 되어 중국 당국자들은 망지소조(罔知所措)하여 백화(白話)로 「만몽적극정책주장서」라는 소책자를 번역출판(수천만부)하여 전국사농공상계(全國士農工商界)를 통하여 배부하되 표지 내면에는 엄금외인자(嚴禁外人者)라고까지 가인(加印)하였다.

당시 일야간(一夜間) 중국인으로부터 냉대를 받은 한국인 필자가 이 소책자를 입수케 됨은 실로 기적이 아닐 수 없다. 이 어마어마한 내용을 소개하면 대략 여하(如下)하다.

一. "만몽건설(滿蒙建設)에 소요되는 금은동철(金銀銅鐵) · 석재(石材)가 무진장이오, 대수해밀림(大樹海密林)과 오대강(五大江) 풍부한 어족(魚族)이며, 송화 · 압록 · 두만 · 목단(牧丹) · 파저(波猪) 오대강 발전력은 동양전용유여(東洋全用有餘)요, 수천 리 황야에 기계화 농장을 신설하여 소출되는 농산물은 해외수출량이 세계적으로 과시(誇示)될 것이며, 철도시설 · 공장시설에 대한 원료가 모두 당지소산(當地所產)이니 반출(搬出)은 하여도 반입(搬入)할 것은 전무(全無)한 천혜적 복지(福地)라 주저할 것 없이 착수가 곧 성공"이라 하였고,

二. "중국입적선인(中國入籍鮮人)이 거주케 된 것은 본 정책에 사령탑이니, 그들의 생명재산을 적극 보호하며 본토에서는 강압적으로 구축하여 만주에 이민입적(移民入籍)케 하고, 토지 획득 후 본토인과 대체(代替)하여 몽고선구축(蒙古先驅逐)의 무상역군(無償役軍)을 삼으면, 소기 목적은 불로자득(不勞自得)일 것이다"라는 문구상에 요연(瞭然)하게 조선인 입적(入籍)과 토지매매 및 이주를 엄금하라고 가록(加錄)되었다.

三. "이상 사실은 여수취하격(如水取下格)이나 일대(一大) 우려되는 것은 만주민족운동 선인(鮮人)들이 본토인과 합작배일(合作排日)할 것이 문제이므로, 이를 절대 주의(主意)하고 세밀히 연구하여 선만인(鮮滿人) 이간중상전술(離間中傷戰術)로 양민족간에 적극 반감과 화합치 못하게 하는 모략이 제일 양책(良策)"이라 써 있다.(이하 생략)

이상 이간책의 실현적(實現的) 실례를 들면,

一. 기사년(1929) 길돈사변(吉敦事變)이다. 이상 소책자가 중인(中人) 전체에 배부되자 일군(日軍) 측은 물실호기(勿失好機)로 간교한 이간책을 썼으니, 당시 중앙(中央) 이립삼(李立三)이 지도하는 주중청총(住中青總)이라는 조직이 서간도 농촌 청년에게 침투하게 되어 돈화 서북 개척지구에서 서간도 이주 동포와 합류하여 지하조직 하는 기회를 이용하여 일정(日政)은 공산당을 가장하고 자본주의 군벌(軍閥) 타도라는 구실 하에 기사년 8월 15일 미명(未明)에 돈화 산림주변 및 액목 등지 주둔 중국 육군병영을 불의 야습(夜襲)하여 다수 무기를 탈취하였다. 익조(翌朝) 중국군측 은 이 사변이 한인(韓人)들의 소행인 줄을 알자 즉시 관민합동으로 한국인 체포가 시작되니 중국 민간인은 곤봉과 농구(農具) 등을 들고 부락과 산림을 수색하여 모조리 잡는 판에 한국 농민들은 공포감에 피난 도주했으나 미구(未久)에 거의 체포되고 혹은 아사(餓死), 혹은 행방불명, 혹은 총살 당한 동포가 허다하였다.

당시 돈화 시내에는 김계산(金桂山) · 김정식[金定植, 김관식(金寬植) 박사의 실제(實弟)]과 이승림(일명 이현익) 3인만 천행으로 면화(免禍)되고, 그 외 14명은 공모자(共謀者)로 지적되어 총살형을 당하였다.(이를 길돈사변이라 칭함) 민도가 낮은 중인들은 공산주의 · 민족주의의 구별도 모르고 다만 고려반중국(高麗反中國)이라는 민족적 감정에서 만주 전역의 한인 남자는 일망타진 피체(被逮)되고, 봉천 · 대련(大連) · 북간도 · 장춘(長春) · 길림 · 일령(日領) 부근 외는 일체 행동의 자유가 없었다. 왜노들은 표면으로는 보호하는 척하고, 이면(裡面)으로는 이간책을 꾀하니, 중인의 감정은 더 악화되었다. 이때가 바로 중령(中領)에 있는 독립운동이 정지되고 정의부 · 신민부 · 공산당 할 것 없이 민족주의적인 동포애 뿐이었고, 세한후(歲寒後)에 지송백지후조(知松柏之後凋)라는 말과 같이 홍업단의 업적과 대종교 정신을 인식하게 되었다. 이때 장백현에 주둔하던 정의부 유격대 소대장인 이시모(李時某) 소년도 반민족사상(反民族思想)으로 상호 질시하던 차에 전주지(前住地) 무송으로 돌아와

해송(海松) 윤정호(尹廷浩) 선생의 보호와 감화로 열렬한 민족애의 경향으로 전환되었다. 무송에는 한중동포가 화기애애한 평화낙원을 이루었고, 돈화 일부에도 필자는 흥업단 40여 세대(2백여 인구)를 이주시켜 신민부를 조직하여 중국 국민당과 호응하여 일정(日政) 침략의 국토도매(國土盜賣) 사건을 분쇄하는 모험 제1선이다.

돈화 동남지방에는 흥업단원이요, 대종교인 일색이라, 그 혜택에 천여 주민과 시내 약간 동지가 길돈사변에도 별 해 없이 살았고, 만보산사건(萬寶山事件) · 만주사변(滿洲事變)에도 중인 폭해(暴害)를 면하였다. 이 길돈사변은 동포의 자작지얼(自作之孽)로 전만 동포가 위기일발지제(危機一髮之際)라. 당시 2천 5백만 동포가 모두 위문 대표를 파견하니 제1차 경성에서 천도교청년당 대표 김기전(金起田氏)씨가 한인 출입 부자유임에도 불구하고 모험내방(冒險來訪)하였고, 제2차로 신간회 대표 이극로씨, 제3차로 봉천(奉天) 교포(僑胞) 대표 백영엽(白永燁) 선생(현 평북지사)이 방문하였는데, 당시 돈화 시내에는 각 단체가 전부 해소 당하고 필자 개인으로 간신히 위문대표 접빈하는 돈화주민 대표의 명목으로 위문금을 접수하여 유족에게 전달했다.

당시 좌충우돌로 동포에게 막대한 피해와 이기욕(利己欲)에 횡포하던 자 중, 해방 환국 후 국내에서 자칭 애국지사로 몰체면(沒體面)한 자도 불무(不無)하였으나, 이미 고인(故人)이 되었으니 약언(略言)하고 명부(冥府)의 심판을 받을 줄 믿는다. 이때에 길림감옥에서 희생된 수십 명 지사와 국가민족을 위하여 귀중한 생명을 초개같이 버린 광복 동지들의 혈루(血淚)가 송화 · 압록 · 두만강에 하염없이 흘러가는 줄을 아시는 분이 국내에서 과연 몇 분이나 되실까? 이때에 신민부 고문 겸 외교장으로 길림성 공서(公署) 보호 하에 와신상담하시며 늘 끊임없이 편달하여 주시던 윤화전 선생님이 생존하심은 천행으로 북만 50년 독립운동 비밀혈사(秘密血史)가 세상에 노출케 된 산 증거가 된다.

二. 다음은 장춘 부근 옥토양전(沃土良田)의 수농화(水農化) 계획, 즉 만보산사건(萬寶山事件)이니, 당시 일정은 한인으로서는 토지매수가 불가능한 때라 세상부지(不知)의 국내 인사를 동원시켜 중국인 명의로 토지를 매득하고 수농개척(水農開拓)에 혈안이 되었던 바, 인접 부호(富豪) 전장(田庄)에 인수한다는 조건이 양민족간 충돌의 발단이 되어 상호 감정 대립은 갈수록 심각하였다. 일정은 천재일우의 호기(好機)를 실(失)할까 우려하여 무장경찰 기마대까지 동원하여 중일 경찰 총격전이 발생하였다. 무식 군중은 자수안맹(自手眼盲)인 줄 모르고 일제 덕택에 잘 살게 되는 줄 알고 날뛰었으나 독립지사들은 생명을 걸고 중국인 토지 도매(盜賣) 방지와 일정의 모략을 분쇄하였다. 그러나 만몽정책(滿蒙政策) 선구대의 무지한 소치로 왜노에게 아부 · 협력하던 당시 실황(實況)은 지사로 하여금 혈루(血淚)를 불금(不禁)케 하였다. 그 찰나에 무법천지로 횡행하던 조선일보 기자가 길림 대동여관(大東旅館)에서 생명을 빼앗기자 일정은 국내 무뢰한을 선동하여 중국인 배척 운동을 야기하니, 중국인은 수륙양면으로 귀국하고 각 도시에는 중국 교포 구출의 벽보와 기치가 날리며, 대학생의 시가행진과 한국인 구축(驅逐) 복수의 삐라와 귀환 동포 구출의 구호와 보도 등, 실로 유사 이래 최대의 민족적 대립 충돌이었다. 이때 일정은 이에 대비하여 각 조계(租界) 내에 조선인 구호소(救護所)를 설치하고 중국인 폭해(暴害) 방지라는 구실 하에 외출금지와 아울러 자위단까지 조직하여 등화관제 실시 등, 양민족 반감 조장에 전력을 경주하였다.

이러한 중에도 대종교는 교정일치로 양민족 간의 오해와 일정 음모를 중국 · 몽고 · 만주 일대에 포고하고, 한중 융화책과 일정 항쟁(抗爭)에 진성갈력(盡誠竭力)하였으니, 몽고지대[포두(包頭)]에는 황학수(黃學秀) · 조국동(趙菊東) · 김희산(金希山) 제선생이 활동하였다. 이는 음성적 독립운동의 요역(要役)이라 아니할 수 없다. 만주에서 독립군 활동은 길돈사변 시 침체된 후, 익년 경오년(1930) 봄에 만보산사건 발발 시까지 만 일년 간은 무기(武器)를 밀봉(密封)하여 녹슬 지경이요, 임정 이하 각 지방 영도층(領導層)은 외교에만 전력하였기 때문에 여사(如斯)한 사태 발생은 전중(田中) 일본 내각의 「만몽적극정책주장서(滿蒙積極政策奏狀書)」를 통하여 필자는 예감되었던 것이다.

일정은 만몽침략 제1정책으로 장작림 살해[북경서 귀환 도중 봉천 황고둔참(荒古屯站) 도착 직전 예매(豫埋)하였던 지뢰폭발(地雷爆發)], 제2차로 길돈사변, 제3차로 만보산사건, 제4차로 만주사변까지를 불과 2년 내로 감행한 것은 자기들로는 상시하행(上施下行)한 국책(國策)을 과시할 만도 하지만, 그 잔인한 간계(奸計)와 인도상(人道上) 허락지 못할 신벌(神罰)을 망각하여서는 안 될 것이다.

다음 만주사변은 신미년(1931) 만추(晩秋)에 소위 관동군이라는 일병(日兵)이, 중촌(中村) 대위(大尉) 정탐(偵探)이 몽고 등지로 밀행하려다가 열하(熱河) 방면에서 애국지사 소위(所爲)로 행방불명된 것이 도화선이 되어 봉천 북대영(北大營) 야습(夜襲)을 비롯하여 장춘·길림 점령, 파죽지세로 승승장구하여 전만주지역을 단시일에 불법(不法) 침점(侵占)하고, 다시 길회선(吉會線)부터 연장하여 남에 압록강, 북에 두만강, 양대 철로(鐵路)로 군수품을 운반하며 불과 1년에 벽해(碧海)가 상전(桑田)이 되었다.

이때 우리 독립군은 무송에 근 십만에 도달하는 반만군(反滿軍) 부대 교련관으로 취임한 신흥사관 출신 윤해송(尹海松, 尹廷鎬) 사령관 지휘 하에 총집합한 독립군 수가 불과 3·4백 명으로 반만군에서 무기를 획득하여 협동작전 2년여에 반만군 해산으로 인하여 진퇴유곡의 옹중서격(甕中鼠格)이 되고, 윤(尹) 단신으로 통화 만인댁(滿人宅)에서 만인(滿人)으로 가장하고, 수림(樹林) 속에서 저군목자(豬群牧者)가 되어 궁핍한 은신생활을 하다가 필경 왜헌(倭憲)의 마수에 걸려 악형으로 불구자가 되어 무송에 환주(還住)함을 필자가 경진년(1940)에 안백산(安白山) 선생과 17년만에 밀회한 바 있었고, 해방 후 당지에서 병사(病死) 소식을 득문할 뿐이다. 그때 청년부하 약간 명은 산중(山中) 작별(作別)하고 산간에서 차차 성장한 것이 현하(現下) 문제의 마(魔)가 된 것이다.

그리고 북만에는 길림성 성퇴군(城退軍)이 성공서(省公署) 왕과장(王科長)을 수반(首班)으로 하여 수천 군이 길돈선(吉敦線)으로 후퇴하니, 각 처로 운집한 군인 수만(數萬)이 경박호(鏡泊湖)로 차차 집결하자, 북간도 방면 퇴군(退軍)도 역시 합류되어 십만(十萬) 대군이 무질서한 행군에 우리 독립군도 길돈사변으로 수년 간 산재중(散在中)이며, 길림성 내 수금(囚禁)된 분들도 이 때에야 방면되었다. 정신 차릴 여유도 없이 왕과장파(王科長派)에게 가담하기도 하고, 또 철기 이범석 장군이 영솔한 3·4백 명의 독립군과 합하여 반만군과 같이 합동작전을 하였으나 왜정 이간(離間) 중상(中傷)에 반감이 심하던 잡군이라, 협화되지 않는 고민과 위험 속에서 사면초가로 근 2년 간 마점산(馬占山)·왕덕림(王德林) 부대와 동진동퇴(同進同退)할 때, 이범석·최시언(崔時彦)·이청천(李青天)은 북로군정서 백전노장이며 배달족 전통인 화랑정신과 삼즉전술(三卽戰術)로 시종일관하다가 수십 만 반만군이 해산함에 따라 흑룡강성에서 경박호까지 후퇴한 장교 4·5십 명은 공산주의로 표변(豹變)한 반만군 오련장(吳連長) 부대의 모략에 친일파라 지목된 청천부대(靑天部隊) 장교를 총살하려고 산중에 감금하였다.

그러나 한배검의 묵우(默祐)로 반만군 시(柴) 총사령이 그 내막(內幕)을 알고 그 분들 전체에 통행증을 밀부(密付)하여 중첩으로 쌓인 보초선(步哨線)을 무난히 탈출하여 각자 도탈(逃脫)로 북지(北支)에 집합하였다. 그때로부터 광복군 훈련을 장(蔣) 정권이 응원하였다. 전기 무송군(撫松軍)은 흥업단 후신으로 최후 일전하였고, 차(此) 만군(滿軍)은 북로군정서 후신으로 최후 일전하니 실로 대종교는 천산남북(天山南北)에서 국가민족을 위하여 최후 일각까지 사선(死線)을 돌파하였다. 사중구생(死中求生)의 혈전을 한 근 천 명 군대의 불굴의 정신은 왜제(倭帝) 내각(內閣)까지 최대의 공포를 느꼈던 것이다. 만일 한중 양민의 이간 전술이 아니었던들 만주 점령은 1·2년 간에 그 종결이 불능하였을 것을 단언하여 준다. 그러면 만주 독립군 활동은 임신년(1932)까지 절영(絶影)되고, 그 후는 지하운동으로 하고 또는 북지(北支)로부터 중경(重慶)까지 밀려가며 국제 정세에 동조(同調)하여 상해 일군(日軍) 수뇌 백천대장(白川大將) 외 거흉급(巨凶級)을 폭살하는 장면과 임정의 외교와 윤의사(尹義士)의 의거가 진실로 살신성인의 권위를 세계에 진동하였던 것이다.

상해공원에서 거흉들이 쓰러지는 폭음 일성에 한중 양민 간의 악화된 감정이 춘풍화설(春風化雪)같이 사라지며 외치기를 "야아. 한국에 제2 안중근 또 나왔다. 우리 중국 동포 4억만은 용처(用處)가 없다"라고 엄지손가락을 내 들었다. 그 후 남만주에는 양세봉(梁世鵬) 부대가 항일 반만군과 합세하여 강력한 전투를 하다가 중과부적(衆寡不敵)하였고, 천산(天山)을 근거한 잡군부대가 6·7년 간 일정에게 손해를 줄 뿐이다. 그러나 국내 동포는 만몽정책에 미혹되고 호수(湖水)처럼 따라 들어 일정에 호응하여 갖은 죄악을 다지었으니, 그 실례로 아편상(阿片商)·도박단(賭博團)·요리업(料理業)·밀매음(密賣淫)·사기(詐欺)·절도(竊盜)·군통역(軍通譯)·토인압박(土人壓迫)·민회조직(民會組織)·밀정(密偵)·형사(刑事)·순사(巡査)·헌병(憲兵) 등 살기등등한 맹수처럼 동족을 상잔(相殘)하였다.

이때 독립운동하던 분들은 그들의 엄목(掩目) 방법으로 남천북이(南遷北移)하여 주소를 변경 혹은 환국도 하고 침묵리(沈默裡)에서 영농영상(營農營商) 등에 종사하였으며, 함구(緘口) 보비(保秘)로 일체의 일을 전연(全然) 부지(不知)라 하며 동지 간에도 성명(姓名)이나 안면(顔面) 등도 모르는 것처럼 지내왔다. 또한 연호도 건국기원은 쓸 수 없고 개천기원(開天紀元)만 써 왔다. 혹 문시(問時)에는 "신인(神人) 단군께서 강세(降世)하신 날이니 대종교의 사용규례(使用規例)"라 변명하여 임기로 응변하였다.

회고하건대 우리 동포가 만주에서 임신년(1932)으로부터 15년 간 지은 죄악상(罪惡相)은 국교 · 국사 · 국문 · 국어 · 국속(國俗)을 버리고 소위 천조대신(天照大神) · 외국사(外國史) · 외래교(外來教) · 외래어(外來語) 등 황민습속(皇民襲俗) 하에 내선일체(內鮮一體)의 구호 주창과 황민화운동(皇民化運動)에 철저한 정신이라 하여 개성(改姓)까지 하고, 고유 종교와 국조숭봉정신 · 국어사용 등은 구태의연한 완고(頑固)라 독단(獨斷)하고, 일어전용(日語專用) · 외래교(外來教) 광신(狂信)을 비롯하여 성병환자(性病患者) · 밀매음(密賣淫) · 도박단(賭博團) · 사기한(詐欺漢) · 절도(竊盜) · 매국매족(賣國賣族)의 행위를 감행하는 도당(徒黨)을 양성한 것이 중령 300만 동포가 일정 흑막(黑幕) 내에서 소득한 것이다. 그러므로 해방 후 금일에 이르기까지 일본침략정책의 술어(述語) 그대로 국조 단군을 전설이라 비과학적이라 동양문헌의 기록도 불구(不拘)하고 또는 위대한 선철(先哲)의 학설도 부인하고 무상일위(無上一位)의 단군대황조(檀君大皇祖) 앞에 모독된 언사(言辭)를 감행하여 온 지 오십년 래(五十年來) 독립운동정신을 다시 찾아볼 수 없이 되었다.

우리가 만주사변 전까지도 빵 문제 때문에 독립운동 못한다는 말을 못 들었으며, 공중에 대종교 천기(天旗)와 조국 태극기를 높이 날리고 동지들 간에는 공사문서(公私文書) 할 것 없이 건국기원(建國紀元)과 민국연호(民國年號)를 써 왔고, 국조봉안(國祖奉安)과 개천절 · 어천절에 성대한 경축과 국치기념 등 행사를 각 단체에서와 일반 민중이 다 지켜 왔다. 이러한 민족정신 고무로 광복사업이 영구 계승될 것을 자신하고 인내와 비밀을 생명으로 지켜 온 대종교는 희생된 교우나 남은 동지 한 사람도 사진 한 장 없었다.(만약 있다면 만주사변 후의 것임)

이것은 국가와 민족을 위하여 사는 정신만이 가졌던 것이다. 그러므로 정탐(偵探)이나 간첩(間諜)은 우리 대교인(大教人) 광복운동에는 용납이 되지 않을 뿐더러, 10년 간 동거(同居)하여도 독립군 정체를 파악치 못하였다. 이러한 형극(荊棘)을 지난 우리는 해방 후 옥문(獄門)이 열리자, 필자는 윤단애 선생의 명을 받고 활연(豁然)한 흉금(胸襟)과 원대한 포부로 대종교총본사 이전과 발전 등에 대한 문제를 임정 요로(要路)와 협의하기 위하여 필자가 단신 모험출발 후 구사일생으로 수륙 반만 리를 월여(月餘)에 간신히 돌파 착경(着京)하였다.

그러나 의외로 인심은 일변(日變)하고 미소공위(美蘇共委) · 신탁통치(信託統治) · 백범살해(白凡殺害) · 이정권파생(李政權派生) · 양녀국모(洋女國母) · 부일자등용(附日者登用) 등의 선풍(旋風) 속에서 실로 독립운동자들은 축성여석(築城餘石), 아니 그보다도 천고죄인(千古罪人) 같은 천시(賤視)를 받아 왔다. 그러나 의당 백의민족으로서 할 일을 했으니 수원수구(誰怨誰咎)할 것도 없고, 후회도 하지 않지만 회고건데 기미년(1919) 후 생사동고(生死同苦)하다가 만주 황야에서 쓰러져 무주고혼된 수천여 명의 흥업단, 신민부, 북로군정서원, 만주사변 후는 사면초가라 동지의 죽음에도 모르는 척하고 인간애만 표시한 그 고인들의 거룩한 뜻을 후인에게 전하라는 줄을 다시 깨닫게 되었다.

이러한 뜻에서 천견박문(淺見薄聞)이나마 선열과 지사의 업적을 다소라도 기록하여 후일에 참고로 하고저 하오니, 혹시 미비한 점을 수정(修正)하여 주실 분이 계시다면 더욱 영광으로 생각하오며, 또한 대종교를 신봉하고 광정단에 가맹한 산동성 등주부인(登州府人) 유경관(劉景寬) 동지는 중국인으로서 장백현에 이주하여 소지주(小地主)로 한국 농작인 10여호를 거느리고 다락(多樂)한 생활을 하다가 기미년(1919) 운동 시 자기 부락 한국 동포가 광정단을 조직하고 노령 무기운반대 출동 시에 가담하여 자가자산(自家資産)을 전부 바치고, 독립군과 동진동퇴(同進同退)하며 무송에 이주하여 필자와 4 · 5년 풍상을 기탄없이 겪다가 광정단 동지와 함께 북만 돈화에서 길돈 · 만보산 · 만주사변 등을 당하면서도 그의 변함 없는 의절(義節)은 우리와 꼭 같이 의식주를 박탈당하고, 또한 연로(年老)한 신세(身勢)라. 무의무탁 방황하며 한국동지만 따라다니며, 중국인 친우도 소면(疎面)하고 왜정 만주라 서로 모르는 척하고 지내며, 국내에서 입만(入滿)한 동포는 '되놈'이라 박대하니 한국어도 서투른 처지라 그 고독함은 참으로 동정을 불금하는 바였지만, 그 동지는 후회, 불만의 기색이 없이 항상 대종교를 신봉하고 단애 선생 · 소림 선생을 구송하였다.

필자는 그 후 감옥에서 구천(九天)에 사무친 설움을 품고 만주 황야에서 한 줌의 초토가 될 것을 명상하여 비는 말로 "머지 않아 명부(冥府)에 가서 유형(劉兄)을 뵈옵고 미안하던 말을 기탄없이 할 터이오니 너무 서러워하지 마시고, 소림 선생과 같이 명복을 누리소서."라 하였으나, 아직 살아서 해방 환국까지 하였으니 유선생 영령에 더욱 죄송하다. 전기한 독립운동이 만주에서는 그 면목이 일대 전환되어 상기한 바와 같은 사실이라.

그러면 그 후 임정의 세밀한 내용은 누구보다도 임정요인 민석린(閔石麟) 선생을 모시고야 잘 알 수 있는 실마리가 풀릴 것이다. 그 다음 만주 일부인 흥업단 · 광정단 · 신민부 · 대종교 활동상은 윤단애 선생이나 생존하셨더라면 세밀한 전만 독립운동사가 살아날 것을, 자서전(自敍傳) 한 권 안 남기려는 당호(當號) 그것이 바로 선생의 당호(當號) '허당(虛堂)'이시다. 선생은 단 우리 민족의 전통적 정신과 선열의 업적을 후진에게 배양하려는 목적뿐이었다. 그리하여 만주국이라는 일정하(日政下)에 들게 되니 발해 고도인 영안현(寧安縣) 동경성(東京城)에 자리잡고 대종교총본사를 밀산현(密山縣)에서 이전함과 동시에 삼일학원(三一學院)을 설립하였다. 이것이 배일사상 양성소로 알게 되자 일경은 삼일이 독립운동의 명사이니 불온한 교육이라는 조건 하에 동학원(同學院)에 폐지령을 내렸다.

그때 선생의 답은 "우리는 그런 것은 염두에도 두지 않는다. 삼일진리(三一眞理)는 우주 대자연의 원리로 대종교의 철학인 것이다. 그러므로 홍익인간의 대이념이오, 나아가서는 세계평화에 원동력이 되는 까닭이며 삼일만세도 자연 이치의 발생이오 비인위적(非人爲的)이며, 현 만주 건국절도 삼일절이니 이 모두 삼일진리를 표현하는 신의 묵계(黙戒)라. 일국지상징(一國之象徵)으로 본다면 너무도 무지(無知)한 소견이라." 항변하니, "그러나 하필 삼일이라 명명할 것 없이 대종교니 대종학원(大倧學院)이라 함이 가하겠다." 주장함으로 부득이 대종학원으로 개칭한 후는 헌병과 특무경찰의 삼엄한 감시와 매일 체번호출(替番呼出)이 10년 계속되는 동안 엄동설한에 영상고송(嶺上孤松) 같은 생애이었다. 급기세예감(及其世豫感)한 운명의 날은 닥쳐오고야 말았으니 임오년(1942) 11월 20일 야반(夜半) 김무원(金茂園) 종사의 19회 기신(忌辰)이나 국내외 전교계(全敎界) 중진들이 이날 밤 극비리에 총검속(總檢束)되고 말았다.

이 교변은 어학회사건 2개월 후이라 필자는 부자동설(父子同紲)로 장남은 소년이라 석방되었으나 헌병대와 경찰서에 매일 출두하라 하기에 그 행방을 감추어 버렸다. 그때부터 만사를 체념하고 오직 진리에서 살고 진리에 죽는다는 신념으로 옥중 탐구의 고초를 겪다가 청천백일이 다시 빛나 단애 선생을 모시고 면옥환국(免獄還國)하였으니, 선생의 일생을 가히 짐작할 일이 아닌가? 경술년(1910) 국치 후에는 고향과 가족을 생이별하고 망명생활이 시종일관하였으며, 사재 전부를 사회사업에 희사하여 80평생을 물심양면에 제물(祭物)로 받쳤으며, 와신상담한 고절(高節)은 황금에도, 총검에도 불굴하였다.

또 검박(儉朴)한 생애를 소개하면 만주에서 반찬으로 마른 미역 한 도막에 속반(粟飯)을 감식(甘食), 혹시는 생식도 하고 의복은 노동복으로 방한모(防寒帽)는 도만시(渡滿時) 어저귀 모(帽)를 근 20년 쓰다가 혹시 털모자를 사 드리면 과분(過分)이라 고사하고 모직(毛織) · 주백(紬帛) · 피속(皮屬) 등은 착신(着身)한 때가 전무하다. 평생 방석도 아니 깔고, 아시는 일어(日語)도 사용한 일이 없으며, 신문(訊問) 상시(常侍) 일법관(日法官)이 "만일 순복치 않으면 생명을 보장할 수 없다."라는 협박에 화색만면으로 "참 감사하다. 내가 죽을 자리 없어 근심하던 차에 이런 말을 들으니 귀하는 나의 은인이다."라고 거듭 치사하니, 일법관은 실색무언하였다.

끝내 대종교는 완전한 종교로 인정받고, 사람만 국체변혁죄(國體變革罪)로 판결되었고 일본에까지 삼일진리가 무언이교(無言而敎)되었으니, 어찌 우리 민족의 거성(巨星)이 아니리요. 이런 위대한 사표시오, 선열이신 선생은 소시에는 정치 대가(大家)이시며, 노년에는 종교 대가로 영남에서도 굴지(屈指)되었다. 그 당시 신예관 · 김일송 · 신단재 · 박백암 이러한 선열의 존경을 받았고, 유일한 대정치가라는 평까지 들었다. 신성모 외 다수 인사를 해외 유학과 지도에도 큰 힘을 주었으며, 김좌진 · 정신 · 이장녕(李章寧) · 김동평(金東平) · 성호 여러분도 정신지도를 많이 받았다.

필자가 무송에서 20대 소년으로 선생을 처음 배견(拜見)한 이래(선생은 당시 30여세임) 춘풍추우(春風秋雨) 반세기 동안 풍진사바(風塵娑婆) 세계에서 동고동락하다가 선생은 80세를 일기로 3년 전 대종교총본사에서 쓸쓸히 조천(朝天)하시었다. 필자는 선생이 조천 월여(月餘) 전에 유언하시기를 "내가 간 뒤 3일 화장하여 유해는 한강에 살포하라."고 재삼(再三) 명하였으나, 교우들의 박절(薄絶)하다는 의견에서 5일장을 집행하여 유언에 어기었음을 죄송히 생각하는 바이다. 이것은 선생이 평생을 통하여 절대로 허언을 하지 않는 일관된 생활 신조이므로 정교(政教) 양계(兩界)에서 40년 간 일동일정(一動一靜)을 추호도 어겨 본 일이 없기 때문에 최후 유언을 실행 못한 죄는 스스로 질 수밖에 없기 때문이다.

그리고 북로군정서와 신민부의 원로요, 길림성서(吉林省署)와 외교중진(外交重鎭)으로 대종교 항일혈전에 20년 간 큰 공적을 세운 최고참모격이며 김좌진 · 정신 외 다수지사(多數志士)와 필자도 항상 지도 받던 백세 고령의 화전(樺田) 윤복영(尹復榮) 선생만이 생존하였으나, 기억부진(記憶不振)으로 집필이 곤란하시니 천산(天山) 중심으로 대종교 40년 독립운동비밀혈사는 세상 암암부지(暗暗不知)라. 부득이 자동적 책임이 부하(負荷)된 바이니 위국충렬(爲國忠烈)을 세상에 알게 하여 모독 없이 함이 가할까 하여 감히 졸렬한 집필을 하는 바이며, 선생의 평생 업적을 경모하는 금일에 심히 유감으로 생각하는 바는 삼일절 표창에 군장(軍章)에도 포함된 사실이 없다. 전연 누락되었다면 모르거니와 숭고한 정신과 불멸의 공적을 세상에 널리 알리지 못한 무능을 통탄하며, 선열에 모독될까 두려워서 평소에 생각도 안하던 바를 외람히 기록하는 바이오니, 춘추사필(春秋史筆)과 논공행상(論功行賞)에 공정(公正) 있기를 바라마지 않으며 필자의 충정을 양찰(諒察)하여 주시면 무한 감사하겠나이다.

단애 선생의 유족으로는 장남 윤필한씨(당 68세)가 서대문감옥에서 종신형으로 20년간 복역하다가 해방 10년 전에 가출옥되어 입만(入滿), 동경성에서 필자 가족과 공(共)히 환국 못하고 생사부지중(生死不知中)인 바, 전번(前番) 종손(宗孫) 군장(軍章) 수상도 무의미한 줄로 압니다.

단애종사는 국가와 민족을 위하여 대종교에 헌신, 수도생활로 일관하시는 중, 장남의 식사 공궤(供饋)를 완강히 거절하고 의식주의 공생활(公生活)을 일체 교당에 전임하였으며 심지어 영해(靈骸)까지 교당에 봉안(奉安)

하고 추도식 제전(祭典)도 교당에서 거행하는 사대종사(四大宗師)의 한 분이신 민족거성이시다. 이러한 독립운동의 지리적인 만주 역로(歷路)를 모르고는 독립운동의 진수를 알 수 없을 것이요, 일인(日人) 1·2명을 쾌살(快殺)했다고 해서 모두 독립운동(獨立運動)이 아닐 것이다.

기미(1919년) 운동에 봉기한 단체는 북간도 일대에만도 근 10여에 달했지만, 익년 경신(1920년) 학살 후로는 국내외가 혼비백산하였고, 학자, 지도자층에서 한심(寒心)한 변절·변태가 되어 일정(日政)에서 우심(尤甚)한 반독립(半獨立) 형편이었으며, 독립을 빙자한 친일파, 빙공영사(憑公營私)하는 도배(徒輩)들이 횡행하는 바람에 이상과 같은 선열들의 피가 없었던들 8·15해방을 맞을 수 있었으리요.

해방 후 18년 간을 정관(靜觀)하면 진충갈력(盡忠竭力)한 애국지사는 영사(寧死)인정 침묵을 고수(固守)한데서, 세상이 그 사실을 알지 못하고 호호탕탕(好好蕩蕩) 허영(虛榮)에 날뛰는 간웅(奸雄), 자칭 애국지사 독립군 선열 유족들이 날뛰는 바람에 이력위조(履歷僞造), 단체위조(團體僞造), 모략중상(謀略中傷), 갖은 행동에 영리적 기관이 되는 부실한 행위는 양심분자(良心分子)로서 가담할 수도 없고, 그러한 이권을 탐내지도 않았으리라 믿는 바이다. 그러므로 독립군이나 정당(政黨)을 배경으로 날뛰는 사람은 대종교에서는 그리 환영할 시기로 보지 않는다. 이것이 우리 선열의 정신이 맥맥히 계승되어 흘러내린 전통적 힘이라고 알아주시면 감사하겠습니다.

끝으로 이 운동에 참가한 선열의 명단은 우선 세상에서 아시는 분 약 100명 좌우(左右)로 별지 첨부하되 경력도 약(略)하고, 단 별호(別號)·별명(別名)·당호(堂號)·자(字)·본명 등과 가입 단체만 명기(明記)하는 바이다. 대종교는 주로 별호·별명을 전용하였으니, 예를 들면 이시영씨는 성재, 김좌진씨는 백야, 정신씨는 일우 또는 윤(潤)이라 하였다. 필자 이현익은 본명인데, 남북만 외교시(外交時)에만 본명이고 단체가입 시 흥업단에서는 흥동(興東)이며, 남만 신민부에서는 승림(承林)이고, 신민부 내 비밀결사인 귀일당(歸一黨)에서는 일림(一林)이었다. 백포 서 선생의 본명은 기학(夔學)이니, 이렇게 성명만 쓰면 자호를 모르고 자호만 쓰면 성명을 모르는 모순을 피하려고 성명에 별호를 상세히 부기한 것이다. 대종교의 정교분립이라는 구호와 오십년 간 엄격한 비밀을 불가불 세상에 노출하는 일부분이다.

3. 대종교인의 독립운동개요

대종교는 단군 한배검의 우주진리와 홍익인간의 이상(理想) 실현을 목적으로 고토(故土) 삼만리(三萬里)에 배달국을 건설하여 세계를 지상천국으로 만들려는 고유 신교(神敎)이다.

(1) 홍암(弘巖) 나철(羅喆, 대종교 제1세 교주) 선생은 전남(全南) 보성인(寶城人)으로 일찍 민족혁명을 위하여 광무(光武) 7 · 8년에 일본에 수차(數次) 내왕하며 두산만(頭山滿) 등과 동양대세를 의논하고 그 후로 오혁(吳赫) 등 10여 동지와 을사오적을 쾌살(快殺)하려다가 저격미수(狙擊未遂)로 지도(知島)에 정배(定配)되고 융희 3년(1909) 정월 15일에 백봉신사(白峯神師)의 계명(戒命)을 받아 대종교(당시 단군교)를 중광(重光)하니 700여 년간 침체되었던 조선 고유 종교(倧敎)를 부활하여 민족정기를 만회하였다. 단군성적지(檀君聖蹟地) 천산(天山, 백두산), 묘향산 단군굴, 평양 숭령전, 강화 마니산, 구월산 삼성사 등을 일일이 봉심(奉審)하시고, 경술(1910년) 국치를 당하여 대종교총본사를 북만(北滿) 화룡(和龍) 청파호(青坡湖)에 옮기시고 천산을 중심으로 조선에는 남도본사(南道本司)를 설치하여 석농 류근 선생에게 일임하고, 상해에 서도본사(西道本司)를 예관 신규식 선생 · 석오 이동녕 선생에게 맡기시며, 왕청현에 동도본

사(東道本司)를 백포 서일 선생에게 맡기고, 흑룡강성에 북도본사(北道本司)를 두어 국내외에서 30만 교도를 획득하니, 이것이 독립운동의 기초가 되어 삼일운동이 시작된 것이요 임시정부를 비롯하여 북로(北路) · 서로(西路) 양군정서(兩軍政署)와 흥업단 · 광정단 · 통의부 · 참의부 · 신민부 · 의열단(義烈團) · 광복단 등, 단체가 모두 대종교인의 손으로 조직되어 활동한 것이다.

그러나 때는 일정의 폭학(暴虐)이 우심(尤甚)하므로 천하인류의 죄를 대신하여 병진(丙辰) 8월 15일에 일내각(日內閣) 정상형(井上馨)과 조선총독 사내정의(寺內正毅)에게 조선독립요구문(朝鮮獨立要求文)과 해내외동지 및 세계동포에게 유서를 남기시고 구월산 삼성사에서 순명(殉命)하시니, 이것이 우리 민족혁명 사상 최대결정(最大結晶)이오, 세계 종교 역사의 최고사표(最高師表)이시다. 그러므로 신예관 선생 조사(弔詞)에 전조(前朝) 500년간 무쌍국사(無雙國士)요 대교(大敎) 4천재(四千載) 후(後) 제일 종사(第一宗師)라 하였다. 이와 같이 대종교는 독립운동의 선구자요, 민족혁명의 모체(母体)인 것이다.

(2) 무원(茂園) 김헌[金獻, 본명 교헌(敎獻), 제2세 교주] 선생은 구한말에 소년 등과(登科)로 문무관작과 규장각부제학 등을 역임하신 명문거족으로, 경술(1910년) 후에 도만(渡滿)하여 동북만 독립선언서를 지어 선전(宣傳)하시고 《신단실기(神壇實記)》·《신단민사(神壇民史)》를 저술하여 배달민족의 정신을 분발시키고, 재만(在滿) 망명지사를 단합하여 민족운동의 선봉이 되시며 전생애를 해외에서 일관하게 희생하시며 영안(寧安) 대종교총본사에서 귀천(歸天)하시었다.

(3) 단애(檀崖) 윤세복(尹世復, 제3세 교주) 선생은 일찍 무송에서 독립군을 양성하시고, 갑인(1914년) 무송옥사(撫松獄事)에 30여명 동지와 함께 3년 옥고를 겪으시며, 임오년(1942년) 만주국 당시 목단강형무소에서 무기수(無期囚)로 복역 중 해방과 함께 환국귀천(還國歸天)하시니, 경술(1910년) 합병 후 망명객으로 생명과 재산을 바친 50년 와신상담한 선열이시다.(기미운동시 무송에서 흥업단 조직, 동 총무에 취임)

(4) 백포(白圃) 서일(徐一) 선생은 《회삼경(會三經)》·《삼문일답(三問一答)》·《종지강연(宗旨講演)》 등을 저술하여 단군문화 발전에 주력하시는 동시에 북로군

정서 총재로 활약하시다가 밀산(密山) 당벽진(當壁鎭)에서 청년동지 30여 명이 일적(日賊)에게 피살됨을 원통하시와 순국 조천(朝天)하시었다.

(5) 호석(湖石) 강우(姜虞) 선생은 갑인(甲寅) 6월에 백두산 상봉(上峯)에서 혈서제천(血書祭天)하고, 삼일운동 당시 용정 일영사관(日領事館)에 피수(被囚)되어 만주 재류(在留) 금지를 받고 환국종신(還國終身)토록 일관기성(一貫其誠)하심.

(6) 예관(睨觀) 신규식(申圭植) 선생은 임정국무총리 겸 외교부장을 역임, 임정발기위원(臨政發起委員)이 되시었다. 중외(中外) 인사들이 운(云), 중국에는 손중산(孫中山)이요, 한국에는 신예관(申睨觀)이라 하였다. 중국 상해 법조계(法租界)에서 25일간 단식(斷食) 귀천(歸天)하심.

(7) 성재(省齋) 이시영(李始榮) 선생은 만주 통화(通化)에서 신흥사관학교를 설립하여 많은 사졸을 양성하고, 임정발기위원으로 재무부장과 대한민국 부통령을 역임, 전생애를 국가에 바침.

(8) 죽포(竹圃) 오근태[吳根泰, 일명 제동(濟東)] 선생은 흥업단 무기구입 운반 도중 왜적(倭敵)에게 14명 피살자 중 총탄 4 · 5발을 관통하고도 생환하여 신민부 조직위원으로 계속 활동하다가 임오년(1942)에 목단강 감옥에서 순국하였으니 이중순국(二重殉國)하신 선열이시다.

(9) 동산(東山) 최전(崔顓) 선생은 북로군정서 국내 참모시오, 선종사(先宗師)의 훈도를 받은 선열이시다.

(10) 은계(隱溪) 백순(白純) 선생은 신민부 참모로 통의부 조직 당시 초대단장(初代團長)을 역임, 금강산(金剛山)에서 병사(病死).

(11) 단운(檀雲) 엄활(嚴活) 선생은 북로군정서원으로 공로가 다대하던 중, 북만(北滿)에서 병사(病死).

(12) 우천(藕泉) 조완구(趙琓九) 선생은 임정발기위원으로 재정부장 역임, 해방 후 임정요원으로 귀국하였다가 해외망명 50년에 6 · 25 당시 납북(拉北).

(13) 청사(晴簑) 조성환(曺成煥) 선생은 임정요원으로 해방 후 귀국하여 국민회장(國民會長)을 지내고 서울에서 병사(病死).

(14) 남파(南坡) 박찬익(朴贊翊) 선생은 임정의정원장(臨政議政院長)으로 귀국하여 서울에서 병사(病死). 해외망명 만주경유(滿洲經由), 중국 외교에 성공한 분.

(15) 손암(巽庵) 오혁[(吳赫, 초명 기호(基鎬)] 선생은 나홍암 선생의 의거(義擧) 동지로 오적(五賊)을 죽이려다가 지도(智島)에 정배(定配).(유족 광주 거주)

(16) 석농(石儂) 류근(柳瑾) 선생은 을사조약(1905년) 강제 체결 당시 최고(最高) 문장이오 황성신문 주필이었던 장지연(張志淵)의 「시일야방성대곡(是日也放聲大哭)」이란 대서특서(大書特書) 사건으로 전국민의 정신을 분발시켰으며 민족운동의 선봉이 되었다.

(17) 호은(湖隱) 이채우(李埰雨) 선생은 삼일운동으로 서대문형무소에서 3년간 복역하고 이후 북만(北滿)에서 병사(病死). 유족 보령(保寧) 거주.

(18) 호정(湖亭) 한기욱(韓基昱) 선생은 북로군정서원으로 활약하다가 밀산에서 병사(病死).

(19) 소완(筱浣) 이억[李億, 원명 탁(倬)] 선생은 흥업단원이며 신민부원으로 한말에 고관직을 다 버리고 해외망명 50년에 전생애를 독립운동에 헌신하다가 동경성(東京城)에서 병사(病死).

(20) 백연(白囦) 계화[桂和, 초명 활(活)] 선생은 북로군정서 총재 비서로 활약하다가 영안에서 병사(病死)하였으며 대종교도로서 삼종사(三宗師)의 지휘를 받은 선열이시다.

(21) 백암(白巖) 박은식[朴殷植, 소종(紹宗)] 선생은 한성사범학교 교관이며 임정주석(臨政主席)으로 계시다가 상해에서 병사(病死), 《몽배금태조전(夢拜金太祖傳)》·《한국통사(韓國痛史)》 등 저술과 삼종사(三宗師) 지휘로 일관한 선열이시다.

(22) 백취(白醉) 현천묵(玄天默) 선생은 북로군정서 부총재이시며 종교가요, 정치가요, 독립투사로 활약하다가 영안(寧安)에서 병사(病死).

(23) 심계(心溪) 최익항(崔益恒) 선생은 북로군정서 요원 및 대종교 간부로 활약하다가 영안(寧安)에서 병사(病死).[장남은 광복군 모집차(募集次) 입만(入滿)하였다가 일경에 피체(被逮)]

(24) 일야(一野) 윤정현[尹珽鉉, 일명 정(鋌)] 선생은 북로군정서 요원이었으며 만주국시(滿洲國時) 목단강 감옥에서 복역 중 해방 출옥. 현주(現住) 북만(北滿).

(25) 백주(白舟) 김영숙[金永肅, 일명 백(白)] 선생은 북로군정서 및 신민부 요원이

며 이시영 선생과 동시에 입만(入滿)하여 평생 독립운동에 활약한 분으로 목단강 감옥에서 복역 중 해방 환국 병사(病死).[유족 논산(論山) 거주]

(26) 백산(白山) 안희제(安熙濟) 선생은 독립운동자금 조달원 및 국내 비밀연락원으로 활약하다가 목단강 감옥에서 순국.

(27) 해산(海山) 강철구(姜銕求) 선생은 북로군정서 총재 비서로 활약 중 군자금모집사건으로 일경(日警)에게 피체(被逮), 서대문형무소에서 3년 복역 후 도만(渡滿). 목단강 감옥에서 순국.

(28) 백향(白香) 이창언(李昌彦) 선생은 북로군정서 무장운반대원으로 목단강 감옥에서 임오(1942년) 교변(敎變)으로 순국하신 선열이시다.

(29) 설도(雪島) 김서종(金書鍾) 선생은 홍암대종사의 유서(遺書)를 친수(親受)한 비밀사원으로 목단강 감옥에서 임오교변(壬午敎變)에 순국.

(30) 백람(白嵐) 이재유[李在囿, 초명 재풍(在豊)] 선생은 갑인(1914년) 무송옥사시(撫松獄事時) 윤단애 선생 외 동지와 3년간 옥고 후, 삼일운동 당시 흥업단 · 광정단 · 신민부에서 활약하다가 임오교변으로 목단강 감옥에서 순국.

(31) 염재(念齋) 나정련[羅正錬, 초명 정경(正經)] 선생은 홍암 선생의 장남으로 군정서원이며 신민부원이고 임오교변으로 목단강 감옥에서 순국.

(32) 일도(一島) 나정문(羅正紋) 선생은 홍암 선생의 3남으로 정남(貞男)이며 임오교변에 목단강 감옥에서 순국.

(33) 권상익(權相益) 선생은 윤단애 선생 제자로 신민부원이며 임오교변에 목단강 감옥에서 순국.

(34) 회봉(晦峯) 이정(李楨) 선생은 북로군정서 사관생(士官生)으로 신민부 모연대원(募捐隊員)이며 귀일당원(歸一黨員)으로 활약하다가 임오교변으로 목단강 감옥에서 순국.

(35) 아현(亞峴) 권영준[權寧濬, 초명 명준(明俊)] 선생은 군정서원으로 삼종사(三宗師)와 김좌진(金佐鎭) · 정신(鄭信) 선생과 동고(同苦)하였으며 신민부 원로로 생애를 받친 분이요, 목단강 감옥에서 석방 후 병사(病死).

(36) 화전(樺田) 윤복영(尹復榮) 선생은 북로군정서 및 신민부 최고고문(最高顧問) 겸 길림성 외교위원으로 있을 때, 갑자년(1924) 만주 통치자 장작림(張作霖)

과 일경(日警) 삼시(三矢)가 소위 삼시조약(三矢條約)을 체결하니, 그 내용은 조선인 독립당 본영(本營)인 대종교는 사이비종교 유사단체로 가정부(假政府) 연루자이니 엄중 취체하라는 협정이었다. 그리하여 졸연(猝然) 대종교 취체령(取締令)이 각 성에 내려 당시 교주 윤단애 선생은 영안현 총본사에서, 길림 윤화전 · 남경 박남파 · 상해 신예관 여러 선생에게 당국 교섭을 명한 결과, 남경정부훈령(南京政府訓令)으로 취체령 해제의 조치가 취하여졌음에도 장작림은 공문미도(公文未到)라는 구실로 시일만 연장하기에, 당시 화전 선생은 성공서(省公署) 요로(要路)와 간곡한 교섭 하에 대종교 간판만 철(撤)하고 교인활동은 묵인하게 하였다. 또 무진년(1928) 8월에 백야 김좌진 선생이 선생 비저(秘邸)에 은신하여 정의부와 협상연락을 하다가 결렬되어 중동선(中東線) 본거지로 회환(廻還)하려는 기미를 당시 서간도 좌익(左翼) 청년들이 탐지하고 회로(回路) 요소에 복병(伏兵) 모살(謀殺)한다는 정보를 입수한 선생은, 졸연(猝然) 노정을 변경시켜 전철주동반(全鐵舟同伴)으로 극비리에 길돈선(吉敦線)으로 탈퇴(脫退)하여 돈화(敦化) 필자 우소(寓所)에 은거케 한 사실은 선생의 구출로 동지 생명이 연장한 것이고, 그 후 백야 선생은 4개월 만에 경박호(鏡泊湖) 빙로(冰路)로 이모(李某) 부처(夫妻)의 호위를 받으며 중국인 마차에 편승하여 안착하였으니 필자도 그 때 백야 선생과 영별(永別)이었다. 이러한 선생의 일화는 만주 독립운동의 비사(秘史)도 될 것이며, 이런 외교 권위가(權威家)들이 없었던들 해외에서 독립운동을 못할 것이요, 해외운동이 아니었으면 한국독립을 어찌 바랄 수 있었으리요. 일생 망명생활로 환국하신 백세 고령의 독립운동 원훈(元勳)이시다.

(37) 만취(晩翠) 성하식[成夏植, 초명 세영(世榮)] 선생은 흥업단 재무부장, 신민부 고문을 역임, 만주사변시(滿洲事變時) 밀산 대종교총본사에서 윤단애 선생을 모시고 총사(總司)를 수호하다가 환국 병사(病死).

(38) 희산(希山) 김승학(金承學) 선생은 상해 독립신문 주필로 항일투쟁. 남만(南滿) 통의부 · 참의부 · 한족회 조직에 공로가 다대하며 현 생존하여 서울에 거주하는 저명원로(著名元老)이다.

(39) 위당(爲堂) 정인보(鄭寅普) 선생은 사학자로 홍암대종사의 유훈(遺訓)을 받고

이세정(李世楨)·맹주천(孟株天)·신명균(申明均)·엄주천(嚴柱天) 외 30여명의 국내 비밀사원(秘密社員)의 일원이며 애국지사로 6·25동란 시 납북(拉北).

(40) 야은(野隱) 장유순(張裕淳) 선생은 이시영·이동녕 선생과 동시 망명객으로 북로군정서에서 활동하다가 만주사변 후 환국. 6·25 당시 부산에서 노환으로 귀천(歸天). 화장하여 영도(影島)에 유해 살포.

(41) 백농(白農) 이동하(李東廈) 선생은 윤세복·이시영 선생과 동시 망명객으로 기미(己未) 후 환국(還國). 대구에서 병사(病死).

(42) 일광(一光) 명제세(明濟世) 선생은 홍암대종사의 유훈을 받고 이세정(李世楨)·엄주천(嚴柱天) 외 민족운동 비밀사원으로 활약. 6·25 당시 납북(拉北).

(43) 몽호(夢湖) 황학수(黃學秀) 선생은 북로군정서·신민부 최고참모요, 임정요원으로 평생 독립운동에 종신(終身). 환국 후 제천(提川)에서 병사(病死).

(44) 성암(醒庵) 이광(李光) 선생은 신예관 선생과 동고(同苦)하신 임정원로요, 망명투사로 환국 생존.

(45) 지산(志山) 정원택(鄭元澤) 선생은 만주·중국·남양군도 등 해외망명객으로 활약, 신예관 선생의 밀사(密使)로 귀국하였다가 1년 간 옥고(獄苦). 현재 서울.

(46) 경부(耕夫) 신백우(申伯雨) 선생은 해외망명투사로 환국 후 청주(淸州)에서 병사(病死).

(47) 단암(檀庵) 이용태(李容兌) 선생은 임오교변으로 목단강 감옥에서 8년 수형(受刑). 복역 중 해방 환국. 현재 서울.

(48) 호산(湖山) 박명진(朴明鎭) 선생은 서로군정서 유격대원이며, 박해사(朴海蓑) 선생의 영제(令弟)이며, 신민부원으로 활약 환국. 현재 서울.

(49) 중파(中坡) 김진호(金鎭浩) 선생은 흥업단 간부로 정의부 요원이며, 대종교사건(大倧敎事件)으로 목단강 감옥에서 2년 옥고. 해방 환국, 처참한 말로(末路)로 부산에서 병사(病死).

(50) 심암(心岩) 심근(沈槿) 선생은 북로군정서 창립요원 및 신민부원으로 만주 아령(俄領) 등지에서 활약, 천산제천(天山祭天), 구월산 삼성사 위패봉안과 대종교 동도본사 이전 등, 사적(事跡)이 허다(許多)하고 애국애족의 유일한 선열로 간도 동불사(銅佛寺)에서 무주고혼(無主孤魂)이 되다.

(51) 백헌(白軒) 현천극(玄天極) 선생은 북로군정서 창립요원 및 신민부 참모로 북만(北滿)에서 병사(病死).

(52) 동산(東山) 최택(崔澤) 선생은 북로군정서 및 신민부 요원으로 경력이 많으며 영양실조로 만주에서 병사(病死).

(53) 일우(一雨) 정신[鄭信, 초명 윤(潤)] 선생은 본시 영걸지재(英傑之材)로서 북로군정서 맹장이며 총사령관 김좌진 장군의 유일한 동지이오, 최고 비서로 백야장군 피살 후 계속 신민부 중앙위원이며 가장 사적(事跡)이 많은 중, 애석하게도 중동(中東) 카륜역(驛)에서 공산당에게 피살되었으니, 때는 경오(1930년) 백야 피해 익년(翌年) 길림 실업청장(實業廳長) 교섭차(交涉次)로 왔다가 윤화전(尹樺田) 선생 비저(秘邸)에서 필자와 회담하고 길돈사변 때라 안심내왕(安心來往)하다가 백야 선생과 동일한 수법으로 피해되었으니, 이 역시 친일좌익(親日左翼)의 소행인가 한다. 선생 미망인 이함(李涵)은 동삼성 특파기자(特派記者)[동아 · 조선 미평(未評)]로 활약 중 세태는 악화되고 신민부 간부는 다 사망하고 길돈사변으로 중인(中人) 압박은 더욱 심하던 중, 빈한(貧寒)한 독립군 가족이라, 경신(1920년) 토벌 학살과 다름없는 환경에 부군(夫君)의 피살 소식을 들은 이함 여사는 광인(狂人)이 되어 유아(幼兒)를 데리고 가가호호(家家戶戶)에 통곡하며 방황하다가 행방불명이 되었으니, 이 비참한 사실을 아는 이가 몇 분이나 되리오. 또한 백야 선생 사적(事跡)을 세간에 공개함도 이함 명의(名義)로 정신 선생이 집필한 것이며, 공금(公金)을 밀휴(密携) 상해로 입거하여 임정을 돕고 《삼일신고(三一神誥)》 · 《신단민사(神壇民事)》 · 《신단실기(神壇實記)》 · 《사지통속고(史誌通俗考)》 등을 출판하여 내외에 배부하였으며 단군고전(檀君古典) · 종경(倧經) 등을 인쇄하여 각처에 보급하고 민족정신 앙양에 혁혁한 공로자이시다.

(54) 추포(楓圃) 채오(蔡五) 선생은 북로군정서 요원으로 북만(北滿)에서 병사(病死).

(55) 동파(東坡) 현갑(玄甲) 선생은 북로군정서 무기운수부장(武器運輸部長)이며 부총재 현백취(玄白醉) 선생의 장남이시다.

(56) 원해(園海) 이옥규(李沃珪) 선생은 흥업단 · 광정단 비서요, 신민부 지방연락원이며 사상의성(四象醫聖) 이제마(李濟馬) 선생의 영질(令姪)로 현 북만(北

滿)에 거주.

(57) 남악(南樂) 박노현(朴魯賢) 선생은 북로군정서 무기운수대원(武器運輸隊員)이며 신민부원으로 해방 후 환국 생존.

(58) 원포(元圃) 양현[梁玄, 초명 만복(萬福)]선생은 북로군정서(北路軍政署) 무기운반원(武器運搬員)이며, 신민부(新民府) 지방부원(地方部員)으로 현(現) 만주(滿洲) 거주(居住).

(59) 단원(檀園) 김희균(金熙均) 선생은 북로군정서 회령(會寧) 연락원이며, 연통제사건 및 청진파옥사건(淸津破獄事件)으로 청진감옥에서 4년 복역. 현 서울 거주.

(60) 경석(鏡石) 전재일(全在一) 선생은 북로군정서 비밀사원이며, 연통제사건 및 청진파옥사건으로 청진감옥에서 3년 복역. 해방 후 환국 병사(病死).[전성호(全盛鎬)의 선친]

(61) 철기(鐵驥) 이범석(李範奭) 장군은 북로군정서 소년 용장(勇將)으로 청산파일(靑山破日)과 해방 광복군 지휘까지 일관한 독립유공자이다.

(62) 삼강(三崗) 신환[申桓, 초명 건식(健植)] 선생은 신예관 선생의 영제(令弟)로서 해외에 망명 일관하다가 환국 병사(病死).

(63) 석린(石麟) 민필호(閔弼鎬) 선생은 임정요원이며, 임정외무차장, 주석변공실장(主席辯公室長)으로 다년 간 경제 · 외교 등 전담. 신예관 선생의 영서(令婿)로 독립운동에 유공. 환국, 서울에서 요양중.

(64) 오석(吾石) 김혁[金赫, 본명 학소(學韶)] 선생은 북로군정서 및 최고참모, 흥업단 고문으로 활약 투옥(投獄).

(65) 석오(石吾) 이동녕(李東寧) 선생은 임정국무총리 역임. 중경(重慶)에서 병사(病死).

(66) 우송(友松) 이장녕(李章寧) 선생은 경술(1910년) 도만(渡滿), 계축(1913년) 무송에서 한교친목회(韓僑親睦會) 조직, 신민부 조직위원이며, 황학수 · 이청천 제씨와 동고활약(同苦活躍)하다가 오상현(五常縣)에서 병사(病死).

(67) 백야(白冶) 김좌진(金佐鎭) 장군은 북로군정서 총사령관으로 활약하다가 밀산(密山)에서 공산당 박달성(朴達成)에게 피살(被殺).

(68) 노은(蘆隱) 김규식(金奎植) 선생은 북로군정서 창설요원 및 신민부 요원으로 활약하다가 주하(珠河)에서 병사(病死).

(69) 우강(雨降) 지홍[池弘, 초명 장회(章會), 별명 벙어리] 선생은 북로군정서 및 신민부 요원으로 활약하던 원로이며 학자로 망명 일관한 독립원훈(獨立元勳), 현재 북만 거주 생사미상.

(70) 백초(白初) 이성우(李成宇) 선생은 운남군관(雲南軍官) 출신 밀양폭탄사건(密陽爆彈事件), 청진파옥사건으로 12년 복역. 북로군정서 및 신민부의 혁혁한 투사로서 밀산(密山) 평양진(平陽鎭)에서 만주사변 시 일적(日敵)에게 피살.

(71) 김성규(金星奎) 선생은 흥업단 외교장으로 무기운수 중 경신(1920년) 봄 일적(日敵)에게 피살. 백산학교 설립자요, 윤단애 선생과 갑인에 옥고 3년.

(72) 해송(海淞) 윤정호[尹廷鎬, 초명 상호(尙鎬)] 선생은 신흥사관 출신으로 흥업단 · 광정단 창립요원이며 일헌병(日憲兵)에게 악형(惡刑)으로 인하여 불구의 몸으로 해방 후 무송(撫松)에서 순국했다 함.

(73) 심연(心淵) 공창준(公昌準) 선생은 북로군정서 및 흥업단원으로 북만에서 활약하다가 만주사변 당시 남경(南京)에서 병사(病死).

(74) 송파(松坡) 김봉림(金鳳林) 선생은 흥업단 안도지단장(安圖支團長)으로 북로군정서 안도퇴진(安圖退陣) 당시 공적이 컸으며 화전(樺甸)에서 병사(病死).

(75) 최병욱(崔秉郁) 선생은 흥업단 · 광정단 · 신민부 남북만(南北滿) 독립단원으로 활약, 갑인년(1914) 윤단애 · 이백람(李白嵐) 선생과 3년 옥고(獄苦).

(76) 이창근(李昌根) 선생은 흥업단 · 광정단 · 정의부에 종사(從事). 무송 유격전에서 생사(生死) 미상.

(77) 일추(一秋) 이홍래(李鴻來) 선생은 북로군정서 오걸(五傑) 중 1인으로 서대문형무소에서 사형(死刑)이 무기(無期)로 15년 복역 중 반신불수(半身不遂)로 가출옥 순국. 가족도 공히 희생.

(78) 우송(友松) 윤우현(尹瑀鉉) 선생은 북로군정서 맹사(猛士)이며, 신민부 요원으로 일관하다가 목릉(穆稜)에서 병사(病死). 윤정현(尹珽鉉) 선생의 실제(實弟).

(79) 해사(海蓑) 박우진[朴宇鎭, 본명 의열(義烈)] 선생은 서로군정서 · 통의부 · 정의부 간부로서 활약하다가 빈강(濱江)에서 병사(病死). 소년 망명객으로 이상

룡(李相龍) 선생과 동고(同苦).

(80) 백암(白庵) 윤세용(尹世茸) 선생은 단애(檀崖) 선생의 실형(實兄)으로 전재산을 독립운동에 바치고, 남북만(南北滿)에서 일관 활약하다가 북만(北滿)에서 노환 귀천(歸天).

(81) 소림(嘯林) 김호[金虎, 본명 호익(虎翼)] 선생은 홍범도의 총참모로 북로군정서 창설에 유공자(有功者)이오, 흥업단 단장이며, 광정단 총단장, 정의부 발기인이요, 서북간도와 노령(露領) 등지에서 비상활약(非常活躍)하다가 하얼빈에서 병사(病死).

(82) 도근(島槿) 김국주(金國柱) 선생은 흥업단 및 정의부 모험요원(冒險要員)으로 일경사살(日警射殺). 옥고 후 임오교변(壬午敎變)으로 다시 옥고(獄苦). 석방 후 병사(病死).

(83) 단사(檀史) 최해(崔海) 선생은 신흥사관출신으로 흥업단 · 정의부 요원, 해방 후 환국, 광복군사령부 참모피임. 영양실조로 인병치사(因病致死).

(84) 철주(鐵舟) 전성호(全盛鎬) 선생은 북로군정서 사관(士官)으로 흥업단연무소(興業團鍊武所) 교관이며, 김좌진 · 정신 선생과 동고(同苦)하였으며, 무진년(1928) 김좌진 장군 위기 시 모험구출(冒險救出)한 인지용(仁智勇)의 인격자이시며, 해방 후 귀국. 육군준장(陸軍准將)으로 포항작전(浦項作戰)에서 전사(戰死).

(85) 최시언(崔時彦) 선생은 무송 흥업단 소년경호대원(少年警護隊員)이오, 운남군관학교(雲南軍官學校) 출신이며, 북로군정서 장교로 청산파일(靑山破日) 당시 무훈(武勳)이 다대(多大)하였고, 만주사변 항일전에 경박호(鏡泊湖) 부근에서 행방불명(行方不明).

(86) 일주(一洲) 이헌(李憲) 선생은 흥업단 비서로 서대문형무소에서 10년 복역 중 가출옥되어 만주에서 사망(死亡).

(87) 일우(一優) 윤필한[尹弼漢, 본명 홍선(弘善)] 선생은 삼일운동 시 서대문형무소에서 15년 복역 중 가출옥 후 입만(入滿). 갑인년(1914) 무송에서 3년 복역, 부친 윤단애 선생과 동시 출옥.

(88) 단운(檀雲) 우덕순(禹德淳) 선생은 안의사(安義士) 동지로 북로군정서 및 신

민부원으로 활약. 환국 후 서울에서 병사(病死).

(89) 묵제(黙齊) 성호(成虎) 선생은 갑인(1914년) 무송사건(撫松事件)으로 3년 옥고(獄苦). 그 후 서간도에서 행방불명.

(90) 홍재영(洪在榮) 선생은 흥업단 유격대장과 광정단 모연대장(募捐隊長)으로 압록강 연안에 출몰하여 일경과 시설(施設) 등을 폭파하고 돈화(敦化)에서 병사(病死).

(91) 장해일(張海日) 선생은 흥업단연무소(興業團鍊武所) 주임으로 10년 혈전(血戰)하다가 임정내분(臨政內紛)과 각 단체 반목을 상심(傷心), 10일 단식 후 순국. 경술국치에 동지와 맹서단지(盟誓斷指)한 열사(烈士)이며, 골육상전상감(骨肉相戰傷感)으로 3년 농아(聾啞)가 됨.

(92) 창빈(彰彬) 박치열(朴致烈) 선생은 흥업단 경호원, 광정단 교육위원 양단(兩團) 연락부원으로 활동하다 돈화에서 병사(病死).

(93) 한승제(韓昇濟) 선생은 흥업단 경리부장 및 북로군정서 참모부원으로 청산파일(靑山破日) 후 행방불명.

(94) 문파(文波) 장승언(張承彦) 선생은 임정비밀연락원으로 후창계(厚昌桂) 군수모살범(郡守謀殺犯)이오, 광정단 재무부장, 정의부 조직위원으로 만주사변 때 항일투쟁하다가 해방 후 환국. 6·25때 행방불명.

(95) 종안(倧安) 김광술(金光戌) 선생은 흥업단 재무부장, 광정단 북부지단장, 정의부 조직위원으로 만주사변 때 행방불명.

(96) 일우(一愚) 류우식[柳佑植, 본명 기동(基東)] 선생은 하얼빈에 일경(日警) 국길(菊吉)을 사살(射殺). 흥업단 모연대원(募捐隊員), 정의부원, 신민부 별동대원으로 활약하다가 하얼빈에서 순국.

(97) 일송(日松) 김동삼(金東三) 선생은 임정초대의장으로 경성 서대문형무소에서 순국한 저명지훈(著名之勳)이시다.

(98) 시당(時堂) 여준(呂準) 선생은 남북만주 각지에서 풍우(風雨) 수십 년 간 악의악식(惡衣惡食)으로 활약. 독립운동 거두로 오상현(五常縣)에서 병사(病死).[여운형(呂運亨)의 당숙(堂叔)]

(99) 석주(石洲) 이상룡(李相龍) 선생은 서로군정서 최고영도자로, 임정국무령에

피선, 화전(樺甸)에서 병사(病死).

(100) 여천(汝千) 홍범도(洪範圖) 장군은 의병대장으로 장백현 · 노령 등지에서 항일 지구전(持久戰)을 하였으며, 청산리파일전(青山里破日戰) 참가. 북로군정서 · 흥업단 무기수입(武器輸入)에 협력, 봉오동전투에서 수백의 일군(日軍) 섬멸. 일생을 독신으로 노령에서 순국.

(101) 계산(桂山) 김성극(金星極) 선생은 한말 해외밀사파견 연루자 혐의로 일경(日警)에 피체수형(被逮受刑). 광복단설립단장, 대동회장(大同會長)으로 활약 중 기사년(1929년) 겨울 안도현(安圖縣)에서 공산당에게 피살. 을축년(1925년) 돈화에서 대동회사건으로 간도일영사발악(間島日領事發惡)에 관하여 중국 관헌에게 피체, 당시 필자 교섭으로 당지관민증(當地官民證) 및 진정서를 제출하여, 중국시민(中國市民)이며 다년안업(多年安業)한 군의관(軍醫官)이라 하여 길림성장 특명으로 본 지방 구류의 구실 하에 연길 도윤공서(道尹公署)에 5개월 구금 후 당지(當地) 반송(返送)됨.

(102) 포석(抛石) 나중소(羅仲紹) 선생은 한말 진위대(鎭尉隊) 부위(副尉)로 북로군정서 장교이며, 신민부 조직위원 겸 고문으로 해외망명, 노령 · 만주에서 검산도수(劍山刀水) 돌파하며 독립운동 일관하다가 간도에서 병사(病死).

(103) 동평(東平) 김석현(金錫鉉) 선생은 갑인년(1914) 무송에서 윤단애 선생을 수행하여 홍범도 부대와 연락. 서간도에 출장하다 일경(日警)에게 피체, 10년 옥고(獄苦). 병보석 귀천(歸天).

(104) 윤창렬(尹昌烈) 선생은 홍범도 부하 의병소대장(義兵小隊長) 역임. 갑인 무송옥사(撫松獄事)에 3년 옥고(獄苦). 흥업단원으로 혜산진(惠山鎭), 후창헌병대(厚昌憲兵隊) 야습(夜襲), 광정단, 정의단, 신민부원으로 활약. 돈화 거주, 87세시 생사미상.

(105) 박상호(朴尙鎬) 선생은 상동계인(上同系人)으로 무송 옥고(獄苦). 흥업단 · 정의부원으로 활약. 무송 거주. 생사미상.

(106) 장한성(張漢星) 선생은 연길현 명월구(明月溝)에서 일경(日警) 평산경부(平山警部) 외 1 명 사살(射殺). 길림감옥(吉林監獄)에서 순국.

(107) 하산(河山) 박세진[朴世鎭, 본명 의열(義烈)] 선생은 신흥사관 출신으로 통의

부 검무감(檢務監) 겸 중대장으로 이도구(二道溝) 전투에서 토벌대 진격으로 북만(北滿)에 이주 후, 주하현(珠河縣)에서 공산당에게 피살 순국.[※가족적 독립운동에 공로가 혁혁함. 박명진(朴明鎭) 선생의 중씨(仲氏)]

(108) 일해(一海) 이세정(李世楨) 선생은 나홍암(羅弘巖) 선생의 밀유(密諭)를 수(受)한 비밀사원 및 북로군정서 귀일당원(歸一黨員)으로 국내 교육계 정신지도와 국외 비밀연락원으로 활약. 현재 서울 거주.

(109) 주산(珠山) 신명균(申明均) 선생은 상동지사(上同志士)로 북로군정서 연락에 검산도수(劍山刀水) 돌파. 국내운동 선봉지사(先鋒志士)로 해방 전 자결(自決).

(110) 보본(普本) 엄주천(嚴柱天) 선생(先生)은 상동원(上同員)으로 북로군정서(北路軍政署) 창설자(創設者)이며 청산파일전(青山破日戰) 참가(參加), 상해 및 국내운동에 모험왕복(冒險往復), 나(羅) 홍암대종사(弘巖大宗師)의 최후(最後) 유서(遺書)를 전달(傳達), 신예관(申睨觀) 선생(先生)의 신임(信任)을 받던 생존지사(生存志士)이고 또한 윤단애(尹檀崖) 선생(先生) 무송옥사시(撫松獄事時) 예관(睨觀) 선생(先生)과 동(同)히 석방교섭차(釋放交涉次) 장작림(張作霖)을 방문(訪問). 왕청(汪淸)의 서백포종사(徐白圃宗師)의 유서(遺書) 전달(傳達), 마적소굴(馬賊巢窟) 산노도섭(山路徒涉)천리돌파(千里突破)한 투사(鬪士)이다. 현주(現住) 서울특별시(特別市).

(111) 수당(水堂) 맹주천(孟柱天) 선생은 상동(上同) 출신으로 국내 정신운동교육에 일관한 생존지사.

(112) 일석(一石) 백남규(白南奎) 선생은 상동(上同)한 귀일당(歸一黨) 비밀요원으로 국외 비밀운동에 가담한 투사이며 교육계 중진으로 수년 전 이리(裡理)에서 노환귀천(老患歸天).

(113) 옥강(玉岡) 김영진(金永珍) 선생은 신민부 중앙위원으로 백야(白冶) · 정신 선생과 동시 운동한 지사로 현주(現住) 서울.

(114) 의산(義山) 신대식[辛大植, 초명 형규(亨奎)] 선생은 신흥무관학교 설립협력, 삼원포(三源浦)에서 조맹선(趙孟善) 선생과 독립당 설립. 그 후 정의부에서 활동하다가 해방 후 환국. 현주(現住) 서울.

(115) 위당(韋堂) 이진구(李鎭求) 선생은 서로군정서원으로 길림성에서 헌신 활약

한 지사(志士)로 수년 전 서울에서 귀천(歸天).

(116) 동산(東山) 김중화(金中和) 선생은 이재명(李在明) 의사와 이완용(李完用) 모살범(謀殺犯)으로 서대문형무소에서 7년 옥고(獄苦). 그 후 입만(入滿), 독립운동에 가담, 해방 후 귀국. 현주(現住) 서울.

(117) 백당(白堂) 신태윤(申泰允) 선생은 홍암대종사의 유훈(遺訓)을 받고 국내 비밀사원(秘密社員)으로 활동. 전남(全南) 곡성(谷城)에서 단군전(檀君殿)을 수호(守護)하다가 3년 전 동지(同地)에서 귀천(歸天).

(118) 한뫼 안호상(安浩相) 선생은 안희제(安熙濟) 선생과 동심협력(同心協力)한 국내 비밀연락원으로 기미운동 때에는 상해에서 북만귀일당원(北滿歸一黨員)으로 활동. 현주(現住) 서울.

(119) 관해(觀海) 박성태(朴性泰) 선생은 신민부원으로 활동. 해방 후 환국, 귀천(歸天).

(120) 취송(翠松) 오광선(吳光鮮) 선생은 북로군정서 파일전우(破日戰友)로 5 · 16혁명기념 당시 수훈자(受勳者).

(121) 일태(一胎) 장도순(張道淳) 선생은 북로군정서 비밀사원이며 귀일당원(歸一黨員)으로 이시영 · 이동녕 선생과 동시 망명한 동지(同志)로, 현주(現住) 개성(開城).

(122) 남전(藍田) 정순조[鄭舜朝, 초명 철흠(哲欽)] 선생은 흥업단 · 광정단 · 정의부 · 신민부 간부로 전임상미환국(轉任尙未還國).

(123) 백하(白霞) 고평(高平) 선생은 신민부원으로 활동. 해방 후 반민특위 재판장 피임(被任). 6 · 25 때 납북(拉北).

(124) 오봉(吾峯) 이연건(李鍊乾) 선생은 국내 비밀사원으로 활동. 해방 전 만주(滿洲) 이주(移住), 동경성(東京城)에서 사망.

(125) 근재(槿齋) 이현익[李顯翼, 신민부에서는 승림(承林), 귀일당(歸一黨)에서는 일림(一林)]은 무송에서 병진년(1916)에 윤단애 · 김소림(金嘯林) · 김일송(金一松) · 이소완(李筱浣) 제선생 외 다수 지사와 협동하여 백산(白山) · 흥동(興東) 양(兩) 학교를 설립하였으며, 금난계(金蘭契), 친목회(親睦會) 등 민족운동비밀결사와 기미운동 때 흥업단을 조직하고 신유년(1921)에 흥업단과

군비단을 통합하여 광정단을 조직하고 총단장에 김호(金虎), 부단장에 윤포(尹甫), 총무에 오주환(吳周煥), 북부외교장(北部外交長)에 이현익(李顯翼)을 피임(被任)하여 안도독립군(安圖獨立軍) 후퇴 때 중국군 방해(妨害)를 완전 저지(沮止)하였고, 계해년(1923)에 광정단, 서로군정서 등 각 단체 연합운동을 전개, 다음 해 갑자년(1924)에는 돈화에 이주하여 나포석(羅抛石)·김오석(金吾石)·김좌진·정일우[鄭一雨, 일명 신(信)] 동지 외 다수 인사와 함께 신민부를 조직하고, 북만(北滿) 일대 및 길돈선(吉敦線)의 일정침투분쇄(日政浸透粉碎)와 귀일당(歸一黨) 강화에 전력을 경주함과 동시에 국내 출몰과 부일도배근절(附日徒輩根絕)에 힘썼으며, 중국국민당에 가입하여 국토도매방지(國土盜賣防止)와 기사년(1929) 길돈사변 경오년(1930) 만보산사건에 한중양민족충돌융화(韓中兩民族衝突融和)의 선봉이 되었고, 만주사변 후 갑술년(1934) 북만(北滿) 동경성(東京城)에 이주하여 윤단애 선생과 대종학원(大倧學院)을 설립하고 안백산·오제동(吳濟東)·성만취(成晚翠)·이소완(李筱浣) 제선생 외 다수 지사와 결합하여 북만(北滿) 전역에 삼십여 처 대종교시교당(大倧教施教堂)을 설하여 민족지하운동(民族地下運動)을 전개하다가 일경(日警)에 피체되어 국체변혁죄명(國體變革罪名)으로 7년 징역형을 받고 복역 중, 해방과 함께 출옥 환국하여 17년간 대종교 간부로 포교사업(布教事業)에 헌신하는 한편, 최근 광복동지회장(光復同志會長) 및 재건국민운동본부중앙위원(再建國民運動本部中央委員) 등을 역임, 현재에 지(至)함.

(126) 내원(萊園) 김준(金準) 선생은 한국무관학교 출신이며 을사조약 이후에 나(羅) 홍암대종사의 지도로 국내 지사(志士) 삼십여 명 비밀결사를 조직하고 해외독립운동 선두에서 주력하신 공로자이시다. 무원종사(茂園宗師)의 영제(令弟)임.

시간 및 사무적 관계로 항일투쟁하신 대종교인의 선열과 생존지사를 약기(畧記)하오며 추후 기회에 가급적 전원 발표할까 하오니 서양(恕諒)하시기 앙망하나이다.

찾아보기

ㅇ

ㅈ

ㅊ

집필진

김동환
[사]국학연구소 연구원

장세윤
성균관대학교 동아시아역사연구소 수석연구원

이동언
선인역사문화연구소 연구소장

최윤수
[사]국학연구소 연구원

정영훈
한국학중앙연구원 명예교수